GESTÃO PÚBLICA BRASILEIRA
INOVAÇÃO SUSTENTÁVEL EM REDE

TERESA VILLAC
FABIANE LOPES BUENO NETTO BESSA
GISELE DUARTE DOETZER

Coordenadoras

Prefácio
Juarez Freitas

GESTÃO PÚBLICA BRASILEIRA

INOVAÇÃO SUSTENTÁVEL EM REDE

Belo Horizonte

FÓRUM

CONHECIMENTO JURÍDICO

2021

© 2021 Editora Fórum Ltda.

É proibida a reprodução total ou parcial desta obra, por qualquer meio eletrônico, inclusive por processos xerográficos, sem autorização expressa do Editor.

Conselho Editorial

Adilson Abreu Dallari
Alécia Paolucci Nogueira Bicalho
Alexandre Coutinho Pagliarini
André Ramos Tavares
Carlos Ayres Britto
Carlos Mário da Silva Velloso
Cármen Lúcia Antunes Rocha
Cesar Augusto Guimarães Pereira
Clovis Beznos
Cristiana Fortini
Dinorá Adelaide Musetti Grotti
Diogo de Figueiredo Moreira Neto (*in memoriam*)
Egon Bockmann Moreira
Emerson Gabardo
Fabrício Motta
Fernando Rossi
Flávio Henrique Unes Pereira

Floriano de Azevedo Marques Neto
Gustavo Justino de Oliveira
Inês Virgínia Prado Soares
Jorge Ulisses Jacoby Fernandes
Juarez Freitas
Luciano Ferraz
Lúcio Delfino
Marcia Carla Pereira Ribeiro
Márcio Cammarosano
Marcos Ehrhardt Jr.
Maria Sylvia Zanella Di Pietro
Ney José de Freitas
Oswaldo Othon de Pontes Saraiva Filho
Paulo Modesto
Romeu Felipe Bacellar Filho
Sérgio Guerra
Walber de Moura Agra

FÓRUM
CONHECIMENTO JURÍDICO

Luís Cláudio Rodrigues Ferreira
Presidente e Editor

Coordenação editorial: Leonardo Eustáquio Siqueira Araújo
Aline Sobreira de Oliveira

Av. Afonso Pena, 2770 – 15º andar – Savassi – CEP 30130-012
Belo Horizonte – Minas Gerais – Tel.: (31) 2121.4900 / 2121.4949
www.editoraforum.com.br – editoraforum@editoraforum.com.br

Técnica. Empenho. Zelo. Esses foram alguns dos cuidados aplicados na edição desta obra. No entanto, podem ocorrer erros de impressão, digitação ou mesmo restar alguma dúvida conceitual. Caso se constate algo assim, solicitamos a gentileza de nos comunicar através de *e-mail* editorial@editoraforum.com.br para que possamos esclarecer, no que couber. A sua contribuição é muito importante para mantermos a excelência editorial. A Editora Fórum agradece a sua contribuição.

G393   Gestão pública brasileira: inovação sustentável em rede / Teresa Villac, Fabiane Lopes Bueno Netto Bessa, Gisele Duarte Doetzer (Coord.).– Belo Horizonte : Fórum, 2021.

413 p.; 14,5x21,5cm
ISBN: 978-65-5518-055-8

1. Direito Administrativo. 2. Direito Ambiental. 3. Gestão Pública. I. Villac, Teresa. II. Bessa, Fabiane Lopes Bueno Netto. III. Doetzer, Gisele Duarte. IV. Título.

CDD 341.3
CDU 342.9

Elaborado por Daniela Lopes Duarte - CRB-6/3500

Informação bibliográfica deste livro, conforme a NBR 6023:2018 da Associação Brasileira de Normas Técnicas (ABNT):

VILLAC, Teresa; BESSA, Fabiane Lopes Bueno Netto; DOETZER, Gisele Duarte. (Coord.). *Gestão pública brasileira:* inovação sustentável em rede. Belo Horizonte: Fórum, 2021. 413 p. ISBN 978-65-5518-055-8.

*Aos nossos filhos – Letícia, Carol, Pedro Henrique,
Sophia, Lorena, Rafael e ao futuro de todos os filhos,
com amor e cuidado.*

SUMÁRIO

PREFÁCIO
Juarez Freitas..17

APRESENTAÇÃO
Gisele Duarte Doetzer, Fabiane Lopes Bueno Netto Bessa, Teresa Villac...21

PARTE I
**NOVOS OLHARES SOBRE A
GESTÃO PÚBLICA BRASILEIRA**

INOVAÇÃO E SUSTENTABILIDADE NA GESTÃO PÚBLICA
BRASILEIRA: O LUGAR DE FALA
Teresa Villac..27
1   Introdução – A partitura...27
2   Direito público: signo em transição para a sustentabilidade.............29
3   Quem compõe a sustentabilidade?.......................................31
4   Regência e sujeitos..32
5   As pausas na partitura...34
6   Apresentação da composição..35
       Referências..36

OBJETIVOS DO DESENVOLVIMENTO SUSTENTÁVEL 16 E 17 –
A CRIAÇÃO DA REDE SUSTENTA PARANÁ E OS DESAFIOS DO
TRABALHO EM REDE
Fabiane Lopes Bueno Netto Bessa, Gisele Duarte Doetzer............................39
1   Introdução..39
2   Do Fórum Governamental de Responsabilidade
       Social/PR à criação da Sustenta Paraná.................................40
3   Estrutura e modo de funcionamento.....................................43
3.1   A coordenação..43

3.2 Formalização 43

3.3 Reuniões 45

3.4 Comunicação 46

4 Projetos realizados 46

4.1 Projeto de eficiência energética 46

4.2 Eventos realizados 47

4.2.1 Eventos custo zero 49

4.3 Participação na Semana do Lixo Zero 49

4.4 Compra compartilhada 50

4.5 Desenvolvimento da marca Sustenta Paraná – Mais do que um projeto entre órgãos 50

4.6 Participantes 51

4.7 Compostagem 51

5 Sustenta Paraná selecionada pelo Tribunal de Contas da União como "Boa prática replicável em organizações públicas buscando eficiência" 52

6 Sustenta Paraná e Objetivos do Desenvolvimento Sustentável 52

6.1 A Sustenta Paraná e o Objetivo 16 – Construir instituições eficazes, responsáveis e inclusivas em todos os níveis 53

6.2 Objetivo 17 – Parcerias e meios de implementação 54

6.3 A Sustenta Paraná em tempos de Covid-19 56

Referências 63

GOVERNANÇA E ESTRATÉGIA PARA A SUSTENTABILIDADE

Mário Luís Krüger 65

1 Introdução 65

2 Fundamentos teóricos 66

3 Métodos e modelos de referência 69

4 A qual sustentabilidade nos referimos? 75

5 Conclusão 84

Referências 86

O TRIBUNAL DE CONTAS DA UNIÃO E A SUSTENTABILIDADE

Luiz Gustavo Gomes Andrioli, Suzete de Fátima Locatelli Winkeler 89

1 Introdução 89

2 Conhecendo um pouco mais o Tribunal de Contas da União 90

3 O TCU como órgão de controle externo e sua contribuição à sustentabilidade 94

4 O TCU e suas práticas internas de sustentabilidade 101

Referências 106

PACTO GLOBAL E A INTERNALIZAÇÃO DOS ODS EM INSTITUIÇÕES QUE INTEGRAM A REDE SUSTENTA PARANÁ

Mário Luís Krüger, Priscilla Kiyomi Endo, Tamara Simone Van Kaick ...107

1 Pacto Global 107

1.1 Objetivos de Desenvolvimento Sustentável (ODS) 109

2 Laboratórios de Inovação, Inteligência e Objetivos de Desenvolvimento Sustentável (LIODS) 112

3 Iniciativas de atuação do Tribunal de Justiça do Paraná que se relacionam com os 10 Princípios do Pacto Global e os ODS..............113

4 Iniciativas de atuação do Tribunal Regional do Trabalho da 9ª Região que se relacionam com os 10 Princípios do Pacto Global e com os ODS 116

5 Iniciativas de atuação da Universidade Tecnológica Federal do Paraná que se relacionam com os 10 Princípios do Pacto Global e com os ODS 117

6 Conclusão 119

Referências 120

PANORAMA DAS REDES DE SUSTENTABILIDADE INTERINSTITUCIONAIS E OS ODS

Gisele Duarte Doetzer...121

1 Introdução 121

2 Redes participantes...123

3 Cronologia da constituição das Redes Públicas Interinstitucionais para a Sustentabilidade 124

4 Unidos para a Sustentabilidade 126

5 Objetivo e proposta..127

6 A condução dos trabalhos: reuniões e projetos...................................128

7 Desafios na atuação cooperativa..128

8 Cobertura temática de atuação 130

9 Redes e os ODS 131

10 Conhecendo melhor as redes: contatos e documentos.......................135

11 Considerações finais 135

Referências 136

PARTE II
GESTÃO PÚBLICA SUSTENTÁVEL: BOAS PRÁTICAS EM PERCURSO

AÇÕES DE SUSTENTABILIDADE NO MINISTÉRIO DA ECONOMIA NO PARANÁ E VISÃO DA GESTÃO

Alana Cardoso de Mello Pires, Helio Rissio Junior 141

1 Introdução – Ministério da Economia, centros de serviços compartilhados e racionalização de recursos 141

2 Resíduos recicláveis e o Decreto nº 5.940/2006 145

3 Contratações sustentáveis, consumo consciente e qualidade de vida 146

4 Gestão e sustentabilidade 149

4.1 Eficiência energética e racionalização de gastos 150

5 Considerações finais 153

Referências 154

A ARQUITETURA BIOCLIMÁTICA NAS DIVERSAS REGIÕES DO BRASIL E SUAS ESTRATÉGIAS PARA CONSTRUÇÕES MAIS SUSTENTÁVEIS

Rosiane Bonatti Ribeiro 155

1 Introdução 155

2 O que é Arquitetura Bioclimática 158

2.1 Estratégias bioclimáticas 159

3 Zoneamento Bioclimático Brasileiro 160

4 Identificação de uso de estratégias bioclimáticas 161

4.1 Escolha do método de avaliação 161

4.2 Cidades avaliadas 162

4.3 Dados climáticos 162

4.4 Indicadores de avaliação 165

4.5 Identificação de Estratégias Bioclimáticas 167

4.5.1 Método de Mahoney 167

4.5.2 Norma de Desempenho Térmico (NBR 15220/2003) 169

5 Cenário público e certificações 171

6 Conclusão 171

Referências 172

TRIBUNAL REGIONAL ELEITORAL DO PARANÁ –
UMA SOLUÇÃO SUSTENTÁVEL NO CONSUMO DE ENERGIA
ELÉTRICA

Cláudia Valéria Belvilacqua Gonçalves..175

1   Introdução...175

2   Um pouco de história – Evoluindo para as práticas da
ecoeficiência...175

3   O caminho sustentável da geração de energia.....................................177

4   Energia solar: potencial brasileiro..177

5   As práticas sustentáveis no âmbito do Poder Judiciário....................178

6   Usina fotovoltaica (UFV) no município de Paranavaí/PR.................179

6.1   A origem do empreendimento..179

6.2   Fundamentos conceituais indutores para a implantação do
projeto...180

6.3   A opção pela energia solar fotovoltaica...180

6.4   Localização da Usina Fotovoltaica (UFV)...181

6.5   Investimentos...182

6.6   Retorno do capital investido...182

6.7   Destino da energia produzida pela UFV..182

6.8   Outros benefícios decorrentes da geração de energia da UFV.........183

7   Conclusão...184

      Referências...184

A IMPORTÂNCIA DA ARBORIZAÇÃO NO CONTROLE DA
REGULAÇÃO CLIMÁTICA E NO PLANEJAMENTO URBANO –
ESTUDO DE CASO: DIAGNÓSTICO DA VEGETAÇÃO NO
CAMPUS CENTRO POLITÉCNICO – UFPR

Carla Maria Camargo Corrêa 185

1   Introdução...185

2   Plano de arborização dos *Campi* da UFPR..190

2.1   Para operações de corte..192

2.2   Para operações de poda...192

3   Estudo de caso – *Campus* Centro Politécnico....................................194

4   Inventário e diagnóstico da vegetação no *campus*.............................198

      Referências...200

INSTITUIÇÕES PÚBLICAS, POLOS GERADORES DE TRÂNSITO: PRÁTICAS DE INCENTIVO À MOBILIDADE SUSTENTÁVEL NA UFPR E NA CELEPAR

José Carlos Assunção Belotto, Silvana Nakamori, João Pedro Bazzo 203

1	Introdução	203
2	Programa de Extensão Ciclovida da UFPR – Construindo a cultura da mobilidade sustentável	208
3	CELEPAR	216
4	Conclusão	219
	Referências	220

COMPRA COMPARTILHADA SUSTENTÁVEL: A EXPERIÊNCIA DA REDE SUSTENTA PARANÁ

Rodrigo de Souza Loro 223

1	Introdução	223
2	Sustentabilidade na Administração Pública Federal	224
3	Compra compartilhada sustentável	225
4	A experiência da Rede Sustenta Paraná	228
5	Análise dos resultados alcançados	234
6	Considerações finais	236
	Referências	237

ANÁLISE PRÉVIA DA SUSTENTABILIDADE NAS CONTRATAÇÕES PÚBLICAS

Adriana da Costa Ricardo Schier, Cláudia de Oliveira Cruz Carvalho 239

1	Introdução	239
2	As diretrizes observadas na análise prévia da sustentabilidade	240
3	A prática da análise prévia da sustentabilidade	247
4	Considerações finais	254
	Referências	255

A GESTÃO DE RESÍDUOS NA UNIVERSIDADE FEDERAL DO PARANÁ E OS ASPECTOS SOCIOAMBIENTAIS

Regina Célia Zanelatto 257

1	Introdução	257
2	Gerenciamento de resíduos na UFPR	259
3	Aspectos socioambientais	267

4	Discussão	268
5	Conclusão	273
	Referências	273

PRÁTICAS DE SUSTENTABILIDADE REALIZADAS NO HOSPITAL DE CLÍNICAS DA UFPR

Mônica Evelise Silveira, Lidia Lima, Alana Zafaneli Machado 275

1	Introdução	275
2	Licitações sustentáveis	277
3	Gerenciamento de resíduos	282
4	Modelo teste reportado do Laboratório de Análises Clínicas do CHC/UFPR	286
5	A terceirização da lavanderia hospitalar	287
6	A adoção do RIS/PACS no diagnóstico por imagem	289
7	Considerações finais	290
	Referências	291

A INTERDISCIPLINARIDADE NO GERENCIAMENTO DE RESÍDUOS SÓLIDOS NA UNIVERSIDADE TECNOLÓGICA FEDERAL DO PARANÁ (UTFPR)

Tamara Simone Van Kaick 293

1	Histórico da estruturação da coleta seletiva solidária na UTFPR	293
2	O desenho da proposta interdisciplinar para a campanha da coleta seletiva	294
3	O desafio de tratar os resíduos orgânicos na UTFPR	301
	Referências	304

PARTE III

OS DESAFIOS DA CULTURA DA SUSTENTABILIDADE

POLÍTICA DE SUSTENTABILIDADE DA UTFPR: CAMINHOS TRILHADOS PARA IMPRIMIR A SUSTENTABILIDADE COMO UM VALOR ESTRATÉGICO

Tamara Simone Van Kaick, Luiz Alberto Pilatti, João Paulo Aires 309

1   Histórico da Universidade Tecnológica Federal do Paraná (UTFPR) 309

2   A política de sustentabilidade da UTFPR 311

3   Comissão do Plano de Logística Sustentável (PLS) da UTFPR.........318

4   A cultura da sustentabilidade da UTFPR..320

     Ensino e pesquisa..321

     Extensão...322

5   Resultados da inserção da cultura de sustentabilidade na UTFPR .. 323

     Papel...323

     Coleta Seletiva Solidária na UTFPR 324

     Copos descartáveis..325

     Cultura da sustentabilidade no ensino...325

     Referências 327

UM NOVO DESAFIO PARA A ADMINISTRAÇÃO PÚBLICA: A MENTALIDADE SUSTENTÁVEL

Valter Otaviano da Costa Ferreira Júnior 329

1   Ecologia e meio ambiente 329

2   Contexto mundial de tutela ambiental 331

3   A crise ambiental...336

4   A mudança de *mindset* 340

5   Conclusões finais..344

     Referências 346

COMUNICAÇÃO NÃO-VIOLENTA: INSTRUMENTO DE HARMONIZAÇÃO E EFICÁCIA DA ADMINISTRAÇÃO PÚBLICA

Galatéia Fridlund, Pedro Henrique Bessa..349

     Primeira técnica: observar sem julgamentos.....................................355

     Segunda técnica: expressar o que sente (com vulnerabilidade).......356

Terceira técnica: percepção da necessidade que está por trás do sentimento e consciência da autorresponsabilidade pelos próprios sentimentos 356

Quarta técnica: Formular o pedido com intencionalidade 358

Referências 360

A POLÍTICA DE PREPONDERÂNCIA DO RISCO COMO FUNDAMENTO PARA A ATUAÇÃO REGULATÓRIA DO ESTADO

Priscilla Kiyomi Endo, Vitório Garcia Marini 363

1	Introdução	363
2	A sociedade de risco e o estado de previdência	364
3	O degelo do Estado Moderno: o fator urgência na questão ambiental	366
4	O princípio da prevenção diante do fator urgência na questão ambiental	369
5	O Estado de Urgência Ambiental e a Política de Preponderância do Risco	369
5.1	Regulação de urgência	370
5.2	A dúvida especialmente qualificada, a ausência de soluções alternativas e a essencialidade do que se está proibindo	371
5.3	A contraprova à norma proibitiva/restritiva: sistemas de discussão	372
5.4	A substituição do risco pelo risco	373
6	Considerações finais	375
	Referências	376

A CIDADE E O DELIBERATIVO: UMA AÇÃO PARA A SUSTENTABILIDADE INSTITUCIONAL EM CURITIBA

Liana Carleial, Rosana Kanufre 377

	Introdução	377
1	Antecedentes	380
2	Por que a Administração Pública deliberativa?	382
3	Ações para a sustentabilidade institucional do IMAP, dele na estrutura da PMC e na sociedade	386
3.1	O fortalecimento institucional do IMAP e de seu papel na PMC	386
3.1.1	Fortalecimento do papel da EAP e a constituição da Redes de Escolas	386
3.1.2	O IMAP e as políticas públicas em Curitiba	390
3.2	O IMAP, o deliberativo e ações para além da PMC	391

4   Considerações finais 392

Referências 393

A FORMAÇÃO CIDADÃ PARA A SUSTENTABILIDADE

Telma Alves Satel 395

1   Introdução 395

2   Sustentabilidade na escola 396

2.1   Plano de gerenciamento de resíduos sólidos 397

2.2   Cuidados com a água 398

2.3   Horta CEP 399

3   O CEP sustentável na perspectiva da interdisciplinaridade 400

4   Considerações finais 402

Referências 404

SOBRE OS AUTORES 407

PREFÁCIO

O princípio constitucional da sustentabilidade, no quadro da denominada emergência ambiental, solicita um pensamento novo, tecido em rede, matizado e enriquecido pela variedade de olhares. Nesse contexto, a rede tende a funcionar como luminosa combinação corretiva de inteligências predispostas em prol da vida, ecossistemicamente assimilada. A vocação cooperativa em rede é, em tais moldes, uma inerência do pensamento sustentável, que enseja, a pouco e pouco, a reconstrução do arcabouço jurídico-institucional, no desiderato (sempre aperfeiçoável) de melhor gerir, planejar e implementar as nossas políticas, de ordem a purificar os modos de produção, consumo e pós-consumo.

O livro, que tenho a honra de prefaciar, intitulado *Gestão Pública Brasileira*: Inovação Sustentável em Rede (coordenado por Teresa Villac, Fabiane Lopes Bueno Netto Bessa e Gisele Duarte Doetzer), é um belo exemplo desse tipo em rede, que apresenta o compromisso prioritário de aprimoramento da gestão. Ilustra o ânimo de fazer sair da cena o horizonte autocentrado e egoísta para permitir o protagonismo de comportamentos que assegurem a continuidade da espécie humana, entre outras espécies.

É, pois, com satisfação, que recomendo a leitura da obra dedicada "ao futuro de todos os filhos". Expõe textos à apreciação crítica da comunidade leitora, no escopo de colher subsídios à inovação necessária.

A contribuição inaugural é de Teresa Villac, explicitando que a "gestão pública sustentável prima por não possuir plateia estanque, a assistir passivamente a composição elaborada, aplaudindo-a ou não". Ato contínuo, Fabiane Lopes Bueno Netto Bessa e Gisele Duarte Doetzer oferecem relato vívido e abrangente sobre a experiência da rede Sustenta Paraná, cujas características, consoante assinalam, são "a parceria, o trabalho em rede, o reconhecimento da sinergia e a valorização da complementariedade". Logo a seguir, Mário Luís Krüger examina, de modo ilustrativo, modelos direcionáveis ao incremento da governança estratégica. Luiz Gustavo Gomes Andrioli e Suzete de Fátima Locatelli Winkeler dissertam sobre o aporte significativo do TCU para a inovação em tela, seja ao cuidar das próprias despesas, seja ao exercer o controle externo, enaltecendo "o compromisso de estar sempre buscando novas alternativas sustentáveis". Mais adiante, Mário Luís Krüger, Priscilla Kiyomi Endo e Tamara Simone Van Kaick escrevem sobre a aplicação dos princípios do Pacto Global e os ODS, reportando a experiência de instituições que tomam parte da rede Sustenta Paraná. Gisele Duarte Doetzer escrutina o levantamento de várias redes colaborativas interinstitucionais e os respectivos compromissos com ODS – a origem, a institucionalização, os objetivos –, detectando "uma nova visão, um novo comportamento institucional sobre as questões relativas ao desenvolvimento sustentável na gestão pública".

A segunda parte (Boas Práticas em Percurso) é aberta pelo trabalho de Alana Cardoso de Mello Pires e Helio Rissio Junior, narrando experiências de sustentabilidade da Superintendência Regional de Administração no Paraná, integrante do Ministério da Economia. Na sequência, Rosiane Bonatti Ribeiro aborda métodos bioclimáticos estrategicamente voltados à edificação sustentável. Já Cláudia Valéria Bevilacqua Gonçalves dá ciência de caso significativo de produção energética limpa (usina fotovoltaica), iniciativa do TRE do Paraná. Carla Maria Camargo Corrêa salienta o papel da arborização para a regulação climática na cena urbana, a partir de estudo de caso. José Carlos Assunção Belotto, Silvana Nakamori e João Pedro Bazzo discorrem sobre o tema dos incentivos à mobilidade sustentável na UFPR e na Celepar, cujos efeitos irradiam para a comunidade externa. A rede Sustenta Paraná é também a fonte de pesquisa para Rodrigo de Souza Loro, que examina o tema da compra compartilhada, tendo em vista os critérios de sustentabilidade. Para que a gestão pública opere tempestivamente, Adriana da Costa Ricardo Schier e Cláudia de Oliveira Cruz Carvalho postulam a análise prévia de sustentabilidade nas contrações públicas. Regina Célia Zanelatto escreve sobre a gestão de resíduos na UFPR e, na sequência, Mônica Evelise Silveira, Lidia Lima e Alana Zafaneli Machado noticiam práticas na seara da sustentabilidade hospitalar. Para culminar essa parte, Tamara Simone Van Kaick versa sobre a interdisciplinaridade no gerenciamento de resíduos sólidos.

Na parte final (Desafios da Cultura da Sustentabilidade), Tamara Simone Van Kaick, Luiz Alberto Pilatti e João Paulo Aires analisam a política de sustentabilidade da UTFPR (inclusive como projeto pedagógico) e os resultados das mudanças culturais em curso. Valter Otaviano da Costa Ferreira Júnior aborda o tema da mentalidade sustentável e, a seguir, Galatéia Fridlund e Pedro Henrique Bessa introduzem o tópico da comunicação não-violenta e as técnicas correspondentes. Priscilla Kiyomi Endo e Vitório Garcia Marini dissertam sobre a regulação de urgência e a política de preponderância do risco. Liana Carleial e Rosana Kanufre pautam a questão deliberativa e, por derradeiro, Telma Alves Satel sublinha a formação cidadã para a sustentabilidade.

Como se observa, autoras e autores oferecem generosas contribuições polifônicas, com um denominador comum: o propósito de compartilhar e incentivar a reflexão sobre a inovação sustentável. Inovação que não precisa ser tecnológica, pois sucede, antes de tudo, no campo mais elevado da percepção ecossistêmica da realidade. Inovação sustentável que consiste em ir além da visão hobbesiana sobre a condição humana e em se posicionar de maneira colaborativa e dialógica, numa rede multifacetada a favor do aperfeiçoamento do bem-estar de todos, no presente e no futuro. Nesse espírito, ao concluir a leitura, vi robustecida a esperança na consolidação pacificadora da sustentabilidade como filosofia universalizável, certamente a mais fecunda e promissora das inovações.

Juarez Freitas
Professor Titular do Mestrado e Doutorado em
Direito da PUCRS. Autor da obra *Sustentabilidade*:
Direito ao Futuro (4. ed., Fórum).

APRESENTAÇÃO

Inovação e desenvolvimento sustentável andam sempre juntos. Ainda que a inovação seja habitualmente associada ao meio empresarial e às organizações do Terceiro Setor, ela é uma característica forte e presente na Administração Pública que, no entanto, fica à sombra das manchetes e pensamentos pré-concebidos – marcadamente focados na política, suas polêmicas e mazelas.

As organizações de grande porte não contam com a mesma agilidade e abertura para o novo de uma startup. A Administração Pública é muito mais que uma organização de grande porte e carrega toda a expectativa da sociedade – e toda a sua frustração.

Seu tamanho é sua fraqueza e, ao mesmo tempo, sua força: ela atua em escala e impacta em escala e em profundidade.

Assim, a incorporação da sustentabilidade em sua cultura organizacional e em suas práticas é um desafio diretamente proporcional à sua envergadura.

A obra *Gestão pública brasileira: inovação sustentável em rede* retrata a inovação social orientada ao desenvolvimento sustentável e a riqueza que representa a atuação colaborativa interinstitucional para a promoção da sustentabilidade.

Ela traz à luz experiências de pessoas motivadas, empreendedoras, idealistas e extremamente dedicadas à sua condição de servidores públicos, diante do grande desafio que é a promoção do desenvolvimento sustentável de seu país, buscando canalizar esforços em prol do equilíbrio em múltiplas dimensões: econômica, social, ambiental, cultural, ética e jurídico-política.

Desde 2016, em mais de 60 encontros realizados pela rede Sustenta Paraná (antes denominada Núcleo Paranaense do Fórum Governamental de Responsabilidade Social), percebeu-se a influência positiva proporcionada pelas conexões que se estabeleceram nesse período e o mútuo fortalecimento das instituições para a atuação em busca do desenvolvimento sustentável e da inovação.

A diversidade de temas dá uma pequena amostra do imenso universo de atuação dos órgãos e instituições públicas do Paraná, e do impacto e contribuição invisíveis que este universo traz à sociedade ao revelar o capital social intangível que se constrói a partir da união de esforços coletivos, da troca de boas práticas, da realização de projetos interinstitucionais, da institucionalização de políticas para a sustentabilidade, objetivando, inclusive, o atendimento da Agenda 2030 e a implementação de seus 17 Objetivos do Desenvolvimento Sustentável, da qual o Brasil é signatário.

Os capítulos foram escritos por representantes dos órgãos que fazem parte formal ou informalmente da rede Sustenta Paraná, totalizando 15 instituições públicas pertencentes aos poderes executivo, legislativo e judiciário e às esferas federal, estadual e municipal, quais sejam: AGU, Cindacta II, Colégio Estadual do Paraná, DNIT, IMAP, Justiça Federal, Ministério Público do Estado do Paraná, Polícia Federal, Superintendência Regional de Administração do Ministério da Economia, Tribunal de Contas da União, Tribunal de Justiça do Paraná, Tribunal Regional do Trabalho, Tribunal Regional Eleitoral, Universidade Federal do Paraná e Universidade Tecnológica Federal do Paraná.

Nesse contexto, o leitor encontrará aqui uma abordagem da gestão pública brasileira sob três prismas. O primeiro diz respeito às inovações e aos progressos para a sustentabilidade em âmbito nacional no que tange à internalização nas organizações, ao monitoramento dos avanços e à sinergia do trabalho em rede.

Na segunda parte, elenca-se uma rica ementa de boas práticas implantadas nos órgãos participantes da Sustenta Paraná, de forma isolada ou coletiva entre as instituições. Essas abrangem as temáticas compras e contratações sustentáveis, energia limpa, gestão de resíduos, construções sustentáveis, mobilidade e arborização.

Uma abordagem contemporânea da cultura da sustentabilidade e seus desafios é apresentada em vários capítulos na terceira parte, com o condão de trazer valorosas reflexões, de caráter estruturante, para a evolução disruptiva de paradigmas na gestão pública.

Fruto do trabalho cooperativo de diversos atores públicos, este livro cumprirá sua missão se puder sensibilizar os leitores para a importância estratégica do estabelecimento das parcerias no cumprimento exitoso da pauta da sustentabilidade. A sinergia e a otimização das expertises e dos recursos na administração pública de forma coletiva são questões imprescindíveis (*sine qua non*) para potencializar a transformação da gestão pública e o melhor atendimento às demandas dos cidadãos brasileiros, na atualidade e no futuro.

O compromisso estatal com o contribuinte é, em sua essência, o mesmo: o atendimento das demandas e a otimização do uso dos recursos públicos – afinal, os órgãos públicos possuem como primeiro compromisso, servir os cidadãos.

Se há muito a se fazer, maior importância adquirem as práticas, reflexões e desafios próprios do contexto do Estado aqui traduzidos, que podem ser replicados e ampliados.

Talvez seja esta sua principal contribuição.

É preciso dar o salto para a sustentabilidade. E para a rede Sustenta Paraná, é uma alegria participar da transformação que o mundo precisa.

Assim, é com redobrada esperança no agir, no comprometimento, espírito colaborativo e inovador dos agentes públicos brasileiros, que apresentamos os estudos desenvolvidos pela Rede Sustenta Paraná.

Gisele Duarte Doetzer
Fabiane Lopes Bueno Netto Bessa
Teresa Villac

PARTE I

NOVOS OLHARES SOBRE A GESTÃO PÚBLICA BRASILEIRA

INOVAÇÃO E SUSTENTABILIDADE NA GESTÃO PÚBLICA BRASILEIRA: O LUGAR DE FALA

TERESA VILLAC[1]

Há um lugar no qual as vozes se encontram e, em um dado instante, faz-se a música.

1 Introdução – A partitura

A temática da gestão pública sustentável é recente no Brasil e a literatura sobre gestão ambiental, com raras exceções (QUINTAS, 2006; SCARTEZINI, 2019; BLIACHERIS, FERREIRA, 2012), majoritariamente não aborda especificamente o setor público, enfatizando o ponto de vista empresarial (ALIGLERI *et al.*, 2009; BARBIERI, 2017; DIAS, 2004; JABOOUR, A., JABOOUR, C., 2013).

Da perspectiva de enquadrar-se a sustentabilidade como uma vantagem competitiva (PORTER, 2003) ao movimento da responsabilidade social empresarial e à concepção de negócios de impacto (HART, MILSTEIN, 2004; BARKI *et al.*, 2013), verifica-se que, também no setor privado, o tema da gestão ambiental vem avançando nos últimos anos e deste movimento não poderia apartar-se o poder público.

---

[1] Este é um texto autoral. A partir de Chudnoff (2007), deliberadamente opto por tessitura, estilo e linguagem que atuem como ponte de acesso ao campo interdisciplinar (BURSZTYN, 2004), ao público leitor e mais, por coerência ao tema do capítulo proposto, conduz ao meu lugar de fala como cidadã.

Ao considerarmos o dever constitucional de o Estado zelar pelo meio ambiente, verificamos que não é alentador que a temática da gestão pública sustentável ainda seja pouco abordada em livros especializados no Brasil, se analisada comparativamente com a literatura sobre o tema sob o enfoque empresarial.

As relações entre sustentabilidade, Administração Pública e Direito são desafiadoras porque o quadro normativo é recente, não uniforme em âmbito nacional e ainda está em construção. Nesse contexto, é motivador que se empreendam estudos e publicações sobre essas relações, a fim de apresentar caminhos possíveis para sua ampliação e sedimentação, bem como disseminar nacionalmente as bem-sucedidas iniciativas, como fator de incentivo às incipientes.

Como se não bastasse, ao tema da gestão pública sustentável uma nova variável tem se apresentado: a inovação (CAVALCANTE *et al.*, 2017; GREGÓRIO *et al.*, 2019) e há questões decorrentes de como ela se inserirá nos órgãos governamentais brasileiros e no quadro jurídico de direito público hoje vigente.

Com efeito, inovar com sustentabilidade em diferentes configurações de gestão pública, sejam municipais, estaduais e da União, aliando a necessidade de atuação com restrições orçamentárias, logísticas ou humanas, bem como a necessidade de estruturação consistente e detalhada de ações para implementação de diversas políticas públicas, deficiências de planejamento no longo prazo, em um período no qual o direito público brasileiro também está em transição, não é tarefa fácil.

É nesse contexto que se inserem as redes colaborativas de sustentabilidade que órgãos públicos têm formalizado e que estão em constituição em diversos Estados, a partir da premissa de que a atuação conjunta possibilita aprendizado, fortalecimento das ações, eficiência e compartilhamento de experiências e saberes.

Diante desse cenário, ao ponderar sobre como melhor poderia contribuir para o debate por meio do presente capítulo, neste livro repleto de tantos escritos alentadores de novas práticas em gestão pública, atentei-me para um texto de Foucault sobre o que é um autor. Como cocoordenadora desta publicação, li capítulos que, em suas características temáticas, especificidades de análise, abordagens, estilos e linguagem, fizeram-me dizer: *"Sim! Este será um livro no qual os sujeitos, muito mais do que narradores de práticas de sustentabilidade e inovação, apresentam-se como autores e isso... isso é raro e bom."*

Assim, de uma proposta inicial de escrever um capítulo detalhando o quadro legal brasileiro, parei e, sem pretensão de desmerecer a proposta original que me motivara a escrever, ponderei: *"há algo sobre o que posso falar e procurar melhor contribuir: o lugar de fala na sustentabilidade"*. Esse lugar de fala (ORLANDI, 2000) tem *locus* determinado (Paraná), mas espaço ampliado e cidadãos-autores aqui se fazem presentes nos capítulos que se seguem.

Há neste texto um alerta subjacente: não ignoremos o Antropoceno (VEIGA, 2019; VIOLA, BASSO, 2016) que, batendo às portas de uma sociedade que ainda valoriza o consumo excessivo, geração desmedida de resíduos, desperdício de água, predominância de combustíveis fósseis, alerta-nos que de consumidores ainda precisamos despertar para cidadãos e de servidores públicos presos às rotinas administrativas estanques, é necessário trazermos a inovação sustentável ao setor público, validando o princípio constitucional da eficiência e honrando aqueles que custeiam as nossas remunerações.

Os aspectos a que me proponho apresentar neste capítulo são os sujeitos da implementação da sustentabilidade no setor público, qual seja, quem a compõe, os signos utilizados, se há regência, a importância das pausas e como a plateia participa e recebe a composição.

2 Direito público: signo em transição para a sustentabilidade

A gestão pública sustentável iniciou-se voluntariamente no Brasil a partir da internalização da Agenda 21 e o Programa Agenda Ambiental (A3P) na Administração Pública.

Decorrente da Rio 92, a Agenda 21 foi albergada pelo Ministério do Meio Ambiente e o Programa A3P instituiu-se tendo por princípio a adesão voluntária, estruturando-se em eixos temáticos e enfatizando a sensibilização e capacitação de servidores públicos como necessária para o sucesso das ações. A visão sistêmica e o pensamento complexo (MORIN, 2006) estão subjacentes à articulação dos eixos temáticos e à valorização da educação ambiental.

A formalização efetiva-se juridicamente mediante assinatura de um termo de adesão e, mesmo nas situações nas quais a institucionalização formal pelo Direito não ocorre, a participação voluntária é incentivada pelo Ministério, com a disponibilização de material, acesso à informação e eventos.

Posteriormente, o então Ministério do Planejamento instituiu juridicamente a obrigatoriedade de órgãos públicos do poder executivo federal elaborarem um Plano de Gestão de Logística Sustentável (PLS). Por instrução normativa de 2012 (IN nº 10/2012 – SLTI), o Ministério imprimiu regramentos para o PLS e, em 2015, o Poder Judiciário, no mesmo sentido, institucionalizou o tema (Resolução nº 201/2015 – CNJ).

Atualmente, por decreto presidencial de 2019, há vinculação entre o PLS e os pregões eletrônicos (Decreto nº 10.024/2019), evidenciando o movimento crescente que articula licitações com a sustentabilidade na gestão pública.

No tocante aos demais signos do direito público que se relacionam com a gestão pública sustentável, há de se destacar as contratações públicas sustentáveis, previstas na Lei nº 8.666/93 e, igualmente, no PL nº 1.292/95, que virá a alterar a atual lei de licitações.

As contratações públicas sustentáveis têm uma matriz ética que se fundamenta no consumo responsável do Estado, fomentador de novas realidades no mercado fornecedor e impactando positivamente para o fomento do pequeno negócio, mercado e comércio local, além do atentar para o regular cumprimento das obrigações previdenciárias e trabalhistas. Objetiva esta diretriz ética, em igual estatura, reduzir os impactos negativos ao meio ambiente, com a opção por bens, serviços e obras de menor impacto, além da atenção estatal à regular destinação ambiental dos resíduos e rejeitos, em conexão com a Política Nacional de Resíduos Sólidos (Lei nº 10.305/2010) e normativos de órgãos competentes.

Os desafios referem-se à hermenêutica jurídica condizente com a sustentabilidade como princípio e valor constitucional que irradia a todo o ordenamento e políticas públicas (FREITAS, 2018), a maior interlocução entre os princípios de direito ambiental e o direito administrativo, bem como a internalização pelos atores jurídicos e da gestão de novas dimensões que tem sido, gradativamente, internalizadas na normatividade, como a dimensão cultural a ser considerada nas contratações por pregão eletrônico e a relação entre estas e o plano de logística sustentável.

O caminho que se apresenta é fortalecer as conexões entre o direito público e a boa governança com inovação, sendo de se observar uma espiral que se considere desde o conteúdo das graduações de Direito e Administração Pública, com ênfase na interdisciplinaridade, transdisciplinaridade e educação ambiental (COLUCCI, 2020), com maior integração das pesquisas de extensão e acadêmicas para com a função social do conhecimento científico (BOURDIEU, 2004), até a definição de alinhamentos programáticos e operacionais para a gestão pública brasileira.

3 Quem compõe a sustentabilidade?

Neste estudo, adota-se a concepção de sustentabilidade como um valor (FREITAS, 2018) e a sua multidimensionalidade para além do clássico tripé. Assim, além das dimensões ambiental, social e econômica, são aqui consideradas outras dimensões, tão relevantes quanto as antecedentes, com lastro nos ensaios de Juarez Freitas e Ignacy Sachs.

Em ensaio precursor de Juarez Freitas (2018), é de se destacar a presença na Constituição Federal de 1988 da sustentabilidade como um princípio ético-jurídico, direta e imediatamente vinculante, um valor constitucional supremo e objetivo fundamental da república, como pontuado pelo autor (p. 125).

> O ponto é que, quando a Constituição cogita do desenvolvimento como valor e como objetivo fundamental, intenta, ao menos implicitamente, adjetivá-lo como duradouro. Melhor do que isso: pretende que a sustentabilidade estabilize os pressupostos (sociais, econômicos, ambientais, jurídico-políticos e éticos) para a conformação apropriada do desenvolvimento. Este não se compagina com qualquer outro trabalho que não seja o decente. Não condiz com nenhuma ética que não seja a da vedação rigorosa da crueldade, em sentido amplo. Tampouco se afeiçoa à insistência temerária em tecnologias e produtos que poluem e matam.
>
> Como se observa, por sua abrangência, a sustentabilidade, em termos axiológicos, remete à realização, em bloco de objetivos intergeracionais. (FREITAS, 2018, p. 122)

Assim, as dimensões ambiental, social e econômica estão entrelaçadas com as dimensões ética e jurídico-política (*idem*, p. 82), condicionando o desenvolvimento a se perquirir, o agir humano e as instituições públicas e privadas.

Sachs (2002) também aborda outras dimensões, como a cultural e a territorial:

> A dimensão cultural refere-se ao equilíbrio entre o respeito às tradições e a inovação, bem como a capacidade de elaboração de projetos que sejam nacionais e não meramente cópias de modelos externos e sem adequação. A dimensão ecológica é distinta da ambiental e refere-se a

primeira à limitação do uso de recursos não renováveis e produção de recursos renováveis. O aspecto territorial apresentando por Sachs implica a melhoria do ambiente urbano e das disparidades entre as regiões, com estratégias de desenvolvimento que sejam ambientalmente seguras, conservando-se a biodiversidade. A dimensão política da sustentabilidade possui dois aspectos em Sachs, o internacional, que se refere à cooperação e garantia da paz, controle efetivo da aplicação do princípio da precaução em matéria ambiental, a cooperação científica e tecnológica internacional. A dimensão política nacional refere-se aos processos democráticos que atendam aos direitos humanos e a responsabilidade do Estado na implementação (SACHS 2002). (FREITAS, VILLAC, 2019, tradução da autora, edição virtual, sem numeração de páginas)

Não há sobreposição ou prevalência de alguma dimensão e a busca de harmonização é o que deve mover as ações efetivas para a concretude da sustentabilidade, seja em ações individuais, seja em movimentos coletivos ou em ações institucionais.

Verifica-se que a multidimensionalidade da sustentabilidade guarda total consonância com o fundamento existencial da Administração Pública, com o atendimento dos interesses públicos e a busca da real vivificação de direitos dos mais elevados, como: vida (digna), saúde, educação, trabalho, lazer, meio ambiente, entre outros constitucionalmente previstos.

4 Regência e sujeitos

Sobre os sujeitos, considerando a exigência de planos de logística sustentável e a possibilidade de adesão à A3P, os órgãos têm, gradativamente e não na velocidade que se almejaria, internalizado o tema em rotinas e fluxos internos, com atuação de atores designados em núcleos, comissões ou setores de gestão ambiental, além da atuação em pareceres consultivos da Advocacia-Geral da União e os posicionamentos dos Tribunais de Contas da União e em alguns Estados.

Com efeito, os Tribunais de Contas têm assumido um protagonismo nos últimos anos na temática das políticas públicas e da sustentabilidade (CUNDA, 2016; IOCKEN, 2013), e a Advocacia-Geral da União tem desenvolvido trabalhos na última década para fornecer segurança jurídica aos gestores no tocante às licitações sustentáveis, gestão de resíduos e educação ambiental, além de atuar em boas práticas de gestão pública, como usina fotovoltaica e contratações compartilhadas com critérios de sustentabilidade

Como desafios para avanço no tema, no tocante aos sujeitos e à regência do processo de inovação sustentável no setor público, do meu lugar de fala destaco a necessidade de capacitação de servidores e um modelo de gestão pública mais colaborativo e sistêmico.

Sobre capacitações, mencionamos aquelas voltadas aos setores de arquitetura e engenharia para a elaboração dos aspectos técnicos de um projeto básico sustentável, com eficiência energética, baixo consumo de água e que propicie um ambiente de trabalho saudável, aprazível e garantidor de qualidade de vida aos servidores públicos, como iluminação e ventilação natural e acesso à paisagem (menos divisórias e mais natureza), aqui destacando os estudos precursores de Viggiano (2019) sobre edificações públicas sustentáveis. Em acréscimo, as relações entre design para a sustentabilidade, direito e gestão pública, a serem estreitadas em estudos e pesquisas, bem como implementadas em ações práticas.

Igualmente, as necessárias conexões entre inovação, sustentabilidade, negócios de impacto social e cultura são ainda incipientes no campo das contratações e gestão pública brasileira.

A articulação e abordagem sistêmica aos problemas identificados no campo das licitações são prementes e ainda pouco exploradas, fazendo-se necessário efetivar-se, na prática e não apenas na norma, nos relatórios anuais ou na literatura, a sinergia entre os planos de contratações, o planejamento estratégico e as políticas de gestão pública em prol da acessibilidade e dimensões socioambientais, tendo sempre por base e bússola condutora o fundamento na ética.

A problemática amplia-se para além das contratações e há de registrar que a gestão pública não tem tradição histórica de atuar colaborativamente. Assim como a inovação e a sustentabilidade nas contratações devem ser consideradas desde a fase de planejamento à gestão de resíduos, envolvendo diversos sujeitos e setores em articulação, as ações, programas e planos para a inovação sustentável passam por premissa básica, que é a comunicabilidade de saberes, aprendizado coletivo, governança, instrumentos de mensuração e gestão pública com novas metodologias de trabalho coletivo, como o design *thinking* e a constituição de novos espaços públicos propiciadores do novo, como os laboratórios de inovação.

Outras habilidades são também requeridas ao servidor público, como competências não só técnicas e especializadas, muito necessárias, mas também competências emocionais e humanas. Assim, a conciliação e mediação são institutos presentes não apenas em *locus* jurídico normatizado, mas também, e precipuamente, são habilidades a serem fomentadas no cotidiano administrativo dos órgãos públicos. Conciliar, mediar, compatibilizar divergências e a partir delas constituir soluções de gestão que envolvam os diferentes setores e atores são requisitos mínimos para a atuação em inovação e sustentabilidade.

Estes são alguns dos desafios. Examinemos a participação cidadã nos processos constituidores da gestão pública sustentável.

5 As pausas na partitura

Lembrando Steward, "as pausas representam períodos de silêncio na música". A pandemia de Covid-19 ensejou um silêncio que, com maior ou menor intensidade em cada um, espalhou-se pelo mundo e como que, em momentos antes de um amanhecer, fosse agora possível ouvir mais a si mesmo, ao outro e aos pássaros.

Não há como falar sobre algo que tem impactado tanto a vida e saúde humanas sem o alento da poesia e da natureza. Em filosofia, é a Estética o ramo que dialoga a partir da arte, do belo e da sensibilidade humana e é esta última que vemos como motivadora de ações benéficas neste período de pandemia.

Evidenciam-se iniciativas diversas, individuais, coletivas, empresariais, governamentais, motivadas por valores dos mais elevados, como solidariedade, empatia e compaixão, em prol do corpo social, e nunca os princípios constitucionais foram tão vivificados como na fase que atravessamos.

Ao Direito e à Gestão Pública impôs-se o dever ético e humano de adoção de soluções rápidas e eficazes ao corpo social, que se iniciaram a partir de mudanças normativas, adequadas ao período de excepcionalidade e de inúmeras atuações dos gestores públicos brasileiros.

Nesse cenário, a sustentabilidade nas contratações para enfrentamento da calamidade pública Covid-19 apresenta-se como valor fundante inafastável, na medida em que é ela a garantidora de que sejam realmente atingidos os objetivos que se pretende com milhares de contratações públicas brasileiras, desde a segurança na observância das especificações da Anvisa passando pela adequada gestão de resíduos de saúde e a manutenção incólume das exigências legais de cunho ambiental.[2]

---

[2] Sobre o tema, com orientações jurídicas detalhadas, desenvolvi em *Licitações Sustentáveis no Brasil*, com 2ª edição virtual disponível na Amazon. Editora Fórum, 2020.

O que se aspira é que a compassividade como um valor social (VILLAC, 2020), tão evidenciada na pandemia, amplie-se e se perpetue, porque é ela que possibilita a real vivificação das políticas públicas.

6 Apresentação da composição

A gestão pública sustentável prima por não possuir plateia estanque, a assistir passivamente a composição elaborada, aplaudindo-a ou não. Ao reverso, há um conteúdo transversal do tema, aliado à premissa de que é princípio da educação para sociedades sustentáveis sermos todos aprendizes e educadores (Tratado de Educação ambiental para sociedades sustentáveis e responsabilidade global, 1992) e como tal, democraticamente atores e também destinatários da composição apresentada.

Há, por certo, um lugar de fala de cada um dos sujeitos e este lugar é contributivo ao todo pelas experiências antecedentes, conscientização, ações no presente e planejamento para o futuro.

Assim, o exercitar cotidiano em prol da sustentabilidade condiz com encadeamentos sistêmicos e uma ação (ou não ação) impacta positiva ou negativamente no meio ambiente, entorno social e cultural. Este é um aspecto complexo da ação a ser designada como sustentável, na medida em que decisões nem sempre serão facilmente equacionáveis e não haverá encaminhamentos e consequências cartesianamente delimitados. Há previsibilidade de riscos, mas nem todos serão mensuráveis.

Justamente aqui a sociedade de risco se apresenta (BECK, 2011), em sua imponderabilidade e incapacidade, muitas vezes humana, de circunscrever os efeitos das condutas que assumimos. Neste contexto, deve-se, em subsídio, atentar para os princípios da precaução e prevenção, mas estas não são decisões fáceis e o zelo para com a higidez do presente não é garantidor de um cenário igualmente hígido no futuro.

Trazendo essas dificuldades para a gestão pública, a pouca comunicabilidade entre setores e órgãos é uma barreira para a inovação sustentável. A lógica operacional da atuação compartimentalizada, a não assunção da responsabilidade pelo conjunto acabam por descaracterizar os atores públicos de sua essencialidade, que é o servir.

Verifica-se que a problemática da inserção da sustentabilidade e da inovação em órgãos públicos, além de todas as barreiras identificáveis e mensuráveis, traz subjacente uma dimensão ética e cidadã, que se refere à internalização nos sujeitos, de diferentes escalões e competências, de qual é a missão institucional e o fundamento de existência do poder público.

Aqui, com singeleza e objetividade de linguagem, chegamos a um ponto crucial: a busca do desenvolvimento humano e daquilo que nos caracteriza como tal: empatia, senso ético, racionalidade compassiva e espírito colaborativo.

E nessa composição em processo, sigamos esperançosos e atuantes, pois foi este o lugar de fala que encontrei (e reforcei em mim mesma) ao conhecer os integrantes e as ações empreendidas pela Rede Sustenta Paraná.

Referências

ALIGLERI, Lilian; ALIGLERI, Luiz Antonio; KRUGLIANSKAS, Isak. *Gestão socioambiental*: responsabilidade e sustentabilidade do negócio. Atlas, 2009.

BARBIERI, José Carlos. *Gestão ambiental empresarial*. Saraiva, 2017.

BARKI, Edgard; IZZO, Daniel; TORRES, Haroldo Gama; AGUIAR, Luciana. *Negócios com impacto social no Brasil*. Peirópolis, 2013.

BLIACHERIS, Marcos Weiss, FERREIRA, Maria Augusta Soares de Oliveira (Coord.). *Sustentabilidade na administração pública*: valores e práticas de gestão socioambiental. Belo Horizonte: Fórum, 2012.

BOURDIEU, Pierre. *Os usos sociais da ciência*: por uma sociologia crítica do campo científico. São Paulo: Editora UNESP, 2004.

BURSZTYN, Marcel. Meio ambiente e interdisciplinaridade: desafios ao mundo acadêmico. *Desenvolvimento e Meio Ambiente*, Editora UFPR, n. 10, p. 67-76, jul./dez. 2004.

CAVALCANTE, Pedro; CAMÕES, Marizaura; CUNHA, Bruno; SEVERO, Willber. *Inovação no setor público*: teoria, tendências e casos no Brasil. Enap; Ipea, 2017.

CHUDNOFF, Elijah. *A guide to philosophical writing*. Harvard College Writing Center, 2007.

COLUCCI, Flávia Eliana de Melo. *A temática ambiental no curso de graduação em Direito*: um enfoque sobre a ambientalização curricular. Dissertação (Mestrado em Agronegócio e Desenvolvimento – Universidade Estadual Paulista UNESP – Faculdade de Ciências e Engenharia, Orientadora: Angélica Góis Morales, Coorientadora: Sandra Cristina de Oliveira, Coorientador: Pedro Fernando Catâneo. Tupã, 2020. Disponível em: https://repositorio.unesp.br/handle/11449/193373.

CUNDA, Daniela Zago Gonçalves da. *Controle de sustentabilidade pelos Tribunais de Contas*. Tese (Doutorado) – PUC RS, Curitiba, 2016.

DIAS, Reinaldo. *Gestão ambiental*: responsabilidade social e sustentabilidade. Atlas, 2011.

FREITAS, Juarez. *Sustentabilidade*: direito ao futuro. Belo Horizonte: Fórum, 2018.

FREITAS, Juarez; VILLAC, Teresa. Sustainable Public Procurement: Concept and Principles. In: LEAL FILHO W.; AZUL A.; BRANDLI L.; ÖZUYAR P., WALL T. (Ed.) *Responsible Consumption and Production*. Encyclopedia of the UN Sustainable Development Goals. Springer, 2019

GREGÓRIO, Alvaro; ZANONI, Luciana Ortiz Tavares Costa; NEVES JR, Paulo Cezar. *Inovação no judiciário*: conceito, criação e práticas do primeiro laboratório de inovação do poder judiciário. Edgard Blücher, 2019.

HART, Stuart L, MILSTEIN, Mark B. Criando valor sustentável. *GV EXECUTIVO* 3.2 (2004): 65-7

IOCKEN, Sabrina Nunes. *Políticas públicas*: o controle dos Tribunais de Contas. Conceito Editorial, 2013.

QUINTAS, José Silva. *Introdução à gestão ambiental pública*. 2. ed. Brasília: Ibama, 2006.

JABBOUR, Ana Beatriz Lopes de Sousa; JABBOUR, Charbel José Chiappetta. *Gestão Ambiental nas organizações:* fundamentos e tendências. Atlas, 2013

MORIN, Edgar. *Introdução ao pensamento complexo*. Sulina, 2006.

ORLANDI, Eni. *Análise de discurso*: princípios e procedimentos. Pontes, 2000.

PORTER, Michael. *Vantagem competitiva*: criando e sustentando um desempenho superior. Elsevier, 2003.

SCARTEZINI. Ketlin Feitosa de Albuquerque Lima. *A efetividade das políticas públicas sustentáveis adotadas pelo Poder Judiciário brasileiro à luz da Resolução CNJ nº 201/2015*. Dissertação (Mestrado em Administração Pública) – Instituto Brasiliense de Direito Público. Orientadora: Suely Mara Vaz Guimarães de Araújo. Brasília, 2019. Disponível em: https://repositorio.idp.edu.br/handle/123456789/2561

STEWARD, Margaret E. *Meu livro de teoria para o curso inicial de música*. São Paulo: Ricordi Brasileiras S/A.

VEIGA, José Eli da. *O antropoceno e a ciência do sistema Terra*. Editora 34, 2019.

VIGGIANO, Mario. *Projeto de edifícios públicos sustentáveis*: uma abordagem cultural, econômica, ambiental e arquitetônica. Brasília: Senado, 2019

VIOLA, Eduardo; BASSO, Larissa. O sistema internacional no antropoceno. *Revista Brasileira de Ciências Sociais*, v. 31, n. 92, p. 1-18, 2016.

VILLAC, Teresa. *Licitações sustentáveis no Brasil*. 2. ed. Belo Horizonte, Belo Horizonte: Fórum, 2020.

VILLAC, Teresa. Advocacia pública consultiva: reflexões à luz do pensamento de Martha Nussbaum e Amartya Sen. *O novo papel da advocacia pública consultiva no século XXI*. André Luiz de Almeida Mendonça, Onofre Alves Batista Júnior, Rodrigo Araújo Ribeiro, Sérgio Pessoa de Paula Castro (Orgs). Prelo. Belo Horizonte: Editora D'Plácido, 2020.

Informação bibliográfica deste texto, conforme a NBR 6023:2018 da Associação Brasileira de Normas Técnicas (ABNT):

VILLAC, Teresa. Inovação e sustentabilidade na gestão pública brasileira: o lugar de fala. *In*: VILLAC, Teresa; BESSA, Fabiane Lopes Bueno Netto; DOETZER, Gisele Duarte (Coord.). *Gestão pública brasileira*: inovação sustentável em rede. Belo Horizonte: Fórum, 2021. p. 27-38. ISBN 978-65-5518-055-8.

OBJETIVOS DO DESENVOLVIMENTO SUSTENTÁVEL 16 E 17 – A CRIAÇÃO DA REDE SUSTENTA PARANÁ E OS DESAFIOS DO TRABALHO EM REDE

FABIANE LOPES BUENO NETTO BESSA

GISELE DUARTE DOETZER

1 Introdução

> *Em um momento de grandes restrições orçamentárias, a inovação social é uma maneira eficaz de responder aos desafios sociais, mobilizando a criatividade das pessoas para desenvolver soluções e fazer melhor uso de recursos escassos. A inovação social também pode promover uma sociedade inovadora e de aprendizagem. É um ponto de partida para criar a dinâmica social por trás das inovações tecnológicas.*

Poderíamos pensar que essa citação foi extraída de algum sítio do governo federal ou mesmo municipal, de um artigo acadêmico ou de uma consultoria de empreendedorismo na internet. Na verdade, o texto integra a introdução do documento "Empoderar as pessoas e impulsionar a mudança: inovação social na União Europeia",[1] produzido a partir de uma demanda do Gabinete de Conselheiros de Política Europeia (Bureau of European Policy Advisers) em 2011.

A onda de diminuição das estruturas dos Estados é uma realidade mundial. Se o impacto dessa tendência é forte nos países em que o Estado de bem-estar social atingiu a maturidade, em países como o Brasil, o impacto é muito maior.

Sem entrar em discussões quanto a essa tendência mundial – que não é o objeto deste estudo – há que se reconhecer que nesses momentos a capacidade de manter e ampliar iniciativas, construir alianças, fortalecer os vínculos entre cidadãos e as instituições, e motivar os servidores é tanto desafiador quanto indispensável.

Este capítulo relata o processo de criação (em 2016) e o atual estágio de desenvolvimento da "Sustenta Paraná" – iniciativa de inovação social desenvolvida no interior da administração pública no Estado do Paraná, que tem como fio condutor a promoção do desenvolvimento sustentável a partir de uma rede de governança envolvendo órgãos e entes públicos da administração direta e indireta das três esferas de governo e dos três Poderes.

2 Do Fórum Governamental de Responsabilidade Social/PR à criação da Sustenta Paraná

Embora os cortes orçamentários e a redução do número de servidores públicos tenha como pressuposto lógico a maior capacitação dos servidores (que terão um acúmulo de atribuições que implicam domínio técnico de múltiplos temas, melhor gestão do tempo, capacidade de lidar com o estresse e desenvolvimento de habilidades de comunicação) e o melhor aproveitamento dos recursos (portanto a gestão mais eficiente de despesas com energia, água, uso de materiais de consumo, melhor planejamento das compras, etc.), as ações de capacitação e de promoção do desenvolvimento sustentável costumam estar entre as mais afetadas em seus orçamentos.

Assim, em meio a sucessivos cortes orçamentários, em especial o que marcou o ano de 2015, o Centro Regional da Escola de

---

[1] Tradução livre do título original "Empowering people, driving change: Social Inovation in the European Union".

Administração Fazendária do Ministério da Fazenda no Estado do Paraná (Centresaf/PR) – escola de governo do Ministério da Fazenda que realizava capacitação de servidores públicos federais, estaduais e municipais – iniciou a aproximação com os entes públicos do Paraná para otimizar as ações de capacitação e as ações de promoção da sustentabilidade, procurando, paralelamente, regionalizar e ampliar atividades desenvolvidas pelo Fórum Governamental e Responsabilidade Social existente desde 2010 em Brasília:

> O Fórum Governamental de Responsabilidade Social – FGRS foi criado em 29 de abril de 2010 e instalado em junho do mesmo ano com o objetivo de ser um espaço permanente de discussão e proposição de questões e iniciativas relativas à Responsabilidade Social. A proposta do Fórum é ser um espaço de articulação para toda a esfera governamental, a fim de compartilhar experiências, visões e somar esforços no sentido de promover, facilitar e fortalecer a mobilização social e governamental para ações de responsabilidade social, apoiando e propondo ações voltadas para a consciência da cidadania, dos direitos humanos e para a proteção do meio ambiente.

> O FGRS foi proposto a partir da participação do Inmetro e do CSJT (Conselho Superior da Justiça do Trabalho) como delegados do Grupo de Trabalho da ISO 26000 – representantes da categoria Governo, Especialista e Observador, respectivamente, uma vez que tinham como parte de suas atribuições articular a categoria Governo no Brasil para o tema e disseminar e promover o diálogo sobre o conteúdo da norma técnica que estava em fase de elaboração. (...)

> O Fórum já realizou diversas reuniões com a participação de diversos órgãos governamentais dos três poderes e de setores bem diversos como: Câmara dos Deputados, Tribunais Regionais do Trabalho, Casa Civil, Advocacia-Geral da União, Tribunal Superior do Trabalho, Banco Central, BNDES, Petrobrás, Furnas, além de diversos ministérios.

> Houve também a participação de outras partes interessadas da sociedade representantes de outros setores como é o caso do CNI e CNC. A coordenação do Fórum é tripartite, com representantes dos Três Poderes, atualmente compartilhada entre Inmetro, Conselho Superior da Justiça do Trabalho e Câmara dos Deputados. (INMETRO, 2019)

A uniformização do conceito e das diretrizes da Responsabilidade Social encontra sustentação na norma internacional ISO 26.000, segundo a qual

> a responsabilidade social se expressa pelo desejo e pelo propósito das organizações em incorporarem considerações socioambientais em seus

processos decisórios e a responsabilizar-se pelos impactos de suas decisões e atividades na sociedade e no meio ambiente. Isso implica um comportamento ético e transparente que contribua para o desenvolvimento sustentável, que esteja em conformidade com as leis aplicáveis e seja consistente com as normas internacionais de comportamento. Também implica que a responsabilidade social esteja integrada em toda a organização, seja praticada em suas relações e leve em conta os interesses das partes interessadas. (INMETRO, 2019)

As ações envolvendo a responsabilidade social, a identificação e aproximação com os órgãos e entes públicos em Curitiba foram trabalhadas em conjunto e sob coorientação da direção do Centresaf Paraná[2] constituindo parte da monografia de final de curso de uma aluna da Especialização em Direito Ambiental[3] da Pontifícia Universidade Católica do Paraná.

Em fevereiro de 2016, ocorreu a primeira reunião com entes públicos paranaenses, seguida de outras 9 reuniões naquele ano, as quais trabalharam diferentes aspectos da eficiência energética, escolhida como tema central de 2016.

Naquele mesmo ano, a formalização da regionalização do Fórum nacional se deu com a aprovação do novo regimento interno do FGRS em reunião plenária realizada no Inmetro/DF em 15.12.2016, que conferiu uma primeira institucionalização do grupo, que ocorria a partir de ofício dos órgãos solicitando a adesão.

A Sustenta Paraná surgiu oficialmente com a assinatura do Acordo de Cooperação Técnica nº 001/2019 firmado entre entes públicos que já participavam do FGRS, formalizando e fortalecendo os vínculos e ações já existente. Desde a criação do FGRS até agosto de 2020, foram realizadas cerca de 60 reuniões (entre plenárias e de grupo de trabalho) das quais participaram mais de 120 pessoas e cerca de 40 entes públicos. Além disso, foram capacitadas em eventos promovidos pela rede mais de 360 pessoas de 07 estados (AM, PR, RJ, RS, SC, SE, TO). Adicionalmente, essa forma colaborativa de atuação dos órgãos do Paraná vem sendo disseminada desde 2017, através

---

[2] Por iniciativa de Fabiane Lopes Bueno Netto Bessa, Procuradora da Fazenda, então Diretora do CENTRESAF/PR.

[3] A monografia, defendida em 2015, teve como título "Ações Socioambientais do Estado no Município de Curitiba – PR", de autoria da advogada Flavia de Sá Sottomaior, sob a orientação do professor José Gustavo de Oliveira Franco.

de palestras, inclusive em outros estados (DF, MA, RS, SC, SP, SE), somando nos anos de 2019 e 2020 público superior a 1000 e 1600 pessoas, respectivamente.

3 Estrutura e modo de funcionamento

Visando esclarecer a forma de condução, facilitar a formalização de novas redes, bem como para a compreensão dos processos e relações internas que caracterizam o "jeito Sustenta Paraná" de trabalhar interinstitucionalmente para a sustentabilidade, foram detalhadas algumas temáticas estruturantes, apresentadas ao longo deste capítulo.

3.1 A coordenação

Seguindo o *modus operandi* do FGRS, a Sustenta Paraná conta com uma coordenação tripartite composta por representantes de instituições da Administração Pública dos Três Poderes, em nível federal, estadual/distrital e municipal, inclusive autarquias, fundações, empresas públicas e sociedades de economia mista.

Em 2017, foi realizada a primeira escolha dos integrantes da coordenação por aclamação, com mandato até fevereiro de 2020, a qual teve como integrantes o TCU (Poder Legislativo), o DNIT e o Banco Central (Poder Executivo), e o Tribunal Regional do Trabalho da 9ª Região na representação do Poder Judiciário.

Cumprindo a previsão expressa do Acordo de Cooperação Técnica nº 001/2019, a Sustenta Paraná escolheu, por aclamação, em novembro de 2019, durante a 11ª reunião plenária de 2019, a composição da coordenação para o biênio 2020-2021: o TCU (Poder Legislativo), o DNIT e a UTFPR (Poder Executivo), e o Tribunal Regional do Trabalho da 9ª Região e a Justiça Federal na representação do Poder Judiciário.

3.2 Formalização

Desde sua criação em 2016, o FGRS/PR foi caminhando fortemente para a estruturação de ações conjuntas que iam além das desenvolvidas pelo FGRS nacional, na perspectiva de realizações ainda mais dependentes de vínculos formais mais estruturados, como a realização de compras compartilhadas. Adicionalmente, o FGRS/PR foi se aproximando crescentemente de outras redes, predominantemente desenvolvidas a partir do Poder Judiciário, as quais foram formalizadas através de acordos de cooperação.

É mister destacar o forte apoio que a Assessoria de Gestão Socioambiental do Superior Tribunal de Justiça[4] vem dispensando na formação e diálogo entre os órgãos em diferentes estados – que foi fundamental para a sensibilização da presidência do TRE/PR quanto à importância do envolvimento das lideranças públicas e a atuação em rede. Através dos contatos das redes, fornecidos por essa mesma Assessoria, foi realizado um mapeamento dos movimentos cooperativos dessa natureza, que são objeto do Capítulo 06 deste livro.

Nesse processo de formalização, o FGRS/PR, guiado pelo modelo de outras redes, entendeu que era necessário firmar um acordo de cooperação técnica que robustecesse a cooperação e amparasse ações mais estruturadas dos órgãos partícipes. Para tanto, no ano de 2018, reuniões do Fórum do Paraná, pesquisas e levantamentos realizados quanto às redes existentes e seus instrumentos de cooperação[5] deram origem ao documento construído coletivamente para a constituição da SUSTENTA PARANÁ – nome inspirado na rede de Minas Gerais (Sustenta Minas).

A proposta de celebração deste compromisso tinha como fito:[6]

I – potencializar o resultado das ações de capacitação desenvolvidas pelos órgãos e entes públicos nos temas comuns;

II – gerar e sistematizar conhecimento e objetos de aprendizagem;

III – propiciar o uso racional de materiais, equipamentos, força de trabalho, imóveis, infraestrutura e contratos, dentro dos princípios atinentes ao desenvolvimento sustentável;

IV – promover a otimização de recursos orçamentários;

V – fomentar a parceria entre as instituições de ensino e pesquisa e os órgãos e entes públicos através do desenvolvimento de projetos de extensão, oferta de estágios, pesquisas, entre outros;

VI – realizar o intercâmbio de experiências entre os signatários;

VII – promover o debate sobre responsabilidade socioambiental nas organizações e divulgar legislação, normas e iniciativas pertinentes;

---

[4] A Assessora-chefe de Gestão Socioambiental, Ketlin Feitosa de Albuquerque Lima Scartezini, tem tido uma participação fundamental em diferentes iniciativas governamentais relacionadas ao tema.

[5] Essas pesquisas foram realizadas pela Coordenadora pelo Poder Executivo do FGRS/PR e servidora do DNIT/PR, Gisele Duarte Doetzer.

[6] O Acordo de Cooperação Técnica da Sustenta Paraná se encontra no repositório: https://drive.google.com/open?id=1PIWr3-Wz_9LM02fUYHoAcH3XdxVFq-aG.

VIII – propor, estimular e promover a expansão e o aprimoramento das ações de responsabilidade socioambiental e a minimização dos impactos negativos gerados.

Além dos benefícios supracitados, são esperados outros igualmente importantes: o envolvimento das autoridades máximas no estado para obtenção de maior comprometimento resultando num apoio mais expressivo e a ampliação da integração dos órgãos, com alcance de resultados mais significativos, maior profundidade nas ações, projetos estruturados com acompanhamento e prestação de contas, realização de pelo menos um evento ao ano para a alta cúpula, divulgando os resultados e institucionalização do trabalho coletivo, e fortalecendo sua continuidade.

Esse esforço coletivo se materializou com a assinatura conjunta do Acordo de Cooperação Técnica nº 001/2019 durante o 3º Seminário Internacional – OIT 100 anos: Segurança, Saúde e o Futuro do Trabalho, realizado na data de 09.05.2019 pelo TRT/PR na FIEP em Curitiba, evento com 540 inscritos. O documento foi assinado por 14 órgãos: Banco Central, CHC/UFPR, DNIT/PR, IFPR, Justiça Federal, MP/PR, MPF, Procuradoria Federal, TCU, TJ/PR, TRE/PR, TRT/PR, UFPR e UTFPR. Em 2019 e 2020, aderiram ao referido acordo outras quatro instituições: a Companhia de Saneamento do Paraná (Sanepar), a Companhia Nacional de Abastecimento no Paraná (CONAB), a Companhia Paranaense de Energia (COPEL) e a Superintendência Regional da Polícia Federal no Paraná.

3.3 Reuniões

Em cada início de ano são realizadas de uma a duas reuniões plenárias com o propósito de definir as ações conjuntas e o planejamento estratégico anual (PEA).

Uma vez definidas as ações a serem implementadas, ocorrem as demais reuniões plenárias com caráter expositivo e colaborativo. Durante os encontros, busca-se fomentar o apoio interinstitucional para as práticas internas e auxiliar na implantação dos PLSs, promover o debate sobre responsabilidade socioambiental nas organizações públicas, divulgar a legislação e propiciar o *benchmarking*, capacitar servidores, fomentar a parceria entre os órgãos e entes públicos, identificar e disseminar conhecimentos gerados a partir da força de trabalho dos participantes e identificar e implementar projetos com vistas à utilização de recursos de forma conjunta e que visem a sustentabilidade.

As reuniões plenárias costumam ocorrer mensalmente e em sistema de rodízio. O fato de os encontros serem itinerantes promove diversos benefícios, notadamente:

- movimentação no órgão anfitrião, chamando a atenção pela presença de tantos participantes de órgãos diferentes engajados com a sustentabilidade;
- recepção e apresentação pelo gestor do órgão anfitrião dos projetos e das boas práticas realizadas na casa, dando maior visibilidade de suas ações;
- aprendizado coletivo sobre os projetos e as boas práticas do órgão anfitrião.

3.4 Comunicação

Através do aplicativo WhatsApp mantemos dois grupos permanentes: o Sustenta Paraná, com todos os participantes e o Coordenação da Sustenta Paraná, somente com a propositora da Rede e os coordenadores. Outros grupos são constituídos para ações específicas, como o que apoia a publicação do livro coletivo e o que promove os encontros de prática de Comunicação Não-Violenta. Assim, essa ferramenta vem agilizando a troca de mensagens, incluindo: divulgação de eventos, avisos e comunicados sobre reuniões, entre outros. Já o grupo da Coordenação, troca informações de gestão e de organização da Rede.

Para os documentos há um repositório on-line onde ficam sempre disponíveis as atas, as listas de participantes, as apresentações, a produção acadêmica e outros documentos de interesse de todos.

Como parte da comunicação, foi previsto no plano de trabalho a realização de um evento anual para os dirigentes a fim de apresentar o andamento dos projetos e os resultados das atividades, disseminando os frutos das ações compartilhadas.

4 Projetos realizados

4.1 Projeto de eficiência energética

Um dos principais resultados das atividades de 2016 foi a constatação da dificuldade dos órgãos públicos se beneficiarem de chamadas públicas promovidas pelas companhias de distribuição de energia estaduais, as quais possibilitam o uso de recursos de um fundo que facilita a implementação de projetos de eficiência energética. Reuniões com os entes públicos, órgãos de controle e a Copel (Companhia Paranaense de Energia) levaram à sistematização de diferentes aspectos dos editais que não contemplavam o regime jurídico de direito público ao qual se submetem os entes públicos.

Com isso, a ANEEL tomou ciência dessas questões e está revisando a estruturação dos editais de chamada pública – o que beneficiará desde escolas públicas municipais até tribunais no uso de recursos do fundo para viabilizar projetos de eficientização energética, permitindo que os recursos orçamentários sejam prioritariamente direcionados às suas atividades fins.

4.2 Eventos realizados

2016 – Seminário Plano de Logística Sustentável: Levantamento da Situação Atual e Perspectivas

O primeiro evento do FGRS/PR foi o encontro promovido pela Secretaria Executiva do Tribunal de Contas da União, "Seminário Plano de Logística Sustentável – Levantamento da Situação Atual e Perspectivas", com o objetivo de sensibilizar os seus órgãos jurisdicionados sobre a importância do PLS, apresentar a legislação existente, disseminar boas práticas e ferramentas para a implementação. O evento contou com a participação de 37 pessoas, sendo representantes de 22 órgãos e, desde então, algumas instituições passaram a integrar o FGRS/PR.

Durante esse evento, foi realizado um mapeamento entre os 22 representantes das instituições partícipes sobre os percentuais de atendimento às medidas definidas na IN SLTI-MP nº 10/2012,[7] para apontar quais ações foram implementadas e se o atendimento foi integral, contribuindo para uma visão da capacidade de resposta da Administração Pública e para a identificação de dificuldades e formas

---

[7] A IN SLTI-MP nº 10/2012 introduziu a obrigatoriedade de elaboração e acompanhamento do Plano de Gestão de Logística Sustentável.

de superá-las.[8] Contribuíram para a organização do evento os seguintes órgãos: TCU, CENTRESAF/PR, TRT 9ª, TRE/PR e DNIT/PR.

2017 – Projeto Nacional Licitações Sustentáveis

Com o intuito de ampliar a abordagem do curso sobre Licitações Sustentáveis que seria realizado pela AGU e EAGU, o FGRS/PR promoveu um dia adicional de programação, ofertando exemplos de boas práticas e palestras de temas afetos à sustentabilidade pelos membros do Fórum. Assim, foram realizadas 11 apresentações adicionais, de 9 membros da Rede, acrescentando mais 8 horas de capacitação aos participantes. Os temas abordados foram: Gestão Pública Sustentável com foco em redes; Rotulagem Ambiental; Licitações de obras Sustentáveis; e apresentação de boas práticas. O evento ainda contou com a certificação do CENTRESAF/PR e com a colaboração da Polícia Rodoviária Federal, que cedeu o espaço, e de seu sindicado, que patrocinou o café. Além disso, contribuíram para a organização e realização do evento os seguintes órgãos: Banco Central, Câmara de Vereadores de Curitiba, CENTRESAF/PR, Cindacta II, CJU, DNIT/PR, Justiça Federal, Superintendência de Administração do Ministério da Fazenda, TCU, TRT 9ª, TRE/PR e UTFPR.

2018 – SUSTENTA PARANÁ – União dos 3 Poderes para a Sustentabilidade

Como preparação para a assinatura do Acordo de Cooperação Técnica, foi organizado um evento de sensibilização dos dirigentes dos órgãos na Universidade Federal do Paraná (UFPR), do qual participaram 50 pessoas, de 21 instituições. De forma colaborativa, organizaram o evento: o Centresaf/PR, com as inscrições e certificações, a UFPR, com o espaço e o registro de áudio e vídeo, e o DNIT/PR, com a articulação. Também nesse momento houve a colaboração da Assessora-Chefe do STJ[9] e da propositora do FGRS/PR,[10] na qualidade de palestrantes.

---

[8] Para o levantamento dos dados foi aplicado um questionário contendo os 59 itens do Anexo II da IN SLTI-MP nº 10/2012 e o resultado foi publicado no artigo "Plano de gestão de logística sustentável (PLS) em órgãos da administração pública no Paraná." na *Revista de Direito Política* 24ª Edição. Autoras: Gisele Duarte Doetzer (DNIT/PR) e Fabiane Lopes Bueno Neto Bessa (ESAF/PR);

[9] Assessora-chefe de Gestão Socioambiental do STJ, Ketlin Feitosa de Albuquerque Lima Scartezini.

[10] A propositora do FGRS/PR foi a Dra. Fabiane Lopes Bueno Neto Bessa, então Diretora do CENTRESAF/PR.

2019 – Painel: Sustentabilidade na Gestão Pública

Buscando sensibilizar os participantes e disseminar as boas práticas para a sustentabilidade, esse evento teve por público-alvo servidores públicos, estudantes, órgãos de assessoria e membros das carreiras jurídicas. A programação contou com palestrantes do DNIT/PR e Justiça Federal, mediação da Polícia Federal e convidados da AGU.[11] Participaram do evento 157 pessoas, de 30 instituições. Colaboraram para a realização a Escola da AGU, com a divulgação, as inscrições e as certificações e o Segundo Centro Integrado de Defesa Aérea e Controle de Tráfego Aéreo – Cindacta II, com o espaço e café.

4.2.1 Eventos custo zero

Com o espírito colaborativo e valendo-se do capital humano e dos recursos disponíveis dos órgãos membros, os eventos acima apresentados foram todos realizados apenas com a promoção da eficiência, ou seja, aproveitando os espaços existentes, as expertises e o trabalho dos agentes públicos envolvidos. Com custo zero e ainda com a promoção da aproximação entre os colaboradores, foram realizadas divulgações, inscrições, apoio durante os eventos, registros de vídeo e imagem, certificação, e disponibilização do material produzido.

4.3 Participação na Semana do Lixo Zero

Na última semana de outubro ocorre sempre em Curitiba a Semana do Lixo Zero. Em 2017 o FGRS/PR se inscreveu e participou com diversas atividades: oficina de vermicompostagem, exposição de produtos, soluções e brinquedos feitos com a reciclagem, mutirão para a coleta de lixo em parque público, entre outros, com destaque para a participação da UTFPR e MPPR.

---

[11] Os Advogados da Consultoria Jurídica da União – AGU: Valter Otaviano da Costa Jr e Teresa Villac palestraram sobre "Panorama da Sustentabilidade" e "Desafios da Sustentabilidade", respectivamente, de forma voluntária.

4.4 Compra compartilhada

Inspirado nos projetos de compra compartilhada realizados e apresentados[12] durante o VI Seminário de Planejamento Estratégico Sustentável do Poder Judiciário, promovido pelo STJ em 2017, realizou-se em 2018 a primeira compra compartilhada entre membros da Sustenta Paraná. Esse projeto representa o uso do poder de compra pública para a implementação do desenvolvimento sustentável, conforme Freitas (2019, p.7) e é apresentado no capítulo "Compra compartilhada sustentável: a experiência da Rede Sustenta Paraná" desta obra, de autoria de Rodrigo de Souza Loro.

4.5 Desenvolvimento da marca Sustenta Paraná – Mais do que um projeto entre órgãos

Com a transição do FGRS/PR para a Sustenta Paraná, fez-se necessária a criação de uma marca própria. Dessa forma, foi realizado um processo seletivo para a submissão de propostas. Um professor do curso de Design de Produto da UFPR[13] orientou cinco alunos nesse processo de desenvolvimento e como resultado da seleção, surgiram 22 propostas (entre alunos e voluntários da Sustenta Paraná), as quais foram votadas na 7ª reunião plenária de 2019.[14]

A monografia que apoiou o início das reuniões em 2016 e o processo seletivo para a confecção da marca são apenas uma mostra do potencial que existe nesta aproximação entre entes do governo e a academia. Alunos se formam todos os anos e necessitam de projetos interessantes que possibilitem uma experiência real e prática para melhor se qualificarem como profissionais. Por outro lado, a administração pública é carente de soluções e projetos, inclusive multidisciplinares, para a promoção de suas atividades e melhor atendimento às demandas da sociedade.

---

[12] Os projetos de compra compartilhada foram apresentados pelo servidor Renato Cader, no Seminário do STJ, do qual a servidora do DNIT/PR, Gisele Duarte Doetzer, teve oportunidade de participar e replicou aos membros da Sustenta Paraná.

[13] Professor Ken Flávio Ono Fonseca.

[14] A plenária contou com 20 participantes e as 3 propostas mais votadas foram as das alunas Carolina Teixeira dos Santos, 3º lugar; Belen Furlani, 2º lugar; e Isis de Macedo, 1º lugar. Esta é a marca vencedora:

4.6 Participantes

Fazem parte da Sustenta Paraná representantes dos órgãos de diversos níveis hierárquicos e voluntários engajados na causa, interagindo com o mesmo propósito profissional e pessoal de implementar a sustentabilidade na gestão pública brasileira.

Essa atuação cooperativa proporciona uma eficiência sinérgica, resultando em diversos benefícios, inclusive financeiros, sem ocasionar ônus de qualquer espécie, além de crescimento e realização pessoal.

4.7 Compostagem

De acordo com o Ministério do Meio Ambiente,[15] compostagem é uma técnica que permite a transformação de restos orgânicos (sobras de frutas e legumes e alimentos em geral, podas de jardim, borra de café, etc.) em adubo. Em outras palavras, o processo transforma o que é "lixo" em fertilizante orgânico, possibilitando o enriquecimento do solo para a agricultura ou jardinagem, aumentando a vida dos aterros e evitando a contaminação das águas e do solo, e diminuindo os riscos à saúde. Segundo o Manual de Orientações sobre compostagem (MMA),[16] no Brasil, os resíduos orgânicos representam cerca de 50% dos resíduos urbanos gerados.

Com o propósito de reduzir o impacto ambiental e devolver os resíduos ao seu ciclo natural, o Núcleo de Sustentabilidade do DNIT/PR, com o apoio de servidor do Núcleo de Gestão Ambiental do TST,[17] o qual possui anos de experiência no assunto, iniciou a compostagem de seus resíduos orgânicos em Curitiba. O húmus, composto orgânico gerado por este mecanismo de ciclagem de nutrientes na natureza, foi destinado à horta institucional e, seus frutos, aos colaboradores terceirizados. Dessa forma, completou-se o ciclo de vida dos orgânicos, em especial da borra de café, e pode beneficiar várias pessoas. Com o sucesso do projeto, a iniciativa evoluiu para realização de parcerias com outros órgãos. Assim, o DNIT/PR passou

---

[15] Sítio do Ministério do Meio Ambiente traz definições e informações sobre compostagem.

[16] Manual de orientação sobre compostagem doméstica, comunitária e institucional de resíduos orgânicos, do Ministério do Meio Ambiente.

[17] O TST composta seus orgânicos desde 2014. O servidor Jomar Pereira da Silva vem realizando a compostagem e disseminando esta prática entre órgãos públicos de diversos estados.

a receber os resíduos orgânicos do TCU e realizou capacitações para o Colégio Estadual do Paraná e para o TRE/PR. Em oito meses, somente no DNIT/PR, foi aproveitada meia tonelada de resíduo orgânico. O TJMS,[18] inspirado neste exemplo, está implantando sua horta beneficiando seus terceirizados. Essa iniciativa tem um grande potencial de multiplicação e ampliação em demais órgãos.

5 Sustenta Paraná selecionada pelo Tribunal de Contas da União como "Boa prática replicável em organizações públicas buscando eficiência"

Com o objetivo de compartilhar com os gestores públicos iniciativas bem-sucedidas adotadas por órgãos da Administração Pública e incentivá-los a replicarem essas práticas, o TCU promoveu o Seminário "Deu certo! Boas práticas replicáveis em organizações públicas buscando eficiência". Entre as mais de 30 boas práticas submetidas, sete foram selecionadas, entre as quais a Sustenta Paraná, que foi apresentada no evento realizado em Brasília,[19] no dia 12.11.2018, do qual participaram cerca de 250 pessoas. Os outros projetos selecionados foram dos seguintes órgãos: CJF, TCU, BNDS, Câmara dos Deputados, MPDG e ENAP.

6 Sustenta Paraná e Objetivos do Desenvolvimento Sustentável

O gráfico a seguir sintetiza a contribuição que a Sustenta Paraná traz ao esforço mundial voltado ao desenvolvimento sustentável traduzido pelos Objetivos do Desenvolvimento Sustentável (ODS).[20] Além dos projetos realizados desde 2016, acima descritos, algumas das iniciativas serão melhor exploradas em outros capítulos deste livro.

Optou-se, aqui por expor a sua relação e colaboração especificamente para os ODS 16 e 17 – que dialogam com a própria essência

---

[18] As práticas da Sustenta Paraná foram apresentadas em palestra realizada no 3º Seminário Sul Mato Grossense de Gestão Socioambiental no Poder Judiciário.

[19] A apresentação no evento do TCU foi realizada pela Coordenadora da Sustenta Paraná – Representante do Poder Executivo e servidora do DNIT/PR, Gisele Duarte Doetzer.

[20] Manual de orientação sobre compostagem doméstica, comunitária e institucional de resíduos orgânicos, do Ministério do Meio Ambiente.

da Sustenta Paraná como catalisadora de conhecimentos, práticas e motivações no interior das instituições públicas.

Figura 1 – Associação dos temas do PLS aos respectivos ODS trabalhados pela Sustenta Paraná

Fonte: Elaboração das autoras.

6.1 A Sustenta Paraná e o Objetivo 16 – Construir instituições eficazes, responsáveis e inclusivas em todos os níveis

Instituições não agem. Quem age são as pessoas que nela trabalham.

A maneira como uma equipe decide, coordena esforços, identifica e utiliza seu capital humano diz muito sobre a coerência entre seus propósitos e sua atuação.

O Objetivo 16 trata de instituições eficazes, responsáveis e inclusivas em todos os níveis, e a governança tem um papel decisivo para que os agentes públicos atendam a essas necessidades e desenvolvam a capacidade de acolher e valorizar as diferenças.

A coordenação tripartite da Sustenta Paraná contempla as diferentes perspectivas dos Poderes Executivo, Legislativo e Judiciário e não está vinculada à posição hierárquica dos servidores públicos que a integram. Seu papel não é de dirigir, mas, efetivamente, de

coordenar. Servidores de carreiras típicas de Estado (promotores de justiça, auditores, advogados públicos), servidores das carreiras administrativas (atividade meio) e comunidade acadêmica trabalham em conjunto para os projetos.

Ainda que o termo "governança democrática" possa ser adotado de forma mais abrangente, referindo-se ao envolvimento cidadão – portanto relacionado a mecanismos democráticos não circunscritos às estruturas da administração pública –, a ideia central da governança democrática traduz o modo como a Sustenta Paraná opera, tomando como referência as características identificadas por ENJORLAS e STEEN-JOHNSEN (2016): a horizontalidade das relações, o foco no interesse (público) comum, a valorização dos talentos individuais e do conhecimento de cada um em contraposição à competição. Essas características moldam a identidade e conferem o senso de pertencimento do grupo, ao criar possibilidades de participação e empoderamento, valorizando o protagonismo dos servidores independentemente das funções e da ascensão que algumas carreiras do serviço público costumam ter sobre outras.

Em lugar da competição e do artificialismo das relações mediadas pelo status profissional, a relação horizontal estimula a parceria, a cooperação e a espontaneidade, fortalecendo a percepção de que cada ente e cada agente público é parte de um sistema maior que é o Estado Brasileiro.

O comprometimento e responsabilidade de cada um é consequência dessa identidade construída, ao contrário da cultura de transferir a responsabilidade às chefias e aos políticos – o que, em certa medida, se traduz na clássica frase de Kennedy: "Não pergunte o que seu país pode fazer por você. Pergunte o que você pode fazer por seu país."

6.2 Objetivo 17 – Parcerias e meios de implementação

O objetivo 17 trabalha a cultura da cooperação, do compartilhamento de conhecimentos e da inovação como formas de apoiar a realização dos ODS.

Tudo o que foi apresentado evidencia algumas das características mais intrínsecas à Sustenta Paraná: a parceria, o trabalho em rede, o reconhecimento da sinergia e a valorização da complementariedade.

O processo de adesão ao acordo de cooperação não é imediato pois há um trâmite interno próprio de cada ente, a obrigatoriedade de análise pela consultoria jurídica, e um processo de convencimento das lideranças.

São entes municipais, estaduais, federais, empresas públicas, forças armadas, escolas públicas e escolas de governo, órgãos de controle, Poder Judiciário, universidades que oferecem seu conhecimento e experiência, constroem um ambiente de confiança e apoio que se reforça a cada iniciativa e a cada encontro.

Manter-se atuante por 5 anos, em meio a mudanças de governo, de chefias, de reitores, reformas administrativas e até a pandemia é uma conquista coletiva.

Entre os integrantes do Sustenta há pessoas que atuam diretamente na área de responsabilidade social/sustentabilidade em seus órgãos de origem, diversos especialistas, mestres ou doutores em temas diretamente relacionados à implementação de políticas públicas, a exemplo das relacionadas à eficiência energética, resíduos sólidos, logística sustentável e otimização do uso de recursos (PLS), compras e contratações sustentáveis, mobilidade urbana, gestão hospitalar, dentre outras.[21]

Conforme explicado, cada reunião itinerante é um novo momento de aprendizado coletivo – tanto dos integrantes quanto dos servidores do ente público que hospeda o encontro, aprendizado que não se circunscreve ao aspecto técnico abordado. Avança-se mais e mais na governança democrática, na valorização da diferença e da pluralidade, reafirma-se a capacidade de realização e inovação mesmo com poucos recursos, celebra-se os novos participantes – portanto o trabalho cooperativo e em rede, pois o aprendizado não termina e não se consolida com a exposição a um assunto, mas com a assimilação, problematização e aplicação do que se aprende.

Desconfiança, descrédito e revolta contra o autoritarismo são sentimentos permanentemente associados ao Estado e, portanto, a seus agentes. A sociedade espera que administração pública seja eficiente, cumpra e pratique o que exige dos cidadãos, da sociedade e das empresas.

Este capítulo iniciou com uma referência ao papel central da Inovação Social, que é aqui retomado.

---

[21] Respectivamente instituídas pela Lei nº 10.295/2001 e Lei nº 9478/1997 (eficiência energética), Lei nº 12.305/2010 (resíduos sólidos), Decreto nº 7.746/2012 (PLS), IN SLTI-MP nº 10/2012 (contratações sustentáveis), Lei 12.587/2012 (mobilidade urbana).

Assim como a governança democrática tende a ser pensada nas relações entre os setores da sociedade, mas, antes de tudo, deveria estar incorporada ao fazer de cada instituição, seja ela pública ou privada, a inovação costuma ser reconhecida a partir do viés reducionista do meio empresarial e das relações de mercado, marcadamente na perspectiva da inovação tecnológica, e tida como secundária em outros setores da sociedade e da vida.

Em sua análise sobre inovação social, JESSOP, MOULAERT, et. all (2013) destacam o papel central da inovação e do empreendedorismo no combate à exclusão, na reestruturação socioeconômica, nas estratégias das organizações da sociedade civil, nas políticas públicas, e sua relação com as mudanças, as transformações e as inovações em várias esferas da sociedade.

Dentre diferentes perspectivas, teóricas, JESSOP, et. all (2013) se detém nos estudos de CHAMBON, DAVID E DEVEVEY (1982) que reconhecem que o Estado pode ser, ao mesmo tempo, uma barreira ou uma arena de interação que estimula a inovação social, a qual pode ocorrer em diferentes comunidades e escalas, mas está sempre condicionada à presença do aumento da consciência, mobilização e aprendizagem como fatores que favorecem a inovação, bem como uma visão assertiva diante dos obstáculos, em lugar da atitude passiva e burocrática de quem não enxerga em si a capacidade e a força para colaborar com a mudança.

A oportunidade de participar do movimento global dos ODS, a visualização dos resultados práticos do trabalho coletivo, o diálogo, a espontaneidade, a oportunidade de inovar e compartilhar aumentam a autoestima, colaboram para que estes espaços se caracterizem pelo agir e transcendam os momentos em que os integrantes da Sustenta Paraná estão juntos.

É visível, assim, a concretização de diferentes aspectos preceituados pelo objetivo 17: cooperação, compartilhamento de conhecimentos, inovação como forma de apoiar a realização dos ODS.

6.3 A Sustenta Paraná em tempos de Covid-19

Como tantas outras iniciativas, a Sustenta Paraná também sofreu os efeitos deletérios da Covid-19, inviabilizando os projetos originalmente definidos para o ano de 2020.

Conforme o isolamento foi perdurando, diferentes iniciativas foram surgindo ou se agregando e fortalecendo outras iniciativas, sempre alinhadas aos Objetivos de Desenvolvimento Sustentável, mas considerando as demandas que emergiram do contexto.

E desse movimento orgânico também resultou a continuidade virtual da convivência e manteve acesa a motivação, promovendo a sustentabilidade do próprio grupo.

À parte as ações relacionadas à pandemia, foi criado o grupo de comunicação[22] que trouxe um avanço qualitativo na comunicação interna e na interação da Sustenta com a sociedade através da criação do seu Instagram.

Inaugurado em 05 de fevereiro de 2020, o Instagram da Rede Sustenta Paraná conta atualmente com cerca de 550 seguidores, entre servidores públicos de diversos órgãos públicos dos três poderes e esferas, professores, ativistas ambientais, entre outros. A página é marcada pelo dinamismo e qualidade das postagens, as quais já abordaram mais de 10 Objetivos do Desenvolvimento Sustentável da Agenda 2030 da ONU.

Através da constante interação com o público de forma leve e divertida, a ferramenta se tornou essencial na divulgação de eventos relacionados à sustentabilidade, além de promover a educação socio-ambiental da sociedade e dar visibilidade às atividades, às campanhas dos integrantes e aos partícipes da Sustenta Paraná.

Paralelamente, há um processo contínuo de realização de iniciativas que se alinham a vários Objetivos do Desenvolvimento Sustentável: Objetivos 2 (Fome zero), 3 (Saúde e bem-estar), 4 (Educação), 5 (Igualdade de gênero), 6 (Água potável e saneamento), 8 (Trabalho decente), 10 (Redução das desigualdades), 11 (Cidades e comunidades sustentáveis), Objetivos 6, 7, 13, 14 e 15 (todos relacionados à proteção do meio ambiente), Objetivo 12 (Consumo sustentável), Objetivo 16 (Instituições eficazes, responsáveis e inclusivas) e 17 (Parcerias e meios para implementação).

Convite à Ação – ODS 2, 10, 11 e 17

O conjunto de iniciativas teve início com o *Convite à Ação* a partir do qual, e valendo-se de sua especial condição de atuação ampla e impacto em escala, a Sustenta Paraná convidou ao engajamento os

---

[22] Integrantes da Comunicação da Sustenta Paraná: Cláudia de Oliveira Cruz Carvalho, representante da Superintendência Regional da Polícia Federal no Paraná, Fernanda de Matos de Souza, representante da Superintendência Regional da Companhia Nacional de Abastecimento (Conab) no Estado do Paraná, Gisele Duarte Doetzer, representante do DNIT/PR e Rodrigo de Souza Loro, representante da Justiça Federal de 1º Grau no Paraná.

entes e servidores que integram a Administração Pública no Estado do Paraná para a participação ativa no enfrentamento dos desafios ocasionados pela pandemia. Para tanto, foi feita uma sistematização de informações sobre diferentes demandas, organizações e ações de apoio cuja origem foi verificada, de modo a conferir segurança aos que desejassem contribuir para o suporte a grupos vulneráveis.

Aplicativo NÓS – Nosso Olhar Sustentável – ODS 2, 10, 11 e 17

Desenvolvido por equipe multidisciplinar de professores e alunos da UTFPR,[23] o NÓS – Nosso Olhar Solidário recebeu o apoio expresso da Sustenta Paraná, através do Ofício Sustenta Paraná nº 04/2020 e da utilização das informações coletadas e sistematizada para o Convite à Ação, para alimentar o banco de dados do aplicativo NÓS. A disponibilização gratuita do aplicativo permite a concretização de ações de solidariedade durante e depois da pandemia.

O objetivo principal do NÓS é conectar quem precisa de ajuda com quem está disposto a ajudar. Além disso, um de seus diferenciais é a possibilidade de atender não apenas instituições formalizadas, mas também grupos e até pessoas físicas em alguma situação de vulnerabilidade. O cadastro de cada pessoa ou grupo necessitado é verificado individualmente, garantindo a confiabilidade à ferramenta.

Famílias, crianças e jovens em vulnerabilidade social, pessoas com deficiência, pessoas em situação de rua ou em tratamento de saúde foram as principais beneficiárias do uso da ferramenta que atende a Região Metropolitana de Curitiba e tem o potencial de replicação para outros municípios.

Oficinas de Introdução à Comunicação Não-Violenta (CNV) – ODS 3 e 16

Diferente das demais ações, as Oficinas de Introdução à Comunicação Não-Violenta (CNV) foram realizadas visando os próprios integrantes da Sustenta Paraná e faziam parte das ações definidas no planejamento original. Foram realizadas 3 oficinas que contaram com 21 participantes.[24]

---

[23] Coordenadores do Aplicativo NÓS: Bolívar Teston de Escobar e Eunice Liu – professores do departamento de Design; Simone Crocetti e Ricardo Umbria Pedroni – professores do departamento de Eletrônica; UTFPR, campus Curitiba.

[24] Facilitadores das oficinas: Gabriela Inácio e Pedro Henrique Bessa

O desenvolvimento de competências é um aspecto muito valorizado na educação corporativa e trabalha os pilares "conhecimentos, habilidades e atitudes", que têm estreita relação com a Comunicação Não-Violenta que, no entanto, é mais ampla e aplica-se também às relações pessoais.

Não obstante a importância da comunicação para a qualidade das relações e do bem-estar das pessoas de todas as idades e em todos os ambientes de convivência, este tema não integra os currículos escolares.

As oficinas proporcionaram conhecimentos e práticas introdutórias que foram especialmente relevantes para promover o autoconhecimento dos participantes e maior harmonia nesse momento de isolamento e comoção social, intensa convivência familiar e acumulação de atividades profissionais, acompanhamento escolar, cuidado com idosos, entre outras mudanças de grande impacto. A relevância do tema levou à elaboração de um dos capítulos deste livro – Comunicação Não-Violenta: instrumento de harmonização e eficácia da Administração Pública – de autoria de Galatéia Fridlund e Pedro Henrique Bessa, facilitador das oficinas.

Lives com gestores sobre temas transversais da pandemia – ODS 2, 3, 4, 6, 7, 8, 11, 16 e 17

O advento do isolamento social resultou em novas formas de relacionamento, tanto na esfera pessoal como profissional. O caos inicial deu lugar a um radical processo de disrupção, profundas reflexões e questionamentos, implicando a superação de padrões consolidados e na discussão e construção de novas formas de atuação também no âmbito da Administração Pública.

Na perspectiva de proporcionar o diálogo e o fortalecimento interinstitucional, e primando pela visão sistêmica na busca de soluções, a Sustenta Paraná planeja a realização de uma série de painéis, trazendo ao palco 7 temas afetos às instituições públicas e demandas decorrentes da pandemia: 1. Água, energia, resíduos e abastecimento: desafios na prestação desses serviços essenciais; 2. Benefícios e desafios do Teletrabalho; 3. Teletrabalho e o atendimento ao público; 4. Governança de aquisições, planejamento e eficiência nas compras públicas; 5. Saúde mental no contexto da pandemia; 6. Prioridades de capacitação durante a pandemia; 7. Integração do ensino médio e superior em tempo de pandemia.

Lançamento do livro "Tuíra" – ODS 5

Outro importante evento que contou com a participação, o apoio e a parceria institucional da Sustenta Paraná foi o lançamento do livro Tuíra,[25] em formato e-book.

A obra reúne textos das integrantes do Coletivo Marianas, grupo de mulheres escritoras de Curitiba e, no título, homenageia a guerreira caiapó Tuíra – que protestou bravamente em 1989, na cidade de Altamira (PA), contra a instalação da usina de Belo Monte.

Trazendo uma coletânea de poesias, contos, crônicas e ensaios, os textos de 26 autoras guardam íntima relação e vinculação com o ODS 5, justamente por se tratar de obra coletiva e exclusivamente feminina com o objetivo de ampliar a afirmação e legitimação da mulher na cultura.

O ponto de partida da obra decorre da tragédia de Brumadinho em 2019, porque, ao longo de sua elaboração, Tuíra estende o tema a problemas ambientais atuais e complexos, principalmente que o conteúdo predominante do livro gira em torno da íntima relação maternal que a Terra, Grande Mãe, Pacha Mama, Gaia clama de todos que nela habitam além das belíssimas gravuras e ilustrações que o acompanham.

O lançamento foi realizado por videoconferência, com apresentação da obra pelas coordenadoras do livro e teve a mediação do representante do Poder Judiciário na Sustenta Paraná.

Vídeo em comemoração à Semana do Meio Ambiente – ODS 6, 11, 12, 13, 14 e 15

Em alusão à semana do meio ambiente, a Sustenta Paraná havia planejado, no início de 2020, várias ações presenciais conjuntas que, com o distanciamento social, tiveram que ser canceladas.

A abordagem foi alterada, mas manteve o mesmo propósito e espírito de coletividade com a elaboração – pelo TRE/PR[26] em nome da Rede – de um vídeo de sensibilização sobre a pandemia, a degradação ambiental e os desafios do meio ambiente. O vídeo foi divulgado em 30 órgãos públicos e ainda no perfil do Instagram da Sustenta Paraná.

---

[25] Autoras Coordenadoras do E-book Tuíra: Andréia Carcalho Gavita (coordenadora do Coletivo Marianas) e Joema Carvalho (organizadora do Tuíra). Mediador: Mário Luis Kruger – TRT/PR – Coordenador da Sustenta Paraná, representante do Poder Judiciário.

[26] Vídeo desenvolvido pela Chefe da Seção da Sustentabilidade, Cláudia Valéria Bevilacqua Gonçalves, e pelo Chefe da Seção de Audiovisual, Everton Bahl Grabski, ambos do TRE/PR.

E assim reitera-se a prática de cooperação e multiplicação das ações.

Interação com o Grupo Mãozinha Verde – ODS 11 e 17

Mãozinha Verde[27] é um Programa baseado nos ODS que tem como lema "inovação inclusiva e sustentável", e atua em 5 eixos de abordagens através da "Metodologia A-E-I-O-U", quais sejam: Água, Energia, Inovação, Orgânicos e Urbanismo, tendo como propósito desenvolver serviços e produtos, disseminar ações e transmitir conhecimentos acerca da Agenda 2030/ODS.

Criado em 2015, durante a Expo Milão, nasceu a partir da observação e da inquietude com os impactos causados pelo desperdício de alimentos no mundo. Desde então o movimento cresceu e atua como um "Hub Transformador" promovendo ações, rodas de conversa interativas, encontros temáticos, desenvolvendo produtos e serviços inovadores e realizando eventos, capacitações e seminários sobre os ODS. A iniciativa conta, hoje, com mais de 1700 membros engajados. Em 2019, por iniciativa desse movimento e através da Lei Municipal nº 15.549/19, foi instituída em Curitiba a Semana SAM: Sustentabilidade, Acessibilidade e Mobilidade Urbana visando à concentração de ações e disseminação de iniciativas e conteúdos acerca dos ODS, de forma gratuita à sociedade.

A interação da Sustenta Paraná com esse movimento se dá através de diálogo, aprendizado recíproco, mútuo fortalecimento – principalmente no que tange à sensibilização e educação socioambiental –, e cumpre um importante papel de aproximação com outras organizações e iniciativas da sociedade civil que compartilhem dos mesmos ideais, para ampliar o alcance e as oportunidades de atuação.

Campanha de Vermicompostagem doméstica – ODS 12 e 13

Compostagem é o processo biológico de reciclagem da matéria orgânica em adubo e biofertilizante através de minhocas. Como grande parte dos resíduos domésticos produzidos é orgânico, o impacto dessa prática é enorme, iniciando pela redução da destinação desses resíduos aos aterros sanitários, o que impacta diretamente nas mudanças climáticas, pois eles emitem gases de efeito estufa.

---

[27] Fundadores e Coordenadores do Mãozinha Verde: Gilmar de Lima (arquiteto urbanista) e Bettina Züllig Pansera (arquiteta paisagista).

Inspirada na Semana Internacional de Sensibilização para a Compostagem e considerando a permanência das pessoas em suas residências em razão do isolamento social, a Sustenta Paraná lançou uma Campanha aos membros participantes para a adesão à vermi-compostagem. A partir do contato com 70 participantes, fez-se um diagnóstico compatibilizando as necessidades de cada família com as composteiras mais apropriadas. Constatou-se que 15 membros já realizavam compostagem e 24 pessoas aderiram à campanha, que foi apoiada com a compra coletiva dos diferentes tipos de composteiras a um custo menor.

A campanha foi uma forma de engajar os participantes e seus familiares, promover o aprendizado coletivo e, através de um grupo de WhatsApp, esclarecer dúvidas – o que acabou se mostrando um processo divertido que desmistificou a compostagem e mais uma vez fortaleceu o senso de cooperação e ampliação de práticas de sustentabilidade.

Com a adesão de representantes de 17 órgãos públicos, foi plantada uma semente a ser germinada futuramente dentro de cada uma dessas instituições. Além disso, contando com os familiares, a Campanha impacta 73 pessoas na reciclagem de resíduos orgânicos.

Participação do Dia Mundial da Limpeza – ODS 12 e 13

Em 2008, na Estônia, surgiu o primeiro grande movimento coletivo com a ambiciosa ideia de limpar o país. O desafio consistia em limpar cerca de 10 mil toneladas de lixo que estavam espalhadas pelo país. Com o engajamento de 50 mil voluntários foi possível realizar em apenas 5 horas de trabalho o que parecia impossível. No Brasil, o movimento Let's do It! iniciou em 2011 pelo Instituto Limpa Brasil Let's do It (www.limpabrasil.org), e, em 2018 todos os países se uniram para a realização da primeira edição do Dia Mundial da Limpeza (#WorldCleanupDay).

Em 2020, a Sustenta Paraná participou como líder da 3ª Edição do Dia Mundial da Limpeza, a qual previa, devido à pandemia, ações de limpeza dentro de casa em 4 modalidades: ambiental, solidária, digital e mental. Mais de 15 voluntários se cadastraram e se engaja-ram nas frentes de trabalho. O App NÓS, previamente apresentado, serviu de instrumento para encontrar destinatários para as doações. Os resultados e os benefícios da participação foram além de uma simples limpeza. Propósito, pertencimento, transformação e esperança foram vivenciados intensamente. Para 2021 prevemos ampliar nossa participação.

Em um país tão grande, populoso e diverso, talvez se possa pensar que a Sustenta Paraná é um projeto tímido e local. O fato é que a possibilidade de intervenção da maioria das pessoas é justamente no seu entorno – seu bairro, sua cidade, seu trabalho.

E é por isso que uma das frases mais conhecidas em relação à perspectiva do desenvolvimento sustentável é: "Pensar globalmente, agir localmente". Em algum lugar, alguma coisa está acontecendo. Alguém está mudando, cuidando, trabalhando.

Referências

BRASIL. Ministério da Economia (antes ministério do planejamento, orçamento e gestão). Secretaria de logística e tecnologia da informação. Instrução Normativa nº 10, de 12 de novembro de 2012.

BRASIL. Ministério do Meio Ambiente. Compostagem Doméstica, Comunitária e Institucional de Resíduos Orgânicos. Manual de Orientação. Disponível em: https://www.mma.gov.br/images/arquivo/80058/Compostagem-ManualOrientacao_MMA_2017-06-20.pdf. Acesso em: 30 jul. 2019.

BRASIL. Ministério do Meio Ambiente. Compostagem Doméstica, Comunitária e Institucional de Resíduos Orgânicos. Manual de Orientação. Disponível em: https://www.mma.gov.br/informma/item/7594-compostagem. Acesso em: 30 jul. 2019.

BUREAU OF EUROPEAN POLICY ADVISERS. Empowering people, driving change: Social Innovation in the European Union. Luxembourg: Publications Office of the European Union, 2011.

DOETZER, Gisele Duarte; BESSA, Fabiane Lopes Bueno Netto. Plano de gestão de logística sustentável (PLS) em órgãos da administração pública no Paraná. *Revista de Direito e Política*, 24. ed., ano XIV, p. 197- 221, jul./dez. 2016.

ENJOLRAS, Bernard; STEEN-JOHNSEN, Kari. Democratic governance and citizenship. In: LAVILLE, Jean-Louis; Young, Denis R., Eynaud, Philippe. *Civil Society, the Thid Sector and Social Enterprise – governance and democracy*. Londres: Routledge, 2016, p. 191 a 203.

FREITAS, Juarez; VILLAC, Teresa. *Sustainable Public Procurement:* Concept ans Principles, S W. Leal Filho et al. (Ed.), Responsible Consumption and Production, Encyclopedia of the UN Sustainable Development Goals, Springer Nature Switzerland AG 2019, Disponível em: https://doi.org/10.1007/978-3-319-71062-4_106-1.

GREENPEACE – Brasil, Disponível em: https://www.greenpeace.org/brasil/blog/ou-agimos-agora-ou-sera-tarde-demais/?gclid=Cj0KCQjwzozsBRCNARIsAEM9kBN1cm nWF4bln5DtOtLccPyZka2qwXxNyC6ydk-87W5Zz7Uy_WWP5h4aAgPaEALw_wcB. Acesso em: 19 set. 2019.

INMETRO. Fórum Governamental de Responsabilidade Social. Disponível em: http://www.inmetro.gov.br/qualidade/responsabilidade_social/forum.asp. Acesso em: 26 jul. 019.

INMETRO. Iso 26.000 – Diretrizes em Responsabilidade Social. Disponível em:http://www.inmetro.gov.br/qualidade/responsabilidade_social/iso26000.asp. Acesso em: 26 jul. 2019.

IPCC – Painel Intergovernamental sobre Alterações Climáticas, Alterações Climáticas 2014, Impactos, Adaptações e Vulnerabilidades, Edição Instituto Português do Mar e da Atmosfera, Suíça. Disponível em: https://www.ipcc.ch/site/assets/uploads/2018/03/ar5_wg2_spmport-1.pdf. Acesso em: 19 set. 2019

JESSOP, Bob; MOULAERT, Frank; HULGÅRD, Lars; HAMDOUCH, Abdelillah. Social Innovation Research: International handbook on social innovation – collective action, social learning and transdisciplinary research, Cheltenham-UK / Northampton-Mas-USA Publisher: Edward Elgar, Editors: F Moulaert, D MacCallum, A Mehmood, A Hamdouch, 2013, p. 110-130.

SOTTOMAIOR, Flavia de Sá. *Ações socioambientais do estado no município de Curitiba – PR*. Monografia de conclusão do Curso de Especialização em Direito Socioambiental. Pontifícia Universidade Católica do Paraná. Orientador: José Gustavo de Oliveira Franco, 2015.

WWF-Brasil. Disponível em: https://www.wwf.org.br/natureza_brasileira/reducao_de_impactos2/clima/mudancas_climaticas2/ Acesso em: 19 set. 2019.

Informação bibliográfica deste texto, conforme a NBR 6023:2018 da Associação Brasileira de Normas Técnicas (ABNT):

BESSA, Fabiane Lopes Bueno Netto; DOETZER, Gisele Duarte. Objetivos do Desenvolvimento Sustentável 16 e 17: a criação da Rede Sustenta Paraná e os desafios do trabalho em rede. *In*: VILLAC, Teresa; BESSA, Fabiane Lopes Bueno Netto; DOETZER, Gisele Duarte (Coord.). *Gestão pública brasileira*: inovação sustentável em rede. Belo Horizonte: Fórum, 2021. p. 39-64. ISBN 978-65-5518-055-8.

GOVERNANÇA E ESTRATÉGIA PARA A SUSTENTABILIDADE

MÁRIO LUÍS KRÜGER

1 Introdução

Qualquer reflexão sobre sustentabilidade que se pretenda mais abrangente e coerente traz o desafio de retirá-la de dentro da caixinha onde o senso comum normalmente a coloca.

Em contraponto, a reflexão sobre sustentabilidade que a apresenta como algo específico e limitado a uma perspectiva apenas e, ainda, enclausurada em um departamento, um silo dentro de uma organização, já perde, desde o início, a oportunidade de revelá-la, de forma integrada, e em todas as suas dimensões.

A perspectiva do objeto vista pelo escalador na montanha, de um observador perante um quadro, do ser humano a partir do ponto em que toca o planeta difere da perspectiva do passageiro de um balão que avista a montanha, de um observador perante a sala onde estão vários quadros e de um ser humano no terraço de um prédio.

Conforme a perspectiva, podemos ver apenas a árvore ou toda a floresta da qual ela faz parte.

Portanto, a pretensão em manter a temática da sustentabilidade presa em uma perspectiva impede e expõe os tomadores de decisão ao risco de não abranger as informações integradas e de qualidade, além de não levar em conta os impactos gerados perante todas as partes interessadas e a comunidade de entorno envolvida.

Como forma de integrar e direcionar as ações em um caminho sustentável, a comunidade internacional sob a liderança da

Organização das Nações Unidas (ONU) instituiu os Objetivos de Desenvolvimento Sustentável (ODS) que explicitam essa multidisciplinaridade de conceitos, dimensões possíveis e urgentes, e necessárias formas de atuação.

Como consequência natural, impõe-se que exista nas instituições a maior maturidade em seus mecanismos de governança que permitam inserir a temática da sustentabilidade desde a estratégia e em seus necessários desdobramentos.

Mais que o olhar dirigido apenas para o que já passou, conforme orienta o IBGC, devem as funções de governança olhar para o que virá por meio do pensar estratégico, como um processo permanente.[1]

2 Fundamentos teóricos

Como fundamentos teóricos, jurisprudenciais e práticos à ampliação da prática de governança e da sustentabilidade, têm-se, além dos parâmetros constitucionais e legais, as resoluções dos conselhos superiores de supervisão, a sinalização da jurisprudência fiscalizatória pelos acórdãos do TCU, entre tantas possibilidades para que a reflexão sobre a busca da inovação na forma de fazer os processos de trabalho fiquem fundamentadas.

O conceito de governança no setor público compreende essencialmente os mecanismos de liderança, estratégia e controle postos em prática para avaliar, direcionar e monitorar a atuação da gestão, com vistas à condução de políticas públicas e à prestação de serviços de interesse da sociedade (BRASIL, 2014).

A sustentabilidade, igualmente, necessita estar acompanhada de instrumentos e mecanismos de controle interno, importantes e essenciais para alavancar o desenvolvimento sustentável.

Cabe mencionar a definição de sustentabilidade trazida por Boff, que, ao tentar uma definição mais integradora possível, vai além da clássica definição da ONU, contida no relatório Brundtland, (1987) que, embora correto, traz as limitações do antropocentrismo além de nada dizer sobre a comunidade de vida (outros seres vivos que também precisam da biosfera e de sustentabilidade). Assim, fez constar:

---

[1] INSTITUTO BRASILEIRO DE GOVERNANÇA CORPORATIVA. *O papel do conselho de administração na estratégia das organizações*. São Paulo, SP: IBGC, 2017. (Série IBGC Orienta). 56p.

Sustentabilidade é toda ação destinada a manter as condições energéticas, informacionais, físico-químicas que sustentam todos os seres, especialmente a Terra viva, a comunidade de vida e a vida humana, visando a sua continuidade e ainda a atender as necessidades da geração presente e das futuras de tal forma que o capital natural seja mantido e enriquecido em sua capacidade de regeneração, reprodução, e coevolução.[2]

Como referência importante em nosso ordenamento jurídico vigente também se apresenta o artigo 225 da Constituição Federal ao trazer o seguinte comando:

> Art. 225. Todos têm direito ao meio ambiente ecologicamente equilibrado, bem de uso comum do povo e essencial à sadia qualidade de vida, impondo-se ao Poder Público e à coletividade o dever de defendê-lo e preservá-lo para as presentes e futuras gerações.

Ao mesmo tempo, a comunidade global recebeu em 2015 a diretriz por parte da Agenda 2030 da ONU que consiste em um plano de ação para as pessoas, para o planeta e para a prosperidade. Ela também busca fortalecer a paz universal com mais liberdade. Reconhecemos que a erradicação da pobreza em todas as suas formas e dimensões, incluindo a pobreza extrema, é o maior desafio global e um requisito indispensável para o desenvolvimento sustentável.[3]

Importante ressaltar que no âmbito do Poder Judiciário têm se estabelecido diretrizes em apoio à Agenda 2030, em especial os Laboratórios de Inovação, Inteligência e ODS, recentemente lançados, os quais têm por objetivo realizar o diálogo mais amplo e abrangente em prol da Agenda 2030.[4]

No mesmo sentido, o TCU como entidade de fiscalização superior dos órgãos da administração pública tem empreendido ações importantes que resultam em importantes fontes de orientação e motivação para a adoção e o fortalecimento das melhores práticas.

---

[2]   BOFF, Leonardo. Sustentabilidade: o que é e o que não é. https://leonardoboff.wordpress. com/2012/01/15/sustentabilidade-tentativa-de-definicao/.

[3]   ONU. *Transformando nosso mundo*: a Agenda 2030 para o desenvolvimento sustentável. https://nacoesunidas.org/pos2015/agenda2030/.

[4]   Poder Judiciário assina acordo de cooperação técnica fomentar a adoção de práticas e projetos inovadores. Notícia publicada em https://www.jfpr.jus.br/comsoc/noticia. php?codigo=2869.

Exemplo disso é o Acórdão TCU nº 1.056/2017[5] que trata da auditoria operacional realizada por força do Acórdão nº 833/2014-TCU-Plenário, com o objetivo de avaliar em que medidas as ações adotadas pela Administração Pública Federal nas áreas de redução de consumo próprio de papel, energia elétrica e de água evoluíram em relação ao observado quando do Acórdão nº 1.752/2011-TCU-Plenário.

Outra referência importante é a Auditoria sobre os Objetivos do Desenvolvimento Sustentável (ODS),[6] liderada e conduzida pelo Tribunal de Contas da União (TCU), a qual foi reconhecida pela Organização das Nações Unidas (ONU) como uma boa prática na implementação da Agenda 2030. Esse trabalho conjunto contou com a participação de 11 entidades fiscalizadoras superiores (EFS), membros da Organização Latino-Americana e do Caribe de Entidades Fiscalizadoras Superiores (Olacefs).

O objetivo foi avaliar a preparação governamental para a implantação da Agenda 2030 e da meta 2.4, que trata da sustentabilidade da produção de alimentos.

Nesse trabalho, identificou-se a necessidade do aperfeiçoamento da estratégia e dos mecanismos de coordenação, supervisão e transparência imprescindíveis à implantação dos ODS; e para a difusão dos resultados, o TCU desenvolveu um Radar ODS que permite comunicar de forma clara e simples as conclusões da avaliação da preparação dos governos nacionais para a implementação da Agenda 2030. Como conclusão da fiscalização, constaram as seguintes recomendações:

- Fortalecer a institucionalização dos ODS e definir responsabilidades;
- Implementar o planejamento nacional de longo prazo;
- Implementar a gestão de riscos transversais; e
- Implementar processos participativos para os relatórios voluntários nacionais.

---

5   BRASIL. TCU. Auditoria Operacional. Acórdão TCU 1056/2017 – Plenário. Disponível em: https://pesquisa.apps.tcu.gov.br/#/documento/acordao-completo/*/NUMACORDAO%2 53A1056%2520ANOACORDAO%253A2017%2520COLEGIADO%253A%2522Plen%25C 3%25A1rio%2522/DTRELEVANCIA%20desc,%20NUMACORDAOINT%20desc/0/%20 ?uuid=981023c0-c8d3-11e9-9a6a-2dc7a655aadc.

6   BRASIL. TCU. Auditoria Coordenada. Acórdãos TCU 1968/2017 e 709/2018 – Plenário. Disponíveis em: https://portal.tcu.gov.br/imprensa/noticias/auditoria-sobre-ods-ganha-destaque-na-onu-como-boa-pratica-na-implementacao-da-agenda-2030.htm.

3 Métodos e modelos de referência

Os modelos de referência existentes importantes e úteis para sistematizar as práticas de controle interno, de gestão de riscos e de programas de integridade são materiais valiosos que permitem o adequado uso das informações de qualidade que repercutem no uso adequado e eficiente dos recursos. Dessa forma, sustentabilidade é, portanto, questão de governança também.

Atualmente, não se discute que técnicas e ferramentas de planejamento estratégico serão utilizadas para o futuro.

Em pesquisa anterior, KRÜGER (2016) enfatiza que a sustentabilidade deve ser incorporada à estratégia institucional a fim de mitigar a fragilidade que decorre da ausência de integração como parte efetiva, interagindo harmonicamente, bem como afastando o risco de que a sustentabilidade seja desconsiderada nas reflexões e tomada de decisão por parte das instâncias de governança da instituição.[7]

Tal prática, também enfatiza, é fundamental para que a sustentabilidade seja efetivamente considerada em todas as suas dimensões, deixando de ser vista, sob a forma de silo, isoladamente e com baixo poder de influência e penetração no ambiente decisório e de prestação de contas dos impactos ocasionados pelo desempenho das atividades necessárias à prestação jurisdicional, tanto relacionadas com as atividades-fim como em relação às atividades de apoio administrativo.

Conforme proposto pelos modelos de referência de gerenciamento de riscos do COSO ERM, atualizado para a versão do Coso 2017,[8] os controles devem estar direcionados também para a estratégia, já que a identificação dos riscos deve, igualmente, partir dos obstáculos possíveis ao atingimento dos objetivos estratégicos.

Igualmente voltado aos riscos, importante referência a ser citada é o *Manual RCA – Riscos e Controles nas Aquisições*,[9] do TCU, que traz uma coletânea bastante ampla e abrangente, a qual permite que os

---

[7] KRÜGER, Mário Luís. *Maturidade em governança com base nas práticas recomendadas pelo TCU*: estudo de caso em um Tribunal Regional do Trabalho. Curitiba, 2016. 229 f. Disponível em: http://isaebrasil.com.br/mestrado/wp-content/uploads/2016/12/mario-luis-kruger.pdf.

[8] *Gerenciamento de riscos na empresa*: estrutura integrada: sumário executivo e estrutura e gerenciamento de riscos na empresa. 2007. Committee of Sponsoring Organizations of the Treadway Commission. Disponível em: https://www.coso.org/Documents/COSO-ERM-Executive-Summary-Portuguese.pdf.

[9] BRASIL. Tribunal de Contas da União (TCU). *Manual RCA:* riscos e controles nas aquisições. Disponível em: http://www.tcu.gov.br/arquivosrca/ManualOnLine.htm.

dirigentes e gestores, tanto desempenhando funções de governança quanto de gestão percebam o quanto as contratações públicas, área de atuação onde a sustentabilidade, mesmo que ainda tímida, tem sido lembrada, estão suscetíveis aos riscos de inexecução ou insucesso caso se persista nas práticas de reatividade e de enfrentamento dos problemas após a ocorrência dos mesmos.

O referido manual é fruto do levantamento publicado pelo Acórdão nº 1.321/2014 – TCU – Plenário, junto ao Processo TC nº 008.759/2013-8, cuja relatora, Ministra Ana Arraes asseverou que se trata de "Conhecimento que foi explicitado, sistematizado e formalizado pode ser facilmente compartilhado e favorecer a formação de cultura de excelência".[10] Ressalva-se que se trata de instrumento de orientação a ser avaliado, em cada caso concreto, pelos gestores que o forem utilizar, não se tratando, portanto, de entendimento em tese por parte do Tribunal.

Como documento, de caráter doutrinário, foi construído a partir de 214 outros documentos, possuindo 370 afirmativas, sendo 117 riscos, 150 possíveis controles internos para mitigá-los e 103 outras (definições, considerações etc.), distribuídos pelas fases, etapas e tarefas do metaprocesso de contratação.[11]

Percebe-se que se trata de importante ferramenta a ser utilizada pelos gestores para o aprimoramento dos setores envolvidos nas aquisições, mesmo que o foco do trabalho tenha se concentrado prioritariamente na fase de planejamento da contratação, o que se justifica pelo fato de que as condições postas nos editais e termos de referência são os instrumentos utilizados nas fases seguintes de escolha do fornecedor e da execução contratual.[12]

Alguns exemplos importantes que constam do Manual RCA descrevem os riscos a que o gestor público está exposto principalmente quando não se preocupa em aplicar as orientações ou executa de forma frágil os mecanismos de governança fortemente recomendados.

O momento de início de processamento das demandas (DOD), quando se faz necessário o manejo técnico e profissional por meio dos estudos técnicos preliminares (ETP), é o mais crucial e evidencia

---

[10] BRASIL. Tribunal de Contas da União (TCU). Riscos e controles nas aquisições. https://portal.tcu.gov.br/comunidades/controle-externo-das-aquisicoes-logisticas/atuacao/riscos-e-controles-nas-aquisicoes/.

[11] *Idem.*

[12] *Idem.*

a importância de que a sustentabilidade, por meio de seus critérios e práticas, esteja inserida desde a estratégia da organização, iniciativa esta que permite aplicar e exercer efetivamente a governança das aquisições, de responsabilidade da alta administração, que é o sistema pelo qual as aquisições são dirigidas e monitoradas, o que significa avaliar e direcionar as aquisições para que estas deem suporte à organização, e monitorar seu desenvolvimento. Inclui a estratégia, as políticas e os processos de aquisição dentro da organização.

Abaixo, apresenta-se uma tabela demonstrativa dos exemplos de riscos sugeridos pelo TCU, considerada a regra constitucional para a execução das aquisições públicas por meio do processo de licitação pública:

Quadro 1 – Fases do processo licitatório e os riscos relacionados

(continua)

Fase do processo / evento	Riscos
Geral – Ausência de Comitê de direção e acompanhamento	Decisões sobre as aquisições dispersas na organização levando à ausência de priorização das aquisições que apoiam a implementação das ações organizacionais mais relevantes, com consequente diminuição do impacto da atuação da organização para a sociedade.
Planejamento da contratação – Ausência de processos de trabalhos formalizados	Contratação conduzida sem estabelecimento de processo de trabalho padronizado, levando a erros e omissões por parte dos diversos atores envolvidos na execução do processo de contratação (planejamento da contratação e seleção do fornecedor), com consequente obtenção de contrato com baixa qualidade (*e.g.*, especificações deficientes e/ou restritivas, critérios de seleção do fornecedor inadequados, modelo de gestão do contrato que dificulta obtenção de objeto contratado de qualidade) ou não finalização do processo de contratação (*e.g.*, anulação do certame por decisão de órgão do poder judiciário ou de controle).
Planejamento da contratação – Não estabelecimento de limites de competência	Não estabelecimento de limites de competência para a prática de atos de contratação e de gestão contratual, levando à impossibilidade de dimensionar os controles internos proporcionalmente à materialidade das contratações, com consequente ausência de controles internos onde o risco é alto ou implantação de controles internos que poderiam ser suprimidos pelo fato de ser aceitável o risco.

(continua)

Planejamento da contratação – Pessoal em quantidade ou com qualificação inadequada	Pessoal em quantidade ou com qualificação inadequada, levando a contratações desvantajosas para a Administração (*e.g.*, objetos mal especificados, modelo que não permite adequada gestão contratual, preços elevados), com consequente desperdício de recursos (*e.g.*, financeiro, pessoal) públicos.
Oficialização da demanda – Não formalização da oficialização da demanda	Ausência da formalização da demanda que origina a contratação, levando à contratação que não atende a uma necessidade da organização, com consequente desperdício de recursos públicos.
Oficialização da demanda – Oficialização da demanda não é feita pelo requisitante	Risco: Contratação iniciada por outro papel que não o requisitante (3), levando à contratação de uma solução que não atenda à necessidade de negócio que a desencadeou, com consequente necessidade de muitos ajustes para que a solução contratada atenda às necessidades ou abandono da solução contratada (4).
Oficialização da demanda – Necessidade da contratação não é expressa em termos do negócio	Necessidade da contratação não é definida devido a uma demanda do negócio, levando a contratação que não atende a uma necessidade real da organização, com consequente desperdício de recursos públicos.
Estudos técnicos preliminares – Ausência de estudos técnicos preliminares	Contratação sem realização de estudos técnicos preliminares, levando a contratação que não produz resultados capazes de atender à necessidade da administração, com consequente desperdício de recursos (*e.g.*, financeiro, pessoal) públicos; ou levando à impossibilidade de contratar (*e.g.*, suspensão do mandado de segurança devido às irregularidades), com consequente não atendimento da necessidade que originou a contratação; ou levando às especificações indevidamente restritivas, com consequente diminuição da competição e aumento indevido do custo da contratação.
Estudos técnicos preliminares – Indefinição do conteúdo dos estudos técnicos preliminares	Indefinição do conteúdo dos estudos técnicos preliminares (8), levando a estudos técnicos preliminares cujo conteúdo não permite atingir seu objetivo, com consequente desperdício de recursos (*e.g.*, financeiro, pessoal) públicos.
Estudos técnicos preliminares – Contratações desalinhadas com os planos	Execução de contratações desalinhadas dos objetivos estabelecidos nos planos da organização e do OGS, levando ao não investimento em iniciativas que contribuam para o alcance desses objetivos, com consequente não alcance dos objetivos.

(conclusão)

Estudos técnicos preliminares – Inexistência de planos	Inexistência de planos formais na organização, levando a contratações que não contribuam para o cumprimento das suas competências legais, com consequente desperdício de recursos (*e.g.*, financeiro, pessoal) públicos.
Requisitos insuficientes	Risco: Definição de requisitos da contratação insuficientes, levando à contratação de solução que não atende à necessidade que originou a contratação, com consequente desperdício de recursos (*e.g.*, financeiro, pessoal) públicos (6).
Requisitos desnecessários	Definição de requisitos da contratação indevidos, levando à limitação indevida da competição, com consequente elevação do preço contratado ou dependência (indevida) de um único fornecedor (no caso de inexigibilidade) (8).
Análise de risco – Inexistência de análise de riscos	Inexistência de análise de risco, levando à desconsideração dos riscos existentes na contratação e gestão do contrato, com consequente impacto causado por todos os riscos desconsiderados.
Análise de risco – Análise de risco deficiente	Análise de risco deficiente, levando à desconsideração de riscos relevantes, com consequente impacto causado por estes riscos relevantes.

Fonte: Elaborado pelo autor, com base no *Manual RCA* do TCU

Outro modelo importante e subsídio interessante para os órgãos que pretendem impulsionar suas ações em prol da evolução da maturidade em governança é a experiência levada a efeito pelo caminho escolhido pelo TJDFT.[13]

Como resultado do esforço integrado entre a alta administração e unidades técnicas responsáveis por diversas frentes de trabalho, foi organizado e estruturado os principais componentes dos mecanismos previstos no Referencial Básico de Governança do Tribunal de Contas da União (TCU).

Destacam-se ainda entre as ações empreendidas a implantação do projeto-piloto da nova estratégia de educação corporativa denominada Trilhas de Aprendizagem da Área de Aquisições; a instituição do Comitê de Governança e Gestão de Contratações; e a

---

[13] BRASIL. Tribunal de Justiça Do Distrito Federal e Dos Territórios. *Governança de contratações*. Disponível em: https://www.tjdft.jus.br/transparencia/governanca-institucional/governanca-de-aquisicoes.

revisão e edição de normativos relativos às contratações do TJDFT. O resultado do trabalho refletiu no aumento do Índice de Governança de Contratações – *iGOVContrat*, medido pelo TCU, de 49,01%, em 2017, para 78%, em 2018.

Outra experiência digna de acompanhamento obrigatório pelos que perseguem a melhoria e o aperfeiçoamento em seus processos é o modelo trazido pelo TCU em seu Levantamento Integrado de Governança.

O TCU promoveu os levantamentos de governança nos anos de 2017 e 2018 onde para a coleta de dados e informações dos órgãos participantes utilizou-se a metodologia de reunir as melhores práticas referentes às temáticas de Governança de Tecnologia da Informação e Comunicação, de Governança de Pessoas, de Governança de Aquisições e também relativas à Governança da Entidade.[14]

As informações reunidas em um único questionário, – já que anteriormente cada temática era fruto de questionário específico – foram divulgadas por meio de acórdãos que buscam orientar aos órgãos vinculados, ainda que resultante de autoavaliação, com base em diagnóstico bastante abrangente acerca do estágio de maturidade e de evolução da governança em seus diversos mecanismos – liderança, estratégia e controle (*accountability*) tudo com vistas a promover e impulsionar o bom uso dos recursos públicos utilizados para o alcance dos objetivos estratégicos institucionalmente definidos.

Da mesma forma, outro modelo essencial para os órgãos da administração pública a ser levado em conta na reformulação e fortalecimento da governança e estratégia para a sustentabilidade é o modelo do Relato Integrado de Gestão absorvido pelo TCU, com base no referencial e na Estrutura Internacional para Relato Integrado desenvolvida pelo *International Integrated Reporting Council* (Conselho Internacional para Relato Integrado, ou IIRC, na sigla em inglês), a partir de 2018, e que passou a servir de diretriz para a confecção dos processos de prestação de contas que anualmente devem ser enviados ao TCU.[15]

---

[14] BRASIL. Tribunal de Contas da União (TCU). Governança Pública Organizacional. Material de referência. Disponível em: https://portal.tcu.gov.br/governanca/governancapublica/organizacional/referencias/.

[15] BRASIL. Tribunal de Contas da União (TCU). Prestação de contas do exercício de 2018. Normas específicas das contas de 2018. Disponível em: https://portal.tcu.gov.br/contas/contas-e-relatorios-de-gestao/contas-do-exercicio-de-2018.htm.

Neste modelo, impõe-se a prestação de informações de forma integrada, sistêmica e harmônica com a estratégia institucional formalizada e executada tendo como princípios a obtenção e demonstração efetiva dos resultados obtidos em relação aos recursos utilizados, mitigando o risco de prestar informações parciais e desconexas, traduzindo-se na comprovação do uso eficiente e, portanto, sustentável.

Por fim, o modelo de diretrizes para aplicação dos ODS na estratégia dos negócios da SDG Compass e GRI/Pacto Global tem por objetivo explicar como os ODS afetam os seus negócios e lhe oferece as ferramentas e o conhecimento para colocar a sustentabilidade no centro da sua estratégia.[16]

4 A qual sustentabilidade nos referimos?

Considerando, como mencionado, que a sustentabilidade pode ser traduzida como a capacidade de exercer, interna e externamente, o pensamento integrado, sistêmico, harmônico e equilibrado relacionado ao próprio meio ambiente e às nossas relações, cabe citar, segundo a ABNT NBR ISO 20400:2017, que toda organização tem impactos ambientais, sociais e econômicos. E, por tal razão, entre as dimensões importantes e poderosas para aquelas organizações que querem se comportar de forma responsável, contribuindo para o desenvolvimento sustentável e para o alcance dos ODS, Objetivos de Desenvolvimento Sustentável da ONU, no contexto da Agenda 2030, estão as compras a serem realizadas.

Para que essa necessidade de observância de critérios e práticas de sustentabilidade se torne efetiva, as contratações devem estar condicionadas e possuir como pressuposto a inclusão da sustentabilidade no planejamento estratégico, nos valores, nos objetivos estratégicos, e em seus desdobramentos táticos, por meio das Propostas Orçamentárias Prévias (POPs); Planos de Logística Sustentável (PLS); Planos de Contratações para um período determinado, entre tantas possibilidades de vinculação e nexos necessários.

A inclusão e reflexão da sustentabilidade desde as instâncias de governança contribuirão para que na instrução de cada demanda

---

[16] Diretrizes para implementação dos ODS na estratégia dos negócios. SDG Compass. GRI/ Pacto Global e WBCSD. https://d335luupugsy2.cloudfront.net/cms/files/89484/1562348527SDG_Compass_2.pdf.

dos processos de contratação, pelas funções da gestão, em relação às demandas que precisamos de fato, contempladas nos Documentos de Oficialização da Demanda, DOD, que é, segundo o Manual RCA do TCU, o documento, assinado pelo requisitante, que explicita a necessidade da contratação em termos do negócio da organização.

Complementarmente, torna-se essencial o adequado processamento dos Estudos Técnicos Preliminares, ETP, onde constarão todos os critérios e práticas de sustentabilidade definidos como diretrizes em políticas e procedimentos pela governança.

Todo esse arcabouço de conhecimento se revela como a Governança Estratégica da Sustentabilidade e deve ser alvo de aplicação pelas organizações que queiram aplicar e inserir, de forma efetiva, a sustentabilidade em sua estratégia institucional.

Caso contrário, estaremos sempre suscetíveis ao risco de acharmos que a sustentabilidade é um entrave e de continuarmos a fazer sempre as mesmas coisas e do mesmo jeito e pretendermos obter resultado diferente – o que é verdadeiramente uma ilusão.

Não é fácil todo esse processo, sem dúvida, mas precisamos inovar nesse sentido!

Ao integrar e permear a sustentabilidade nas políticas e diretrizes institucionais e em toda a cadeia de suprimentos de recursos, diz a mesma norma que, dessa forma, podem ser gerenciados todos os riscos envolvidos, bem como viabilizadas as oportunidades para o desenvolvimento sustentável ambiental, social e econômico.

A governança da sustentabilidade, portanto, pressupõe a elaboração de um Planejamento Estratégico Sustentável da instituição e das contratações, até que se chegue ao ideal – às vezes tido como utópico, mas que nos inspire – de que todos os planejamentos estratégicos ou todas as contratações dele derivadas sejam sustentáveis por si só, sem que precisemos adjetivá-los.

Assim, também se tendo como base a Norma ABNT 20400, é preciso estabelecer prioridades para questões de sustentabilidade. É princípio essencial da função de governança definir diretrizes para que a função de gestão estabeleça prioridades entre os processos críticos definidos em relação aos recursos limitados, tanto materiais como humanos.

Assim, governança da sustentabilidade implica definir prioridades, segundo diretrizes definidas, executando-as por meio da metodologia adequada e prestando contas devidamente.

Para estabelecer prioridades, sempre levando em contas as partes interessadas, há que se seguir um processo iterativo perpassando por avaliar a relevância, a significância, e outras considerações, tais como descritas pela citada Norma 20400 da ABNT:

- O desdobramento da estratégia por meio da elaboração de um PLS, Plano de Logística Sustentável, com a participação de todas as partes interessadas e impactadas pelo desenvolvimento da estratégia de uma instituição;

- Execução de um PLS com a definição de papéis e responsabilidades distribuídas dentre as funções de governança e as de gestão;

- A avaliação, o direcionamento, e o monitoramento de todo o planejamento e da logística integrada a ser exercido pelas funções de governança;

- A prestação de contas da execução do PLS tanto pelas funções de governança quanto pelas funções de gestão;

- O reporte integrado para a sociedade, comunidade do entorno e partes interessadas impactadas de todos os benefícios auferidos, resultados alcançados, obstáculos impeditivos, lições aprendidas e reavaliações e redirecionamentos necessários;

- Uso de sistemas integrados, transparentes e acessíveis;

- Atuação em redes colaborativas e integradas, com compromisso conjunto e integrado com os princípios e com os valores da responsabilidade social (ISO 26000), objetivos comuns de desenvolvimento sustentável (Pacto Global, ODSs, Agenda 2030);

Para que a sustentabilidade esteja revestida de uma governança capaz de lhe dar o suporte necessário em uma organização, observa-se que devem ser somadas outras dimensões de reflexão, não como silos isolados e desconexos, mas integrados de forma harmônica, integrada e sistêmica (FREITAS, *apud* VILLAC, 2019; p. 62).

Tais dimensões, além do conhecido *triple bottom line* (aspectos sociais, ambientais e econômicos), podem ser alvo de reflexão pelos vieses do aspecto cultural, jurídico-político e ético (VILLAC, 2019; FREITAS, 2011), sendo que este contempla a abordagem de um programa de integridade, contemplando a transparência, responsabilização, prestação de contas e *compliance*.

A abordagem a ser dada à sustentabilidade deve afastar-se da disciplinaridade e aproximar-se da trans ou multidisciplinaridade, como enfatiza Fábio Feldmann (STJ, 2019).

Ainda, a sustentabilidade a que queremos nos referir é a sustentabilidade como valor, consumo e direitos humanos (VILLAC, 2019, p. 39). A autora enfatiza, ainda, que a adoção de agenda coletiva permite explicitar a soberania do cidadão,[17] o que permite criar novo paradigma referencial[18] para a ampliação da sustentabilidade em todos os processos.

Assim, o peso dessa reflexão prévia multidisciplinar, capaz de abastecer de forma efetiva as políticas e diretrizes de uma instituição e orientar tanto as funções de governança quanto as de gestão – cada qual com suas atribuições de avaliar, direcionar e monitorar, complementadas pelo processo contínuo do PDCA –, permitirá o fortalecimento da governança da sustentabilidade de forma ampla, efetiva e direcionada às necessárias dimensões com o diagnóstico dos seus respectivos impactos e maneiras adequadas de mitigação.[19]

Outra importante abordagem que se requer para entender a sustentabilidade, em sua essência, está relacionada com a reflexão sobre a (in)eficiência da constitucionalização do princípio da eficiência na administração pública, quando o autor descreve:

> Para conceituar eficiência, no sentido amplo, menciona-se entre outros aspectos, eficiência administrativa, econômica e técnica". Dessa forma, a verificação da eficiência precisa considerar tanto os aspectos quantitativos como os qualitativos para demonstrar a real utilidade do serviço para os seus titulares e usuários. Assim, quando se conceitua eficiência precisa-se, antes de mais nada, saber se na sua avaliação é necessária a verificação no aspecto qualitativo ou se basta apenas a análise no aspecto quantitativo. Desta forma, é importante indagar: "mais por menos", ou de "mais e melhor, pelo menos possível.[20]

---

[17] VILLAC, Teresa. *Licitações sustentáveis no Brasil*: um breve ensaio sobre ética ambiental e desenvolvimento, p. 35.

[18] *Idem*, p. 58-60.

[19] Sobre o que esperar dos agentes públicos na reconfiguração e no manejo das contratações públicas sustentáveis, ver VILLAC, 2019, p. 52-53.

[20] KOSSMANN, Edson Luís. *A (in)eficiência da constitucionalização do princípio da eficiência na administração pública*. Dissertação (mestrado) – Universidade do Vale do Rio dos Sinos, Programa de Pós-Graduação em Direito, São Leopoldo, 2010, p. 59; *apud in* LIMBERGER; IANNAKOS. O princípio constitucional da eficiência e a transparência, analisados sob a ótica do custo da justiça: como aprimoramento da responsabilidade da entrega da prestação jurisdicional. *Revista CNJ*, Brasília, DF, v. 3, n. 1, p. 96-105, jan./jun. 2019. Disponível em: http://www.cnj.jus.br/ojs/index.php/revista-cnj/article/view/25/7.

O advento da sustentabilidade ao ordenamento jurídico brasileiro, não obstante a participação na Conferência Eco-92, realizada no Rio de Janeiro, em 1992, antecedida inclusive pela necessidade de verificação de impacto ambiental (art. 12, da Lei nº 8.666/93), teve impulso de forma mais concreta desde a Recomendação CNJ nº 11/2007, seguida por Instrução Normativa do Ministério do Meio Ambiente, em 2008, e logo na sequência pelo Ministério do Planejamento por meio da Instrução Normativa nº 1/2010.

Naquele mesmo ano, por meio da Lei 12.349/2010, o art. 3 da Lei nº 8.666/93 passou a contemplar, entre seus requisitos, que as contratações públicas deveriam observar, além do princípio constitucional da isonomia e a seleção da proposta mais vantajosa para a administração, também o desenvolvimento nacional sustentável, expressão essa forjada desde a Conferência de 1992.

Na sequência, vieram diversas iniciativas normativas e jurisprudenciais que vêm consolidando o espraiar da sustentabilidade numa autêntica mudança na cultura – das comunidades e atores – da gestão eficiente, eficaz, efetiva e com economicidade.

A governança da sustentabilidade, portanto, deve ter como missão maior a promoção do elo entre o dever-ser positivado do ordenamento jurídico e a forma como se processam as relações entre o homem e a natureza nesse campo específico das contratações públicas (VILLAC, 2019, p. 82-83).

Dessa forma, a governança da sustentabilidade passa a considerar como critério legal e obrigatório a inserção de critérios de sustentabilidade previamente a qualquer processo de aquisições e contratações públicas.

Nos dizeres de Villac, há a reinserção da natureza na seara da racionalidade administrativa (2019, p. 78).

Dessa forma, há que se considerar na elaboração da estratégia os princípios e diretrizes envolvidos de forma ampla, multi e transdisciplinar, tais como: trabalho decente, *due diligence*, comportamento ético, práticas de operações justas, normas internacionais de comportamento, indicadores-chave de desempenho, práticas trabalhistas, ciclo de vida, avaliação e gestão de riscos, pequenas e médias organizações, responsabilidade social, esfera de influência e impactos, partes interessadas, fornecedores locais, cadeia de suprimentos, transparência, desenho universal, entre tantas possibilidades e ferramentas disponíveis.

É perceptível que a não inclusão de critérios de sustentabilidade nos processos de trabalho da instituição e a ausência na cultura institucional do modelo mental espontâneo impedem a consecução da prática.

Insistir na implantação desse modo sem a mudança cultural parece ser o maior risco, normalmente materializado em diversos órgãos, ressalte-se.

O papel adequado para as funções de governança nesse caso pode ser o de preparar um processo de gestão da mudança que prepare o terreno para receber melhor a semente capaz de gerar frutos mais adequados e que possa abrigar, em um contexto programático, diversos projetos que visem aperfeiçoar o processo que apresentou fragilidade na sua execução.

Como ensina Teresa Villac, portanto, para a transição do modelo mental focado meramente no crescimento econômico para o modelo do desenvolvimento sustentável, a governança depende e deve estar precedida da assunção ética da sustentabilidade e que permita desencadear novas posturas e condutas direcionadas ao gestor público.

Somados aos valores éticos devem estar os valores que forjem um programa de integridade e integração institucional para servir de filtro de proteção ao risco da descontinuidade na execução do processo.

E para a implantação de um programa de integridade que englobe gestão de riscos, controles internos, planos estratégicos, táticos e operacionais, e principalmente para monitorar sua execução é que se apresentam essenciais as funções de governança para avaliar, direcionar e monitorar a gestão, por meio dos mecanismos de liderança, estratégia e de *accountability*, que permitem a adequada prestação de contas e a aferição dos resultados e criação de valor para os beneficiários e partes interessadas envolvidas.

Na iniciativa privada, em pesquisa feita pelo *ACI Institute*[21] junto a 900 membros de Conselhos de Administração e líderes executivos de 41 países ao redor do mundo, destacaram-se três aspectos dentre a perspectiva abordada sobre a importância das questões ambientais, sociais e de governança (ou ESG – *Environmental, Social & Governance*, em Inglês) serem uma prioridade.

Primeiro, a questão do impacto das questões ESG e da conduta e da preservação da imagem em relação ao desempenho e a criação e

---

[21] O ACI Institute foi criado em 1999 pela KPMG International, nos Estados Unidos, o ACI Institute tem como objetivo disseminar a importância das boas práticas de governança corporativa. Para isso, produz estudos exclusivos e promove mesas de debate trimestrais sobre temas como gerenciamento de riscos, negócios familiares e, evidentemente, governança.

preservação do valor; depois, a dificuldade e a materialização do risco de que as atividades e iniciativas em torno dos temas ESG permaneçam na superfície e na periferia em relação à integração ao negócio e aos seus principais processos de gestão, sejam eles operacionais, de planejamento estratégico ou de gerenciamento de riscos. E, por último, o gerenciamento de questões ambientais, sociais e de governança, para que sejam proporcionais ao papel de liderança assumido pelo Conselho em tais processos, atribuindo prioridade estratégica, esclarecendo as responsabilidades de supervisão do Conselho e de seus comitês sobre tais assuntos e aperfeiçoando a comunicação interna e externa sobre os esforços da companhia nesse sentido.[22]

Trazendo a reflexão para as instituições públicas, onde o lucro do negócio pode ser comparado similarmente à capacidade de prestar de forma adequada, e em benefício do cidadão, o serviço para o qual foram criadas, tem-se que a importância das questões ambientais, sociais e de governança já decorre de imposições legais e normativas como, por exemplo:

- Art. 225, da Constituição Federal de 1988;
- Lei 6938/1981 – Política Nacional do Meio Ambiente (PNMA);
- Lei 10257/2001 – Estatuto da Cidade;
- Lei 12187/2009 – Política Nacional sobre Mudança Climática (PNMC);
- Lei 12305/2010 – Política Nacional de Resíduos Sólidos (PGRS);
- Art. 3, Lei 8.666/93;
- Decreto 9203/2017 – Política de Governança da Administração Pública Federal;
- Instruções Normativas (IN's);
- Resoluções CNJ, CJF e CSJT;
- Acórdãos, Levantamentos e Fiscalizações do TCU.

A sustentabilidade também se reforça e amplia a maturidade em governança quando conjuntamente se impulsiona a condução dos processos de Governança, Gestão de Riscos e Controles (GRC), além de um Programa de Integridade, sendo que a soma integrada, harmônica e sistêmica dos modelos, metodologias e boas práticas permite atingir um alto nível de maturidade em governança da sustentabilidade.

---

[22] ESG, risco e retorno. A perspectiva do Conselho de Administração. ACI Institute. www.kpmg.com.br.

Assim, com base no exposto acima, não há como caracterizar, por exemplo, uma contratação como sustentável se, ao mesmo tempo, as organizações permanecem ignorando ou não explicitando de forma clara quais as competências das funções de governança e de gestão, quais os objetivos estratégicos e as iniciativas, ações, riscos, controles internos a eles associados, sob pena de pretender atingir resultados diferentes persistindo na realização das mesmas ações de forma reativa e não proativa e antecipatória aos diversos e eventuais obstáculos existentes.

Como já constou de pesquisa anterior, Kruger[23] enfatiza que é urgente que se explore a aplicação dos mecanismos de governança na administração pública brasileira, que precisa enfrentar a fragilidade existente na definição de diretrizes e atingimento de resultados, principalmente em um cenário de limitação de recursos por parte das instituições públicas, mas também muitas vezes motivada pela inexistência de sistemas de governança, gestão de riscos e de controles internos formalmente instituídos.

Nessa mesma linha reflexiva, cabe citar os ensinamentos constantes da obra de Sandra Guerra ao abordar a governança corporativa com foco nos conselhos de administração, onde são trazidos muitos exemplos práticos das dificuldades, armadilhas e oportunidades enfrentadas, principalmente porque tal reflexão pode ser aproveitada e ampliada para a atuação de qualquer colegiado, plenário, comitê ou similar.[24]

Nesse ambiente de conselho, como função de governança, afirma Guerra que igualmente podem haver desvios ou vieses de comportamento em sentido contrários aos interesses e valores da instituição e tais desvios/vieses consistem em riscos de que a governança corporativa, cuja política normativa instituída formalmente vise lhe dar guarida, limite-se ao **parecer ser** em confronto com o **ser** efetivamente.

O tempo e os recursos já nos cobram que assim ocorram igualmente com os conceitos teóricos e as práticas conhecidas ou por desbravar com a sustentabilidade.

---

[23] KRÜGER, Mário Luís. *Maturidade em governança com base nas práticas recomendadas pelo TCU*: estudo de caso em um Tribunal Regional do Trabalho. Curitiba, 2016. 229 f. Disponível em: http://isaebrasil.com.br/mestrado/wp-content/uploads/2016/12/mario-luis-kruger.pdf.

[24] GUERRA, Sandra. *A caixa-preta da governança*. Rio de Janeiro: Best Business, 2017.

Segundo Laloux,[25] *apud* Thomas Eckschmidt, a governança evolui e se desenvolve nas organizações passando por alguns estágios de maturidade: Governança de anuência; Governança mão na massa; Governança estratégica; e Governança consciente.

Assim, segundo Eckschmidt, nesse mundo de negócios em constante transformação e cada vez mais volátil, incerto, complexo e ambíguo (conhecido como novo mundo VUCA), os conselhos de administração têm a oportunidade de desenvolver novas capacidades e expandir a sua atuação.

E, em uma Sociedade 5.0, tudo isso pode contribuir com o desenvolvimento de novos níveis de consciência, inclusive na governança corporativa. A evolução natural da governança para o que podemos chamar de governança consciente é algo inevitável. Uma governança consciente se define como a capacidade de um grupo de pessoas de pensar de forma muito mais profunda em conjunto, considerando o presente, o passado e o futuro.[26]

Algumas ferramentas possíveis para potencializar a governança e estratégia para a sustentabilidade: Relatório de Transição; Relatórios de Auditoria; Cadastro de Serviços; Cadastro de Necessidades e Oportunidades; Gestão de Riscos; Sistema de Projetos; e Sistema de Processos de Trabalho.

Ressalta-se que a relação das ferramentas mencionadas acima não é restritiva para a instrumentalização e execução das funções de governança, estratégia, gestão e *accountability*, sendo altamente recomendado que sejam consideradas e utilizadas diversas outras técnicas de gestão complementares, sempre com a procura pelas melhores práticas de cada área temática correspondente, tais como: gestão de pessoas, gestão da sustentabilidade, gestão da comunicação, gestão de custos, gestão do conhecimento (KRUGER, 2016).

Ao mesmo tempo, outras ferramentas importantes podem ser utilizadas por meio dos laboratórios de inovação – os quais vêm acompanhados pelas diversas possibilidades de utilização de tecnologias e ferramentas ágeis de gestão – tais como: *design thinking*,[27] *lean, agile*, gerenciamento de projetos, entre tantas possibilidades.

---

[25] *IBGC Análises & Tendências*. agosto/setembro/outubro de 2017. A sua governança está preparada para um capitalismo mais consciente? Thomas Eckschmidt. Cofundador do Instituto Capitalismo Consciente Brasil e coautor do livro *Fundamentos do Capitalismo Consciente*; p. 6.

[26] *Idem*; p. 7-8.

[27] https://portal.tcu.gov.br/design_thinking/index.html.

Nesse particular, cabe reforçar também a orientação e o contributo do TCU ao disponibilizar uma série de reflexões e ferramentas compartilhadas em seu laboratório de pesquisa e inovação.[28]

Ser e estar sustentável, portanto, para uma organização significa manter efetivamente a prática das diversas funções de governança, além de manter presente a perspectiva da sustentabilidade:

7.1. Definição do direcionamento estratégico;

7.2. Supervisão da gestão;

7.3. Envolvimento das partes interessadas;

7.4. Gerenciamento dos riscos estratégicos;

7.5. Gerenciamento dos conflitos internos;

7.6. Auditoria interna e avaliação dos sistemas de gestão e controle;

7.7. Promoção da *accountability* (prestação de contas e definição de responsabilidades); e

7.8. Transparência.

Tudo isso, de forma proativa e antecipada aos obstáculos costumeiramente enfrentados pelas organizações em seu cotidiano.

É importante, assim, definir os mecanismos de liderança, de estratégia e de controle e realizar reuniões periódicas da alta administração e principais gestores a fim de disseminar a cultura dos mecanismos, bem como realizar avaliações, direcionamento e monitoramento da atuação da gestão.

Finalmente, a disseminação e o compartilhamento do aprendizado e experiências enfrentadas devem ser multiplicados entre os órgãos que possuem o potencial de trabalhar em rede e ampliar significativamente a adesão de vários órgãos de forma eficiente em relação à cooperação e cocriação gerada em proveito de todos.

5 Conclusão

Para que a observância de critérios e práticas de sustentabilidade seja efetiva nas contratações deve estar condicionada e possuir como pressuposto a inclusão da sustentabilidade desde o planejamento estratégico e em seus desdobramentos táticos, por meio das POPs, PLS, planos de contratações.

---

[28] Disponível em: https://portal.tcu.gov.br/inovatcu/.

As diretrizes, reflexões e avaliação da sustentabilidade pelas instâncias de governança contribuirão para aperfeiçoar os processos de contratação em todas as suas fases (planejamento; seleção do fornecedor; e gestão do contrato) em relação às demandas **de fato significativas**, contemplando nos DODs e ETPs todos os critérios e práticas de sustentabilidade definidos como diretrizes em políticas e procedimentos pela **governança**.

Todo esse arcabouço de conhecimento se revela como a Governança Estratégica da Sustentabilidade.

Como constou da Carta de Serviços ao Cidadão do Programa Nacional de Gestão Pública de Desburocratização (GESPÚBLICA), em seu *Guia Metodológico*, no que diz respeito à gestão estratégica, é mais fácil e perceptível gerar valor em curto prazo. O verdadeiro desafio é gerar valor de forma sustentável, especialmente quando se trata do setor público onde as políticas e medidas de fortalecimento institucional sofrem com as interrupções e alterações de rumo, próprias da alternância política. Assim, para gerar valor, é preciso que a atuação institucional satisfaça, de forma consistente, a sociedade e os públicos-alvos, ao longo do tempo. Por isso, é fundamental ter séries históricas dos principais indicadores, que permitam o monitoramento da tendência do desempenho e dos níveis de satisfação e confiança.[29]

Assim, sustentabilidade em seu sentido mais amplo significa inserir esta temática em todos os processos de trabalho, a partir da estratégia da organização, perpassando toda a cadeia de valor, e desdobrando seus efeitos, com sinergia e integração entre todas as funções de governança e de gestão, e em relação a todas as partes interessadas.

É essencial, portanto, que as atribuições importantes das funções de governança e de gestão estejam claras e sejam praticadas. A governança deve fornecer diretrizes, deve monitorar a execução e deve avaliar e corrigir rumos sempre que necessário.

A gestão, por sua vez, deve solicitar diretrizes, deve executar o processo de acordo com as diretrizes recebidas, e deve prestar contas de forma proativa e com periodicidade adequada.

Quando o *top down* e o *bottom up* se encontram, a fim de criar e conjugar a sinergia e complementação de esforços é bastante provável que se aumente a eficiência e, por consequência, se amplie

---

[29] BRASIL. Programa Nacional de Gestão Pública de Desburocratização – GESPÚBLICA. 2130. Gestão estratégica. Carta de serviços ao cidadão: guia metodológico – ciclo 2014. Disponível em: http://www.tcu.gov.br/govorganizacional/001.002.006.036.htm.

a possibilidade de atingir os resultados, minimizando os riscos, representados pelas incertezas sobre os objetivos.

Caso contrário, estaremos sempre suscetíveis à materialização do risco de achar que a sustentabilidade é um entrave, um departamento isolado, ou a área que incomoda e impede que continuemos a fazer sempre as mesmas coisas e do mesmo jeito e pretender obter resultado diferente o que, já deveríamos nos convencer, é verdadeiramente uma ilusão.

Não é fácil todo esse processo, sem dúvida, mas precisamos persistir na busca da inovação e persistir nesse sentido de análise e argumentação integrada e sistêmica.

Referências

ABNT NBR ISO 20400:2017. Compras sustentáveis – Diretrizes. Primeira edição. 24/11/2017. 63 p.

BOFF, Leonardo. Sustentabilidade: o que é e o que não é. https://leonardoboff.wordpress. com/2012/01/15/sustentabilidade-tentativa-de-definicao/.

BRASIL. *Guia da política de governança pública.* Casa Civil da Presidência da República – Brasília: Casa Civil da Presidência da República, 2018. 86 p.: il., color.

BRASIL. Programa Nacional de Gestão Pública de Desburocratização – GESPÚBLICA. 2130. Gestão estratégica. CARTA DE SERVIÇOS AO CIDADÃO: Guia Metodológico – ciclo 2014. Disponível em: http://www.tcu.gov.br/govorganizacional/001.002. 006.036.htm.

BRASIL. TCU. Auditoria Coordenada. Acórdãos TCU 1968/2017 e 709/2018 – Plenário. Disponíveis em https://portal.tcu.gov.br/imprensa/noticias/auditoria-sobre-ods-ganha-destaque-na-onu-como-boa-pratica-na-implementacao-da-agenda-2030.htm.

BRASIL. TCU. Auditoria operacional. Acórdão TCU 1056/2017 – Plenário. Disponível em: https://pesquisa.apps.tcu.gov.br/#/documento/acordao-completo/*/NUMACORDAO% 253A1056%2520ANOACORDAO%253A2017%2520COLEGIADO%253A%2522Pl en%25C3%25A1rio%2522/DTRELEVANCIA%20desc,%20NUMACORDAOINT %20desc/0/%20?uuid=981023c0-c8d3-11e9-9a6a-2dc7a655aadc.

BRASIL. Tribunal de Contas da União (TCU). Governança Pública Organizacional. Material de referência. Disponível em: https://portal.tcu.gov.br/governanca/gover nancapublica/organizacional/referencias/.

BRASIL. Tribunal de Contas da União (TCU). *Manual RCA*: riscos e controles nas aquisições. Disponível em: http://www.tcu.gov.br/arquivosrca/ManualOnLine.htm e https://portal.tcu.gov.br/comunidades/controle-externo-das-aquisicoes-logisticas/ atuacao/riscos-e-controles-nas-aquisicoes/.

BRASIL. Tribunal de Contas da União (TCU). Notícia. Disponível em: https://portal.tcu. gov.br/imprensa/noticias/auditoria-sobre-ods-ganha-destaque-na-onu-como-boa-pratica-na-implementacao-da-agenda-2030.htm.

BRASIL. Tribunal de Contas da União (TCU). Prestação de contas do exercício de 2018. *Normas específicas das contas de 2018.* Disponível em: https://portal.tcu.gov.br/contas/contas-e-relatorios-de-gestao/contas-do-exercicio-de-2018.htm

BRASIL. Tribunal de Contas da União. *Governança pública:* referencial básico de governança Aplicável a Órgãos e Entidades da Administração Pública e Ações Indutoras de Melhoria. Brasília: TCU, Secretaria de Planejamento, Governança e Gestão, 2014.

BRASIL. Tribunal de Justiça do Distrito Federal e dos Territórios. Governança de Contratações. Disponível em: https://www.tjdft.jus.br/transparencia/governanca-institucional/governanca-de-aquisicoes.

COSO. Gerenciamento de riscos na empresa – estrutura integrada: sumário executivo e estrutura e gerenciamento de riscos na empresa. 2007. Committee of Sponsoring Organizations of the Treadway Commission. Disponível em: https://www.coso.org/Documents/COSO-ERM-Executive-Summary-Portuguese.pdf.

DIRETRIZES para implementação dos ODS na estratégia dos negócios. SDG Compass. GRI/Pacto Global e WBCSD. Disponível em: https://d335luupgsy2.cloudfront.net/cms/files/89484/1562348527SDG_Compass_2.pdf

ESG, risco e retorno. A *perspectiva do Conselho de Administração.* ACI Institute. www.kpmg.com.br.

FAVARETTO, Sonia. IBGC *Análises & Tendências* 1. ed. agosto/setembro/outubro de 2017. Conselhos de Administração no fortalecimento da agenda ESG, p. 22.

FREITAS, Juarez. *Sustentabilidade:* direito ao futuro. Belo Horizonte: Fórum, 2011, 340 p.

GUERRA, Sandra. A *caixa-preta da governança.* Rio de Janeiro: Best Business, 2017. 378 p.

IBGC. *Análises & tendências.* 1. ed., agosto/setembro/outubro de 2017. A sua governança está preparada para um capitalismo mais consciente? Artigo. Thomas Eckschmidt. Cofundador do Instituto Capitalismo Consciente Brasil e coautor do livro Fundamentos do Capitalismo Consciente; p. 6.

IBGC. *Análises & tendências.* 2. ed., novembro/dezembro de 2017 e janeiro de 2018. Instituto Brasileiro de Governança Corporativa

IBGC. Instituto Brasileiro de Governança Corporativa. *Auditoria interna: aspectos essenciais para o conselho de administração.* São Paulo, SP: Instituto Brasileiro de Governança Corporativa, Instituto dos Auditores Internos do Brasil, 2018. (Série IBGC Orienta). 56p.

IBGC. Instituto Brasileiro de Governança Corporativa. *Código das melhores práticas de governança corporativo.* 5. ed. São Paulo, SP: IBGC, 2015. 108 p.

IBGC. Instituto Brasileiro de Governança Corporativa. *O papel do conselho de administração na estratégia das organizações.* São Paulo, SP: IBGC, 2017. (Série IBGC Orienta). 56 p.

IBGC. *Sustentabilidade nos Conselhos de Administração:* práticas de algumas empresas listadas brasileiras. Coordenação Carlos Eduardo Lessa Brandão e Josefa Maria Fellegger Garzillo. São Paulo: IBGC, 2013 (Série Experiências em Governança Corporativa 2). 56p.

KOSSMANN, Edson Luís. A *(in)eficiência da constitucionalização do princípio da eficiência na administração pública.* Dissertação (mestrado) – Universidade do Vale do Rio dos Sinos, Programa de Pós-Graduação em Direito, São Leopoldo, 2010, p. 59; *apud in* LIMBERGER, Têmis; GIANNAKOS, Demétrio Beck da Silva. O princípio constitucional da eficiência e a transparência, analisados sob a ótica do custo da justiça: como aprimoramento da responsabilidade da entrega da prestação jurisdicional. *Revista CNJ*, Brasília, DF, v. 3, n. 1, p. 96-105, jan./jun. 2019.

KRÜGER, Mário Luís. *Maturidade em governança com base nas práticas recomendadas pelo TCU*: estudo de caso em um Tribunal Regional do Trabalho. Curitiba, 2016. 229 f. Disponível em: http://isaebrasil.com.br/mestrado/wp-content/uploads/2019/02/MPGS_1.14_Mario-Luis-Kruger.pdf.

ONU. *Transformando nosso mundo*: a Agenda 2030 para o desenvolvimento sustentável. https://nacoesunidas.org/pos2015/agenda2030/.

VILLAC, Teresa. *Licitações Sustentáveis no Brasil*: um breve ensaio sobre ética ambiental e desenvolvimento. Belo Horizonte: Fórum, 2019.

Informação bibliográfica deste texto, conforme a NBR 6023:2018 da Associação Brasileira de Normas Técnicas (ABNT):

KRÜGER, Mário Luís. Governança e estratégia para a sustentabilidade. *In*: VILLAC, Teresa; BESSA, Fabiane Lopes Bueno Netto; DOETZER, Gisele Duarte (Coord.). *Gestão pública brasileira*: inovação sustentável em rede. Belo Horizonte: Fórum, 2021. p. 65-88. ISBN 978-65-5518-055-8.

O TRIBUNAL DE CONTAS DA UNIÃO E A SUSTENTABILIDADE

LUIZ GUSTAVO GOMES ANDRIOLI

SUZETE DE FÁTIMA LOCATELLI WINKELER

1 Introdução

O Tribunal de Contas da União, na qualidade de órgão de controle da Administração Pública, tem realizado trabalhos em várias áreas relevantes, seja realizando diagnósticos setoriais, fiscalizando e acompanhando atos de gestão, eventualmente aplicando sanções e condenando em débito quando avalia a reprovabilidade de uma conduta. E na área da sustentabilidade não é diferente.

Com o presente artigo pretende-se discorrer sobre as atribuições do TCU em seu mister constitucional, resgatar de forma rápida suas principais atribuições e, sobretudo, narrar suas principais contribuições na área da sustentabilidade como órgão de controle externo e também como órgão público responsável por ações sustentáveis. Neste ponto, é salutar que todo órgão de controle possa "dar o exemplo" antes de exercer a plenitude de suas atribuições.

Desde já é importante registrar que o TCU possui uma unidade denominada de Secretaria de Controle Externo da Agricultura e do Meio Ambiente, que é a responsável por liderar as principais ações de controle para a área ambiental, a qual, inclusive, conta com um site com vasta quantidade de informações sobre sua área de atuação (https://portal.tcu.gov.br/meio-ambiente/). Tal unidade possui uma estratégia de longo prazo com o objetivo de contribuir com o assunto e têm sido marcantes os resultados alcançados, conforme se verá mais adiante.

Na gestão interna institucional, a Secretaria Adjunta de Administração (Adgedam) e o Núcleo Sócio Ambiental (NSA) são responsáveis pela implementação da Política Institucional de Sustentabilidade e do Plano de Logística Sustentável. Acerca desses dois importantes instrumentos, é de se mencionar que as iniciativas sobre logística sustentável são conduzidas pelo Comitê Gestor de Logística Sustentável e abrangem as dimensões logística sustentável e gestão de pessoas.

Assim, passa-se a discorrer acerca das informações do TCU sobre a sustentabilidade com o objetivo de demonstrar que o tema em questão vem recebendo a devida atenção institucional, seja no âmbito da atividade de controle externo, seja na gestão do dia a dia do próprio Tribunal.

2 Conhecendo um pouco mais o Tribunal de Contas da União

O Tribunal de Contas da União é um órgão de natureza político-administrativa, independente, autônomo em relação aos Poderes Estatais e que presta auxílio técnico ao Congresso Nacional no exercício do "controle externo" da Administração Pública.

Partindo da concepção de controle abrangendo tanto a fiscalização, quanto a orientação, em que pese a denominação de "Tribunal" ao citado órgão, a natureza administrativa do TCU decorre, em essência, do não exercício da função jurisdicional do Estado, pois no Brasil prepondera a "jurisdição una" ou "unidade da jurisdição" e essa é exclusiva do Poder Judiciário, conforme depreende-se do artigo 127 e seguintes da Carta Política.

Em relação ao caráter administrativo do TCU, Bittencourt (2008, p. 150) afirma que "Quando se prevê que o Tribunal de Contas da União julga as contas dos administradores e de todos aqueles responsáveis por valores públicos, não se está falando de atividade jurisdicional. As decisões tomadas por esse órgão técnico têm natureza administrativa".

Concomitantemente a isso, ainda como característica do TCU, não se pode negar o seu viés político, pois é responsável pelo julgamento das contas de todos os administradores de recursos federais, bem como pela fiscalização dos órgãos e unidades integrantes de qualquer dos Poderes constituídos, entendimento perfilhado, por exemplo, pelo eminente Ministro Carlos Ayres Britto, do Supremo Tribunal Federal:

Daqui se infere que as Casas de Contas se constituem em tribunais de tomo político e administrativo a um só tempo. Político, nos termos da Constituição; administrativo, nos termos da lei. Tal como se dá a natureza jurídica de todas pessoas estatais federadas, nesta precisa dicção constitucional (art. 18, caput). E salta à razão que se os Tribunais de Contas não ostentassem dimensão política não ficariam habilitados a julgar as contas dos administradores públicos [...]; sequer receberiam o nome de "Tribunais" e nunca teriam em órgãos e agentes judiciários de proa o seu referencial organizativo-operacional. Muito menos se dotariam de um Ministério Público próprio ou especial. (BRITTO, p. 72)

Contudo, quando se afirma a conotação política do TCU não se reconhece, de *per si*, as "influências políticas" no desempenho de suas atribuições constitucionais, mas, noutro sentido, conclui-se que suas competências estão devidamente delineadas na própria Carta Política, com eficácia plena e de aplicabilidade imediata, praticamente, independentemente de qualquer regulamentação infralegal.

Nessa linha de entendimento, Russomano (2004, p. 382) esclarece que "Nos termos do art. 71, caput, o Congresso efetuá-lo-á com o auxílio do Tribunal de Contas da União. Àquele caráter político, inerente ao Congresso, ajusta-se o caráter técnico deste Tribunal, o que efetua um desenho harmônico no âmbito da fiscalização".

Ademais, na qualidade de órgão auxiliar do detentor do controle externo da Administração Pública (Congresso Nacional) e, ainda, diante da inegável repercussão de suas decisões no cenário político nacional, conclui-se que a Corte de Contas Federal delineia-se como órgão de essência administrativa e política, simultaneamente.

Acerca da prestação de auxílio técnico ao Congresso Nacional, Marcus Vinícius Correa Bittencourt ensina que "o Tribunal de Contas da União enquanto órgão técnico e auxiliar do Poder Legislativo é composto por nove Ministros e possui competência em todo o território nacional".

Esse auxílio efetiva-se por meio da realização de fiscalizações[1] (auditorias e inspeções), da apuração de eventuais irregularidades no âmbito dos diversos processos de controle externo (Representações, Solicitações do Congresso Nacional, Denúncias, Acompanhamentos e

---

[1] Uadi Lammêgo Bulos, na obra *Constituição Federal Anotada* destaca que o artigo 70 da Constituição Federal traz quatro modalidades de fiscalização: Fiscalização da Legalidade, Fiscalização Financeira, Fiscalização da Legitimidade e Fiscalização da Economicidade.

outros), do acompanhamento físico e orçamentário das obras realizadas com recursos federais, entre outras formas descritas no artigo 71 da Carta Maior.

Outra característica marcante do referido órgão fiscalizador é a necessária independência que deve usufruir para o pleno exercício de suas atribuições constitucionais. Desde a sua criação, a doutrina nacional já destacava a necessidade da "independência do órgão fiscalizador dos recursos públicos", conforme ensinamento de Sérgio Ferraz:

> Vê-se, pois, que o conceito de auxiliar nada tem a ver com o de subordinação e, muito menos, com o de integração (...) as Cortes de Contas, não importa o nível federativo em que se apresentem, é órgão constitucional cooperador plural de toda a administração financeira-orçamentária, não se subsumindo a qualquer dos Poderes do Estado no desempenho de sua atuação (FERRAZ, p. 119).

Destarte, em um Estado Democrático de Direito em que a Administração Pública é lastreada pelos princípios da impessoalidade, moralidade, isonomia, publicidade e eficiência (art. 37, *caput*, da Constituição Federal), inadmissível que os órgãos de fiscalização da despesa pública, *in casu*, o TCU, sofram restrições de qualquer ordem no cumprimento de suas atribuições, constituindo a independência institucional e funcional condição inafastável para o efetivo e impessoal cumprimento do *munus* público outorgado pela Carta Maior.

Ainda acerca dessa questão, Uadi Lammêgo Bulos acredita que:

> Os Tribunais de Contas são órgãos públicos especializados e de auxílio. Visam orientar o Poder Legislativo, no exercício do controle externo, sem contudo, subordinarem-se a ele. Por isso possuem total independência, cumprindo-lhe, primordialmente, praticar atos administrativos de fiscalização. (BULOS, p. 815)

Desse modo, relevante mencionar que a Carta Maior discorreu acerca das competências do TCU nos artigos 71 a 75, todos constantes da Seção IX, Capítulo I, que trata "do Poder Legislativo". Ademais, consoante disposto no artigo 71, *caput*, compete ao mencionado Tribunal "auxiliar" o Congresso Nacional no exercício do controle externo, ante a titularidade constitucional dessa atribuição outorgada ao Parlamento brasileiro.

Acerca dessa característica peculiar do órgão fiscalizador das despesas públicas, Rui Barbosa,[2] um dos maiores defensores da criação do referido órgão, já asseverava que:

> O Tribunal de Contas é um mediador independente posto de permeio entre o poder que autoriza periodicamente a despesa e o poder que quotidianamente a executa, auxiliar de um e outro, que, comunicando com a legislatura e intervindo na administração, seja não só o vigia, como a mão forte da primeira sobre a segunda, obstando a perpetração das infrações orçamentárias por voto oportuno.

Aspecto que merece destaque é o alargamento das competências do Tribunal de Contas da União com o advento da Carta Magna, circunstância, inclusive, reconhecida pelo próprio Supremo Tribunal Federal[3] no seguinte precedente:

> Com a superveniência da nova Constituição, ampliou-se, de modo extremamente significativo, a esfera de competência dos tribunais de contas, os quais foram investidos de poderes jurídicos mais amplos, em decorrência de uma consciente opção política feita pelo legislador constituinte, a revelar a inquestionável essencialidade dessa instituição surgida nos albores da república. A atuação dos tribunais de contas assume, por isso, importância fundamental no campo do controle externo e constitui, como natural decorrência do fortalecimento de sua ação institucional, tema de irrecusável relevância.

Ainda no tocante à amplitude das competências do TCU, o então Ministro da Corte de Contas Federal, Ubiratan Aguiar, destacou que:

> [...] se compararmos as prerrogativas legais que o TCU dispõe em relação a Entidades de Fiscalização Superiores de outros países, percebemos que, em termos de poder judicante, a Entidade de Fiscalização Superior brasileira possui um leque considerável de instrumentos, a exemplo do (a): afastamento provisório e cautelar de responsáveis que na continuidade do exercício do cargo possa obstruir fiscalização em andamento ou provocar novos danos ao Erário; condenação do responsável ao pagamento do débito; declaração de inabilitação de responsáveis para o exercício de cargo em comissão ou função de confiança e declaração

---

2 Decreto nº 966-A, de 7.11.1890.
3 STF – Pleno – Adin nº 215/PB, Rel. Min. Celso de Mello; Diário da Justiça, 3 ago. 1990, p. 7.234.

de inidoneidade de licitante para licitar com a Administração Pública Federal, quando comprovada fraude à licitação ou a contrato; decretação de indisponibilidade de bens. (AGUIAR, p. 17-28)

Com essas considerações iniciais, passa-se a discorrer acerca das principais competências outorgadas no artigo 71 da Constituição Federal.

O inciso II estabelece que é atribuição do Tribunal o julgamento das prestações e tomada de contas dos administradores e demais responsáveis por dinheiros, bens e valores públicos da administração direta e indireta, incluídas as fundações e sociedades instituídas e mantidas pelo Poder Público federal, e as contas daqueles que derem causa a perda, extravio ou outra irregularidade de que resulte prejuízo ao erário.

Trata-se, por determinação constitucional, de competência exclusiva da Corte de Contas Federal e abrange todos aqueles que manuseiem direta ou indiretamente recursos públicos federais, seja pessoa física ou jurídica, de direito público ou privado, pois o liame não é a personalidade jurídica do ente envolvido, mas sim a origem do recurso público repassado.

Assim, todos os entes públicos (autarquias, fundações, órgãos pertencentes à estrutura do Judiciário, do Executivo e Legislativo) e privados (pessoas físicas e jurídicas, Organizações Não Governamentais (ONGs), Organizações da Sociedade Civil de Interesse Público (OSCIPS), fundações privadas, empresas privadas e outros), quando manusearem recursos federais, estarão submetidos à fiscalização do TCU.

Com vistas ao cumprimento de sua missão constitucional, o TCU realiza inspeções e auditorias de natureza contábil, financeira, orçamentária, operacional e patrimonial, nas unidades administrativas dos Poderes Legislativo, Executivo e Judiciário, e demais entidades referidas no inciso II supradescrito. Importante enaltecer que essas fiscalizações são realizadas por iniciativa do próprio Tribunal, da Câmara dos Deputados, do Senado Federal, de Comissão Técnica ou de Inquérito (inciso IV).

3 O TCU como órgão de controle externo e sua contribuição à sustentabilidade

Em face da amplitude das competências do TCU, são muitas as suas áreas de atuação, passando por saúde, defesa nacional, educação, obras públicas, previdência, compras públicas, entre outras. E, no âmbito de cada uma dessas áreas, cada vez mais, a opção normalmente escolhida pela instituição é a realização de trabalhos estruturantes e mais aprofundados com o objetivo de identificar as causas dos problemas constatados e o consequente auxílio ao gestor na construção de políticas públicas mais alinhadas com a necessidade do cidadão.

O histórico de fiscalizações da Corte de Contas federal em relação ao tema sustentabilidade é bastante amplo e tem sido notadamente relevante no sentido de alavancar a discussão e o aprimoramento de ações do Poder Executivo Federal. Como forma de demonstrar essa contribuição, importante registrar três trabalhos: a avaliação das ações de sustentabilidade na Administração Pública, a fiscalização referente ao monitoramento dessa fiscalização e a recente ação de controle sobre objetivos de desenvolvimento sustentável – ODS, especialmente sobre fome zero e agricultura sustentável (ODS 2), educação de qualidade (ODS 4), indústria, inovação e infraestrutura (ODS 8), paz, justiça e instituições eficazes (16), entre outros.

Uma das primeiras fiscalizações de maior porte do Tribunal sobre o tema abrange auditoria operacional realizada em diversos órgãos e entidades da Administração Pública Federal com o objetivo de avaliar as ações adotadas pela própria Administração no que se refere ao uso racional e sustentável de recursos naturais, notadamente papel, energia elétrica e água. Naquele momento, foi prolatado o Acórdão nº 1.752/2011 –TCU-Plenário que, entre outras medidas, recomendou ao Ministério do Planejamento, Orçamento e Gestão a apresentação de plano de ação visando a orientar e a incentivar todos os órgãos e entidades a adotarem medidas para o aumento da sustentabilidade e eficiência no uso de recursos naturais, em especial energia elétrica, água e papel, considerando a adesão do País aos acordos internacionais: Agenda 21, Convenção-Quadro das Nações Unidas sobre Mudança do Clima e Processo Marrakesh, bem como o disposto na Lei nº 12.187, de 29 de dezembro de 2009, na Lei nº 9.433, de 8 de janeiro de 1997, na Lei nº 10.295, de 17 de outubro de 2001, no Decreto nº 5.940, de 25 de outubro de 2006, e na Instrução Normativa SLTI/MP nº 1, de 19 de janeiro de 2010.

Tal ação alavancou uma série de medidas na Esplanada dos Ministérios em Brasília e em órgãos e entidades federais, sendo inclusive reiteradamente considerado nos diversos Planos de Logística Sustentável, a exemplo do Ministério da Fazenda (http://www.fazenda.gov.br/acesso-a-informacao/acoes-e-programas/plano-de-gestao-de-logistica-sustentavel-pls/arquivos/2019/pls-2019-2021.pdf).

Outro ponto interessante da mesma decisão foi a recomendação ao próprio Ministério da Fazenda para que avaliasse a possibilidade de instituir sistemática que permitisse que as economias alcançadas com a implementação de ações visando ao uso racional de recursos naturais revertessem em benefícios dos órgãos que as adotassem, a exemplo de minuta de portaria nesse sentido no âmbito do Programa de Eficiência do Gasto. Além disso, também recomendou ao Ministério do Planejamento, Orçamento e Gestão que incentivasse os órgãos e instituições públicas federais a implantarem programas institucionais voltados ao uso racional de recursos naturais, inclusive prevendo designação formal de responsáveis e a realização de campanhas de conscientização dos usuários;

O segundo trabalho importante de ser destacado foi também uma auditoria operacional cujo objetivo foi avaliar em que medida as ações promovidas pela administração pública federal nas áreas de redução de consumo próprio de papel, de energia elétrica e de água evoluíram em relação aos parâmetros suscitados pelo já citado Acórdão nº 1.752/2011-TCU-Plenário, ou seja, em que medida a promoção da sustentabilidade ambiental nas instituições públicas estava de fato sendo efetivada. Na realidade, em síntese, foi um monitoramento da decisão anteriormente mencionada.

Durante a auditoria operacional, foram estabelecidos 11 eixos temáticos e cada um deles foi avaliado como um indicador cuja pontuação variou de 0 a 3. A média entre os indicadores foi denominada como Índice de Acompanhamento da Sustentabilidade na Administração (IASA). A Administração Pública Federal (APF) alcançou a pontuação de 1,64, o que, de acordo com a proposta de deliberação do relator do processo, ministro-substituto André Luis de Carvalho, denotava grau médio de comprometimento com as medidas de sustentabilidade. O Senado, a Câmara dos Deputados e o TCU obtiveram a maior média, no patamar de 2,12 pontos.

A definição dos eixos temáticos levou em consideração a elaboração, implementação e monitoramento do Plano de Gestão de Logística Sustentável (PLS), a racionalização no uso de energia elétrica e de água, atendimento a requisitos de acessibilidade, certificação de prédios públicos, racionalização no uso de papel e implementação de processo eletrônico, gestão de resíduos e coleta seletiva, contratações públicas sustentáveis, mobilidade e gases do efeito estufa e conscientização, capacitação e adesão a programas de sustentabilidade.

Por meio do Acórdão nº 1.056/2017-TCU-Plenário, da relatoria do Ministro André Luís de Carvalho, constatou-se uma implementação insatisfatória das ações de sustentabilidade pela APF, em razão de deficiências de planejamento, coordenação e aderência a requisitos de desenvolvimento sustentável. Foram expedidas uma série de determinações e recomendações, destacando a fixação do prazo de 120 dias para que fosse apresentado o devido plano de ação destinado a implementar o necessário sistema de acompanhamento das ações de sustentabilidade, conforme previsto no art. 11 do Decreto nº 7.746/2012, com vistas a dar conhecimento das ações de sustentabilidade em execução no Poder Executivo, levando em consideração as informações já existentes em sistemas como o Sispes e o Ressoa, além de promover a criação de parâmetros desejáveis de consumo, por tipologia de edificações.

Gráfico 1 – Radar IASA

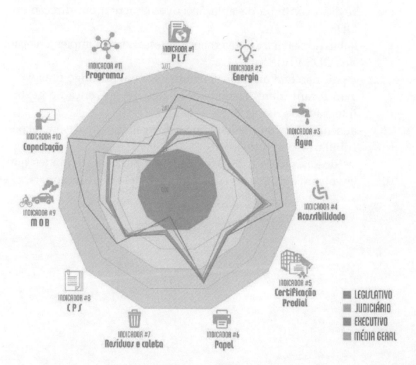

Fonte: Tribunal de Contas da União.

O último trabalho que se impõe destacar foi a auditoria coordenada sobre a preparação dos governos latino-americanos para implementar os objetivos de desenvolvimento sustentável (ODS). Em sede do Acórdão nº 709/2018 –TCU-Plenário, cujo Relator foi o Ministro Augusto Nardes, ficaram assentes as seguintes constatações da equipe de auditores do Tribunal:

- os processos de nacionalização das metas e definição dos indicadores nacionais para os ODS carecem de algumas definições, tais como mecanismos de interação entre ambos e quem será o responsável por definir, em última instância, o conjunto de metas e indicadores aplicáveis ao Brasil;
- as iniciativas existentes do Governo Federal para sensibilização da sociedade à Agenda são pontuais e carecem de coordenação;
- embora o Brasil tenha apresentado um Relatório Nacional Voluntário em 2017, não está definido um processo de elaboração desse documento para o futuro que permita um ciclo de revisão contínua da atuação governamental em direção aos ODS;
- falhas no sistema de governança necessário para implementação dos ODS VIII;
- o país não tem um planejamento nacional de longo prazo;
- não foram identificadas atividades de prevenção e gestão integrada de riscos;
- ausência de acompanhamento e de avaliação de desonerações tributárias a agrotóxicos;
- as desonerações tributárias federais para as atividades que envolvem agrotóxicos superam um bilhão de reais anuais.

Gráfico 2 – Radar IASA

Fonte: Tribunal de Contas da União.

Com base nessas constatações, o TCU expediu uma série de recomendações a órgãos e entidades estratégicas federais com objetivo de incrementar, ainda mais, a atenção e prioridade em relação a importante tema:
- ao CNODS que indique responsável por definir as metas e os indicadores nacionais, institua mecanismos de interação entre os processos de nacionalização das metas e de definição dos indicadores, formalize sua estratégia de longo prazo, estabeleça mecanismos de coordenação das iniciativas de sensibilização à Agenda 2030, e estabeleça processo participativo de elaboração do Relatório Nacional Voluntário;
- ao Ministério do Planejamento que estabeleça uma estratégia para implementar o monitoramento e a avaliação integrada das políticas públicas brasileiras, e informe ao TCU as providências adotadas sobre a formulação do planejamento nacional de longo prazo;
- à Controladoria-Geral da União que submeta ao Comitê Interministerial de Governança, criado pelo Decreto nº 9.203/2017,

proposta de aprimoramento dos mecanismos para a prevenção e gestão de riscos de forma integrada, com o objetivo de identificar e gerir riscos transversais entre políticas públicas, tais como fragmentações, sobreposições, duplicidades e lacunas;

- à Casa Civil que atribua a órgão ou entidade do Poder Executivo o papel de supervisão das desonerações de tributos federais incidentes sobre agrotóxicos, além de criar mecanismos de acompanhamento e avaliação periódica dessas desonerações, no intuito de verificar se essas medidas alcançam os fins a que se propõem, além do mais, o TCU recomendou que a Casa Civil, em conjunto com diversos órgãos, avalie a oportunidade e a viabilidade econômica, social e ambiental de utilizar o nível de toxicidade à saúde humana e o potencial de periculosidade ambiental, entre outros, como critérios na fixação das alíquotas dos tributos incidentes sobre agrotóxicos.

Infográfico 1 – Auditoria TCU

Fonte: Tribunal de Contas da União.

4 O TCU e suas práticas internas de sustentabilidade

O Tribunal, não na qualidade de órgão de controle federal, mas como órgão público "tradicional" também tem avançado muito em medidas sustentáveis. Com a Resolução nº 268/2015, implantou sua Política Institucional de Sustentabilidade, a qual traz iniciativas nas dimensões logística sustentável e gestão de pessoas.

A sustentabilidade na dimensão gestão de pessoas visa a atender às necessidades dos servidores e demais colaboradores do TCU no que se refere à acessibilidade, à qualidade de vida no ambiente de trabalho e ao desenvolvimento pessoal e profissional, de modo a aumentar a produtividade e o bem-estar no trabalho. A Política de Gestão de Pessoas, definida pela Resolução TCU nº 187/2006, alinha-se à Política Institucional de Sustentabilidade, em especial, para promover a qualidade de vida no ambiente de trabalho, o desenvolvimento pessoal e profissional, bem como a acessibilidade.

Da mesma forma, as políticas institucionais de Sustentabilidade e de Gestão de Pessoas integram-se e harmonizam-se com a Política de Acessibilidade do Tribunal, disposta pela Resolução TCU nº 283/2016.

Em relação às dimensões sustentável econômica e ambiental, é de suma importância registrar algumas das principais práticas internas do TCU: painel de sustentabilidade, uso e consumo racional de alguns insumos (água, papel, energia elétrica), geração de energia limpa, *outsourcing* de impressão, construções e compras sustentáveis.

O TCU disponibilizou no portal (www.tcu.gov.br) um painel de sustentabilidade com informações aderentes à Agenda Ambiental da Administração Pública. O Painel contém informações sobre consumo de água, energia elétrica, papel, copos, água potável em garrafas, deslocamentos aéreos e é possível verificar a economia que a instituição vem obtendo com suas iniciativas. Tal painel trouxe maior transparência para os gastos internos da instituição e tem possibilitado, inclusive, a busca pela economia de recursos em várias áreas, conforme será abordado a seguir.

Acerca do consumo sustentável, recentemente, o Tribunal implementou novo modelo de fornecimento de água potável e ações para uso racional de água, energia elétrica, papel e outros recursos. Buscando a integração aos padrões de sustentabilidade ambiental, o novo modelo de distribuição de água potável substituiu o fornecimento de garrafas plásticas por 106 purificadores de água (filtros), acompanhados de porta-copos, instalados nas copas e corredores do edifício sede e anexos em Brasília.

No ano de 2016, os gastos do tribunal com a aquisição de garrafas PET, apenas para as unidades no edifício-sede e anexos, em Brasília, alcançou montante superior a R$600.000,00. Além desse gasto, a logística de distribuição alocava seis postos de trabalho terceirizado, que custavam anualmente ao TCU aproximadamente R$300.000,00. Assim, os gastos anuais com aquisição e distribuição de água totalizavam mais de R$900.000,00. Com o novo modelo implantado nas unidades e copas do edifício-sede e anexos, tem sido obtida uma economia anual de mais de R$700.000,00. A medida trouxe ganhos ambientais consideráveis, tendo em vista que deixarão de ser gerados anualmente resíduos referentes ao descarte de mais de um milhão de garrafas de plástico.

Quanto à energia elétrica, a racionalização no consumo é um dos itens priorizados para sustentabilidade. Nesse sentido, foi definida nova sistemática de funcionamento do ar condicionado. O sistema passou a funcionar nos horários de maior afluência de pessoas no tribunal e de maior incidência solar. Além disso, para reduzir o dano ambiental gerado pelos aparelhos de ar-condicionado, estão sendo utilizados gases certificados que reduzem consideravelmente o prejuízo à natureza.

Da mesma forma, foram adotadas medidas acerca da racionalização no uso de lâmpadas em corredores e salas sem prejuízo de luminosidade devida aos usuários e a substituição das lâmpadas pelas de LED, com menor consumo. Em média, uma lâmpada LED é 83% mais econômica que a incandescente e 33% mais econômica que a fluorescente. Os LEDs também são considerados os mais ecológicos porque não possuem mercúrio em sua composição. A substituição das lâmpadas tem sido feita de forma gradual no TCU, conforme é necessária a troca das antigas. Houve também a sensibilização dos servidores para medidas que possam desenvolver, no ambiente de trabalho, com vistas a reduzir o consumo de energia, que vão desde o desligamento de computadores ao final do expediente e o aproveitamento da luz natural quando possível, à retirada de equipamentos sobressalentes das salas, como impressoras e frigobares.

Também, em 2018, foram adotadas medidas para implantação de esgoto a vácuo nas instalações do Complexo da Sede em Brasília, atendendo aos sanitários de maior utilização (coletivos) num total de 238 unidades. A medida trará resultados da ordem de 1 litro por descarga em substituição à média de 3 a 6 litros, com um nível de ruído máximo de 65 dB, com economia anual da ordem de R$560.000 anual (*Payback* de 7 anos).

Outra iniciativa de destaque abrange a implantação da usina fotovoltaica para geração de energia limpa, objeto inclusive do Prêmio Melhores Práticas de Sustentabilidade, em 2018, promovido pelo Ministério do Meio Ambiente, no âmbito da Agenda Ambiental na Administração Pública (A3P). O TCU ficou em primeiro lugar na categoria "Inovação na Gestão Pública". A operação do sistema resultará em economia anual de aproximadamente R$700 mil, correspondente a 18% do atual consumo total de energia elétrica dos prédios do complexo predial da Sede do Tribunal. Para um período de análise de 20 anos, o valor presente líquido (VPL) é positivo e da ordem de R$20 milhões e o prazo de retorno do investimento realizado (*payback*) está estimado em 4 anos.

Ademais, acredita-se que tal fato motivará, mais uma vez, outros órgãos da Administração Pública a envidar esforços no aperfeiçoamento das práticas de sustentabilidade e no bom uso dos recursos públicos, pelos quais essa Casa tem a missão de zelar.

Acerca do *outsourcing* de impressão, talvez uma das medidas mais exitosas, registre-se que foi implantado em sintonia com a campanha TCU + Sustentável e consiste, em linhas gerais, em um modelo de compartilhamento de impressoras.

O TCU terceiriza tal serviço e a empresa contratada via processo licitatório passa a ser responsável pelas máquinas e suprimentos, mas o fornecimento de papel continua a cargo do TCU. A solução buscada pelo *outsourcing* visa tornar o modelo de impressão mais flexível e econômico, com a redução do consumo de energia, do volume de descarte de suprimentos e dos custos com impressão e com a racionalização dos procedimentos licitatórios e das contratações envolvidas.

Com o término desta fase da implantação do *outsourcing*, observou-se a diminuição de cerca de 75% na quantidade de impressoras (de 700 para 170 unidades) e de 25% no volume total de impressão, ou seja, 90 mil impressões a menos por mês e economia mensal de 60 mil folhas de papel.

Em relação às compras sustentáveis, o TCU tem incrementado sensivelmente os requisitos de sustentabilidade socioambiental em seus editais de licitação. Nas contratações de mobiliário, por exemplo, tem havido preocupação cada vez maior nos editais, com relação à origem da madeira. Os móveis precisam apresentar o selo de certificação que comprova que 100% dos componentes utilizados podem ser rastreados em toda a cadeia produtiva. Outro item que tem se tornado comum nos editais do TCU é a especificação dos materiais de limpeza biodegradáveis, naqueles contratos de terceirização que preveem o fornecimento do material.

Ademais, os editais de licitação também têm priorizado a compra de equipamentos eletrônicos com baixo consumo energético, com o selo Procel A, e vem sendo cada vez mais frequente a inclusão de exigências relacionadas à origem e ao descarte dos resíduos após o uso, o que é uma exigência da A3P. Outros itens presentes nos editais que buscam atender aos objetivos de desenvolvimento sustentável, em especial com relação aos aspectos sociais, dizem respeito a benefícios para microempresas e empresas de pequeno porte, e a declaração da empresa de que não emprega menores de dezoito anos em trabalho noturno, perigoso ou insalubre, nem menores de dezesseis anos em qualquer trabalho, salvo na condição de aprendiz, a partir dos quatorze anos.

No que tange a construções e reformas prediais, o projeto arquitetônico da nova sede do Instituto Serzedello Corrêa (ISC) teve como base a sustentabilidade e a inovação. O edifício foi concebido para obtenção de selo de eficiência energética do programa Procel Edifica ("Procel A"), com diversas soluções, tais quais o uso de vidros com baixo fator solar, telhas sanduíche com pintura refletiva, luminárias com lâmpadas tipo LED em quase todos ambientes internos e externos, sistemas eletromecânicos (elevadores e ar-condicionado) com baixo consumo energético, entre outras.

O conjunto arquitetônico dispõe de sistema de reaproveitamento de águas pluviais (irrigação e vasos sanitários) e aquecimento solar para chuveiros, utilização de materiais recicláveis (por exemplo, o isolamento acústico de casa de máquinas de ar-condicionado), madeiras certificadas, tintas com baixa emissão de compostos orgânicos voláteis (COV), piso dos estacionamentos externos permeáveis, entre outras soluções que atenuam o impacto no meio ambiente. Além disso, como compensação ambiental, em 2015 foram plantadas 7.110 mudas de árvores típicas do cerrado no Parque de Uso Múltiplo da Asa Sul (613/214 Sul), como medida de compensação pela erradicação de 237 árvores nativas do local onde foi edificado o Anexo IV. Em 2016, também foi iniciado o plantio de novas mudas para fins de compensação.

Com o compromisso de estar sempre buscando novas alternativas sustentáveis, agora em 2019, o TCU designou comissão especial de licitação para a condução do procedimento de credenciamento de associações ou cooperativas, para concessão de autorização de uso, de espaço para exploração comercial de feira orgânica a ser realizada nas dependências do tribunal.

Percebe-se, portanto, que muitas ações têm sido realizadas pelo TCU, seja como órgão constitucional de controle externo, seja como órgão público executor de despesa pública. Apesar disso, muito ainda precisa ser feito, talvez e primordialmente, no aspecto interno do seu corpo técnico no sentido de maximizar a conscientização dessa agenda nacional, o que certamente proporcionará um maior número de iniciativas institucionais.

Por fim, tendo em vista que o Tribunal atua em todas as áreas da gestão pública e, em face disso, suas fiscalizações acabam por abordar a maioria dos ODSs, é possível destacar maior ênfase para o ODS 2 – fome zero e agricultura sustentável, ODS 4 – educação de qualidade, ODS 8 – indústria, inovação e infraestrutura e ODS 16 – paz, justiça e instituições eficazes.

Referências

AGUIAR, Ubiratan. Tribunais de contas e as estratégias para reduzir o risco de corrupção. *Revista do Tribunal de Contas da União*, Brasília, ano 35, n. 105, p. 17-28, jul./set. 2005.

BITTENCOURT, Marcus Vinicius Corrêa. *Curso de direito constitucional*. 2. ed. São Paulo: Fórum, 2008. p. 150.

BITTENCOURT, Marcus Vinicius Corrêa. *Curso de direito constitucional*. 2. ed. São Paulo: Fórum, 2008, p. 147.

BRITTO, Carlos Ayres *et al*. O novo Tribunal de Contas: órgão protetor dos direitos fundamentais. 3. ed. Belo Horizonte: Fórum, 2006, p. 119.

BRITTO, Carlos Ayres. O regime constitucional dos Tribunais de Conta. *Revista do Tribunal de Contas do Estado de Minas Gerais*, Belo Horizonte, ano XX, n. 3, p. 72, 2002.

BULOS, Uadi Lammêgo. *Constituição federal anotada*. São Paulo: Saraiva, 2002, p. 815.

RUSSOMANO, Rosah. *Curso de direito constitucional*. 5. ed. Rio de Janeiro: F. Bastos, 2004. p. 382.

TCU – SecexAgroAmbiental – *Relatório Auditoria em Sustentabilidade na Administração Pública Federal*, Brasil – TC 006.615/2016-3.

TCU – SecexAgroAmbiental – *Relatório de Auditoria na preparação do governo brasileiro para a implementação da Agenda 2030 e da meta 2.4 dos Objetivos de Desenvolvimento Sustentável* (ODS), Brasil – TC 029.427/2017-7.

União edição especial. Brasília, 2016. Disponível em: file:///C:/Users/x09106883974/Downloads/Uniao%2002-12-2016-Especial%20Sustentabilidade.pdf. Acesso em: 06 de jun. 2019.

Informação bibliográfica deste texto, conforme a NBR 6023:2018 da Associação Brasileira de Normas Técnicas (ABNT):

ANDRIOLI, Luiz Gustavo Gomes; WINKELER, Suzete de Fátima Locatelli. O Tribunal de Contas da União e a sustentabilidade. *In*: VILLAC, Teresa; BESSA, Fabiane Lopes Bueno Netto; DOETZER, Gisele Duarte (Coord.). *Gestão pública brasileira: inovação sustentável em rede*. Belo Horizonte: Fórum, 2021. p. 89-106. ISBN 978-65-5518-055-8.

PACTO GLOBAL E A INTERNALIZAÇÃO DOS ODS EM INSTITUIÇÕES QUE INTEGRAM A REDE SUSTENTA PARANÁ

MÁRIO LUÍS KRÜGER

PRISCILLA KIYOMI ENDO

TAMARA SIMONE VAN KAICK

1 Pacto Global

O Pacto Global foi lançado em 2000, pelo ex-secretário geral da ONU, Kofi Annan, com o objetivo de criar uma mobilização da comunidade internacional para adotar, nas suas práticas e valores fundamentais diretrizes voltadas para a promoção do crescimento sustentável e da cidadania, por meio de lideranças corporativas comprometidas e inovadoras. O Pacto Global foi lançado como uma iniciativa voluntária, portanto não é um instrumento regulatório, um código de conduta obrigatório ou um fórum para policiar as políticas e práticas gerenciais (PACTO GLOBAL, 2019).

O Pacto Global possui a sua sede em Nova York e auxilia no desenvolvimento das redes que são constituídas nos diversos países. Atualmente são cerca de 80 redes locais inseridas em 160 países, e devido a esta configuração está sendo considerada a maior iniciativa de sustentabilidade do mundo, com mais de 13 mil membros signatários.

No Brasil, a rede foi criada em 2003, vinculada ao Programa das Nações Unidas para o Desenvolvimento (PNUD). O Brasil possui a terceira maior rede do mundo com cerca de 800 participantes, conhecida como Rede Brasil do Pacto Global. Os projetos conduzidos no Brasil são desenvolvidos por meio dos seguintes Grupos Temáticos (GTs): Água e Saneamento, Alimentos e Agricultura, Energia e Clima, Direitos Humanos e Trabalho, Anticorrupção, Engajamento e Comunicação e Objetivos de Desenvolvimento Sustentável (ODS – Agenda 2030) (PACTO GLOBAL, 2019).

Os 10 princípios do Pacto Global estão divididos nas áreas de direitos humanos, direitos do trabalho, proteção do meio ambiente e combate à corrupção, a saber:

Direitos Humanos

Princípio 1: As instituições devem apoiar e respeitar a proteção de direitos humanos reconhecidos internacionalmente; e

Princípio 2: Assegurar-se de sua não participação em violações destes direitos.

Trabalho

Princípio 3: As instituições devem apoiar a liberdade de associação e o reconhecimento efetivo do direito à negociação coletiva;

Princípio 4: A eliminação de todas as formas de trabalho forçado ou compulsório;

Princípio 5: A abolição efetiva do trabalho infantil; e

Princípio 6: Eliminar a discriminação no emprego.

Meio Ambiente

Princípio 7: As instituições devem apoiar uma abordagem preventiva aos desafios ambientais;

Princípio 8: Desenvolver iniciativas para promover maior responsabilidade ambiental; e

Princípio 9: Incentivar o desenvolvimento e difusão de tecnologias ambientalmente amigáveis;

Contra a Corrupção

Princípio 10: As instituições devem combater a corrupção em todas as suas formas, inclusive extorsão e propina.

O Pacto Global tem uma proximidade forte com a ISO 26.000, dessa forma, aliar os princípios e diretrizes de ambas pode gerar uma sensibilização mais ampla na comunidade interna das instituições signatárias, principalmente no que se refere à compreensão e internalização de uma cultura institucional. A comunidade externa e os *stakeholders* que estão de alguma forma relacionados com essas instituições também podem ser conquistados para incorporar a cultura da sustentabilidade mediante a comunicação realizada sobre as ações, atividades e governança da instituição, nos quais são demonstrados os impactos positivos no desenvolvimento social, econômico e ambiental desenvolvidos de forma cooperativa.

Nesse sentido, a internalização dos objetivos da ONU por meio dos ODS, são também uma forma de comunicar à comunidade externa e *stakeholders* sobre a cultura de sustentabilidade da instituição. Portanto, aliar esforços para atuar em sintonia com o Pacto Global, ISO 26.000 de Responsabilidade Social e ODS auxilia a modelar a governança das instituições para traçar o seu plano estratégico alinhado com o desenvolvimento sustentável.

1.1 Objetivos de Desenvolvimento Sustentável (ODS)

Os signatários do Pacto Global também assumem o compromisso de contribuir com o cumprimento da Agenda 2030, agindo em sintonia com os Objetivos de Desenvolvimento Sustentável (ODS).

A Agenda 2030 é um plano de ação global que visa ao fortalecimento da paz mundial e uma trajetória ao longo de 15 anos em busca do desenvolvimento sustentável. Anteriormente aos ODS existiram os 8 Objetivos de Desenvolvimento do Milênio (ODM) que haviam sido lançados em 2000, e receberam um reforço oficial na Cúpula Mundial sobre o Desenvolvimento Sustentável realizada em Johanesburgo, na África do Sul, em 2002, na Rio + 10. Esses objetivos foram construídos com o intuito de permitir a avaliação, por meio da verificação do atendimento de 48 indicadores estabelecidos para 22 metas elaboradas. Esse formato permitiria, pela primeira vez, a possibilidade de comparar os avanços concretos que deveriam ser alcançados até 2015 para as metas estabelecidas, podendo ser mensuráveis tanto nas escalas nacional, regional e global.

A avaliação dos resultados dos ODM em 2015 não foi animadora, pois as 22 metas não foram alcançadas. Mas a forma criativa e inovadora de valorizar os objetivos e a possibilidade de mensuração dos avanços dos ODM se mostrou promissora, o que levou a ONU a levar adiante a iniciativa, mas inserindo novas proposições de indicadores, metas e objetivos, que seriam denominados de Objetivos do Desenvolvimento Sustentável (ODS).

Os ODS fazem parte da Resolução nº 70/1 da Assembleia Geral das Nações Unidas, intitulada "Transformando o nosso mundo: a Agenda 2030 para o Desenvolvimento Sustentável". A resolução é um amplo acordo intergovernamental que funciona como a Agenda de Desenvolvimento Pós-2015, que foi desenhada depois da avaliação do alcance que os ODM tiveram nas diferentes nações.

Para atender os princípios para uma agenda focada em resultados a serem obtidos até 2030, foram, então, desenvolvidos 17 Objetivos de Desenvolvimento Sustentável e 169 metas, das quais erradicar a pobreza, promover vida digna e garantir às gerações futuras o direito ao desenvolvimento são prioritárias. Os ODS estão distribuídos em cinco áreas: pessoas, planeta, prosperidade, paz e parcerias, descritos da seguinte forma:

Objetivo 1. Acabar com a pobreza em todas as suas formas, em todos os lugares;

Objetivo 2. Acabar com a fome, alcançar a segurança alimentar e melhoria da nutrição e promover a agricultura sustentável;

Objetivo 3. Assegurar uma vida saudável e promover o bem-estar para todos, em todas as idades;

Objetivo 4. Assegurar a educação inclusiva e equitativa e de qualidade, e promover oportunidades de aprendizagem ao longo da vida para todos;

Objetivo 5. Alcançar a igualdade de gênero e empoderar todas as mulheres e meninas;

Objetivo 6. Assegurar a disponibilidade e gestão sustentável da água e saneamento para todos;

Objetivo 7. Assegurar o acesso confiável, sustentável, moderno e a preço acessível à energia para todos;

Objetivo 8. Promover o crescimento econômico sustentado, inclusivo e sustentável, emprego pleno e produtivo e trabalho decente para todos;

Objetivo 9. Construir infraestruturas resilientes, promover a industrialização inclusiva e sustentável e fomentar a inovação;

Objetivo 10. Reduzir a desigualdade dentro dos países e entre eles;

Objetivo 11. Tornar as cidades e os assentamentos humanos inclusivos, seguros, resilientes e sustentáveis;

Objetivo 12. Assegurar padrões de produção e de consumo sustentáveis;

Objetivo 13. Tomar medidas urgentes para combater a mudança do clima e seus impactos;

Objetivo 14. Conservação e uso sustentável dos oceanos, dos mares e dos recursos marinhos para o desenvolvimento sustentável;

Objetivo 15. Proteger, recuperar e promover o uso sustentável dos ecossistemas terrestres, gerir de forma sustentável as florestas, combater a desertificação, deter e reverter a degradação da terra e deter a perda de biodiversidade;

Objetivo 16. Promover sociedades pacíficas e inclusivas para o desenvolvimento sustentável, proporcionar o acesso à justiça para todos e construir instituições eficazes, responsáveis e inclusivas em todos os níveis;

Objetivo 17. Fortalecer os meios de implementação e revitalizar a parceria global para o desenvolvimento sustentável.

Especialistas do Pacto Global da ONU e do Global Reporting Initiative (GRI),[1] vislumbraram a possibilidade da integração dos ODS aos relatórios corporativos. Essa integração permitiria explicitar como as instituições poderiam potencializar o impacto para enfrentar os problemas mais prementes do mundo focando nas pessoas, planeta, prosperidade, paz e parcerias.

Em um dos esforços de viabilizar essa inserção dos ODS em Relatórios de Sustentabilidade empresarial, elaborou-se "Um Guia Prático para Definir e Relatar Prioridades". Este documento oferece uma abordagem estruturada para ajudar as instituições a alinharem suas estratégias para medir e gerir suas contribuições aos ODS, auxiliando na escolha de quais metas devem relatar e como elas devem utilizar seus relatórios para direcionar essa ação.

A estrutura proposta pelo guia se mostrou interessante no sentido de atender às necessidades de apresentação de informação dos governos, investidores e outras partes interessadas, na apresentação dos relatórios que neste formato, além de melhorar a prestação de contas das instituições para a sociedade, estaria fortalecendo os elos entre as parcerias estabelecidas para avançar em resultados focados nos ODS.

---

[1] *Business Reporting on the SDG: uma análise dos objetivos e metas*. O Guia foi desenvolvido conjuntamente pelo GRI e pelo Pacto Global.

Dessa forma, as empresas e instituições, tanto públicas como privadas, podem utilizá-los para divulgar seus impactos e contribuições para os ODS, por exemplo, através do relato de acordo com as Normas de Relato de Sustentabilidade da GRI (Normas da GRI) e/ou a Comunicação sobre o Progresso (COP) nos Dez Princípios do Pacto Global das Nações Unidas e dos ODS.

2 Laboratórios de Inovação, Inteligência e Objetivos de Desenvolvimento Sustentável (LIODS)

Como consequência do chamamento do Conselho Nacional de Justiça aos Tribunais vinculados, durante o 1º Encontro Ibero-Americano da Agenda 2030 no Poder Judiciário, realizado em Curitiba-PR em agosto/2019, nos termos da Portaria CNJ nº 119/2019, os Tribunais localizados no Paraná, TJPR, TRE/PR, TRT/PR e a Seção Judiciária do Paraná da Justiça Federal prontamente aderiram e já instituíram formalmente por meio de portarias os respectivos laboratórios em suas jurisdições.

Como forma de garantir um funcionamento integrado e eficiente, reuniram-se os representantes desses tribunais, entre os meses de setembro e outubro de 2019, a fim de preparar a formalização de Acordo de Cooperação específico para tal finalidade, além de proporcionar a ampliação do compartilhamento de conhecimento para alguns outros órgãos e entidades interessados e engajados pela mesma temática, tais como a Secretaria do Planejamento e da Administração do Estado do Paraná, o Tribunal de Contas do Estado do Paraná, Sesi, bem como representantes do Conselho Estadual de Desenvolvimento Econômico e Social do Estado do Paraná (CEDES/PR), contando, inclusive, com a presença da Dra. Maria Tereza Uille Gomes, Conselheira do Conselho Nacional de Justiça (CNJ), grande incentivadora e fomentadora das reflexões de inserção dos ODS na realidade do Poder Judiciário.

O objetivo firmado por todos os participantes foi o de tratar da Agenda 2030, dos Laboratórios de Inovação no âmbito do Judiciário Paranaense, bem assim de eventual parceria entre o CNJ e a Organização para a Cooperação e Desenvolvimento Econômico (OCDE) em relação aos Laboratórios de Inovação e os Objetivos de Desenvolvimento Sustentável (ODS).

Os órgãos do Poder Judiciário no Estado do Paraná assinaram, em novembro/2019, o Acordo de Cooperação para fomentar a adoção de práticas e projetos inovadores concomitantemente às instalações dos respectivos LIODS.[2]

3 Iniciativas de atuação do Tribunal de Justiça do Paraná que se relacionam com os 10 Princípios do Pacto Global e os ODS

O Tribunal de Justiça do Paraná é signatário do Pacto Global desde 07 de janeiro de 2019 e foi o primeiro tribunal do Poder Judiciário Estadual a aderir à iniciativa. Na sequência, serão descritas ações e programas desenvolvidos pelo órgão e sua relação com os Objetivos de Desenvolvimento Sustentável.

ODS 1 – Erradicação da Pobreza: Relaciona-se a este ODS o Termo de Convênio nº 083/2018 que o Tribunal de Justiça do Paraná celebrou com o intuito de desenvolver ações articuladas voltadas para a realização de ações de mobilização, articulação e integração de esforços entre a sociedade civil, iniciativa privada, instituições e órgãos públicos para a promoção dos direitos civis, políticos, e econômicos, sociais, culturais e ambientais das pessoas em situação de rua em consonância com o Decreto Federal nº 7.053/2009.

ODS 3 – Saúde e Bem-estar: Algumas iniciativas associam-se ao ODS de saúde e bem-estar: a) programa de ginástica laboral – com vistas à promoção de saúde física e mental de magistrados e servidores, o programa conta com colaboradores em diversas unidades do Poder Judiciário Paranaense e também são disponibilizadas campanhas informativas no site do TJPR; b) campanha de vacinação – o TJPR, anualmente, fornece doses de vacina contra a gripe para magistrados, servidores e colaboradores. A aplicação da vacina acontece em Curitiba e alguns polos de Comarcas do interior; c) práticas de meditação – em 2019, iniciou-se a prática orientada de meditação, duas vezes por semana, como parte de um programa de preservação a saúde, em consonância com a Resolução CNJ nº 207/2015. A prática tem duração aproximada de 20 minutos, sob a supervisão de um instrutor voluntário.

---

[2] Poder Judiciário assina acordo de cooperação técnica. Notícia publicada em https://www. jfpr.jus.br/comsoc/noticia.php?codigo=2869.

Ainda, com o intuito de promover a qualidade de vida de magistrados e servidores, o TJPR criou a Comissão de Apoio à Saúde do Magistrado e do Servidor e a Comissão Socioesportiva Cultural. A primeira tem por função auxiliar no diagnóstico da situação atual da saúde física e mental de magistrados e servidores, além de propor medidas que possam ajudar na prevenção de enfermidades, combate ao absenteísmo e melhoria da qualidade de vida no trabalho; a segunda objetiva promover ações de cultura, esporte e lazer.

ODS 4 – Educação de Qualidade: O Tribunal de Justiça do Paraná executa dois projetos importantes na linha do ODS 4: a) projeto de acolhimento de Jovens Aprendizes, que promove a qualificação profissional de adolescentes acolhidos institucionalmente, com idade entre 14 e 18 anos incompletos; b) projeto Jovens Promissores, que conta com credenciamento de instituições aptas a encaminharem adolescentes a vagas de aprendizagem, emprego ou estágio, e encaminhar ou oferecer cursos e formações diversas (a iniciativa é objeto do Edital de Credenciamento nº 02/2018).

ODS 5 – Igualdade de Gênero: a) Termo de Cooperação Técnica nº 24/2019 – Com a Prefeitura de Paranaguá para implantação da Patrulha Maria da Penha; b) Acordo de Cooperação Técnica nº 01/2017 Projeto Piloto – Mulheres Livres: adoção de ações conjuntas com o objetivo de incluir mulheres integrantes do regime semiaberto harmonizado e egressas do sistema prisional na rede de proteção social.
Também com a finalidade de incentivar a igualdade de gênero, o TJPR criou Grupo de Trabalho para Incentivo à Participação Institucional Feminina no Poder Judiciário do Estado do Paraná (consoante Decreto Judiciário nº 442/2019).

ODS 6 – Água potável e saneamento: Com esse ODS relacionam-se as ações do TJPR que envolvem o reaproveitamento de águas pluviais nas novas edificações do órgão. Ademais, aproximadamente 50% das edificações já possuem instalados dispositivos de redução de consumo de água (tais como descargas tipo duo ou torneiras pressmatic).

ODS 7 – Energia acessível e limpa: o TJPR realizará a substituição de todas as lâmpadas fluorescentes de 105 edifícios do Poder Judiciário do Paraná por lâmpadas de LED. A iniciativa será realizada com a colaboração da Companhia Paranaense de Energia (Copel), por meio do projeto de eficiência energética (chamada pública Copel nº 001/2018). Ainda relacionado ao ODS 7, tem-se a iniciativa do TJPR em construir uma usina fotovoltaica em Campo Mourão.

ODS 10 – Redução das desigualdades: O TJPR contribui com esse ODS por meio: a) do Programa Criança e Adolescente Protegidos, que objetiva garantir a proteção integral de crianças e adolescentes, assegurando, especialmente, a identificação biométrica, através da emissão da Carteira de Identidade (Lei Estadual nº 19.634/2018); b) disponibilização do *Manual de Inclusão da Pessoa com Deficiência*, que busca esclarecer aspectos inerentes à pessoa com deficiência e seus direitos; c) celebração de Termo de Cooperação Técnica nº (10/2018) para instalação e funcionamento de seções eleitorais especiais em estabelecimentos penais e unidades de internação de adolescentes, para assegurar o voto aos presos provisórios e adolescentes internados; d) prestação de serviços de apoio operacional à digitalização eletrônica de documentos, mediante inclusão de pessoas com deficiência auditiva (Contrato nº 61/2014).

ODS 11 – Cidades e Comunidades Sustentáveis: nesse ODS, o TJPR atua das seguintes maneiras: a) realização de contratação para coleta, transporte e destinação final de resíduos e rejeitos de lâmpadas (fluorescentes, de vapor de mercúrio, de vapor de sódio, de multivapores metálicos ou mistas, incandescentes, halógenas, LED); b) contratação de prestação de serviços de coleta, transporte, tratamento e destinação final dos resíduos de serviços de saúde (RSS); c) credenciamento de associações e cooperativas de catadores de materiais recicláveis; d) utilização de impressoras no formato de compartilhamento coletivo; e) disponibilização de *Manual de Resíduos do TJPR*, com a explicação e descrição da gestão de resíduos no tribunal.

ODS 12 – Consumo e Produção Responsáveis: a) determinação de impressão de documentos no modo frente e verso; b) projeto de tratamento ao superendividamento do consumidor – serviço gratuito, pré-processual, de mediação/conciliação de renegociação de dívidas de relação de consumo do consumidor/pessoa física superendividado.

ODS 16 – Paz, Justiça e Instituições Eficazes: relacionam-se ao ODS 16 as seguintes iniciativas: a) Pacto Infância Segura, em que diversos órgãos se uniram para desenvolver ações conjuntas, integradas e articuladas destinadas à prevenção e ao combate aos crimes praticados contra crianças e adolescentes; b) a criação do Núcleo Permanente de Métodos Consensuais de Solução de Conflitos (NUPEMEC); c) a instituição de Unidades Regionalizadas de Plantão (URP) do Poder Judiciário do Estado do Paraná; d) a elaboração do Código de Ética e de Conduta dos servidores do Poder Judiciário do Paraná (Decreto Judiciário nº 245/2017); e) a celebração de termo de cooperação técnica para prestação de assistência gratuita às pessoas que necessitem de representação jurídica durante a audiência preliminar realizada no plantão do juizado do torcedor e eventos; f) programa Justiça se Aprende na Escola, iniciativa que surgiu da necessidade de divulgar noções básicas acerca do funcionamento do Poder Judiciário à população; g) Justiça no Bairro, maior programa de responsabilidade social do Poder Judiciário do Paraná, visa ao atendimento das demandas ajuizadas, reprimidas, como forma de resolução por meio de conciliação prévia ou oportuna no trâmite processual.

4 Iniciativas de atuação do Tribunal Regional do Trabalho da 9ª Região que se relacionam com os 10 Princípios do Pacto Global e os ODS

Foi instituído pelo Ato TRT/PR nº 113/2019 o Grupo de Trabalho pelo Pacto Global como instância de apoio à Presidência, de natureza propositiva e de caráter permanente, composto por no máximo 15 servidores, das áreas judiciárias de primeiro e segundo grau e da área administrativa.

Compete ao referido grupo apoiar a governança do TRT/PR contribuindo com o direcionamento da instituição na efetividade dos princípios do Pacto Global de modo a conectá-los à estratégia institucional e no auxílio e monitoramento dos resultados da gestão a partir dos mesmos princípios para cuja finalidade foram realizadas reuniões para programação e registro das ações.

Além disso, estão sendo promovidos esforços de integração do relato específico para o Pacto Global com os demais relatos previstos para envio às Entidades de Fiscalização Superior, tais como o Relato Integrado de Gestão, requerido anualmente pelo TCU.

Também foi oportunizada a participação em eventos de capacitação promovidas pela Rede Brasil do Pacto Global, e estão em andamento as providências para disponibilização de espaço físico para o LIODS do TRT-PR, bem como a preparação de regulamentação para o funcionamento do respectivo laboratório.

A importância da iniciativa, portanto, fica explicitada pela adoção, divulgação e estímulo às práticas dos valores voltados à agenda mundial e relacionados com os princípios dos direitos humanos, do trabalho, do meio ambiente e de medidas contra a corrupção.

5 Iniciativas de atuação da Universidade Tecnológica Federal do Paraná que se relacionam com os 10 Princípios do Pacto Global e com os ODS

Entre as instituições públicas brasileiras, as universidades federais, em virtude de sua natureza e missão no sentido de serem formadoras de cidadãos do futuro, além de serem centros de transmissão e difusão da cultura humanística, científica e tecnológica, são importantes geradoras de opinião e de inovações, o que confere às mesmas um posicionamento que demanda forte responsabilidade no que se refere à promoção do desenvolvimento sustentável em nosso país.

Dessa forma, introduzir o princípio da sustentabilidade como um elemento central nas suas múltiplas atividades como universidade (ensino, pesquisa, extensão e gestão), possibilitará a promoção de projetos estratégicos e ações coerentes com a concretização desse princípio. Introduzir os princípios do Pacto Global e os ODS na cultura organizacional significa desenvolver objetivos concretos de mudança em cada ação da vida cotidiana da instituição.

A UTFPR possui em sua missão, visão e valores a sustentabilidade entendida como: assegurar que todas as ações se observem sustentáveis nas dimensões sociais, ambientais e econômicas; e nesse sentido a missão da instituição é "desenvolver a educação tecnológica de excelência, construir e compartilhar o conhecimento voltado à solução dos reais desafios da sociedade". Como visão de futuro a UTFPR pretende "Ser uma universidade reconhecida internacionalmente pela importância de sua atuação em prol do desenvolvimento regional e nacional sustentável".

No sentido de fortalecer e estruturar o conceito de desenvolvimento sustentável na UTFPR, no dia 15 de maio de 2019, na 52ª reunião extraordinária do Conselho Universitário (COUNI), foi aprovada a Política de Sustentabilidade (PS) da UTFPR (Deliberação nº 07/19, de 14.05.2019), apresentando princípios, diretrizes e objetivos. Essa construção coletiva da política foi organizada pela comissão central do Plano de Logística Sustentável (PLS), que lançou a minuta da PS para a consulta pública para a comunidade acadêmica e externa. De acordo com o artigo 3º registrado na Política de Sustentabilidade: "A política consolida a Sustentabilidade como um valor estratégico da UTFPR, no desenvolvimento de todas as suas atividades". No art. 13, inciso IV consta o seguinte objetivo: promover atividades curriculares no ensino, pesquisa e extensão, incluindo temas sobre Sustentabilidade, Educação Ambiental, Cultura e Responsabilidade Social, voltadas à formação de lideranças socioambientais que possam desenvolver uma economia global inclusiva, equitativa e sustentável. A política de Sustentabilidade da UTFPR inseriu em seus princípios e objetivos os princípios do Pacto Global e os ODS, e firmou o seu compromisso como signatária do Pacto Global no dia 05 de setembro de 2019.

A UTFPR já havia criado uma cultura de atuação com a inserção dos ODS nos projetos de extensão, que ocorre desde 2010, quando ainda eram os ODM (Objetivos de Desenvolvimento do Milênio), e foram sucedidos pelos ODS a partir de 2015. No sistema de registros de projetos de extensão, desenvolvido a partir de 2016, consta como obrigatória a inserção dos ODS, e cada projeto tem a possibilidade de registrar de 1 até 3 ODS. Esse tipo de registro possibilita fazer a identificação de quantos ODS são atendidos por projetos e eventos, conforme demonstrado na Figura 1.

Figura 1 – Número de eventos e projetos de extensão da UTFPR desenvolvidos a partir de 2016, correlacionando os ODS atendidos

Fonte: DIREXT/UTLab.

A inserção dos ODS também se dá no âmbito do ensino, conforme indicado nas "Diretrizes para a elaboração dos projetos pedagógicos de cursos" lançada em 2016. Nessas diretrizes consta a "Formação para a sustentabilidade" (UTFPR, 2016, p. 22).

Visando à promoção de uma cultura para a sustentabilidade, foi implementada uma comissão central para o desenvolvimento do Plano de Gestão Logística Sustentável (PLS), da Universidade Tecnológica Federal do Paraná (UTFPR). Essa mesma estrutura é espelhada em cada um dos seus 13 *campi*, que implementaram as comissões gestoras em seus respectivos *campi*. Essas comissões foram implementadas visando atender a Instrução Normativa/SLTI nº 10, de 12 de novembro de 2012, do Ministério do Planejamento, Orçamento e Gestão, para o desenvolvimento do PLS, que pretende inserir nas estratégias de ensino, pesquisa, extensão e gestão o uso racional de recursos e a incorporação de práticas de sustentabilidade na cultura da nossa instituição.

Dessa forma, a UTFPR se propõem a formar um cidadão que possa ter a visão mais ampliada sobre qual é o seu papel, na vida pessoal e profissional, como promotor do desenvolvimento sustentável, atendendo as legislações vigentes, às orientações internacionais e propondo uma cultura institucional que deverá permear o ensino, pesquisa, extensão e gestão da UTFPR. Para atender ao desenvolvimento regional e nacional sustentável, a UTFPR tem realizado diversas parcerias com instituições nacionais e internacionais, como a participação ativa na Rede Sustenta Paraná, colaborando fortemente com o ODS 17: Fortalecer os meios de implementação e revitalizar a parceria global para o desenvolvimento sustentável.

6 Conclusão

Considerando todas as reflexões expostas no presente capítulo, tem-se que a atuação das instituições que inserem os princípios do Pacto Global e os Objetivos do Desenvolvimento Sustentável (ODS) em sua estrutura e cultura organizacional, conseguem ser proativos e efetivos em direção à ampliação de sucesso no atingimento dos objetivos e metas definidos pela Agenda 2030.

Reitera-se, à toda evidência, a necessidade de que cada órgão, individualmente, execute os diagnósticos e autoconhecimento, com o intuito de entender suas forças, fraquezas, ameaças e principalmente as oportunidades na implementação de ações vinculadas ao Pacto Global e ODS. As iniciativas e ações táticas e operacionais devem atender aos objetivos estratégicos direcionados de cada órgão visando ao atingimento dos resultados planejados pelo mesmo, mas atendendo aos princípios do Pacto Global e aos ODS, inserindo o aprendizado e estratégia para identificar a evolução da sustentabilidade na Administração Pública.

As ações devem ser desenvolvidas sempre à luz do uso adequado dos recursos materiais e humanos colocados à sua disposição e visando a prestação de contas aos beneficiários e partes interessadas dos serviços, fornecedores, fiscalizadores, comunidade e cidadãos em geral.

Foi possível identificar nos resultados apresentados pelo Tribunal de Justiça do Paraná, Tribunal Regional do Trabalho da 9ª Região e UTFPR, apesar de apresentarem estruturas diferenciadas entre si, que conseguem convergir os princípios do Pacto Global e ODS em sua estrutura de governança alinhando ao planejamento estratégico ações que podem trazer resultados consistentes no atendimento dos princípios e objetivos.

Referências

BRASIL. Tribunal de Contas da União. Levantamento de Sustentabilidade na Administração Pública Federal. Processo TC 006.615/2016-3, 2016.

INMETRO. ISO 26.000. Responsabilidade Social. Disponível em: http://www.inmetro. gov.br/qualidade/responsabilidade_social/iso26000.asp. Acesso em: agosto de 2019.

PACTO GLOBAL – REDE BRASIL. *Relatório Anual da Rede Brasil do Pacto Global – 2018*. Abril de 2019. 62 p. Disponível em: https://www.pactoglobal.org.br/. Acesso em: ago. 2019.

PODER Judiciário assina acordo de cooperação técnica. Disponível em https://www.jfpr. jus.br/comsoc/noticia.php?codigo=2869. Acesso em: 19. nov. 2019.

THE INSTITUTE INTERNAL OF INTERNAL AUDITORS (IIA/IPPF). *Guia prático*: desenvolvendo o plano estratégico de auditoria interna. 2012.

UNIVERSIDADE TECNOLÓGICA FEDERAL DO PARANÁ (UTFPR). Diretrizes para Elaboração dos projetos Pedagógicos de Cursos. Aprovado pela Resolução nº 068/16-COGEP, de 26/08/16.

Informação bibliográfica deste texto, conforme a NBR 6023:2018 da Associação Brasileira de Normas Técnicas (ABNT):

KRÜGER, Mário Luís; ENDO, Priscilla Kiyomi; VAN KAICK, Tamara Simone. Pacto Global e a internalização dos ODS em instituições que integram a Rede Sustenta Paraná. *In*: VILLAC, Teresa; BESSA, Fabiane Lopes Bueno Netto; DOETZER, Gisele Duarte (Coord.). *Gestão pública brasileira*: inovação sustentável em rede. Belo Horizonte: Fórum, 2021. p. 107-120. ISBN 978-65-5518-055-8.

PANORAMA DAS REDES DE SUSTENTABILIDADE INTERINSTITUCIONAIS E OS ODS

GISELE DUARTE DOETZER

1 Introdução

Sem adentrar aspectos teóricos e históricos em torno da ideia de sustentabilidade – que já foram abordados ao longo desta obra –, este estudo se inicia com a perspectiva de Freitas, que traduz o propósito das redes que serão objeto deste capítulo:

> Sustentabilidade é valor supremo, que se desdobra no princípio constitucional que determina, com eficácia direta e imediata, a responsabilidade do Estado e da sociedade pela concretização solidária do desenvolvimento material e imaterial, socialmente incluso, durável, e equânime, ambientalmente limpo, inovador, ético e eficiente, no intuito de assegurar preferencialmente de modo preventivo e precavido, no presente e no futuro, o direito ao bem-estar. (FREITAS, 2019, p. 145)

Nessa empreitada de tornar realidade esse *valor supremo*, são muitas as barreiras a serem ultrapassadas pela máquina pública, entre elas o atendimento à legislação, a escassez de recursos, a capacitação de pessoal, a carência por soluções e a urgência por resultados. Somam-se a este rol, ainda, os entraves burocráticos, as barreiras de comunicação interinstitucionais e a falta de capacidade de articulação – e o trabalho em rede contribui muito para superar essas questões.

De acordo com Castells (2001, p. 147-172), a atuação em rede é uma forma mais apropriada para processar a complexidade de relações entre os diferentes níveis (global, nacional e local), a economia, a sociedade e a política. É a forma política que permite a gestão cotidiana da tensão entre o local e o global.

Martins e Marini (2010, p. 199) destacam a importância do fortalecimento das capacidades de toda a rede de atores envolvidos, e que o alcance dos objetivos propostos assume cada vez mais um caráter horizontal, extrapolando os limites dos governos e exigindo esforços de articulação com outros governos e parcerias.

Diálogo, aproximação, fortalecimento das capacidades dos atores envolvidos, parcerias e redes: todas essas expressões convergem para a necessidade de conexão e união interinstitucional como resposta à promoção da sustentabilidade. Nesse sentido, é de suma importância que a inteligência coletiva e o conhecimento científico acumulado estejam a serviço da melhoria das condições da comunidade da *vida* e do desenvolvimento sustentável em suas múltiplas perspectivas e não apenas do ser humano (CRUZ, 2019, p. 13; FREITAS, 2019, p. 01; SCARTEZINI, 2019, p.106).

Para Kissler e Heidemann (2006, p. 495), redes protegem os atores, ou seja,

> (...) elas possibilitam aos atores a resolução de problemas que representariam uma carga excessiva para um ator isolado, único. Em outras palavras: quem trabalha sozinho sucumbe. As redes evitam a queda; possibilitam a solução dos problemas, acima de tudo, pela ação conjunta. Sua estabilidade resulta, assim, da pressão por cooperação e do bom êxito da cooperação.

Em face do exposto, este ensaio buscou identificar e mapear as redes interinstitucionais públicas de promoção da sustentabilidade, analisando algumas características e benefícios dessas cooperações. O objetivo deste trabalho é apresentar as redes identificadas, expor seu *modus operandi*, elencar os resultados alcançados, assim como a sua contribuição para a implementação dos Objetivos do Desenvolvimento Sustentável (ODS) da Agenda 2030 da ONU.

Propõe-se, assim, a apresentar um mapeamento das redes em âmbito nacional, descrever a forma como cada grupo foi concebido, os temas com os quais trabalham, e a levantar quais foram as dificuldades na interação entre os atores.

Para tanto, foram realizadas pesquisas bibliográficas e documentais, além de entrevistas com membros das diferentes redes.

2 Redes participantes

Participaram deste levantamento 17 (dezessete) redes colaborativas interinstitucionais, distribuídas em todo o território nacional, envolvendo 14 estados e o Distrito Federal, conforme apresenta a Figura 1:

Figura 1 – Panorama das Redes de Sustentabilidade Interinstitucionais – 2020

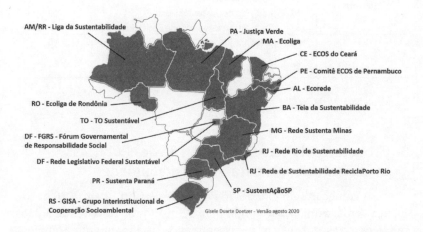

Fonte: Elaboração da Autora.

Presentes em todas as regiões do país, sendo o Sudeste a região com o maior número de instituições participantes (52), seguido do Nordeste (37), Sul (36), Norte (21) e do Centro Oeste (17), ao todo, 163 instituições atuam de forma colaborativa. É importante ressaltar que alguns órgãos se encontram ainda em fase de formalização e, por essa razão, não foram incluídos na Tabela 1.

Tabela 1 – Redes interinstitucionais por região do Brasil

REGIÃO DO BRASIL	ESTADO	REDE DE SUSTENTABILIDADE	PARTICIPANTES
Norte	AM/RR	Liga da Sustentabilidade	7
	PA	Justiça Verde	4
	RO	Ecoliga de Rondônia	10
Nordeste	AL	Ecorede	4
	BA	Teia da Sustentabilidade	5
	CE	Ecos do Ceará	7
	MA	Ecoliga	10
	PE	Comitê Ecos de Pernambuco	11
Centro Oeste	DF	FGRS - Fórum Governamental de Responsabilidade Social	7
	DF	Rede Legislativo Federal Sustentável	3
	TO	TO Sustentável	7
Sudeste	MG	Rede Sustenta Minas	15
	SP	SustentAçãoSP	12
	RJ	Rede Rio de Sustentabilidade	19
	RJ	Rede de Sustentabilidade ReciclaPorto Rio	6
Sul	PR	Sustenta Paraná	18
	RS	GISA - Grupo Interinstitucional de Cooperação Socioambiental	18
			163

Fonte: Elaboração da Autora.

3 Cronologia da constituição das Redes Públicas Interinstitucionais para a Sustentabilidade

A começar pelo Estado do Pará, que constituiu em 2010 a rede Justiça Verde, a união de esforços para a constituição de redes de órgãos públicos é crescente e vem se disseminando nacionalmente. Somando 17 unidades, esse movimento teve especial desenvolvimento nos anos 2010, 2017 e 2019, conforme se apresenta na Figura 2 a seguir.

Figura 2 – Cronologia da constituição das Redes de Sustentabilidade Interinstitucionais

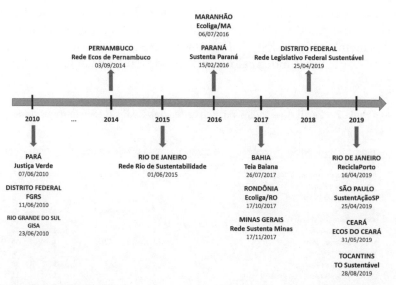

Fonte: Elaboração da autora

A criação das Redes surgiu por força de diversos movimentos. Entre eles merece destaque:
- a partir dos trabalhos da categoria Governo na Delegação Brasileira para elaboração da norma internacional ISO 26000 – Diretrizes em Responsabilidade social e da norma brasileira ABNR NBR 16001– Responsabilidade social;
- após a participação de servidores, principalmente atuantes na gestão socioambiental, de eventos interinstitucionais;
- por iniciativa de servidores engajados, entendendo a importância do diálogo interinstitucional para o fortalecimento dos avanços da sustentabilidade; e
- com a articulação e propositura de formação de rede da Assessora Chefe de Gestão Socioambiental do Supremo Tribunal de Justiça.[1]

---

[1] A Assessora-chefe de Gestão Socioambiental, Ketlin Feitosa de Albuquerque Lima Scartezini, atuou no fomento e na articulação para a formação de redes em vários estados.

4 Unidos para a Sustentabilidade

De acordo com as informações fornecidas, compõem as redes, majoritariamente, órgãos do Poder Executivo (42%), do Poder Judiciário (34%), seguidos de instituições do Ministério Público (15%) e do Poder Legislativo (9%). A Tabela 2 apresenta em detalhe a composição diversa dos membros partícipes. Diferentes poderes, várias esferas, diversas regiões do país, unidos pelo mesmo propósito: a sustentabilidade.

Tabela 2 – Perfil dos órgãos participantes das Redes de Sustentabilidade

ESTADO	REDE INTERINSTITUCIONAL	EXECUTIVO	JUDICIÁRIO	MIN. PÚBLICO	LEGISLATIVO	TOTAL
AL	Ecorede		4			4
AM	Liga da Sustentabilidade	1	4	1	1	7
BA	Teia Baiana		4		1	5
CE	Ecos do Ceará	1	3	3		7
DF	FGRS	3	2		2	7
DF	Rede Legislativo Federal Sustentável				3	3
MA	Ecoliga/MA	4	4	1	1	10
MG	Sustenta Minas	6	5	3	1	15
PA	Justiça Verde		3	1		4
PR	Sustenta Paraná	11	4	2	1	18
PE	Ecos de Pernambuco	2	4	4	1	11
RJ	Rede de Sustent. ReciclaPorto Rio	5	1			6
RJ	Rede Rio de Sustentabilidade	16	2		1	19
RS	GISA	6	5	6	1	18
RO	Ecoliga/RO	1	5	3	1	10
SP	SustentAção	9	3			12
TO	TO Sustentável	3	2	1	1	7
	TOTAL DE ÓRGÃOS PARTICIPANTES	**68**	**55**	**25**	**15**	**163**
	PERCENTUAL DE PARTICIPAÇÃO	**42%**	**34%**	**15%**	**9%**	

Fonte: Elaboração da autora.

Para a institucionalização do trabalho em rede, os órgãos firmaram entre si um compromisso formal, com amparo legal e respaldo jurídico, instrumentalizado por Acordo de Cooperação Técnica ou Protocolo de Intenções. Entre as 17 redes mapeadas, 88% estão formalizadas, algumas desde a sua criação, outras em momento posterior, com o avanço dos trabalhos e a necessidade de se constituir laços formais. A constituição formal traz diversos benefícios para a atuação cooperativa, notadamente:

- legitimidade para os trabalhos dos partícipes;
- melhores perspectivas de continuidade, proporcionando caráter institucional;

- compromisso institucional formal com os objetivos propostos;
- maior segurança de investimento de tempo dos servidores devido ao engajamento coletivo.

Nesse mesmo sentido, em seis estados (DF-FGRS, MA, MI, RJ-Rede Recicla Porto, RO e RS) foram instituídos Regimentos Internos, os quais dispõem mais especificadamente da forma de estruturação e de condução dos trabalhos.

Para a adesão de novos membros, cada rede traz previsões específicas.

5 Objetivo e proposta

É objetivo comum em todas as redes a conjugação de esforços para a implementação de programas/projetos/ações interinstitucionais de sustentabilidade/responsabilidade socioambiental. Altera-se a denominação, porém o propósito é o mesmo.

Entre os objetivos específicos propostos, os esforços coletivos consolidados, de acordo com o levantamento, são canalizados com a finalidade de:
- estreitar relações e estimular o debate intersetorial;
- implementar políticas públicas permanentes em defesa do meio ambiente;
- intercambiar experiências, boas práticas e informações;
- promover ações conjuntas e de apoio mútuo;
- promover e apoiar a qualificação técnica das comissões de responsabilidade socioambiental e ações de capacitações de servidores;
- potencializar o resultado das ações de capacitação desenvolvidas pelos órgãos e entes públicos nos temas comuns;
- propiciar o uso racional de materiais, equipamentos, força de trabalho, imóveis, infraestrutura e contratos, dentro dos princípios atinentes ao desenvolvimento sustentável;
- combater o desperdício e minimizar os impactos ambientais gerados pelas atividades institucionais;
- fomentar a parceria entre as instituições de ensino e pesquisa e os órgãos e entes públicos através do desenvolvimento de projetos de extensão, oferta de estágios, pesquisas, entre outros;
- gerar e sistematizar conhecimento e objetos de aprendizagem;
- ampliar o acesso às soluções de gestão socioambiental;
- propor e fomentar ações relacionadas aos ODS.

6 A condução dos trabalhos: reuniões e projetos

Os trabalhos colaborativos ocorrem por meio de reuniões presenciais, com periodicidade que oscila entre quinzenal e semestral, sendo a maioria com frequência mensal.

Os encontros regulares ocorrem com o objetivo de expor assunto ou tema de interesse coletivo, debater temas, trocar boas práticas, definir e desenvolver projetos durante as reuniões e capacitar os membros da Rede.

Caracterizam os encontros a horizontalidade das relações, ou seja, independentemente do cargo ou função que ocupam, todos os atores têm a mesma voz, dado que não há hierarquia além das fronteiras das instituições. Isso oportuniza aos partícipes um lugar de fala, como bem colocado por Teresa Villac, no primeiro capítulo desta obra.

Além da pouca hierarquia, há grande interatividade entre os partícipes. Confirmando as afirmações de Mora-Valentin (MORA-VALENTIN *et al.*, 2004), um processo cooperativo traz vários resultados positivos, tendo em vista a promoção da motivação em aspectos distintos. Entre eles destacam-se o estreitamento dos laços institucionais, a confiança entre as partes, o fluxo benéfico de comunicação, o comprometimento entre os envolvidos.

O processo de escolha dos temas a serem trabalhados é, normalmente, realizado através de eleição de assuntos de interesse comum. Além disso, algumas redes realizam um diagnóstico nesse processo, já em outras, as *expertises* das instituições ou a urgência por soluções define o tema.

Os projetos são desenvolvidos de forma cooperativa, na maioria das vezes com a colaboração de todos os membros. Por vezes, a implementação de projetos ocorre por apenas parte dos integrantes ou por grupos específicos de trabalho.

7 Desafios na atuação cooperativa

A atuação conjunta é uma excelente prática, porém há alguns desafios a serem enfrentados para o efetivo funcionamento como mecanismo de articulação e implementação de projetos coletivos.

Para a aferição dos dilemas existentes no trabalho colaborativo, foram elencados 7 temas, os quais foram priorizados do maior para o menor desafio. Resultante desse rol, tem-se que o "conciliar as reuniões/ações com as atividades dos órgãos" é a maior dificuldade a ser enfrentada. O trabalho em rede exige dedicação, participação nas reuniões e colaboração com os projetos para que tenha êxito. Ao integrar um grupo de órgãos é importante que a instituição designe ao menos um representante e um suplente para as atividades. As horas dedicadas às reuniões não deveriam constituir atribuição adicional do servidor, mas sim uma forma de aprimoramento e capacitação para agregar valor ao desenvolvimento das outras atividades na instituição.

Não obstante, com exceção do Poder Judiciário, a grande maioria das instituições não possuem núcleos exclusivos de sustentabilidade, e seus partícipes precisam conciliar as atribuições de seus setores com as das redes.

Embora a implementação de unidades de sustentabilidade de caráter permanente tenha sido determinada pelo Acórdão nº 1.056/2017, 9.2.2.2 do TCU-Plenário, ainda há muito para se avançar nesse sentido e vários são os desafios para essa concretização. Tal como o CNJ, que unifica e faz a gestão da implementação do desenvolvimento sustentável, seria necessária uma instância semelhante para os demais poderes.

Como segundo maior desafio vem a "falta de apoio institucional". É possível minimizar os efeitos desse fator com o próprio trabalho das redes como aliado. Os resultados proporcionados pela atuação integrada, com ganhos ambientais, sociais e, principalmente, econômicos costumam ser fortes argumentos para maior aproximação e engajamento à colaboração interinstitucional.

"Ritmo de trabalho" e "comando da rede" constam como terceiro e quarto desafios. Algumas redes trabalham com uma estrutura mínima de coordenação, com finalidade administrativa de coordenar os trabalhos. Esta pode ser uma maneira eficaz de condução dos projetos, tendo pessoas responsáveis em realizar a gestão dos compromissos assumidos perante os órgãos envolvidos.

Já o "engajamento dos membros" é pautado, muitas vezes, no apoio dentro da instituição para a participação ativa nos trabalhos colaborativos. Por vezes, o acúmulo de atividades dentro do órgão também é fator inibidor do engajamento. Mais uma vez destaca-se a importância em demonstrar e divulgar, inclusive junto aos gestores, os méritos alcançados.

No que toca aos temas, últimos desafios do rol, o "consenso para a escolha dos temas" e a "abrangência dos projetos dentro da rede", são dificuldades de menor impacto. Como há muito a se aprimorar na gestão pública, não faltam projetos nem objetos a serem implementados. Cada rede desenvolve uma forma peculiar de conectar suas demandas interinstitucionalmente.

Tabela 3 – Desafios do trabalho em rede

DESAFIOS DO TRABALHO EM REDE	PERCENTUAL
1º Conciliar as reuniões/ações com as atividades do órgão.	21%
2º Apoio pelas instituições para a causa	20%
3º Ritmo de trabalho	19%
4º Comando na Rede	12%
5º Engajamento dos participantes	11%
6º Consenso para a escolha dos temas a serem trabalhados	9%
7º Tratar de temas de interesse da grande maioria.	8%

Fonte: Elaboração da autora.

8 Cobertura temática de atuação

A sustentabilidade é um assunto amplo e abrange diversos temas. Para se elencar os tópicos a serem mapeados pelas redes foram considerados: a legislação vigente que versa sobre os Planos de Logística Sustentável (PLS), especificamente a Resolução nº 201 de 09.03.2015 do CNJ, alterada posteriormente pela Resolução nº 249, de 31.08.18, do CNJ; os tópicos previstos no programa da A3P do Ministério do Meio Ambiente; e ainda os temas do IASA (Índice de Acompanhamento da Sustentabilidade na Administração) proposto pelo TCU. Após consolidar todos esses tópicos, o rol de temas considerados para apurar o foco de atuação dos trabalhos em rede somou 10 títulos, como apresenta a Tabela 4.

De acordo com o diagnóstico realizado a partir da resposta de 12 redes, a atuação concentra-se majoritariamente em três temas: resíduos e coleta seletiva, compras e contratações sustentáveis, e capacitação socioambiental, com pelo menos dez redes trabalhando nessas temáticas. Por outro lado, os temas com menor cobertura das redes são a certificação de edifícios e a acessibilidade, com ações em apenas duas redes, como demonstra a Tabela 4.

Tabela 4 – Cobertura temática de atuação pelas redes colaborativas

	TEMAS TRABALHADOS EM REDE	REDES QUE TRABALHAM O TEMA	%
1	Capacitação Socioambiental	11	92%
2	Resíduos e coleta seletiva	11	92%
3	Compras e contratações susten	10	83%
4	Energia	8	67%
5	Qualidade de vida	8	67%
6	Consumo	7	58%
7	Água	7	58%
8	Mobilidade	5	42%
9	Certificação edifícios	2	17%
10	Acessibilidade	2	17%

Fonte: Elaboração da autora.

9 Redes e os ODS

A Agenda 2030 é um plano de ação global da Organização das Nações Unidas (ONU) que busca o desenvolvimento sustentável no planeta. Com efeito, ela foi adotada em 2015 por 193 Estados-Membros da Organização das Nações Unidas (ONU) e é composta por 17 ODS que estão desdobrados em 169 metas a serem atingidas em 15 anos, abrangendo 5 áreas: pessoas, planeta, prosperidade, paz e parcerias:

ODS 1 – Erradicação da pobreza

ODS 2 – Fome zero e agricultura sustentável

ODS 3 – Saúde e bem-estar

ODS 4 – Educação de qualidade

ODS 5 – Igualdade de gênero

ODS 6 – Agua potável e saneamento

ODS 7 – Energia limpa e acessível

ODS 8 – Trabalho decente e crescimento econômico

ODS 9 – Indústria, inovação e infraestrutura

ODS 10 – Reduzir das desigualdades

ODS 11 – Cidades e comunidades sustentáveis

ODS 12 – Consumo e produção responsáveis

ODS 13 – Ação contra a mudança global do clima

ODS 14 – Vida na água

ODS 15 – Vida terrestre
ODS 16 – Paz, justiça e instituições eficazes
ODS 17 – Parcerias e meios de implementação

Nesse sentido, o trabalho em rede é uma forma sinérgica de unir esforços e fortalecer a implementação de ações para o atingimento das metas e, principalmente, da promoção do desenvolvimento sustentável.

São beneficiados com os projetos coletivos todos os 17 ODS. No entanto, são mais impactados positivamente os ODS: 3 – Saúde e bem-estar, 11 – Cidades e comunidades sustentáveis, 12 – Consumo e produção responsáveis, 16 – Paz, justiça e instituições eficazes e 17 – Parcerias e meios de implementação. A seguir são elencados alguns projetos que vêm sendo desenvolvidos nas redes, a título de exemplo.

ODS 03 – Saúde e bem-estar

Com ações voltadas à qualidade de vida, algumas redes contribuem coletivamente com a implementação do ODS 03 através de campanhas de doação de sangue e de medula óssea. Adicionalmente, é praticado o compartilhamento das experiências dos signatários em programas e ações de qualidade de vida. Essas ações estão relacionadas especificamente à meta 3.4, a qual prevê a redução em um terço da mortalidade prematura por doenças não transmissíveis via prevenção e tratamento, e promover a saúde mental e o bem-estar, até 2030.

ODS 11 – Cidades e comunidades sustentáveis

Com foco na redução do impacto ambiental negativo *per capita* das cidades até 2030, a meta 11.6 tem a contribuição de diversas ações através das redes. A seguir estão listadas algumas delas:
- troca de experiências e boas práticas para vagas exclusivas para carros elétricos em estacionamentos nos órgãos públicos;
- compartilhamento de veículos em viagens ao interior do estado;
- realização de evento sobre a destinação de resíduos sólidos e disseminação de boas práticas;
- recolhimento de resíduos eletrônicos inservíveis e destinação conjunta de pilhas;
- atuação conjunta para auxiliar as Unidades de Triagem de Resíduos Sólidos;
- realização de ações de conscientização e capacitação interna por

todos os partícipes para promoção da separação adequada dos resíduos e de seu encaminhamento para reciclagem;
- participação na campanha Lixo Zero da cidade, com promoção de oficina sobre vermicompostagem, participação em mutirão para coleta de lixo em parque público e exposição de produtos e brinquedos feitos com a reciclagem de resíduos;
- compostagem interinstitucional de resíduos orgânicos, especialmente da borra do café;
- contratação compartilhada de descontaminação e reciclagem de lâmpadas fluorescentes;
- montagem da Estação Ecos de Coleta Seletiva;
- ações socioambientais conjuntas;
- mapeamento das associações de catadores/cooperativas em funcionamento no interior do Estado e promoção da interiorização da coleta seletiva no Estado;
- contato com as prefeituras de cidades que não possuem coleta seletiva para fins de organização do serviço;
- instituição de feira orgânica.

ODS 12 – Consumo e produção responsáveis

O ODS 12 é o que conta com a maior contribuição de ações das redes. São várias as frentes de trabalho que promovem as metas, especialmente: 12.2, alcançar a gestão sustentável e o uso eficiente dos recursos naturais; 12.5, reduzir substancialmente a geração de resíduos por meio da prevenção, redução, reciclagem e reuso; 12.7, promover práticas de compras públicas sustentáveis, de acordo com as políticas e prioridades nacionais; e 12.8, garantir que as pessoas, em todos os lugares, tenham informação relevante e conscientização para o desenvolvimento sustentável e estilos de vida em harmonia com a natureza. Todas elas com prazo de até 2030 para a sua implementação.

De forma integrada entre as instituições partícipes, algumas das ações relacionadas a estas 4 metas da Agenda 2030 são:
- ações compartilhadas de criação e disseminação de campanhas de redução de consumo;
- compartilhamento de editais e de termos de referência com critérios ambientais para aquisição/contratação de produtos/serviços de menor impacto ambiental;
- previsão de logística reversa no fornecimento de materiais como lâmpadas, por exemplo;
- criação do banco de melhores práticas;

- implementação da coleta seletiva solidária compartilhada;
- realização de compra compartilhada entre os órgãos;
- promoção compartilhada de eventos e capacitações e cursos sobre licitações sustentáveis e as boas práticas sustentáveis em compras e contratações;
- conjugação de esforços dos setores de desenvolvimento de pessoal e das escolas judiciais vinculadas às instituições para a promoção de calendário anual de cursos;
- realização de evento para sensibilização da alta cúpula, buscando engajamento dos gestores;
- elaboração de Curso EAD sobre Plano de Logística Sustentável.

ODS 16 – Paz, justiça e instituições eficazes

Principalmente no que toca à eficiência das instituições e ao princípio constitucional da eficiência, tem o diálogo interinstitucional e a integração muito a contribuir. É através da comunicação transversal e da visão sistêmica que se possibilita a identificação de oportunidades de agregar mais valor para cada esfera da sociedade. Assim, o impacto das ações conjuntas transcende o alcance dos resultados de cada instituição separadamente.

Nesse sentido, alinhado à meta 16.6 que preconiza o desenvolvimento de instituições eficazes, responsáveis e transparentes em todos os níveis, está o projeto de compartilhamento de sedes: com levantamento de eventual disponibilidade de espaços para compartilhamento, com especificação do local (município), área (metragem) e data a partir da qual poderia haver a disponibilização.

Projetos como esse simbolizam o rompimento de paradigmas na gestão pública brasileira. Adicionalmente, a manutenção da estrutura da máquina pública representa um montante expressivo para os cofres públicos e deve ser otimizada. Com a crescente redução do quadro de pessoal, o incentivo ao teletrabalho, a modernização da gestão e a migração para os processos eletrônicos, há que ser adequada toda a estrutura pública para essa nova realidade. Mais do que a promoção do princípio constitucional da eficiência, a gestão pública necessita da convergência de seus esforços para objetivos de longo prazo e de atendimento ao desenvolvimento sustentável.

A pandemia proporcionou uma ruptura e exigiu grande mobilização em regime de urgência do sistema presencial de trabalho para o teletrabalho. Apesar da forma abrupta como ocorreu, não fosse isso, levaria décadas de intensa sensibilização e esforços para a quebra da cultura e transição de padrões. Nesse aspecto, os ganhos alcançados foram enormes.

ODS 17 – Parcerias e meios de implementação

Esse ODS está intimamente ligado à essência do trabalho colaborativo, qual seja, a conectividade, a formação de alianças multissetoriais que mobilizem e compartilhem conhecimento, *expertise* e tecnologia em apoio à realização dos ODS, como preconiza a meta 17.16 da Agenda 2030.

Além das parcerias interinstitucionais, o próprio ambiente colaborativo propicia a formação de alianças internas, as quais são fomentadas pelas redes.

Através da união de esforços, ocorre o fortalecimento das instituições e a viabilidade dos meios para a implementação de ações mais impactantes.

O objetivo da máquina pública é o atendimento das demandas da sociedade. A conexão transinstitucional propicia maior alcance e qualidade na entrega de resultados.

10 Conhecendo melhor as redes: contatos e documentos

Com o objetivo de fomentar e fortalecer o trabalho interinstitucional em rede, foi criado um espaço virtual de acesso público, para concentrar os documentos fornecidos pelas redes: acordos de formalização, regimentos internos e contatos.

Repositório virtual: https://drive.google.com/open?id=1PIWr3-Wz_9LM02fUYHoAcH3XdxVFq-aG.

11 Considerações finais

O presente capítulo se propôs a caracterizar os trabalhos interinstitucionais colaborativos através de redes de sustentabilidade na gestão pública. Foram submetidos formulários e consolidadas as informações sobre as redes nas seguintes temáticas: constituição, objetivos, condução dos trabalhos, cobertura temática, desafios enfrentados e alinhamento aos ODS.

Através da atuação em rede, conforme demonstrado neste capítulo, observa-se uma nova visão, um novo comportamento institucional sobre as questões relativas ao desenvolvimento sustentável na gestão pública. Um processo efetivo de criação de conhecimento representado pelos diversos "espaços de fala", proporciona o surgimento de ativos de conhecimento essenciais para a criação de valor para a promoção da sustentabilidade.

A atuação das organizações em redes é um tema inovador para o serviço público e deve ser mais explorado, principalmente no que tange aos resultados alcançados por seus integrantes. A ideia de cooperação precisa ser disseminada na administração pública, pois possui um grande potencial transformador na gestão pública (SILVA *et al.*, 2013, p. 249).

De forma cooperativa e com propósitos bem definidos, é possível superar obstáculos, ultrapassar fronteiras e fazer a diferença, pois "nenhum de nós é tão bom quanto todos nós juntos!" (Roy Krok).

Referências

BRASIL, Tribunal de Contas da União. Acórdão nº 1.056/201, Plenário, Processo nº TC 006.615/2016-3, Ata nº 18/2017 – Plenário, Brasília, DF, Sessão 24/5/2017.

CRUZ, Paulo Marcio. A sustentabilidade e o patrimônio cultural como elementos ambiental, social e econômico. *In:* SOUZA, Maria Claudia da Silva Antunes de. *Sustentabilidade e Meio Ambiente*: relação multidimensional. Rio de Janeiro: Lumen Juris, 2019.

SILVA, Flávia de Araújo; MARTINA Túlio César Pereira Machado. Redes organizacionais no contexto da governança pública: a experiência dos Tribunais de Contas do Brasil com o Grupo de Planejamento Organizacional. XXXVI Encontro da ANPAD, Rio de Janeiro, 2012. Divulgação: http://www.anpad.org.br/admin/pdf/2012_EOR1733.pdf. Acesso em: 17 nov. 2019.

CALLENBACH, Ernest *et al. Gerenciamento ecológico (Ecomanagement)*: guia do Instituto Elmwood de auditoria ecológica e negócios sustentáveis. São Paulo: Cultrix, 1993.

CASTELLS, Manuel. Para o Estado-Rede: globalização econômica e instituições políticas na era da informação. *In:* BRESSER PEREIRA, Luiz Carlos; WILHEIM, Jorge; SOLA, Lourdes (Org.). Sociedade e estado em transformação. São Paulo: Editora Unesp; Brasília: ENAP, 2001. p. 147-172.

FREITAS, Juarez. *Sustentabilidade:* direito ao futuro. 4. ed. Belo Horizonte. Fórum, 2019.

FREITAS, Juarez; VILLAC, Teresa. *Sustainable Public Procurement:* Concept ans Principles, S W. Leal Filho et al. (eds.), Responsible Consumption and Production, Encyclopedia of the UN Sustainable Development Goals, Springer Nature Switzerland AG 2019, Disponível em 19/09/2020: https://doi.org/10.1007/978-3-319-71062-4_106-1.

KISSLER, L.; HEIDEMANN, F. G. Governança pública: novo modelo regulatório para as relações entre Estado, mercado e sociedade?. *Revista de Administração Pública*, Rio de janeiro, v. 40 (3), p. 479-499, maio/jun. 2006.

MARTINS, Humberto Falcão; MARINI, Caio. Um guia de Governança para Resultados na Administração Pública. *Revista do TCU*, Publix Editora, Brasília/DF, 2010, p. 199.

MORA-VALENTIN, E.; MONTORO-SANCHEZ, A.; GUERRAS-MARTIN, L. Determining factors in the success of R&D cooperative agreements between firms and research organizations. *Research Policy*, n.33, p. 17-40, 2004.

SCARTEZINI. Ketlin Feitosa de Albuquerque Lima. *A efetividade das políticas públicas sustentáveis adotadas pelo Poder Judiciário brasileiro à luz da Resolução CNJ nº 201/2015*. Dissertação (Mestrado em Administração Pública) – Instituto Brasiliense de Direito Público. Orientadora: Suely Mara Vaz Guimarães de Araújo. Brasília, 2019. Disponível em 19/09/2020: https://repositorio.idp.edu.br/handle/123456789/2561

Informação bibliográfica deste texto, conforme a NBR 6023:2018 da Associação Brasileira de Normas Técnicas (ABNT):

DOETZER, Gisele Duarte. Panorama das redes de sustentabilidade interinstitucionais e os ODS. *In*: VILLAC, Teresa; BESSA, Fabiane Lopes Bueno Netto; DOETZER, Gisele Duarte (Coord.). *Gestão pública brasileira*: inovação sustentável em rede. Belo Horizonte: Fórum, 2021. p. 121-137. ISBN 978-65-5518-055-8.

PARTE II

GESTÃO PÚBLICA SUSTENTÁVEL: BOAS PRÁTICAS EM PERCURSO

AÇÕES DE SUSTENTABILIDADE NO MINISTÉRIO DA ECONOMIA NO PARANÁ E VISÃO DA GESTÃO

ALANA CARDOSO DE MELLO PIRES

HELIO RISSIO JUNIOR

1 Introdução – Ministério da Economia, centros de serviços compartilhados e racionalização de recursos

O antigo Ministério da Fazenda era o órgão responsável pela fiscalização, arrecadação e gestão dos tributos federais. A distribuição dos recursos arrecadados, maior parte das fontes do governo brasileiro, obedece a Lei de Diretrizes Orçamentárias (LDO), votada anualmente no Congresso Nacional, e se destina aos Projetos de Governo, baseando-se, principalmente, na Constituição Federal.

A estrutura fiscal definida pela legislação brasileira tem como premissa a descentralização dos recursos a partir do Governo Federal para além da sua própria manutenção, com repasses fundamentais para o funcionamento dos Estados e Municípios.

A Superintendência Regional de Administração é responsável pelas atividades de administração que envolvem logística, gestão de pessoas, planejamento, orçamento e finanças das Unidades Descentralizadas do Ministério da Economia no Paraná. Ela teve origem na transferência da Corte de Portugal para o Brasil em 1808 a partir do Alvará de 28 de junho daquele ano, que centralizou toda a arrecadação, distribuição e administração do Real Erário.

Em 30 de outubro de 1891, o Real Erário foi transformado em Ministério da Fazenda pela Lei nº 23, que reorganizou os serviços da Administração Federal. Após várias transformações e reformas, o Decreto nº 72.410, de 27 de junho de 1973, criou as Delegacias Estaduais do Ministério da Fazenda, responsáveis por toda Gestão de Logística, Pessoas, Planejamento, Orçamento e Finanças do Ministério da Fazenda nos Estados. Essa estruturação espelhava os conceitos atuais e de otimização de gestão de recursos de forma racional e sustentável: os Centros de Serviços Compartilhados.

Segundo Porter (1999, p. 34-35), "as atividades de apoio são provedoras do suporte necessário à execução das atividades primárias: compras de bens e serviços, gestão de recursos humanos, desenvolvimento de tecnologia e a infraestrutura da empresa, que envolve a alta gerência, a assessoria jurídica, a área financeira e contábil".

O conceito de Centro de Serviços Compartilhados dá foco nas atividades finalísticas das organizações e as atividades de suporte são reunidas em uma estrutura única com o objetivo de redução de custos e racionalização de processos.

De acordo com Schulman *et al.* (2001, p. 4), "o conceito de serviços compartilhados é a junção de processos de suporte e atividades não estratégicas numa organização separada, que, por sua vez, tratará estes processos e atividades como seus próprios negócios". Schulman *et al.* (2001, p. 95) complementam: "Serviços compartilhados e serviços terceirizados são os dois lados da mesma moeda. Depois que todos os dados tiverem sido coletados e analisados, a questão final a ser feita é: terceirizar ou fazer uma "terceirização interna" dentro de uma operação de serviços compartilhados".

Para Silva (2005, p. 53):

> Quando determinada empresa decide que algo precisa ser feito em relação às suas atividades de apoio e retaguarda no sentido de reduzir gastos, otimizar tempo de processamento e melhorar a qualidade, obtendo com isso eficiência e, consequentemente, aumentando a eficácia, ela tem duas saídas: uma delas é a implementação dos Serviços Compartilhados, a outra, a terceirização. A diferença básica entre elas é que enquanto a segunda consiste em entregar parte das atividades ou até mesmo uma área inteira para outra empresa especializada no serviço conduzir, a primeira consiste numa "terceirização interna", onde as atividades realizadas de forma descentralizada através da organização são concentradas em um mesmo ambiente para serem compartilhadas com as demais unidades de negócio da empresa, sendo os recursos utilizados, neste caso, os da própria empresa.

Conforme Bergeron (2003, p. 147), "a premissa dos serviços compartilhados é a de que eles podem reduzir gastos e aumentar a qualidade do serviço; contudo, para tornar essa premissa realidade, virtualmente sempre será requerido investimento em tecnologia da informação".

A tecnologia da informação estrutura e reflete a padronização dos processos de trabalho. Também permite a virtualização de documentos trazendo agilidade na tramitação e acesso, bem como redução de uso de papel, serviço de mensageria e malote, estoque, transporte, distribuição, espaço físico, mão de obra não qualificada, entre outros. Bem empregada, organiza e racionaliza recursos.

Além dos dados de medição e análises técnicas que refletem a efetiva racionalização de recursos, as políticas de governo interferem na amplitude das terceirizações no Estado, visto que governos que seguem a linha do liberalismo tendem sempre a adotar a terceirização das funções do Estado, enquanto governos que seguem a linha socialista tendem a assumir as atividades de prestação direta dos serviços. O fato é que, mesmo que se assumam essas atividades, os Serviços Compartilhados trazem melhor efetividade com os gastos de recursos. A transparência na gestão e a alternância de linhas de pensamento dos governos trazem equilíbrio entre a redução de gastos e o papel social do Estado.

A Delegacia de Administração do Ministério da Fazenda (DAMF), nomenclatura proveniente das Delegacias Estaduais do Ministério da Fazenda, cumpriu o papel de Centro de Serviços Compartilhados dos Órgãos do Ministério da Fazenda em sua plenitude até a mudança regimental de 1995, quando a pressão política, com o objetivo de dar maior autonomia para a Receita Federal e a outros Órgãos do Ministério da Fazenda, tirou atribuições da então Delegacia, que se transformou em Gerência Regional de Administração.

O resultado desse enfraquecimento institucional como Centro de Serviços Compartilhados foi, sobretudo, o aumento significativo de áreas meio, principalmente na Receita Federal. Sua implantação multiplicou por 10 (dez) sedes de Região Fiscal as áreas de Gestão de Pessoas e, em consequência, o número de servidores, além da criação de uma Coordenação Geral em Brasília. As áreas financeiras e de logística foram multiplicadas, só no Paraná, por 7 (sete), assim como as Comissões de Licitação. Além disso, o valor médio da mão de obra foi multiplicado por 3 (três), visto que se desviaram de função Analistas e Auditores: da área fim, exercida por mão de obra extremamente qualificada e cara, para a área meio, de funções antes exercidas basicamente por agentes administrativos.

Essas alterações, que demandaram reorganização de serviços e recursos, não refletiram em aumento de arrecadação e fiscalização de tributos.

Algumas mudanças foram implementadas com o passar do tempo. Por exemplo, as Comissões de Licitação da Receita Federal foram centralizadas nas capitais, mas atendiam somente àquela estrutura. Os demais órgãos do Ministério da Fazenda eram atendidos pela Superintendência de Administração do Ministério. Curiosamente, no caso do Paraná, ambas as comissões sempre funcionaram no mesmo edifício sede do extinto Ministério da Fazenda.

Com a transformação do Ministério da Fazenda em Ministério da Economia, a partir do Decreto nº 9.679/2019, que fundiu os Ministérios da Fazenda, do Trabalho e do Planejamento, a então Superintendência de Administração do Ministério da Fazenda passou a ser Superintendência Regional de Administração do Ministério da Economia, com a finalidade de ser o Centro de Serviços Compartilhados da nova estrutura. A Receita Federal do Brasil, hoje convertida em Secretaria Especial, continua mantendo seu próprio Centro de Serviços.

Além da racionalização no uso de recursos, o Centro de Serviços Compartilhados traz ganhos em escala significativos nas aquisições de bens e serviços, conforme analisam Martins e Amaral (2008, p. 158-189): "A padronização das atividades, utilizando as técnicas de análise de valor e o conhecimento acumulado, é fundamental para se estabelecer novos métodos de execução com aumento no nível de qualidade do serviço, considerando os fatores que poderão proporcionar economias em escala".

Vale ressaltar que o Governo tem participação bastante expressiva na aquisição de bens e serviços no país: os atuais 22 (vinte e dois) Ministérios, que até 2019 eram 39 (trinta e nove), mantêm nos Estados da Federação projeção e representação de suas estruturas.

A Superintendência Regional de Administração deveria ser integralmente o Centro de Serviços Compartilhados do Ministério da Economia se fosse respeitada sua missão institucional. A estrutura poderia ser racionalizada, ainda, se fosse criado um Centro de Serviços Compartilhados para todo o Serviço Público Federal nos Estados da Federação ou polos regionalizados para atender aos 22 (vinte e dois) Ministérios.

Fala-se aqui no contexto do Ministério da Economia para situar as ações e atribuições da Superintendência Regional de Administração no Paraná, sem tratar das estruturas de serviços nos órgãos estaduais e municipais e, ainda assim, demonstrando a viabilidade de implantar-se uma estrutura organizacional sustentável através dos Centros de Serviços Compartilhados.

Narramos, a seguir, um amplo conjunto de ações na busca em cumprir a legislação e orientações estratégicas, a preocupação com a racionalização de recursos, gestão dos gastos públicos de forma sustentável, transparência das ações, a integração com a sociedade, a melhoria da qualidade de vida dos cidadãos e colaboradores, assim como a busca de soluções para o cumprimento do papel dos agentes públicos nas funções sociais do Estado.

As ações locais de sustentabilidade da Superintendência Regional de Administração sob a ótica de gestão de recursos sempre foram baseadas no Regimento Interno, pelas restrições orçamentárias, auditorias, legislação e gestão empírica de seus administradores.

2 Resíduos recicláveis e o Decreto nº 5.940/2006

Iniciativa do Ministério Público do Trabalho para atender ao Decreto nº 5.940, de 25 de outubro de 2006, que "institui a separação dos resíduos recicláveis descartados pelos órgãos e entidades da administração pública federal direta e indireta, na fonte geradora, e a sua destinação às associações e cooperativas dos catadores de materiais recicláveis", reuniu, no Fórum da Cidadania, todos os órgãos federais e associações de catadores da cidade de Curitiba. Essa iniciativa impôs aos órgãos públicos federais a necessidade de tratar os resíduos recicláveis de forma sustentável, criando nos servidores e colaboradores uma cultura transportada para sua vida pessoal, multiplicando a ação fomentada pela legislação e beneficiando socialmente as comunidades que subsistem da coleta de recicláveis.

Em consequência do cumprimento à determinação de submeter as ações relativas à destinação de resíduos recicláveis a critérios sustentáveis, o Ministério da Economia no Paraná tem realizado audiências públicas para definir as Associações de Catadores aptas e interessadas na coleta de material descartado pelo órgão, democratizando e oferecendo, assim, transparência dos atos e acordos firmados.

Em 2016, por exemplo, além de definirem as regras para o sorteio de 4 (quatro) associações que realizariam a coleta pelos 2 (dois) anos seguintes, as próprias instituições decidiram ratear igualmente, entre todas as presentes na Assembleia, os materiais disponíveis no momento, os quais foram coletados em forma de mutirão:

RELAÇÃO DE MATERIAIS RECOLHIDOS PELAS ASSOCIAÇÕES DE CATADORES

TIPO DE MATERIAL	PESO LÍQUIDO EM Kg
SUCATA MISTA - METAL	4.750,00
SUCATA MISTA - METAL	4.240,00
ALUMÍNIO	1.440,00
ALUMÍNIO	95,90
ALUMÍNIO	89,80
ALUMÍNIO DURO	11,10
ALUMÍNIO	10,60
COBRE QUEIMADO	27,80
LATÃO	126,40
MATERIAL LIMPEZA	1.000,00
ALUMÍNIO E COBRE	325,40
INOX FERROSO	32,40
INOX NÃO FERROSO	3,00
INOX NÃO FERROSO	2,20
ALUMÍNIO E COBRE	325,40
SUCATA MISTA - FERRO	40,40
SUCATA MISTA - FERRO FUNDIDO	1.190,00
SUCATA MISTA - FIO SUJO	154,80
BATERIA SEM AGUA	7,60
TOTAL	**13.872,80**

O quadro acima consta do Relatório Semestral do Plano de Logística Sustentável do Ministério da Economia, encaminhado para o órgão central.

3 Contratações sustentáveis, consumo consciente e qualidade de vida

As boas práticas descritas nos Relatórios de Gestão, entregues em especial ao Tribunal de Contas da União no Paraná, motivaram visita informal deste órgão de controle ao então Ministério da Fazenda, em 2012. O objetivo era conhecer as ações de sustentabilidade, desenvolvidas até aquela ocasião de forma empírica – provocadas pelas restrições de recursos e consequente racionalização dos gastos –, pela Superintendência de Administração.

Nesse encontro, a Superintendência apresentou as ações implementadas, dentre as quais destacam-se:

1. instalação de sensores de presença no sistema de iluminação dos corredores e escadas do edifício sede;
2. instalação de interruptores individuais de luz nas salas;
3. substituição de geladeiras com alto consumo de energia por geladeiras com selo A de consumo;
4. substituição de reatores e lâmpadas de 40W para 32W, migrando para 16W;
5. adoção de rondas diárias para conferir existência de luz acesa sem necessidade;
6. contratação da demanda de energia adequada junto à COPEL. Redução de 900 kW/h para 250 kW/h;
7. uso da hora sazonal verde para consumo de energia (o espaço de três horas consecutivas nos dias úteis durante o horário de maior consumo em que o consumidor pagaria uma tarifa maior na sua conta de energia elétrica em virtude do aumento de consumo nesse período, diminuindo o valor global da fatura);
8. implantação de prumadas elétricas e lógicas compartilhadas (organização e otimização do cabeamento das redes lógica e elétrica);
9. contratação de impressoras corporativas e eliminação de impressoras individuais. Redução de 102 impressoras individuais para 21 corporativas com impressão frente e verso e restrição à impressão colorida;
10. compra de papel reciclável;
11. adequação dos espaços físicos com uso de ilhas para estação de trabalho;
12. mudança do atendimento ao público da PFN do 7º andar para o Térreo (cerca de 700 contribuintes usavam elevador e se aglomeravam nas escadarias em filas. A medida trouxe maior conforto para o cidadão, economia em energia elétrica e diminuiu o fluxo de pessoas nos andares);
13. criação do autoatendimento – Atendimento ao Cidadão (energia);
14. reforma nos banheiros com colocação de temporizador nas torneiras;
15. acompanhamento diário do consumo de água;

16. acompanhamento diário do consumo de energia;
17. acompanhamento diário das condições prediais;
18. modernização nos elevadores com mudança na programação de subida e descida;
19. redução no horário de almoço para liberação dos servidores mais cedo;
20. contratação de manutenção preventiva dos equipamentos e instalações prediais;
21. diminuição do volume de estoque mínimo de materiais;
22. otimização do uso da frota de veículos;
23. uso da metodologia dos 5S (racionalização do uso dos recursos);
24. coleta seletiva interna e solidária;
25. sensibilização do corpo funcional quanto à preservação da natureza – "Projeto Trilha";
26. adoção de medidas ecologicamente corretas para eliminar e evitar criadouro de pombos;
27. restrição na instalação e uso de ar-condicionado e aquecedores (permitido apenas em CDPs, central telefônica e salas de reuniões) – a medida tem como objetivo racionalizar o uso de energia elétrica sem deixar de atender as necessidades das pessoas;
28. controle da qualidade do ar nos edifícios administrados pela SAMF;
29. configuração dos computadores com temporizador para economia de energia;
30. estudo e testes periódicos de luminosidade do ambiente de trabalho pela manutenção predial;
31. campanha de conscientização do consumo de água (folders);
32. editais de licitação em conformidade com o Decreto nº 7.446/2012;
33. campanha de combate ao mosquito da dengue.

Além das listadas, foram também apresentadas diversas ações realizadas relativas à qualidade de vida, tais como: "Dia da Descontração", "Natal Solidário dos Correios" (do qual o Ministério da Economia foi o maior participante no Paraná), ginástica laboral e confraternizações.

4 Gestão e sustentabilidade

A partir de planilha apresentada pela SAMF/PR para atender ao Anexo II da Instrução Normativa nº 10, de 12 de novembro de 2012, da SLTI/MP, que "estabelece regras para elaboração dos Planos de Logística Sustentável de que trata o art. 16 do Decreto nº 7.746, de 5 de junho de 2012", o Tribunal de Contas da União no Paraná, com o apoio da Rede Sustenta Paraná, elaborou questionário aos dirigentes dos órgãos públicos federais com representação no estado para verificação dos cumprimentos à legislação em vigor.

As boas práticas dos órgãos públicos e a colaboração com os órgãos auditores têm facilitado o atendimento à lei e estimulado novas iniciativas benéficas à sociedade.

O Plano de Logística Sustentável do Ministério da Fazenda foi concebido como instrumento dinâmico, prevendo revisões e adequações anuais, conforme as necessidades do órgão e com o objetivo de reafirmar o compromisso do Ministério "com a prática de sustentabilidade, bem como sua responsabilidade social por meio de suas ações e seus processos" (PLS, 2018, p. 23).

A atual versão do Plano de Logística Sustentável cita ações que "visam estabelecer práticas sustentáveis no MF, a serem inseridas em suas atividades rotineiras, com o intuito de promover a racionalização e a otimização do uso dos materiais e serviços adquiridos, bem como promover a conscientização das pessoas que compõem a força de trabalho deste Ministério quanto à redução de desperdícios dos materiais usados diariamente". (PLS, 2018, p. 23). Compromete-se, também, em fazer a melhor gestão possível dos recursos públicos por meio de aquisições sustentáveis.

A Comissão Gestora do Plano de Logística Sustentável, inicialmente instituída pela Portaria SE/MF nº 140, de 4 de junho de 2013, e atualmente amparada pela Portaria MF nº 225, de 3 de maio de 2018, que criou também os Grupos de Apoio Técnico nas unidades descentralizadas, complementa a estratégia de atuação pontual e atendimento a necessidades regionais. Nesse sentido, a Superintendência de Administração do Ministério da Economia no Paraná procurou aprofundar ainda mais as medidas de racionalização de gastos e demais ações de sustentabilidade em cumprimento à legislação.

Outro exemplo de que a legislação guia os gestores quanto a práticas de sustentabilidade foi o Programa Gespública, criado pelo Decreto nº 5.378, de 23 de fevereiro de 2005, que teve adesão da Subsecretaria de Planejamento, Orçamento e Administração da Secretaria Executiva do então Ministério da Fazenda para ser o instrumento de direcionamento estratégico quanto à racionalização de processos e redução de custos.

Todas as Superintendências de Administração nos estados participaram do processo, submetendo-se a auditoria externa e apresentando algumas resultado de sucesso, como foi o caso da Superintendência de Administração no Paraná, que obteve pontuação de 750 em 1000 pontos possíveis, superando amplamente a média de 250 pontos das demais unidades descentralizadas. Esse resultado foi possível com a utilização de metodologia de gestão baseada no PMBOK (Project Management Body of Knowledge do Project Management Institute) e BSC (Balanced Scorecard), que foram as ferramentas de planejamento estratégico adotadas pela SPOA/MF. BSC – Balanced Scorecard é uma ferramenta de planejamento estratégico na qual a entidade tem claramente definidas as suas metas e estratégias, visando medir o desempenho empresarial através de indicadores quantificáveis e verificáveis.

Ainda assim, a adesão do Ministério da Economia à Rede Sustenta Paraná e a formação de grupos de órgãos públicos unidos por objetivos em comum representam um passo importante em direção à racionalização de recursos, desenvolvimento de atividades conjuntas, padronização de rotinas e, consequentemente, aprimoramento dos serviços nas organizações.

A interlocução de órgãos administrativos, acadêmicos e de pesquisa contribui significativamente para o fortalecimento das ações voltadas para práticas sustentáveis, promovendo o intercâmbio de conhecimento, de métodos, proporcionando dados para análise e obtendo soluções conjuntas.

4.1 Eficiência energética e racionalização de gastos

A partir do Programa de Incentivo à Eficiência Energética apresentado pela COPEL (Companhia Paranaense de Energia), que visa parceria com critérios objetivos de retorno de investimentos, a Superintendência Regional de Administração, assim como outras entidades públicas, tentou se candidatar ao Programa, verificando, na prática, que a legislação existente, comparada às regras do Programa, inviabiliza a participação pelos riscos imputados aos gestores. Apesar do desafio de se adequar à legislação, o tema despertou, na gestão da Superintendência Regional de Administração, o interesse em buscar soluções para as questões de racionalização energética visando à redução de custos em face das restrições orçamentárias.

Assim, a Superintendência Regional de Administração, por demanda de sua alta gestão, iniciou estudos de substituição de lâmpadas fluorescentes e reatores por lâmpadas de LED. Essa análise ajudou a convencer o Órgão Central quanto à liberação dos investimentos necessários para a redução do consumo de energia elétrica.

O estudo consistiu, basicamente, em fazer o levantamento da carga existente instalada de lâmpadas fluorescentes e reatores em uso no Edifício Sede do Ministério da Economia no Paraná, comparando com a carga de energia correspondente à substituição por lâmpadas de LED de mesma luminescência. A partir dessa comparação foi possível dimensionar o investimento necessário, o tempo de retorno do investimento e a economia em energia e recursos financeiros no mês.

O quadro a seguir é resultado de estudo da área de Administração Predial da Superintendência Regional de Administração:

MINISTÉRIO DA FAZENDA
SECRETARIA EXECUTIVA
SUBSECRETARIA DE PLANEJAMENTO, ORÇAMENTO E ADMINISTRAÇÃO
SUPERINTENDÊNCIA DE ADMINISTRAÇÃO DO MINISTÉRIO DA FAZENDA NO PARANÁ

ESTUDO DE VIABILIDADE ECONÔMICA PARA A SUBSTITUIÇÃO DE PARTE DAS LAMPADAS FLUORESCENTES POR LAMPADAS DE LED

Descrição	Fluorescente	Led		Informações	
Potencia das lâmpadas a substituir(W)	28	16		Total de lampadas no edifício	3.751
Quantidade de lâmpadas a substituir(W)	3.751	3.751		Valor da lampada fluorescente	R$ 6,20
Total Watts	103.574	59.321		Valor da lampada Led	R$ 22,60
Qtde horas diárias de funcionamento - Ponta	3	3		Quantidade de lampadas Led a instalar	3.751
Qtde horas diárias de funcionamento - Fora Ponta	11	11			
Qtde dias por mês - média	22	22			
Qtde kWh mensal - Ponta	6.836	3.915			
Qtde kWh mensal - Fora Ponta	25.065	14.356		Quantidade de lampadas fluorescentes para estoque após a troca das lampadas por Led	3.751
Tarifa do kWh - Ponta	R$ 2,65	R$ 2,65			
Tarifa do kWh - Fora Ponta	R$ 0,44	R$ 0,44			
Custo da energia mensal - Ponta	R$ 18.100,62	R$ 10.367,03		Quantidade de reatores para estoque após a troca por lampada Led	1.876
Custo da energia mensal - Fora Ponta	R$ 11.054,53	R$ 6.331,42			
Custo da energia mensal total	R$ 29.155,15	R$ 16.698,45			

Economia com energia elétrica mensal após a substituição de lampadas Fluorescente por Led	R$ 12.456,70

Valor da Mão-de-Obra para retirada das lâmpadas fluorescentes (caso não haja previsão no contrato de manutenção predial)	R$ 0,00
Valor da Mão-de-Obra para instalação das lâmpadas Led (caso não haja previsão no contrato de manutenção predial)	R$ 0,00
Total	R$ 0,00

	Investimento em lampadas Led	R$ 84.772,60
RESUMO	Valor total da Mão-de-Obra para retirada e instalação	R$ 0,00
	Valor total investimento	R$ 84.772,60
	Prazo retorno - meses	6,81

Podemos observar que o investimento de R$84.772,60 foi estritamente em materiais, pois a mão de obra utilizada foi a do contrato vigente de manutenção predial com empresa terceirizada. Além da economia proposta pelo estudo, diminuiu a quantidade de ordens de serviço junto à contratada, visto que a durabilidade (mtbf) das lâmpadas de LED é de 3 anos, enquanto que as ocorrências com lâmpadas fluorescentes e reatores eram diárias. Por não utilizarem reatores, a manutenção também foi simplificada, assim como o processo de compras.

O retorno com o investimento se deu em 7 (sete) meses e, a economia mensal, na ordem de R$12.456,70. O gasto com energia elétrica no Edifício Sede do Ministério da Economia no Paraná foi de R$46.045,00, conforme fatura do mês de junho de 2019.

O entusiasmo em relação a esse assunto despertou novos desafios para a redução de consumo de energia. Está em processo de estudo a instalação de placas fotovoltaicas para geração de energia solar, que será armazenada ou mandada para a rede pública em projeto da COPEL (Companhia Paranaense de Energia).

Esse exemplo prático de sucesso é resultado de uma cadeia de decisões e patrocínios articulados pela gestão voltada à racionalização, demonstrando o zelo com a coisa pública.

Pressionados por resultados, fazer mais com menos, os dirigentes da Superintendência Regional de Administração também têm buscado atender à legislação e às auditorias – pilares que, quando bem combinados com o direcionamento estratégico, impulsionam a gestão sustentável.

Ações como a disseminação da cultura 5S para os colaboradores, metas claras baseadas em planejamento estratégico, a Lei de Acesso à Informação, as Ouvidorias, as Cartas de Serviços e a implantação da Transparência do Governo Federal – que permite maior fiscalização por parte do cidadão quanto aos serviços prestados e ao uso de recursos públicos por seus agentes – colaboram para o sucesso da sustentabilidade na estrutura do governo e direcionam as ações dos gestores.

A legislação e a auditoria são fundamentais para diminuição do risco de descontinuidade nos processos e da interferência política nos órgãos.

As estruturações das contas públicas com a implantação do SIAFI – Sistema de Administração Financeira do Governo Federal a partir de 1986 e a Lei de Licitações nº 8.666/93 também foram fatores preponderantes para solidificar a gestão sustentável por parte dos agentes públicos.

No âmbito de pessoal, o uso da metodologia de Gestão por Competência para gerir o quadro mostrou-se promissor, mas foi descontinuado por dificuldades operacionais e mudança dos gestores. A identificação das necessidades, capacitação, avaliação pelos superiores, pelos pares, responsabilidade de cumprimento de metas são ações que favorecem novo modelo de gestão.

No quesito capacitação e consultoria, aliás, o Estado brasileiro é grande consumidor das mais modernas e sofisticadas metodologias existentes no mercado. As tecnologias produzidas nas universidades e entidades públicas voltadas para atuação e emprego específico dos resultados gerados por eles alavancam transformações a favor da gestão sustentável. Esse fator, somado ao fato de os concursos públicos, por seu grau de dificuldade e concorrência, selecionarem pessoas com alto potencial, favorece o alto desempenho das entidades públicas.

5 Considerações finais

Além de todas as medidas já implementadas pelo Ministério da Economia no Paraná, algumas outras têm representado desafios para o gestor devido à descontinuidade das ações, muitas vezes personificadas no ocupante do cargo e dependentes de políticas mais sólidas e de longo prazo, e da cultura dos colaboradores da organização aliada às dificuldades suscitadas pelas restrições orçamentárias.

A representatividade dos órgãos junto às entidades de cooperação, mesmo as formalmente constituídas, também se vê comprometida pela oscilação dos interesses relacionados à sustentabilidade.

Os importantes avanços na implementação de ações voltadas à gestão sustentável realçam a necessidade de discutir políticas que têm dificultado a consolidação do novo modelo de gestão: a distribuição e os cortes orçamentários lineares, por exemplo, que não levam em conta indicadores de desempenho e peculiaridades de cada unidade, e impossibilitam a prestação de serviços ideal em algumas localidades e geram desperdício em outras.

A grande quantidade de ministérios, autarquias e empresas públicas e o tamanho do país também representam barreiras para soluções integradas e merecem especial atenção. A ausência de Centros de Serviços Compartilhados, que otimizariam análises de custos e proporcionariam ganhos em escala, é especialmente sentida na replicação de grandes estruturas físicas, de pessoal e de recursos.

Aliado ao diagnóstico e à avaliação constantes das entidades públicas realizados por elas mesmas e demais órgãos (de controle, sobretudo), ressalta-se a participação cada vez mais atuante da sociedade. A mudança de cultura, a exigência de prestação de serviços coerente com a realidade e a necessidade atuais, a cobrança de redução de desperdícios e do compromisso do Estado com o cidadão, e a crescente preocupação com as questões relacionadas à sustentabilidade, representam cenário favorável para a ampliação do modelo ideal de gestão.

Referências

PORTER, *Vantagem competitiva*. Rio de Janeiro: Campus, 1999.

SCHULMAN *et al. Shared services:* serviços compartilhados. São Paulo: Makron Books, 2001.

SILVA, José Alberto Teixeira. *Estudo da estratégia de implementação e mensuração de desempenho de um centro de serviços compartilhados em indústria de bens de consumo imediato com a utilização do Balanced Scorecard.* 2005.199 f. Dissertação de Mestrado Pontifícia Universidade Católica de São Paulo, São Paulo, 2005.

BERGERON, B. *Essentials of shared services.* New Jersey: John Wiley e Sons, 2003.

MARTINS, Vicente de Paula; Amaral, Francisco Piedade. A consolidação da prática de serviços compartilhados *Revista Eletrônica de Gestão de Negócios. eGesta*, v. 4, n. 1, p. 158-189, jan./mar. 2008.

Informação bibliográfica deste texto, conforme a NBR 6023:2018 da Associação Brasileira de Normas Técnicas (ABNT):

PIRES, Alana Cardoso de Mello; RISSIO JUNIOR, Helio. Ações de sustentabilidade no Ministério da Economia no Paraná e visão da gestão. *In*: VILLAC, Teresa; BESSA, Fabiane Lopes Bueno Netto; DOETZER, Gisele Duarte (Coord.). *Gestão pública brasileira:* inovação sustentável em rede. Belo Horizonte: Fórum, 2021. p. 141-154. ISBN 978-65-5518-055-8.

A ARQUITETURA BIOCLIMÁTICA NAS DIVERSAS REGIÕES DO BRASIL E SUAS ESTRATÉGIAS PARA CONSTRUÇÕES MAIS SUSTENTÁVEIS

ROSIANE BONATTI RIBEIRO

O futuro dependerá daquilo que fazemos no presente
(Mahatma Gandhi)

1 Introdução

Na antiga Roma, o aquecimento de água e de ambientes era feito com queima de madeira, mas com a escassez do recurso, otimizaram-se as construções, à luz da sustentabilidade. Reutilizou-se a água, aproveitou-se o calor proveniente do Sol, os ambientes foram distribuídos de forma a aproveitar o calor gerado em ambientes de banhos quentes e foram utilizadas cores para aumentar ou diminuir a absorção do Sol.

Edificações semienterradas e subterrâneas foram muito utilizadas por aproveitar a baixa variação de temperatura em consequência da grande inércia térmica do solo. Em lugares quentes, as temperaturas eram mantidas baixas e, em lugares frios, as temperaturas mais altas no interior da edificação deixavam o ambiente mais agradável.

As soluções arquitetônicas usualmente eram definidas *in loco* com os artesãos da época, com conhecimento do local, clima e sol. Aos poucos, os arquitetos passaram a desconsiderar a cultura, limitando-se apenas ao conhecimento recebido de seus antecessores e perdendo a gama de soluções arquitetônicas funcionais da época. Assim, quanto mais desvinculado do artesão o arquiteto fosse, maior seria o seu profissionalismo.

Com o raciocínio em uso de pilotis,[1] com amplos espaços livres e um esqueleto estrutural, Le Corbusier, no período entre guerras, criou o Estilo Internacional [2]. Possuía habilidade distinta e foi seguido por muitos profissionais, dentre eles Miers van der Rohe. Junto deles, Frank Lloyd Wright e Walter Gropius foram pioneiros na Arquitetura Moderna, do século XX. Formas limpas, aço industrial, plantas abertas e vidro temperado foram inspirações para muitos profissionais daquela e de outras gerações.

Como símbolo de poder, exportou-se o "edifício estufa", com grandes vãos livres, fachadas de vidro, gigantes infraestruturas de climatização, aço e concreto, não havendo qualquer adaptação das edificações com o clima ou cultura local. Não importava onde estaria sendo construída, a edificação sempre proporcionaria conforto térmico, acústico e lumínico, bastando ter uma boa alimentação de energia elétrica e água.

Em 1973, com a crise do Petróleo, soluções de fornecimento de energia tiveram que ser encontradas. Com isso vieram as construções de novas usinas de energia: para as hidrelétricas, houve grandes áreas vegetadas inundadas e o remanejamento de muitas pessoas; para as termelétricas e nucleares, houve a poluição e o aumento de risco à segurança pública. Pela distância das usinas aos centros de consumo, houve a necessidade de investimento público para o abastecimento de energia em detrimento ao investimento necessário para a educação, saúde e habitação, denotando um círculo vicioso em caminho oposto ao da sustentabilidade.

Conforme apresentado no estudo da Eletrobras [7], no setor público, os consumos são compostos por 23% para iluminação artificial, 15% para equipamentos de escritório, 48% para climatização e 14% para elevadores e outras cargas.

Diversos fatores foram responsáveis por desencadear uma crise no sistema de abastecimento de energia, culminando em apagões no ano de 2001. Dessa forma, políticas públicas foram necessárias para tentar realinhar produção com consumo. Em, 2001 veio a Lei da

---

[1] Pilotis: pavimento térreo totalmente livre, com a presença apenas de pilares estruturais.

Eficiência Energética [4]. Em 2010, foi editada a Instrução Normativa nº 01 da Secretaria de Logística e Tecnologia da Informação (SLTI) [5], abrangendo mais temas. Em 2012, o Decreto nº 7.746 altera o artigo 3º da Lei de Licitações nº 8.666/1993, acrescendo-se práticas e diretrizes para a promoção do desenvolvimento nacional sustentável nas contratações realizadas pela administração pública federal direta, autárquica e fundacional, porém, mais tarde, esse mesmo artigo da Lei das Licitações é novamente alterado pelo Decreto nº 9.178/2017, que passa a regular também as empresas estatais dependentes, além de instituir a Comissão Interministerial de Sustentabilidade na Administração Pública (CISAP). Ainda em 2012, a SLTI, por intermédio da Instrução Normativa nº 10, estabelece regras para a elaboração do Plano de Logística Sustentável. Em 2014, a SLTI apresenta a Instrução Normativa nº 02 [6], que dispõe sobre aquisição e locação de equipamentos consumidores de energia e o uso da Etiqueta Nacional de Conservação de Energia (ENCE) nos projetos e edificações públicas. A partir de então, todas as edificações públicas a serem construídas ou modernizadas[2] devem ser avaliadas quanto a sua eficiência e receber não menos que selo máximo de eficiência para iluminação, condicionamento de ar e envoltória.

O poder público é formador de opinião, portanto é um agente imprescindível para disseminar ações de sustentabilidade. Com intuito de apoiar, instruir e fomentar a eficiência e a sustentabilidade nas edificações, o Ministério do Meio Ambiente disponibiliza em sua página da internet a plataforma *"Projeteee* – Projetando Edificações Energeticamente Eficientes" para apoio a projetos de edificações voltados para a arquitetura bioclimática, ou seja, mais eficientes e sustentáveis. Essa plataforma "apresenta dados de caracterização climática de mais de 400 cidades brasileiras, com indicação das estratégias de projeto mais apropriadas a cada região e detalhamentos da aplicação prática destas estratégias" [3].

Na sequência serão apresentadas as definições de Arquitetura Bioclimática, Estratégias Bioclimáticas e o Zoneamento Bioclimático Brasileiro. Depois, será feita a análise de oito cidades brasileiras e identificadas as estratégias bioclimáticas para cada uma delas, a partir de dois métodos, pelo Método de Mahoney e pelo Zoneamento Bioclimático Brasileiro.

---

[2] A modernização chamada de Retrofit na IN exige o selo ENCE nível "A" para edificações acima de 500 m², ou se menor, se seu custo seja equivalente a edificação maior que 500 m².

2 O que é Arquitetura Bioclimática

Com o advento da gestão industrial criada por Henry Ford, colocando linhas de produção e produção em massa, houve a disseminação dessa gestão para diversos campos do conhecimento, tendo ótima adesão e eficácia. Há que se considerar, entretanto, que não se pode resolver todos os problemas de produção com fórmulas prontas. Em se tratando de edificações, deve-se considerar que cada uma será construída em um local diferente, com posicionamento solar e variáveis climáticas distintas. Nesse contexto, muitas das premissas para o projeto de uma edificação podem ser aproveitadas, mas nem sempre a edificação pode ser construída da mesma forma em coordenadas geográficas diferentes. A temperatura, a umidade do ar e o regime de chuva serão possivelmente distintos, o vento muito provavelmente não será predominante na mesma direção e o terreno poderá ter orientação solar diferente.

Para que uma edificação seja sustentável ela precisa operar de forma mais passiva possível, ou seja, consumir os bens renováveis racionalmente, sem abuso ou desperdícios. Assim, quando se fala que "não é viável" construir edificações iguais em locais diferentes, refere-se em grande parte na sustentabilidade de sua operação, ou seja, o custo para manter o conforto térmico, lumínico e acústico seriam diferentes. Se o custo da operação cresce, decresce a sustentabilidade, demonstrando que ambos são inversamente proporcionais.

Nesse contexto, entra a arquitetura bioclimática, como uma volta à Roma antiga, conforme cenário exposto no primeiro parágrafo deste estudo. São então resgatados os conceitos de simbiose entre os ambientes, reutilização da água, aproveitamento do calor do sol, escolha das cores para aumentar ou diminuir a absorção do sol, uso de coerência na distribuição dos ambientes e utilização das propriedades de grandes massas térmicas para manter o calor assim como eram nas edificações enterradas.

A partir do que a natureza apresenta (vento, sol, chuva e vegetação), racionaliza-se a edificação para que haja redução de consumo energético e baixo impacto ambiental. Quanto maior for o potencial de uma edificação proporcionar conforto lumínico, térmico e acústico aos seus ocupantes com menor custo, mais eficiente será esta edificação, ou seja, menor será seu custo de operação.

2.1 Estratégias bioclimáticas

Uma edificação nasce de uma necessidade, em função de sua ocupação. Após essa definição, identificar as estratégias bioclimáticas a serem empregadas é uma premissa de sustentabilidade que deve ser sempre atendida. Para identificá-las, deve-se estudar o local onde a edificação será implantada, como o clima, a orientação solar, a umidade relativa do ar, a temperatura, os ventos e a geografia da região onde o terreno está situado. Todos os fatores devem ser considerados, identificando quais premissas deverão ser adotadas e quais as estratégias bioclimáticas mais indicadas para esse tipo de edificação a ser construída neste local em específico.

Na sequência, serão apresentadas algumas estratégias bioclimáticas muito utilizadas para proporcionar o entendimento deste estudo, que são a ventilação, o resfriamento evaporativo, a umidificação, a inércia térmica e o aquecimento solar passivo.

i. Ventilação

As formas e a orientação da edificação serão importantes para que a ventilação natural percorra o interior da edificação quando necessário. A arquitetura interna também deve ser de tal forma que favoreça o caminho horizontal do vento, bem como a circulação vertical, quando há a eliminação do calor pelo alto e renovação do ar pelas áreas baixas e abertas.

ii. Resfriamento evaporativo

Áreas gramadas e/ou arborizadas propiciam a absorção do calor para a realização da fotossíntese e a evapotranspiração propiciando a formação de microclimas mais confortáveis, trazendo o frescor para as edificações.

Telhados verdes ou com lâminas de água também resfriam a cobertura à medida que, respectivamente, a evapotranspiração ou a evaporação da água equalizam a temperatura da cobertura.

iii. Umidificação

A utilização de cortinas de água, chafarizes ou espelhos de água apresentam-se como alternativas para umidificar locais onde o clima é muito seco, proporcionando melhor conforto aos usuários.

iv. Inércia térmica

É a utilização de massa térmica para o calor ou para o frio dependendo da região e do local a ser implantado, por manter por maior tempo a mesma temperatura e evitando, assim, a oscilação rápida da temperatura. Em locais onde o calor do Sol é intenso, a parede de grande inércia térmica tende a manter a temperatura mais baixa por mais tempo. Em locais mais frios, acontece o oposto, mantendo a temperatura elevada por maior período no interior da edificação.

v. Aquecimento solar passivo

Paredes menos espessas ou de materiais de rápida absorção/transmissão de calor propiciam mudança de temperatura rapidamente, assim são utilizadas para o aquecimento do interior da edificação.

3 Zoneamento Bioclimático Brasileiro

O Brasil, por sua dimensão continental, possui grandes diferenças de clima espalhados pela sua vasta área. Há várias classificações climáticas, mas neste estudo será abordado apenas o zoneamento apresentado na Norma Brasileira de Desempenho Térmico, NBR 15220/2003 [1], que em sua Parte 03 identifica regiões de características semelhantes, definindo assim as oito Zonas Bioclimáticas (ZB). Salienta-se que essa norma se destina a habitações unifamiliares, de interesse social, de até três pavimentos, porém, na ausência de normas para os demais tipos de edificações e ocupações, esta é utilizada como referência. Quanto aos dados climáticos dessa Norma, são utilizadas as Normais Climatológicas de 1961-1990, disponibilizadas no sítio do INMET [10].

O Zoneamento Bioclimático em que se enquadra cada cidade é obtido utilizando dados climáticos de médias mensais de temperatura máxima, mínima e umidade relativa do ar. Adota-se a Carta Bioclimática adaptada, segundo sugestão apresentada por Givoni [8], na qual são inseridos tais dados climáticos e então identificado a qual zoneamento a cidade pertence. Para 330 cidades brasileiras esse zoneamento já foi identificado e estão dispostos no Anexo A, desta NBR 15.220/2003. O mapa do Zoneamento Bioclimático Brasileiro de apresenta conforme a Figura 1 a seguir.

Figura 1 – Zoneamento Bioclimático Brasileiro [1]

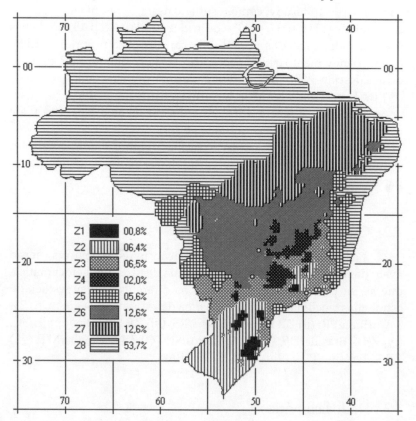

4 Identificação de uso de estratégias bioclimáticas

4.1 Escolha do método de avaliação

Há vários métodos para avaliar edificações quanto a estratégias bioclimáticas, entre eles o Método de Mahoney [16]. Esse método apresenta-se em duas formas: o Tradicional (MMT) e o Remodelado (MMR), sendo este último proposto por Harris [9] baseado na Teoria dos Sistemas Nebulosos. O Tradicional (MMT) possui pouca flexibilidade quando se trata de cidades em climas de transição, podem ocorrer valores que deixam de refletir a realidade, assim, o Remodelado (MMR) apresenta valores mais claros para climas intermediários [15]. Dessa forma, este último será o método utilizado.

O MMR inicialmente avalia temperatura média, umidade relativa do ar e precipitação e, como resultado desta, apresenta indicadores de umidade ($\mu H1$, $\mu H2$, $\mu H3$) e de aridez ($\mu A1$, $\mu A2$, $\mu A3$). Cada um dos indicadores citados possui uma característica própria: (i) $\mu H1$, quanto o movimento de ar é necessário; (ii) $\mu H2$: quanto o movimento do ar é desejável; (iii) $\mu H3$: necessidade de se proteger quanto a chuva; (iv) $\mu A1$: necessidade de se ter armazenamento térmico; (v) $\mu A2$: necessidade de se ter um local para dormir ao ar livre; e (vi) $\mu A3$: necessidade de ser proteger quanto ao frio.

Esses indicadores são então avaliados em conjunto e indicam as estratégias bioclimáticas a serem adotadas dentre as 24 que fazem parte desse método.

4.2 Cidades avaliadas

Para possibilitar uma comparação mais expositiva, serão avaliadas 8 (oito) cidades brasileiras, uma de cada zona bioclimática, que assim possibilitarão identificar as diferenças de sugestões de estratégias bioclimáticas para cada uma delas, as quais seguem: (i) **ZB 1**: Curitiba-PR; (ii) **ZB 2**: Santa Maria/RS; (iii) **ZB 3**: Florianópolis/SC; (iv) **ZB 4**: Brasília/DF; (v) **ZB 5**: Santos/SP; (vi) **ZB 6**: Cuiabá/MT; (vii) **ZB 7**: Teresina/PI; e (viii) **ZB 8**: Belém/PA.

4.3 Dados climáticos

Para este estudo serão utilizadas as Normais Climatológicas (NC), que são as médias calculadas de diversas variáveis climáticas, seguindo as regras da Organização Meteorológica Mundial (OMM). Para o Brasil, o Instituto Nacional de Meteorologia (INMET) é quem faz sua publicação.

Tabela 1 – Dados climáticos das cidades estudadas

CURITIBA PR (ZB1)

Temperatura (	Jan	Fev	Mar	Abr	Mai	Jun	Jul	Ago	Set	Out	Nov	Dez	ANUAL
TM máx	26,80	26,80	26,00	24,00	20,80	20,10	19,70	21,50	21,40	23,10	25,00	26,20	23,50
TM mín	17,20	17,40	16,50	14,60	11,20	9,70	9,00	9,60	11,10	13,20	14,90	16,20	13,40
TM	22,00	22,10	21,25	19,30	16,00	14,90	14,35	15,55	16,25	18,15	19,95	21,20	18,42
AT	9,60	9,40	9,50	9,40	9,60	10,40	10,70	11,90	10,30	9,90	10,10	10,00	10,10
Umidade e Chuva	Jan	Fev	Mar	Abr	Mai	Jun	Jul	Ago	Set	Out	Nov	Dez	ANUAL
Umid. Rel %	81,20	81,30	82,20	82,50	83,40	82,30	80,40	77,10	80,80	81,70	79,20	79,60	81,00
Precip (PL) (mm)	218,30	166,20	147,00	95,70	113,50	94,10	108,30	74,00	141,40	138,70	124,40	154,20	1575,80

SANTA MARIA RS (ZB2)

Temperatura (	Jan	Fev	Mar	Abr	Mai	Jun	Jul	Ago	Set	Out	Nov	Dez	ANUAL
TM máx	30,90	29,90	29,10	25,70	22,00	19,70	19,00	21,40	22,10	25,20	27,80	30,30	25,30
TM mín	19,80	19,40	18,50	15,00	12,00	10,30	9,40	10,50	11,90	14,80	16,40	18,60	14,70
TM	25,35	24,65	23,80	20,35	17,00	15,00	14,20	15,95	17,00	20,00	22,10	24,45	19,99
AT	11,10	10,50	10,60	10,70	10,00	9,40	9,60	10,90	10,20	10,40	11,40	11,70	10,60
Umidade e Chuva	Jan	Fev	Mar	Abr	Mai	Jun	Jul	Ago	Set	Out	Nov	Dez	ANUAL
Umid. Rel %	72,30	76,80	78,50	81,30	83,30	83,70	81,80	78,90	78,50	76,30	70,60	68,70	77,60
Precip (PL) (mm)	166,30	139,60	127,70	170,10	154,40	149,10	159,00	111,20	158,50	173,30	132,70	154,30	1796,20

FLORIANÓPOLIS SC (ZB3)

Temperatura (	Jan	Fev	Mar	Abr	Mai	Jun	Jul	Ago	Set	Out	Nov	Dez	ANUAL
TM máx	28,90	29,30	28,70	26,60	23,90	21,90	21,00	21,50	22,00	23,90	26,00	28,00	25,10
TM mín	21,40	21,60	20,80	18,50	15,30	13,50	12,90	13,40	15,20	17,20	18,60	20,30	17,40
TM	25,15	25,45	24,75	22,55	19,60	17,70	16,95	17,45	18,60	20,55	22,30	24,15	21,27
AT	7,50	7,70	7,90	8,10	8,60	8,40	8,10	8,10	6,80	6,70	7,40	7,70	7,70
Umidade e Chuva	Jan	Fev	Mar	Abr	Mai	Jun	Jul	Ago	Set	Out	Nov	Dez	ANUAL
Umid. Rel %	80,00	80,40	80,00	80,10	81,10	82,10	83,20	81,30	80,30	80,20	78,20	77,70	80,40
Precip (PL) (mm)	250,60	201,60	179,70	123,50	132,50	75,70	118,00	74,00	141,00	148,90	150,60	172,50	1768,60

BRASÍLIA DF (ZB4)

Temperatura (	Jan	Fev	Mar	Abr	Mai	Jun	Jul	Ago	Set	Out	Nov	Dez	ANUAL
TM máx	26,50	27,00	26,70	26,60	25,90	25,00	25,30	26,90	28,40	28,20	26,70	26,30	26,60
TM mín	18,10	18,00	18,10	17,50	15,60	13,90	13,70	15,20	17,20	18,10	18,00	18,10	16,80
TM	22,30	22,50	22,40	22,05	20,75	19,45	19,50	21,05	22,80	23,15	22,35	22,20	21,71
AT	8,40	9,00	8,60	9,10	10,30	11,10	11,60	11,70	11,20	10,10	8,70	8,20	9,80
Umidade e Chuva	Jan	Fev	Mar	Abr	Mai	Jun	Jul	Ago	Set	Out	Nov	Dez	ANUAL
Umid. Rel %	76,20	74,70	76,80	72,20	66,20	58,70	52,70	46,80	50,30	62,80	74,50	78,00	65,80
Precip (PL) (mm)	209,40	183,00	211,80	133,40	29,70	4,90	6,30	24,10	46,60	159,80	226,90	241,50	1477,40

SANTOS SP (ZB5)

Temperatura (	Jan	Fev	Mar	Abr	Mai	Jun	Jul	Ago	Set	Out	Nov	Dez	ANUAL
TM máx	29,40	29,40	28,30	27,30	25,20	24,10	23,00	22,70	23,00	24,70	26,70	27,90	26,00
TM mín	22,80	22,90	22,30	21,00	18,70	16,50	15,90	16,00	17,20	19,00	20,80	21,70	19,60
TM	26,10	26,15	25,30	24,15	21,95	20,30	19,45	19,35	20,10	21,85	23,75	24,80	22,77
AT	6,60	6,50	6,00	6,30	6,50	7,60	7,10	6,70	5,80	5,70	5,90	6,20	6,40
Umidade e Chuva	Jan	Fev	Mar	Abr	Mai	Jun	Jul	Ago	Set	Out	Nov	Dez	ANUAL
Umid. Rel %	80,40	82,00	82,00	81,00	81,80	81,20	82,00	82,80	83,30	81,90	79,80	79,60	81,50
Precip (PL) (mm)	206,70	203,20	257,30	180,30	123,20	123,10	102,40	73,60	145,10	137,50	110,40	181,10	1843,90

CUIABÁ MS (ZB6)

Temperatura (	Jan	Fev	Mar	Abr	Mai	Jun	Jul	Ago	Set	Out	Nov	Dez	ANUAL
TM máx	32,60	32,80	32,90	33,00	31,40	31,30	32,00	34,10	34,30	34,50	33,60	32,90	33,00
TM mín	23,60	23,40	23,30	22,70	20,10	18,00	17,10	18,60	21,10	23,20	23,40	23,50	21,50
TM	28,10	28,10	28,10	27,85	25,75	24,65	24,55	26,35	27,70	28,85	28,50	28,20	27,23
AT	9,00	9,40	9,60	10,30	11,30	13,30	14,90	15,50	13,20	11,30	10,20	9,40	11,50
Umidade e Chuva	Jan	Fev	Mar	Abr	Mai	Jun	Jul	Ago	Set	Out	Nov	Dez	ANUAL
Umid. Rel %	81,70	82,40	82,70	80,00	78,10	73,80	68,50	61,30	63,70	70,30	75,70	78,10	74,70
Precip (PL) (mm)	247,50	220,40	217,50	117,80	50,40	19,40	16,00	22,10	51,30	114,00	172,90	205,20	1454,50

	Temperatura (	Jan	Fev	Mar	Abr	Mai	Jun	Jul	Ago	Set	Out	Nov	Dez	ANUAL
TERESINA PI (ZB7)	TM máx	32,50	32,00	31,90	31,80	32,20	32,50	33,60	35,40	36,60	37,20	36,20	34,80	33,90
	TM mín	22,80	22,60	22,80	22,80	22,60	21,50	20,80	21,10	22,10	23,20	23,60	23,40	22,40
	TM	27,65	27,30	27,35	27,30	27,40	27,00	27,20	28,25	29,35	30,20	29,90	29,10	28,17
	AT	9,70	9,40	9,10	9,00	9,60	11,00	12,80	14,30	14,50	14,00	12,60	11,40	11,50
	Umidade e Chuva	Jan	Fev	Mar	Abr	Mai	Jun	Jul	Ago	Set	Out	Nov	Dez	ANUAL
	Umid. Rel %	80,20	83,60	85,10	85,40	83,40	76,90	69,40	61,80	56,60	56,20	61,80	69,80	72,50
	Precip (PL) (mm)	196,80	239,10	286,90	265,70	120,60	14,70	10,60	12,10	13,00	19,50	45,90	100,10	1325,00

	Temperatura (	Jan	Fev	Mar	Abr	Mai	Jun	Jul	Ago	Set	Out	Nov	Dez	ANUAL
BELÉM PA (ZB8)	TM máx	31,10	30,80	30,70	31,10	31,70	31,90	32,00	32,50	32,60	32,60	32,70	32,20	31,80
	TM mín	22,70	22,80	23,00	23,20	23,10	22,80	22,50	22,50	22,40	22,40	22,70	22,80	22,70
	TM	26,90	26,80	26,85	27,15	27,40	27,35	27,25	27,50	27,50	27,50	27,70	27,50	27,28
	AT	8,40	8,00	7,70	7,90	8,60	9,10	9,50	10,00	10,20	10,20	10,00	9,40	9,10
	Umidade e Chuva	Jan	Fev	Mar	Abr	Mai	Jun	Jul	Ago	Set	Out	Nov	Dez	ANUAL
	Umid. Rel %	88,30	89,90	89,80	89,80	87,10	83,70	82,50	81,40	80,80	80,10	80,70	84,20	84,90
	Precip (PL) (mm)	384,50	399,50	450,30	424,30	298,40	185,30	153,80	134,80	128,20	129,20	127,40	268,30	3084,00

A Tabela 1 apresenta os dados de clima das oito cidades estudadas obtidos das Normas Climatológicas de 1981-2010, no sítio do INMET [11], que é a última atualização, e que será utilizada para a avaliação neste estudo.

Os dados climáticos foram colocados em gráficos individualmente e estão apresentados no Gráfico 1, como ferramenta de apoio à verificação e análise.

Para cada cidade foram lançados os pontos de Temperatura Média, Umidade do Ar (com sua graduação disponível no eixo vertical da esquerda) e Precipitação (com graduação diferente no eixo vertical da direita).

Suas avaliações em conjunto com o resultado dos indicadores auxiliarão na compreensão dos números obtidos.

Gráfico 1 – Gráficos comparativos dos dados climáticos

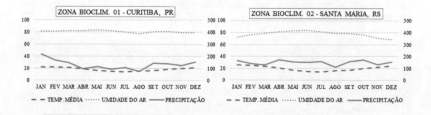

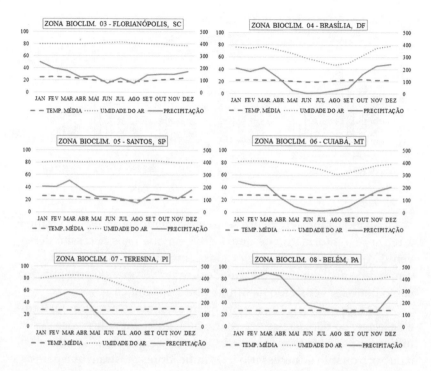

4.4 Indicadores de avaliação

O Método de Mahoney, tanto o Tradicional quanto o Remodelado, apresenta seus resultados por Indicadores, os quais avaliados em conjunto definem quais estratégias bioclimáticas são mais indicadas para cada localidade/edificação.

O Gráfico 2, obtido pela aplicação do Método de Mahoney Remodelado, mostra a incidência de cada um dos seis indicadores para cada uma das oito cidades, sendo que cada uma delas corresponde a uma Zona Bioclimática.

Gráfico 2 – Incidência dos indicadores em cada Zona Bioclimática

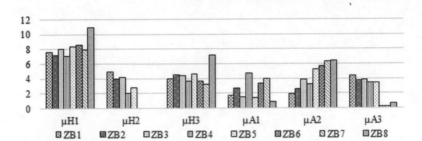

O indicador µH1 refere-se ao movimento de ar, e pelo Gráfico 2 retira-se a informação de que a ZB 8 é a que mais necessita dessa ventilação. Isso se deve às elevadas temperaturas aliadas à grande umidade (a maior entre as oito cidades), reflexo da grande precipitação, como pode ser verificado na última parte do Gráfico 1.

O indicador µH2 apresenta quanto o movimento de ar no local é desejável ou não. Faz-se necessário aqui enfatizar a diferença desse indicador para o anterior, pois este apresenta o quanto é "desejável" e o outro, o quanto é "necessário". Os indicadores mostram que para as ZB 1 a 5 as ventilações são mais necessárias do que desejáveis, já para as ZB 6 a 8 são completamente necessárias. Tal informação é ratificada ao se verificar a Tabela 3, na qual se verifica a indicação de ventilação seletiva/permanente para estas Zonas Bioclimáticas.

O indicador µH3 mostra a necessidade de proteção contra chuvas. Evidencia-se aqui a necessidade de alguns cuidados/proteções contra chuvas em todas as regiões, em especial na ZB 8, que possui pluviosidade elevada.

O indicador µA1 apresenta a necessidade de armazenamento térmico. Nesse indicador destaca-se a ZB 4, que devido à baixa pluviosidade (consequente baixa umidade, ver Gráfico 1) nos meses mais frios faz com que as temperaturas mínimas sejam sentidas com maior intensidade, necessitando assim de inércia térmica para manutenção da temperatura à noite, proveniente do calor recebido durante o dia. Nas cidades com proximidade ao mar, mesmo com baixa pluviosidade, a umidade do ar se mantém elevada, não baixando as temperaturas, não sendo tão necessária essa estratégia nas edificações.

O indicador µA2 refere-se à sugestão de dormir ao ar livre. Assim, as cidades com temperaturas mais elevadas e alta umidade relativa do ar possuem esse indicador com valores maiores, ou seja, a preocupação com o frio durantes as noites é menor.

O indicador μA3 representa a necessidade de proteção contra o frio, mais necessária nas ZB 1 a 5, onde as temperaturas médias são mais baixas. O indicado para essas edificações é o seu aquecimento solar e as paredes internas com maior inércia térmica para manutenção do calor por mais tempo.

4.5   Identificação de Estratégias Bioclimáticas

4.5.1 Método de Mahoney

As Estratégias Bioclimáticas do Método de Mahoney originaram-se da Carta Bioclimática de Olgyay [12], porém adaptada para climas quentes, perfazem um total de 24 estratégias que tratam de *layout*, ventilação, aberturas, fechamentos e exterior da edificação.

Após a avaliação individual de cada um dos seis indicadores para cada uma das oito cidades, passa-se para a análise em conjunto desses mesmos indicadores, quando, então, o resultado apresenta quais estratégias bioclimáticas se aplicam a cada cidade estudada, que estão a seguir referenciadas por números que podem ser relacionadas com a listagem da Tabela 2.

a) ZB1, Curitiba-PR: 1, 4, 6, 10, 14, 17, 18, 21, 23 e 24;
b) ZB2, Santa Maria/RS: 1, 4, 6, 7, 10, 14, 17, 19, 21, 23 e 24;
c) ZB3, Florianópolis/SC: 1, 4, 6, 10, 14, 17, 18, 21, 23 e 24;
d) ZB4, Brasília/DF: 1, 4, 6, 7, 10, 14, 17, 19, 21, 23 e 24;
e) ZB5, Santos/SP: 1, 4, 6, 10, 14, 17, 18, 23 e 24;
f) ZB6, Cuiabá/MT: 1, 4, 6, 8, 10, 14, 16, 17, 21, 23 e 24;
g) ZB7, Teresina/PI: 1, 4, 6, 8, 10, 14, 16, 17, 19, 21, 23 e 24;
h) ZB8, Belém/PA: 1, 3, 6, 8, 10, 14, 16, 17, 18, 20, 23 e 24;

Tabela 2 – Estratégias Bioclimáticas com base no Método de Mahoney

	Descrição
Implantação	1. Edifícios alongados, com fachadas maiores voltadas para norte e sul, para reduzir a exposição ao Sol; 2. Edifícios compactos, com pátio interno.
Espaçamento das edificações	3. Aumentar distâncias entre edificações para melhor ventilação; 4. Como 3, mas com possibilidade de controlar ventilação; 5. Aproximar as edificações para aumentar a inércia.
Ventilação	6. Para obter uma ventilação cruzada permanente, as habitações devem ser dispostas em fila simples ao longo do edifício; 7. Fila dupla de habitações ao longo do edifício, com dispositivos que permitam controlar a ventilação; 8. Ventilação mínima, apenas para renovação do ar.
Tamanho das aberturas	9. 40 a 80% das fachadas norte e sul (ao nível corpos das pessoas); 10. 25 a 40% das fachadas norte e sul e/ou leste e oeste quando o período frio for predominante; 11. 15 a 25% das fachadas; 12. 10 a 20% das fachadas, com controle de radiação solar; 13. 25 a 40% das fachadas, permitindo Sol no período frio.
Posição das aberturas	14. Nas fachadas norte e sul, permitindo ventilação ao nível dos corpos dos ocupantes; 15. Como 14, mas com aberturas nas paredes internas.
Proteção das aberturas	16. Evitar radiação solar direta nos interiores da edificação; 17. Proteger da chuva, permitindo ventilação.
Paredes e pisos	18. Evitar radiação solar direta nos interiores da edificação; 19. Pesadas. $U \leq 2,0$ W / (m² ºC), retard. ≥ 8 horas, fator sol $\leq 4\%$; [1,2]
Coberturas	20. Leves, refletoras. $U \leq 1,1$ W / (m² ºC), retard. ≤ 3 horas, fator sol $\leq 4\%$; [3,4] 21. Leves, isolantes. $U \leq 0,85$ W / (m² ºC), retard. ≤ 3 horas, fator sol $\leq 3\%$; [3,4] 22. Pesadas. $U \leq 0,85$ W / (m² ºC), retard. ≥ 8 horas, fator sol $\leq 3\%$. [3,4]
Exterior da edificação	23. Prever espaço ao ar livre para dormir; 24. Proteger contra as chuvas.

---

[3] U = Transmitância Térmica.

[4] W / (m² ºC) = watt por metro quadrado por grau centígrado.

4.5.2 Norma de Desempenho Térmico (NBR 15220/2003)

As Estratégias Bioclimáticas da NBR 15220/2003 baseiam-se na Carta Bioclimática de Givoni [8]), que por sua vez baseia-se na Carta de Olgyay [12]. As estratégias nessa norma apresentam proposições de tamanho de aberturas (janelas) para ventilação (pequenas, médias ou grandes), seu sombreamento, vedações externas (paredes e coberturas, leve, refletora ou isolada) e premissas para o verão e inverno, conforme apresenta Tabela 3, que identifica quais estratégias são utilizadas em cada ZB.

Quanto ao tamanho das aberturas para ventilação, referencia-se a porcentagem de área de abertura em relação à área de piso, podendo ser pequenas (entre 10 e 15%), médias (entre 15 e 25%) e grandes (acima de 40%).

Quanto às paredes externas podem ser leves (U ≤ 3,0 W / (m² °C), retard. ≤ 4,3 horas, fator sol ≤ 5%), leves refletoras (U ≤ 3,6 W / (m² °C), retard. ≤ 4,3 horas, fator sol ≤ 4%) ou pesada (U ≤ 2,20 W / (m² °C), retard. ≤ 6,5 horas, fator sol ≤ 3,5%)

Quanto às coberturas podem ser leves isoladas (U ≤ 2,00 W / (m² °C), retard. ≤ 3,3 horas, fator sol ≤ 6,5%); leves refletoras (U ≤ 2,30 x FT W / (m² °C), retard. ≤ 3,3 horas, fator sol ≤ 6,5%) e pesadas (U ≤ 2,00 W / (m² °C), retard. ≤ 6,5 horas, fator sol ≤ 6,5%).

Tabela 3 – Estratégias Bioclimáticas com base no Método de Mahoney

	Descrição das Estratégias Bioclimáticas
ZB1	Aberturas para ventilação média, permitir o sol durante o período frio, paredes leves, cobertura leve isolada e para o inverno possibilitar o aquecimento da edificação e instalar vedações internas pesadas (alta inércia térmica);
ZB2	Aberturas para ventilação média, permitir o sol durante o período frio, paredes leves, cobertura leve isolada, para o verão propiciar a ventilação cruzada e para o inverno possibilitar o aquecimento da edificação e instalar vedações internas pesadas (alta inércia térmica);
ZB3	Aberturas para ventilação média, permitir o sol durante o período frio, paredes leves refletoras, cobertura leve isolada, para o verão propiciar a ventilação cruzada e para o inverno possibilitar o aquecimento da edificação e instalar vedações internas pesadas (alta inércia térmica);
ZB4	Aberturas para ventilação média, sombreamento das aberturas, paredes pesadas, cobertura leve isolada, para o verão propiciar a resfriamento evaporativo e a ventilação seletiva e para o inverno possibilitar o aquecimento da edificação e instalar vedações internas pesadas (alta inércia térmica);
ZB5	Aberturas para ventilação média, sombreamento das aberturas, paredes leves refletoras, cobertura leve isolada, para o verão propiciar a ventilação cruzada e para o inverno instalar vedações internas pesadas (alta inércia térmica);
ZB6	Aberturas para ventilação média, sombreamento das aberturas, paredes pesadas, cobertura leve isolada, para o verão propiciar a resfriamento evaporativo com massa térmica de resfriamento e a ventilação seletiva (quando temperatura interna esteja superior à externa) e para o inverno instalar vedações internas pesadas (alta inércia térmica);
ZB7	Aberturas para ventilação pequena, sombreamento das aberturas, paredes pesadas, cobertura pesada, para o verão propiciar a resfriamento evaporativo com massa térmica de resfriamento e a ventilação seletiva (quando temperatura interna esteja superior à externa);
ZB8	Aberturas para ventilação grande, sombreamento das aberturas, paredes leves refletoras, cobertura leve refletora, para o verão propiciar ventilação cruzada permanente.

Ao se comparar as estratégias propostas pelo Método de Mahoney [16], com as propostas pela NBR 15.220/2003 – Norma de Desempenho Térmico, verifica-se a convergência das premissas e mais informações para bem realizar estudos arquitetônicos para as edificações. Não são, porém, os únicos fatores que nortearão as premissas de projeto. A orientação solar, o regime de ventos, o entorno, entre outros, são fatores que devem receber atenção especial e são específicos de cada edificação no local e posição onde será construída.

5 Cenário público e certificações

Com a edição da Instrução Normativa nº 02/2014, definiu-se que edificações públicas, quando novas, têm a obrigatoriedade de serem "eficientes" ou quando em modernização e com mais de 500 m² também o devem ser. Para isso precisam ser etiquetadas, ou seja, avaliadas para determinar seu grau de eficiência. "A Etiqueta PBE Edifica faz parte do Programa Brasileiro de Etiquetagem (PBE) e foi desenvolvida em parceria entre o Inmetro e a Eletrobras/PROCEL Edifica" [14].

Além desta certificação existem algumas outras, que não públicas. As mais difundidas no Brasil são, a Certificação LEED e a AQUA-HQE, todavia não há regulamentação de obrigatoriedade de uso ou não dessas em edificações públicas.

Atualmente não há qualquer órgão ou setor que fiscalize se as edificações estão sendo certificadas. Porém a gestão de cada administração para a racionalização de uso de recursos renováveis têm sido ampla, uma vez que foi identificado mais de uma centena de edificações certificadas, entre comerciais e públicas, de acordo com o sítio do PBE Edifica [14].

6 Conclusão

Este estudo limitou-se à identificação de estratégias bioclimáticas por dois métodos, Mahoney e Zoneamento Bioclimático Brasileiro, que norteiam os projetos de edificações. Foi possível identificar que, em ambos os métodos avaliados as estratégias bioclimáticas convergem. Já se estão em locais diferentes, as estratégias se apresentam diferentes nos dois métodos. Quanto maior for a avaliação bioclimática e sua efetiva utilização nas edificações, maior será a economia com os custos operacionais. Ou seja, com aberturas adequadas e bem posicionadas, mantém-se uma boa ventilação e suficiente iluminação natural, deixando de condicionar o ar artificialmente ou mesmo acender luzes durante um dia ensolarado. Os fechamentos que necessitam de inércia térmica podem ser substituídos por vegetações, perenes ou caducas. Assim, para o uso e consumo racional de recursos renováveis em edificações, deve-se iniciar com uma boa definição das premissas bioclimáticas para nortear o projeto e a sustentabilidade poder se fazer presente por toda a vida da edificação.

Como figuras públicas, as instituições devem promover a construção ou modernização de suas edificações utilizando-se das premissas de sustentabilidade. O caminho mais eficiente a ser seguido é por intermédio da arquitetura bioclimática, na qual são utilizados os dados climáticos, orientação solar, regime de ventos e chuva para definir a arquitetura ou intervenções nas edificações. Todavia há que se considerar que a eficiência e o conforto de uma edificação podem não ser atingidos apenas de forma natural, sendo necessária a utilização de sistemas mecânicos, que trabalharão de forma híbrida.

Com a certificação de uma edificação assegura-se que a operação será eficiente e consequentemente sustentável, pois faz o uso racional dos recursos renováveis conforme preconiza a Instrução Normativa nº 02/2014. O ideal é que se esgote o uso das estratégias bioclimáticas e se obtenham os níveis de conforto e eficiência solicitados, contudo quando não é possível atingir estes índices, definidos pelos regulamentos, as intervenções mecânicas e tecnológicas entram como apoiadoras. Ou seja, o uso de sistemas híbridos (natural e mecânico) podem trabalhar juntos e elevar o nível de conforto, eficiência e sustentabilidade de uma edificação.

Referências

ABNT (ASSOCIAÇÃO BRASILEIRA DE NORMAS TÉCNICAS). *NBR 15220: Desempenho térmico de edificações*. Rio de Janeiro, RJ: [s.n.].

BOESIGER, W.; GIRSBERGER, H. *Le Corbusier 1910-65*. Barcelona: Editorial Gustavo Gili S.A., 1971.

BRASIL. *Projeteee – Projetando Edificações Energeticamente Eficientes*. Ministério do Meio Ambiente, [s.d.]. Disponível em: http://projeteee.mma.gov.br/. Acesso em: 2 nov. 2019

BRASIL. Lei nº 10.295/2001 de 17 de outubro de 2001. Dispõe sobre a Política Nacional de Conservação e Uso racional de Energia. *Diário Oficial da União*. Brasília, DF, 18 out. 2001, 2001. Disponível em: https://www.jusbrasil.com.br/diarios/6017290/ pg-1-secao-1-diario-oficial-da-uniao-dou-de-18-10-2001?ref=goto. Acesso em: 2 nov. 2019

BRASIL. *Instrução Normativa nº 01, de 19 de janeiro de 2010 (SLTI/MPOG – Secret Logística de Tecnologia da Informação do Ministério do Planej., Orçam. e Gestão) que dispõe sobre critérios de sustentabilidade ambiental na aquisição de bens, contratação de serviços Governo Digital, Ministério da Economia*. Brasília, DF, 25 jan. 2010, 2010. Disponível em: https://www. governodigital.gov.br/documentos-e-arquivos/legislacao/INSTRUCAO NORMATIVA N. 01 de 2010 – Compras Sustentav.pdf/view. Acesso em: 2 nov. 2019

BRASIL. *Instrução Normativa nº 02, de 04 de junho de 2014. Dispõe sobre regras para a aquisição ou locação de máquinas e aparelhos consumidores de energia pela Administração Pública Federal direta, autárquica e fundacional, e uso da Etiqueta Nacional de Conservação. Portal de Compras do Governo Federal*, 2014. Disponível em: https://www.comprasgovernamentais.gov.br/index.php/legislacao/instrucoes-normativas/304-instrucao-normativa-n-2-de-04-de-junho-de-2014. Acesso em: 2 nov. 2019

ELETROBRÁS. *Avaliação do Mercado de eficiência no Brasil:* sumário executivo – ano base 2005. Rio de Janeiro, RJ: PROCEL, 2009.

GIVONI, B. Comfort, climate analysis and building design guidelines. *Energy and Buildings*, v. 18, n. 1, p. 11–23, 1992.

HARRIS, A. L. N. C. *Metodologia baseada na Teoria dos Sistemas Nebulosos (Fuzzy System Theory) para o tratamento das informações subjetivas do projeto arquitetônico*. [s.l.] Tese (Doutorado em Engenharia Civil) – Escola Politécnica, Universidade de São Paulo, São Paulo-SP, 1999, 1999.

INMET (INSTITUTO NACIONAL DE METEOROLOGIA). *Normais Cimatológicas 1961-1990*. Disponível em: http://www.inmet.gov.br/webcdp/climatologia/normais/. Acesso em: 27 maio. 2019.

INMET (INSTITUTO NACIONAL DE METEOROLOGIA). *Normais Climatológicas 1981-2010*. Disponível em: http://www.inmet.gov.br/portal/index.php?r=clima/normaisClimatologicas. Acesso em: 25 jul. 2019.

OLGYAY, V. *Design with climate. Bioclimatic approach to architectuiral regionalism*. 4. ed. Princeton, New Jersey, USA: Princeton University Press, 1973.

PBE-EDIFICA. *Certificação PBE Edifica*. Disponível em: http://www.pbeedifica.com.br/conhecendo-pbe-edifica. Acesso em: 2 nov. 2019a.

PBE-EDIFICA. *Edificações Comerciais Etiquetadas pelo PBE Edifica*. Disponível em: http://pbeedifica.com.br/edificacoes-etiquetadas/comercial.

SENA, C. *Análise comparativa entre o Método de Mahoney Tradicional e o Método de Mahoney Nebuloso para caracterização do clima no projeto arquitetônico*. São Paulo: Dissertação (Mestrado em Engenharia da Construção Civil e Urbana da Escola Politécnica) Universidade de São Paulo, São Paulo, SP 2004, 2004.

UNITED NATIONS, D. E. S. Design of low-cost housingand community facilities. *Climate and House Design*, v. 1, 1971.

Informação bibliográfica deste texto, conforme a NBR 6023:2018 da Associação Brasileira de Normas Técnicas (ABNT):

RIBEIRO, Rosiane Bonatti. A arquitetura bioclimática nas diversas regiões do Brasil e suas estratégias para construções mais sustentáveis. In: VILLAC, Teresa; BESSA, Fabiane Lopes Bueno Netto; DOETZER, Gisele Duarte (Coord.). *Gestão pública brasileira:* inovação sustentável em rede. Belo Horizonte: Fórum, 2021. p. 155-173. ISBN 978-65-5518-055-8.

TRIBUNAL REGIONAL ELEITORAL DO PARANÁ – UMA SOLUÇÃO SUSTENTÁVEL NO CONSUMO DE ENERGIA ELÉTRICA

CLÁUDIA VALÉRIA BELVILACQUA GONÇALVES

1 Introdução

Este capítulo trata da construção e operação, pelo Tribunal Regional Eleitoral do Paraná, de usina fotovoltaica (UFV) no Município de Paranavaí/PR, em consonância com as normas emanadas do Conselho Nacional de Justiça e das recomendações constantes nos Objetivos de Desenvolvimento Sustentável (ODS), da Agenda 2030 promovida pela Organização das Nações Unidas e de acordo com as políticas públicas das práticas de sustentabilidade nos pilares econômico, social e ambiental, adotadas nos processos administrativos deste Tribunal Regional há mais de década, visando atingir o ideal do ambientalmente correto, do socialmente justo e do desenvolvimento econômico equilibrado.

2 Um pouco de história – Evoluindo para as práticas da ecoeficiência

Indissociável é a percepção, desde o início dos tempos, em nosso Planeta, e a partir da formação progressiva da consciência crítica da humanidade de que as necessidades básicas para a sua sobrevivência, no início, como simples atividade de subsistência, mas que, paulatinamente, foram evoluindo para níveis mais sofisticados de exigências.

Com o passar do tempo, a humanidade incorporou novos costumes e novos conhecimentos, experiências e produtos, sempre renovados e ampliados por soluções criativas, utilitárias e tecnológicas, introduzidos no meio consumista para facilitar e proporcionar melhoria da qualidade de vida e satisfações pessoais.

Tudo só se tornaria permanentemente realizável pelo uso e desfrute racional e preservacionista dos bens oriundos da natureza, que é a única provedora dos insumos materiais para as necessidades alimentares e na fabricação de todos os bens usados pelo homem, no seu dia a dia aqui na Terra.

Vale citar os assuntos dissertados nesse tópico para análise: "Proteção ambiental dos povos da antiguidade":

> A ação predatória do homem sobre a terra é tão antiga quanto a sua existência. Através da história, desde a mais primitiva sociedade, podemos observar atividades causadoras de degradação ambiental.
>
> Isto porque, para produzir bens de consumo, energia, alimentação, cidades, etc., para uma população que se expandia, o homem recorreu à natureza, transformando indiscriminadamente em matéria prima os recursos naturais para atender as novas demandas. Esses fatos, evidentemente, começavam a indicar consequências deletérias em desfavor do capital ambiental em toda a sua plenitude, dando surgimento a conflitos de interesses, até então inexistentes. (NOGUEIRA, 2019)

Teve início, dessa forma, uma fase regulatória nas relações jurídicas de então, com o intuito de preservar o equilíbrio social e ambiental, pois, mesmo naquelas épocas remotas, já se vislumbravam riscos para a existência humana pela degradação inconsequente do meio ambiente e o nascimento e aperfeiçoamento da consciência de que, se a natureza é perene e fica até melhor sem a presença do homem, este não sobrevive sem a Natureza.

Porém, a humanidade, com o passar dos anos, vem utilizando, indiscriminadamente os recursos naturais, causando graves danos ao meio ambiente.

Os antecedentes históricos referentes ao cenário energético mundial são propostos por Hinrichs e Kleinbach (2011) a partir da crise de petróleo na década de 1970, em que a dependência por energéticos fósseis demonstrou uma fragilidade pela concentração em uma única opção para a geração de energia elétrica, por falta de complementaridade energética por outras fontes.

Como caminho alternativo sustentável para o suprimento da energia está o uso da ecoeficiência, da redução do desperdício e do uso de energias renováveis. Assim, a utilização das fontes renováveis de energia, como solar, hidráulica, biocombustíves, tornam-se essenciais para alcançar a sustentabilidade dentro do setor produtivo (MIKI, p. 25).

3 O caminho sustentável da geração de energia

Para se desenvolver de forma sustentável, uma organização deve atuar de forma que os três pilares que compõem o conceito da Sustentabilidade, o social, o econômico e o ambiental, coexistam e interajam entre si de forma plenamente harmoniosa, e assim, respeitando essa linha de pensamento é que se buscou o desenvolvimento sustentável, no âmbito do Tribunal Regional do Paraná, com a implantação e o uso de energias alternativas, no caso, a produção de energia elétrica para atender o seu próprio consumo.

A produção mundial de energia deve seguir um modelo sustentável, voltada à substituição de combustíveis fósseis, como carvão, óleo e gás, por fontes menos agressivas ao meio ambiente, promovendo o aumento da eficiência em toda a cadeia do setor energético, desde a geração até o consumo (MIKI, 2019).

Ao construir "olhando para o futuro", o Poder Judiciário, reconhecido como tradicional e conservador, materializa essa obra de produção de energia limpa e dá um exemplo de inovação e aplicabilidade da sustentabilidade, em todas as dimensões que o termo significa.

4 Energia solar: potencial brasileiro

A matriz energética brasileira é basicamente proveniente das Usinas Hidrelétricas e, consequentemente, nos períodos de estiagem, elevam-se as tarifas para garantir a demanda, além de, e principalmente, serem responsáveis pelo surgimento de passivos ambientais, sociais e econômicos gravíssimos, reprimidos com veemência pela sociedade.

O atual cenário acelerou a construção de sistemas de usina fotovoltaica, que deve crescer 44% no Brasil em 2019 (ÉPOCA NEGÓCIOS, 2019), o que proporcionará ao país mais energia limpa, renovável e econômica, como a que já é realidade no Tribunal Regional Eleitoral do Paraná, que, a partir da sua já inaugurada Usina Fotovoltaica, injetará

263.000 quilowatts/mês de energia limpa, com retorno a curto prazo do capital investido e, posteriormente, possibilitando energia permanente e gratuita no que se refere ao seu consumo.

O Brasil possui um potencial invejável de geração de energia solar, fonte limpa e renovável, em razão das questões climáticas e de irradiação solar em grande parte do território nacional.

De acordo com Pereira *et al.* (2006), a média anual de irradiação global apresenta uma boa uniformidade no Brasil, com médias relativamente altas em todo o território. Os valores de irradiação solar global incidente em qualquer região do território brasileiro (1500-2.500) são superiores aos da maioria dos países europeus, como Alemanha (900-1250 Wh/m²), França (900-1650 Wh/m²) e Espanha (1200-1850 Wh/m²), locais onde projetos de aproveitamentos solares são amplamente disseminados (NASCIMENTO, RODRIGO, 2017).

5 As práticas sustentáveis no âmbito do Poder Judiciário

O Conselho Nacional da Justiça pela Resolução nº 201/2015 disciplinou, no âmbito do Poder Judiciário, a obrigatoriedade da aplicação dos conceitos da Sustentabilidade, no exercício das suas atividades decisórias, visando à promoção da sustentabilidade ambiental, econômica e social e o alinhamento ao planejamento e a gestão estratégica no âmbito do Poder Judiciário, onde a Responsabilidade Socioambiental é um dos atributos de valor inestimável para a sociedade.

A regulamentação no âmbito dos órgãos da Justiça Eleitoral foi estabelecida pela Resolução nº 23.474/2016 com a instituição do Plano de Logística Sustentável (PLS), de caráter plurianual e adequados anualmente, por ações administrativas inter-relacionadas com as práticas de sustentabilidade.

A Resolução nº 23.474/2016 estabeleceu as linhas gerais e conceituais a serem seguidas pelas unidades organizacionais no desenvolvimento de suas atividades funcionais, adotando modelos de gestão organizacional e de processos estruturados na sustentabilidade ambiental, econômica, social, dentro dos objetivos e responsabilidades definidas, ações, metas, prazos de execução, mecanismos de monitoramento e avaliação de resultados, que permitam estabelecer e acompanhar práticas de sustentabilidade, racionalização e qualidade que objetivem uma melhor eficiência do gasto público e da gestão dos processos de trabalho, considerando a visão sistêmica da Justiça Eleitoral.

As práticas de sustentabilidade, racionalização e consumo consciente de materiais e serviços, conforme determina a resolução, deverão abranger, no mínimo, os seguintes temas:

I – uso eficiente de insumos e materiais considerando, inclusive, o processo eletrônico de votação, a implantação do PJe e a informatização dos processos e procedimentos administrativos;

II – energia elétrica;

III – água e esgoto;

IV – gestão de resíduos;

V – qualidade de vida no ambiente de trabalho;

VI – sensibilização e capacitação contínua do corpo funcional, força de trabalho auxiliar e, quando for o caso, de outras partes interessadas;

VII – contratações sustentáveis, compreendendo, pelo menos, obras, equipamentos, combustível, serviços de vigilância, de limpeza, de telefonia, de processamento de dados, de apoio administrativo e de manutenção predial;

VIII – deslocamento de pessoal, bens e materiais considerando todos os meios de transporte, com foco na redução de gastos e de emissões de substâncias poluentes.

No Plano de Logística Sustentável do Tribunal Regional Eleitoral do Paraná, estão previstas ações sustentáveis individualizadas, entre as quais, é motivo de destaque específico o item Energia Elétrica, por ser tema desse caso de sucesso, em função da instalação e funcionamento de usina fotovoltaica, visando à produção própria de energia elétrica.

Esse empreendimento é uma solução sustentável no consumo de energia elétrica e veio atender a necessidade de consumo da instituição, além de, por aplaudida coincidência, ser um dos 19 ODS, identificado como ODS 7 (Produção de energia limpa), refletindo ainda nos ODS 11 (cidades e comunidades sustentáveis) e 12 (consumo e produção responsáveis), expressos na Agenda 2030 da Organização das Nações Unidas (ONU), da qual esse Tribunal Regional Eleitoral é signatário.

6 Usina fotovoltaica (UFV) no município de Paranavaí/PR

6.1 A origem do empreendimento

Esse empreendimento de geração própria de energia elétrica foi idealizado pelo então Secretário de Orçamento e Finanças do TRE/PR, e atual Diretor-Geral do TRE/PR, Doutor Valcir Mombach, a partir de diagnósticos e estudos de viabilidade técnica e econômica, quando da elaboração do Planejamento Estratégico para o Exercício de 2017, com o decisivo apoio do então Presidente do TRE/PR, Desembargador Adalberto Jorge Xisto Pereira e mantido na sua essência pelos seus sucessores, o Desembargador Luiz Taro Oyama e o Desembargador Gilberto Ferreira.

6.2 Fundamentos conceituais indutores para a implantação do projeto

Embasaram a tomada de decisão para a efetivação desse projeto de instalação da usina fotovoltaica, também, os estímulos emulados pela Resolução nº 23.474/2016, representados pelos seguintes enunciados:

> **Visão sistêmica**: identificação, entendimento e gerenciamento de processos inter-relacionados como um sistema que contribui para a eficiência da organização no sentido de atingir os seus objetivos;
>
> **Critérios de sustentabilidade**: como métodos utilizados para avaliação e comparação de bens, materiais ou serviços em função do seu impacto ambiental, social e econômico;
>
> **Logística sustentável**: como processo de coordenação do fluxo de materiais, de serviços e de informações, do fornecimento ao desfazimento, considerando o ambientalmente correto, o socialmente justo, e o desenvolvimento econômico equilibrado;
>
> **Práticas de sustentabilidade**: como ações que tenham como objetivo a construção de um novo modelo de cultura institucional visando à inserção de critérios de sustentabilidade nas atividades da Justiça Eleitoral;
>
> **Práticas de racionalização**: ações que tenham como objetivo a melhoria da qualidade do gasto público e o aperfeiçoamento contínuo na gestão dos processos de trabalho.

6.3 A opção pela energia solar fotovoltaica

O Tribunal Regional Eleitoral do Paraná exerce a sua jurisdição distribuída em todo o território paranaense, através de 153 fóruns eleitorais, instalados nos respectivos imóveis do interior e na sede e fóruns da capital.

O consumo anual de energia elétrica do TRE/PR, capital e interior, em 2018, ano eleitoral, conforme acompanhamento de dispêndios da Instituição foi de 3.505.287,00 kW, ao custo tarifário de R$2.812.876,85 (dois milhões, oitocentos e doze mil, oitocentos e setenta e seis reais e noventa e cinco centavos).

Estudos realizados pelas unidades competentes do Tribunal Regional Eleitoral do Paraná demonstraram que, implantando uma usina de geração de energia solar, na tecnologia fotovoltaica, com capacidade instalada de 2 MWp (dois megawatts pico), o TRE/PR poderia dispor de energia própria suficiente para o atendimento de suas necessidades, com sensíveis ganhos, tanto na redução significativa dos dispêndios com esse produto, aliviando gastos de custeio da Instituição, como também pela amenização dos efeitos deletérios ao meio ambiente, haja vista que os insumos necessários à produção da energia advêm da incidência solar abundante, inesgotável e gratuita, com a vantagem adicional do seu baixíssimo custo de manutenção.

A Usina Fotovoltaica, configurada como o maior empreendimento na área de energia solar de um órgão público brasileiro e que será, indiscutivelmente, fonte de inspiração para outras instituições e entidades, produzirá 8.767 quilowatts/dia, 263.000 quilowatts/mês, 3.156.000,00 quilowatts/ano, pelas 6.192 placas solares instaladas, em terreno próprio de 28.229,81 m².

Seu funcionamento será um tributo aos princípios da sustentabilidade, representados pelo uso racional, inteligente e de equilíbrio ecológico do patrimônio natural (meio ambiente); das inegáveis vantagens financeiras, transformando um gasto tradicional em geração de receitas (econômico) e de, com a flexibilização de recursos orçamentários, ampliação das políticas sociais da instituição, promovendo, ainda mais, as condições de bem-estar de seus colaboradores diretos e indiretos (social).

6.4 Localização da Usina Fotovoltaica (UFV)

Após a realização de estudos sobre a incidência solar no Estado do Paraná, foi definida a Região Norte/Noroeste para a instalação da usina fotovoltaica, restando aprovado o projeto na cidade de Paranavaí, em razão de três aspectos: 1) por ser o município com maior incidência solar do Estado; 2) cooperação da Prefeitura Municipal – que por meio da Lei Municipal nº 4.638/2017 doou ao TRE/PR terreno com 28.229,81 m² – e, 3) pela proximidade da área doada à subestação da Companhia Paranaense de Energia Elétrica (COPEL),[1] o que facilitou a conexão da linha de transmissão que conduzirá a energia gerada pela UFV.

6.5 Investimentos

Considerando os projetos técnicos, os materiais e equipamentos que compõem o acervo gerador e operacional do empreendimento e as linhas de transmissão, foi investido na UFV o valor de R$9.226.889,80 (nove milhões, duzentos e vinte e seis mil, oitocentos e oitenta e nove reais e oitenta centavos) entre materiais e serviços contratados, através de processo licitatório, dos quais R$3.650.000,00 (três milhões seiscentos e cinquenta mil) foram provenientes da bancada parlamentar do Estado do Paraná e o restante foi proveniente de verbas orçamentárias.

A execução do projeto foi iniciada em janeiro de 2018, ou seja, foi necessário o tempo de 1 (um) ano e 6 (seis) meses de construção dessa obra, que, agora, marca positivamente a história da Justiça Eleitoral para o Brasil.

6.6 Retorno do capital investido

Considerando o valor investido *versus* a economia prevista em um ano, o retorno desse investimento está estimado em 3 (três) anos de operação da Usina.

6.7 Destino da energia produzida pela UFV

A produção da Usina Fotovoltaica é incorporada à oferta de energia elétrica da COPEL e é disponibilizada, juntamente com a

---

[1] A Copel foi criada em outubro de 1954, é a maior empresa do Paraná e atua com tecnologia de ponta nas áreas de geração, transmissão e distribuição de energia, além de telecomunicações. Opera um abrangente e eficaz sistema elétrico com parque gerador próprio de usinas, linhas de transmissão, subestações, linhas e redes elétricas do sistema de distribuição e um moderno e poderoso sistema óptico de telecomunicações que integra todas as cidades do Estado. Efetua em média, mais de 70 mil novas ligações a cada ano, atendendo praticamente 100% dos domicílios nas áreas urbanas e passa de 90% nas regiões rurais. https://www.copel.com/hpcopel/root/nivel2.jsp?endereco=%2Fhpcopel%2Froot%2Fpagcopel2.nsf%2Fdocs%2F01C009432D735E57032573FA00687CC4.

energia elétrica de outras fontes geradoras, aos seus consumidores pelo seu sistema de distribuição.

Periodicamente, será feita uma conciliação da energia elétrica consumida por todas as unidades do TRE/PR e o volume de energia da UFV transferido para uma estação da COPEL,[2] situada a 800 metros do local. A diferença será resolvida pela parte devedora da operação, após o encontro periódico das contas.

6.8 Outros benefícios decorrentes da geração de energia da UFV

- utilização de matéria-prima (incidência solar) abundante, permanente e gratuita;
- produção de energia limpa e regulamentada pela ANEEL;
- serão poupadas, anualmente cerca de 6.371 (seis mil trezentas e setenta e uma) árvores;
- contribuição para a redução da emissão de carbono;
- manutenção fácil e pouco onerosa, com o funcionamento da Usina;
- interligação com a subestação da Companhia Paranaense de Energia Elétrica, de simples conexão; e,
- uma solução especial que poderá servir de paradigma para outras instituições interessadas.

---

[2] Contrato Cusd nº 20197872719414: Unidade Consumidora 105198862. Cláusula 2 – DO OBJETO2.1 Constitui objeto do presente CONTRATO o estabelecimento das condições, procedimentos, direitos, obrigações e responsabilidades técnico-operacionais e comerciais que irão regular o uso, pela USUÁRIA, do SISTEMA DE DISTRIBUIÇÃO de propriedade da DISTRIBUIDORA, observando o dispositivo nas normas e padrões técnicos da DISTRIBUIDORA nos PROCEDIMENTOS DE REDE nos PROCEDIMENTOS DE DISTRIBUIÇÃO e demais legislações aplicáveis.2.1.1 – A conexão da USUÁRIA ao SISTEMA DE DISTRIBUIÇÃO se dará no PONTO DE CONEXÃO situada no(a) R Longuino Eduardo Bonacznski – Pe 02962 2019 Q5 Lt10. Município – Paranavai. Estado – Paraná.2.1.2 – O detalhamento dos procedimentos a serem observados obrigatoriamente pelas PARTES referente às INSTALAÇÕES DE CONEXÃO, para USUÁRIA conectada em tensão maior ou igual a 69 KV, será disciplinado no ACORDO OPERATIVO a ser celebrado, quando aplicável, entre a USUÁRIA e a DISTRIBUIDORA, no prazo máximo de 90 (noventa) dias após assinatura do presente CONTRATO, observadas as diretrizes previstas nos PROCEDIMENTOS DE DISTRIBUIÇÃO.2.2 – A conexão da USUÁRIA enquadrada na categoria de CONSUMIDORA LIVRE, CONSUMIDOR PARCIALMENTE ÇIVRE ou CONSUMIDOR ESPECIAL, ao SISTEMA DE DISTRIBUIÇÃO, será regulada por meio do PONTO DE CONEXÃO. Para fins de atendimento aos PROCEDIMENTOS DE COMERCIALIZAÇÃO da CCEE haverá pela DISTRIBUIDORA, prestação de serviços de manutenção e operação do SISTEMA DE COMUNICAÇÃO DE DADOS.

7 Conclusão

A realização desse empreendimento é uma demonstração cabal de que, tendo bons propósitos, convicção, criatividade, visão, zelo pelo dinheiro público, vontade inquebrantável de fazer, perseverança, respeito às leis e às normas, a gestão da coisa pública, com certeza, alcançará resultados altamente representativos de uma boa governança, colaborando com a melhoria de qualidade de vida e respeitando o meio ambiente.

A aguerrida força de trabalho do Tribunal Regional Eleitoral do Paraná, composta pelas autoridades, servidores e demais colaboradores, foi a peça fundamental para o cumprimento desse projeto que, indubitavelmente, servirá de modelo e estímulo para outras organizações com o mesmo ideal.

A Usina Fotovoltaica Desembargador José Antonio Vidal Coelho foi inaugurada e entrou em funcionamento em 28 de junho de 2019!

Referências

BRASIL. Resolução nº 201, de 03 de março de 2015. Conselho Nacional de Justiça. Disponível em: http://cnj.jus.br/busca-atos-adm?documento=2795. Acesso em: 08 jul. 2019.

BRASIL. Resolução nº 23.474, de 19 de abril de 2016. Tribunal Superior Eleitoral. Disponível em: http://www.tse.jus.br/legislacao-tse/res/2016/RES234742016.html. Acesso em: 08 jul. 2019.

ÉPOCA NEGÓCIOS, 2019. Usina fotovoltaica que deve crescer 44% no Brasil em 2019. Disponível em: https://epocanegocios.globo.com/Economia/noticia/2019/01/epoca-negocios-energia-solar-deve-crescer-44-no-brasil-em-2019-com-impulso-de-geracao-distribuida.html. Acesso em: 21 jul. 2019.

NASCIMENTO, Rodrigo. Energia solar no Brasil: situações e perspectivas. 2017, p. 15.

NOGUEIRA, Flávio. *Proteção ambiental dos povos da antiguidade*. Dissertação (Mestrado). Disponível em: https://flavionogueira.wordpress.com/meio-ambiente/protecao-ambiental-dos-povos-da-antiguidade/. Acesso em: 17 jul. 2019.

MIKI, André Jun. *Energia Fotovoltaica em comunidade isolada no Amazonas*. Appris, 2019, p. 25.

Informação bibliográfica deste texto, conforme a NBR 6023:2018 da Associação Brasileira de Normas Técnicas (ABNT):

GONÇALVES, Cláudia Valéria Belvilacqua. Tribunal Regional Eleitoral do Paraná: uma solução sustentável no consumo de energia elétrica. *In*: VILLAC, Teresa; BESSA, Fabiane Lopes Bueno Netto; DOETZER, Gisele Duarte (Coord.). *Gestão pública brasileira*: inovação sustentável em rede. Belo Horizonte: Fórum, 2021. p. 175-184. ISBN 978-65-5518-055-8.

A IMPORTÂNCIA DA ARBORIZAÇÃO NO CONTROLE DA REGULAÇÃO CLIMÁTICA E NO PLANEJAMENTO URBANO – ESTUDO DE CASO: DIAGNÓSTICO DA VEGETAÇÃO NO *CAMPUS* CENTRO POLITÉCNICO – UFPR

CARLA MARIA CAMARGO CORRÊA

1 Introdução

Alinhado ao plano de ação proposto para a Agenda 2030, que estabelece os Objetivos para o Desenvolvimento Sustentável (ODS), o manejo de áreas verdes torna-se um dos temas relevantes, tanto no que se refere à regulação climática como em relação ao desenvolvimento de cidades e comunidades sustentáveis.

Nesse contexto, a gestão da arborização urbana é uma ferramenta eficiente para amenizar problemas relacionados aos grandes centros, que sofrem a cada ano as consequências do crescimento populacional, cuja previsão do Instituto Brasileiro de Geografia e Estatística (IBGE, 2018) é que estabilize a partir de 2040, conforme Figura 1. O aumento desenfreado dos centros urbanos conta ainda com o deslocamento de grande parte da população rural para zonas urbanas, conforme dados do Departamento de Assuntos Econômicos e Sociais da Organização das Nações Unidas (ONU) (2018), apresentado pela Figura 2, que passou de 36%, em 1950, para 87%, em dados atuais e com projeção de 92,4% para 2050, em nível nacional.

Associadas ao crescimento demográfico, as limitações quanto à implementação, manutenção e exploração das redes de infraestrutura condicionam os grandes centros a um crescimento desordenado, em que o fluxo migratório característico desse processo se estabelece e acaba convivendo com vários problemas socioambientais relacionados às condições habitacionais (edificações insalubres e precárias, ausência ou insuficiência de serviços de segurança, educação, água, esgoto, energia e coleta de lixo); carência ou escassez de áreas verdes (praças, parques e arborização urbana), tornando-os suscetíveis a desastres ambientais (deslizamentos, alagamentos, incêndios), além de proliferação de pragas e doenças.

O grande desafio no planejamento urbano é contemplar com eficácia as atribuições do uso e ocupação do solo, disponibilizando equipamentos públicos e comunitários, mobilidade urbana, saneamento, habitação, conservação e proteção do meio ambiente, e de áreas verdes, considerando a velocidade do fluxo migratório, de forma a tornar cidades mais resilientes a esses processos, reduzindo seus impactos.

Figura 1 – Evolução populacional no Brasil, segundo os censos demográficos e projeção Brasil (1950-2050)

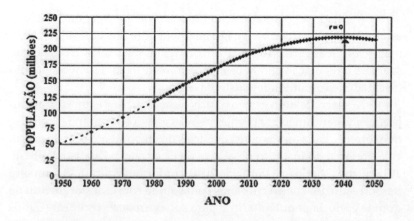

Fonte: Diretoria de Pesquisas, Coordenação de População e Indicadores Sociais. Projeção de População do Brasil 1950-2050 – Revisão 2008 (IBGE, 2018).

Figura 2 – Concentração de população no Brasil

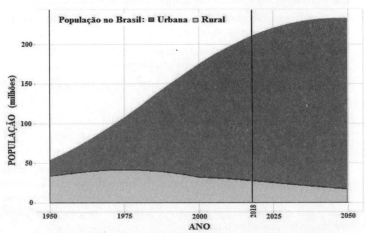

Fonte: Divisão da população urbana e rural - DESA/ ONU (2018)

Fonte: Departamento de Assuntos Econômicos e Sociais das Nações Unidas – DESA (ONU 2018).

A legislação brasileira contempla diversos instrumentos legais que amparam criação e manutenção de espaços verdes nas cidades, entre os quais, destacam-se:

Constituição Brasileira de 1988:
Art. 225. Todos têm direito ao meio ambiente ecologicamente equilibrado, bem de uso comum do povo e essencial a sadia qualidade de vida, impondo-se ao Poder Público e a coletividade o dever de defendê-lo e preserva-lo para as presentes e futuras gerações. CONSTITUIÇÃO BRASILEIRA

Lei nº 9.605/98 – Lei de crimes ambientais
Art. 49. Destruir, danificar, lesar ou maltratar, por qualquer modo ou meio, plantas de ornamentação de logradouros públicos ou propriedade privada alheia. Pena: – detenção de 3 meses a um ano, ou multa ou ambas as penas cumulativamente.

Lei nº 12.651/2012 – Código Florestal Brasileiro
Art. 25º. O poder público municipal contará, para o estabelecimento de áreas verdes urbanas, com os seguintes instrumentos:

I – o exercício do direito de preempção para aquisição de remanescentes florestais relevantes, conforme dispõe o Estatuto das Cidades;

II – a transformação das Reservas Legais em áreas verdes nas expansões urbanas;

III – o estabelecimento de exigência de áreas verdes nos loteamentos, empreendimentos comerciais e na implantação de infraestrutura

IV – aplicação em áreas verdes de recursos oriundos da compensação ambiental.

Lei nº 10.257/2001 – Estatuto da Cidade

Art. 2º. (...)

IV – Diretriz da política urbana: planejamento do desenvolvimento das cidades, da distribuição espacial da população e das atividades econômicas do município e do território sob sua área de influência, de modo a evitar e corrigir as distorções do crescimento urbano e seus efeitos negativos sobre o ambiente.

Constituição do Estado do Paraná de 1989

Art. 152. O plano diretor, instrumento básico da política de desenvolvimento econômico e social e de expansão urbana (...)

§1º. O plano diretor disporá sobre:

a) as normas relativas ao desenvolvimento urbano;

b) políticas de orientação da formulação de planos setoriais;

c) critérios de parcelamento, uso e ocupação do solo e zoneamento, prevendo áreas destinadas a moradias populares, com garantia de acesso aos locais de trabalho, serviço e lazer;

d) proteção ambiental;

e) ordenação de uso, atividades e funções de interesse social.

Cabe aos municípios legislar sobre o ambiente urbano e também competem a eles as funções de estabelecer espaços públicos de lazer e áreas verdes, assim como as diretrizes para sua preservação, visando à redução da impermeabilização das cidades.

O município de Curitiba conta com uma área verde de aproximadamente 11.056.108 m², distribuídos em 29 parques e bosques, conforme dados da Secretaria Municipal de Meio Ambiente (CURITIBA, 2019). Adicionalmente, os dados do IBGE (2019) estimam uma população de 1.917.185 pessoas, e consideram que 76,1% dos domicílios urbanos contam com vias públicas arborizadas. Em termos quantitativos, a SEMMA (CURITIBA, 2018) cita que a cidade tem aproximadamente 320 mil árvores, em suas vias públicas.

Se considerarmos as áreas verdes distribuídas em parques e bosques, com a população estimada do município, contamos com aproximadamente 6 m² de área verde/habitante, além dos quilômetros lineares de arborização urbana do município. Esse dado representa a metade do quantitativo de área verde/habitante adotado como referência em nível nacional, que é de 12 m²/habitante ou quase 1/3 dos 15 m² /habitante estabelecido pela Sociedade Brasileira de Arborização Urbana (SBAU) como índice mínimo de áreas verdes públicas destinadas à recreação (SBAU, 1996).

O MapBiomas apresenta uma série histórica de áreas verdes em nível nacional entre 1985 e 2017. Quando consultamos o município de Curitiba, constatamos a redução significativa de áreas verdes no município, cujo crescimento populacional ocorre preferencialmente nas regiões sul e sudeste, em detrimento das áreas verdes predominantes nas regiões limites do município, na década de 1980.

Conforme Figura 3, obtida pelo MapBiomas (2019), pode-se identificar quantitativamente o volume de área por hectares urbanizados e a correlação entre o crescimento da ocupação populacional em detrimento das áreas anteriormente ocupadas por áreas verdes e atividades agrícolas.

Figura 3 – Volume de área ocupada pela urbanização do município de Curitiba

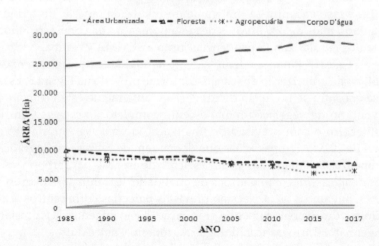

Fonte: MAPBIOMAS, 2017, adaptado.

Com base no cenário apresentado, os impactos ambientais decorrentes do processo migratório irreversível, as universidades e institutos de pesquisa desempenham papel fundamental no desenvolvimento de estudos e projetos que fornecem subsídios aos gestores municipais para o planejamento mais eficiente, no que se refere ao uso e ocupação do solo e que possibilitam o desenvolvimento de políticas públicas de forma a antever problemas e buscar soluções.

2 Plano de arborização dos *Campi* da UFPR

Considerando a necessidade de manejo de suas áreas verdes, a Universidade Federal do Paraná (UFPR), através de Superintendência de Infraestrutura (SUINFRA), nomeou uma Comissão de Arborização dos *Campi* da UFPR, em abril de 2017, visando atender as questões emergenciais relacionadas a corte e poda de árvores e estabelecer diretrizes para o planejamento eficiente da arborização de seus *campi*.

Nomeada a comissão, foi dado início aos trabalhos, com a preparação de um escopo das atividades previstas no Plano de Arborização. Para a elaboração da proposta foi efetuada uma busca de documentação sobre arborização dos *campi*.

O escopo do projeto prevê duas fases de execução:

Fase I – Prioridades: contempla as atividades de elaboração de documentos e de execução de ações emergenciais conforme Figura 4. Essa fase encontra-se praticamente finalizada, apesar de termos plantado mais de 300 árvores desde a nomeação da comissão, ainda estamos regularizando pendências junto à SEMMA Curitiba.

Fase II – Plano: contempla diversas atividades que irão compor o plano de arborização dos *campi,* conforme previsto na Figura 5. Essa fase encontra-se no início de execução e atualmente estamos com o inventário de vegetação remanescente completo do *campus* Centro Politécnico e com previsão de finalização do *campus* Agrária até o final de 2019. Algumas ações que dependem de revisão bibliográfica também estão adiantadas, como a seleção de espécies para arborização dos *campi*, assim como padrões de qualidade de muda para plantio.

Em ambas as fases estão previstas parcerias entre centros acadêmicos de diversos cursos de graduação, como Engenharia Florestal, Engenharia Cartográfica, Biologia, Agronomia, entre outros.

Ainda com referência à Fase I – Prioridades, cabe ressaltar que a comissão elaborou uma resolução estabelecendo diretrizes e normativas para atividades que envolvam o manejo das áreas verdes nos *campi,* que atualmente foi submetida à análise no Conselho Universitário (COUN), considerando a necessidade de regularização de ações sobre as áreas verdes dos *campi* da instituição.

Complementando as ações previstas nessa fase, em novembro de 2018 foi aprovado pela Pró-Reitoria de Extensão e Cultura (PROEC) um programa de extensão universitária: "Plano de Arborização e Paisagismo Urbano" e dois projetos: "Plano de Arborização do Campus Centro Politécnico – Jardim das Américas", já em execução e o "Cooperação Técnica NIMAD/TRE/PR – Elaboração de Planos de Arborização para as Regionais do TRE/PR", que prevê uma parceria entre o Núcleo Interdisciplinar de Meio Ambiente e Desenvolvimento da UFPR e o Tribunal Regional Eleitoral do Paraná (TRE/PR), suspenso temporariamente.

A elaboração de programas e projetos de extensão universitária visa proporcionar maior visibilidade das ações desenvolvidas nos projetos junto às comunidades acadêmica e externa, favorecendo a inclusão participativa dos alunos através de estágios ofertados pela UFPR, além de estimular o desenvolvimento de pesquisas e publicações de resultados relacionadas ao tema em eventos de iniciação científica e periódicos científicos.

Figura 4 – Fase I – Prioridades do Plano de Arborização dos *Campi* da UFPR

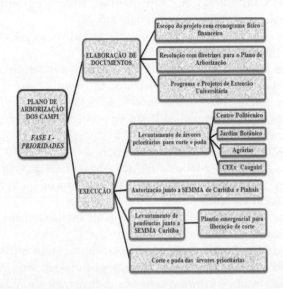

Fonte: Elaboração do autor.

Essa primeira fase envolveu um planejamento detalhado para a definição das ações a serem desenvolvidas e busca incessante de material bibliográfico para subsidiar a elaboração de documentos. Paralelamente à elaboração de documentos também estava sendo desenvolvida a etapa de execução, que envolveu trabalho de campo, no levantamento das árvores destinadas a corte e poda de árvores, em que foram considerados os parâmetros seguintes.

2.1 Para operações de corte

- árvores comprometidas nos aspectos fitossanitários (infestação por erva de passarinho, injúrias físicas, presença de pragas e doenças como cupins, cochonilhas e fungos, etc.);
- árvores em avançado processo de senescência ou mortas;
- árvores plantadas muito próximas a edificações, comprometendo a sua integridade e o patrimônio;
- árvores plantadas muito próximas umas das outras, mantendo-se o indivíduo que tenha maior representatividade.

2.2 Para operações de poda

- árvores com galhos que representam risco à comunidade acadêmica, a terceiros e/ou ao patrimônio;
- árvores com galhos muito baixos, interferindo nos deslocamentos de pessoas e/ou veículos;
- árvores infestadas por erva de passarinho, um hemiparasita que afeta a qualidade da arborização urbana;
- árvores com galhos em fase de senescência;
- árvores que apresentam galhos com problemas mecânicos ou fitossanitários;
- árvores interferindo nas redes de energia.
- árvores com necessidade de redução do volume das copas;
- árvores com problemas estruturais que comprometem a estabilidade do indivíduo;
- árvores que apresentam conflito com infraestrutura e/ou mobiliário urbano.

As atividades da comissão de arborização tiveram início pelo *campus* Centro Politécnico, inaugurado em 1961 e que em seus 58 anos de existência não foram encontrados registros de manejo de suas áreas verdes.

Esse cenário criou demandas significativas para operações de corte e poda de árvores e necessidade urgente de manejo das áreas verdes, além de ser o *campus* com maior circulação de pessoas, tanto da comunidade acadêmica como também da comunidade externa, pois abriga os seguintes setores:

- Setor de Tecnologia, com todos os cursos de graduação e pós-graduação em Engenharia e Arquitetura;
- Setor de Ciência da Terra, com cursos de graduação e pós-graduação em Geologia, Geografia e Geomática;
- Setor de Ciências Biológicas, com cursos de graduação e pós-graduação nas áreas de Biomedicina, Fisioterapia, Ciências Biológicas e Educação Física;
- Setor de Ciências Exatas, com cursos de graduação e pós-graduação nas áreas de Ciência da Computação, Estatística, Expressão Gráfica, Física, Informática, Biomédica, Matemática, Matemática Industrial, Química.

Há de se considerar ainda que é nesse *campus* que a maioria dos cursos da UFPR desenvolve suas disciplinas básicas (1º ao 3º ano), sendo, portanto, uma comunidade acadêmica significativa e bastante diversificada.

Figura 5 – Fase II – Plano de Arborização dos *Campi* da UFPR

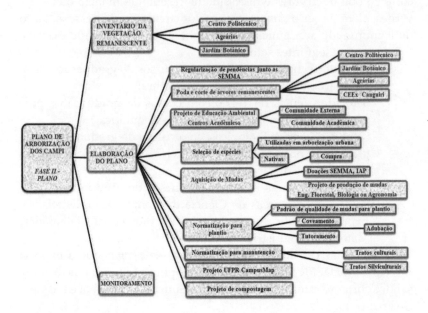

Fonte: Elaboração do autor.

3 Estudo de caso – *Campus* Centro Politécnico

O *campus* Centro Politécnico, localizado no Bairro Jardim das Américas, conforme Figura 6, apresenta aproximadamente 14,9 ha de área verde, distribuídos em dois maciços de área nativa e árvores dispersas, que compõe a arborização do *campus*, conforme dados estimados disponibilizados pelo Laboratório de Cartografia e SIG da UFPR (UFPR, 2018). Ainda de acordo com os dados da Pró-Reitoria de Planejamento e Orçamento (PROPLAN), a área total do *campus* corresponde a 58,8 ha (UFPR, 2018), de acordo com esses dados, o Centro Politécnico conta com cerca de 25% de área verde, no entanto, a falta de manejo dessas áreas, associada ao desconhecimento técnico na escolha das espécies e local de plantio, comprometeu a qualidade da arborização no *campus* Centro Politécnico.

Figura 6 – Localização da área de estudo – *Campus* Centro Politécnico, UFPR

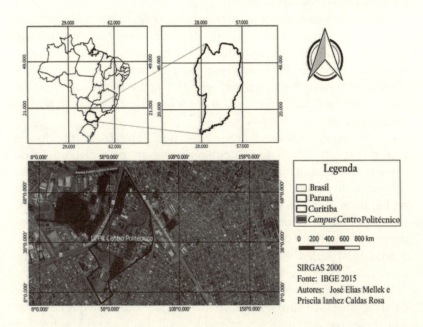

Durante as atividades de campo, nos deparamos com alguns equívocos no desenvolvimento do trabalho, que nos rendeu alguns questionamentos e entraves no início do processo junto à comunidade acadêmica, decorrente de falha na comunicação das atividades previstas.

Logo no começo da demarcação das árvores (fitas vermelhas para as destinadas ao corte e amarela, nas destinadas a poda), identificamos que, à medida que marcávamos as árvores, no outro dia, as fitas eram retiradas. Numa ocasião, quando estávamos em campo, um aluno perguntou: "As fitas amarelas até entendo que seja uma alusão ao mês de prevenção ao suicídio, mas e as vermelhas?" Quando esclarecemos as dúvidas sobre o que se tratavam as fitas amarradas nas árvores, percebemos que a confusão estava generalizada, alguns alunos colocaram em mídias sociais que a UFPR iria acabar com as árvores do centro politécnico.

Tivemos que promover reuniões com professores da área de arquitetura, engenharia florestal e centros acadêmicos para esclarecer o que era a comissão de arborização e os trabalhos que seriam desenvolvidos. Adicionalmente, foram elaborados cartazes elucidativos das operações de corte e poda das árvores do *campus* e fixados nos blocos que compõe o prédio central e no restaurante universitário.

Surge daí a necessidade de desenvolvimento de projeto de educação ambiental, direcionado tanto para a comunidade acadêmica quanto externa, considerando que o *campus* conta com um volume grande de transeuntes. A participação efetiva dos centros acadêmicos foi fundamental para a divulgação das ações, contrapondo em mídias sociais os comentários equivocados.

Na segunda fase, estamos buscando parcerias institucionais com o Setor de Educação e o curso de Design, para elaboração de material didático elucidando as funções e benefícios que a arborização urbana pode proporcionar, conforme constatado de forma resumida na Figura 8. Também estão previstas a busca por parceiras externas, para a elaboração e confecção desse material e quando finalizado será proposta estratégia de comunicação com a participação de centros acadêmicos, para divulgação interna junto à comunidade acadêmica e externamente junto a colégios de nível médio e fundamental.

As funções e os benefícios relacionados às questões ambientais e paisagísticas são amplamente citadas em literatura. No que se refere a questões patrimoniais, o Serviço Florestal dos Estados Unidos (US FOREST SERVICE – USDA, 2019) conta com um Centro de Pesquisas sobre Florestas Urbanas, que desenvolve pesquisas relacionadas à correlação entre ecossistemas e processos urbanos desde 1992, que comprovam cientificamente que florestas urbanas agregam valor real as comunidades, além dos benefícios indiretos.

O Centro também desenvolve pesquisas relacionadas à arborização urbana, nos temas: qualidade do ar, benefícios e custos, biometria, energia, conflitos em infraestrutura, interface entre vida selvagem e o processo de urbanização, gestão de áreas verdes.

Figura 7 – Funções e benefícios da arborização urbana

Fonte: CAMARGO CORRÊA et al., 2016. Adaptado.

De acordo com um estudo desenvolvido pelo Serviço Florestal na cidade de Modesto/CA, foi constatado que a cada US$1,00 investido no manejo florestal urbano, US$1,89 é devolvido à população na forma de benefícios. Essa pesquisa cita ainda outros dados quantitativos como: as árvores da cidade removeram 154 toneladas de poluentes do ar, aumentaram o valor das propriedades em mais de US$1,5 milhão e forneceram sombra para economizar mais de US$1 milhão em custo de energia. Esses dados incentivaram gestores municipais e a empresa de energia elétrica a investir mais na arborização urbana.

4 Inventário e diagnóstico da vegetação no *campus*

Atualmente o Centro Politécnico é o único *campus* que concluiu a fase de inventário, em que foram amostrados 4.397 indivíduos (> 1,5 m de altura), 874 mudas (<1,5 m). A compilação dos dados nos permitiu a elaboração de diagnósticos da vegetação, pela qual podemos constatar a predominância de espécies exóticas, tanto em diversidade de espécies quanto em frequência. São consideradas exóticas espécies arbóreas que não fazem parte da vegetação nativa que caracteriza formações florestais da Floresta Ombrófila Mista (FOM), dessa forma, em número de espécies, elas correspondem a cerca de 65% das árvores do *campus*, entretanto quando se observa a frequência, constata-se que elas representam aproximadamente 68%.

No montante das 4.397 árvores amostradas, foram identificadas 195 espécies arbóreas distribuídas da seguinte forma:
- 101 espécies exóticas, sendo 10 espécies exóticas invasoras e 10 com potencial invasivo;
- 69 espécies nativas e pertencentes à região;
- 22 espécies nativas, porém exóticas quanto à região;
- 3 espécies nativas, exóticas quanto à região e com potencial invasor;
- 64 árvores mortas.

Na Figura 8, foram elencadas as espécies com mais de 40 exemplares encontrados no *campus*, em que fica evidenciado o caráter das espécies exóticas invasoras, que ocupam os três primeiros lugares no que se refere à frequência, o que demonstra a carência de biodiversidade, e a necessidade urgente de diversificação da arborização do campus com espécies nativas, conforme determina a Secretaria Municipal de Meio Ambiente de Curitiba (CURITIBA, 2013) através do Decreto Municipal nº 473, de 10.06.2008 (CURITIBA, 2008).

Figura 8 – Principais espécies inventariadas na arborização do *Campus* Centro Politécnico

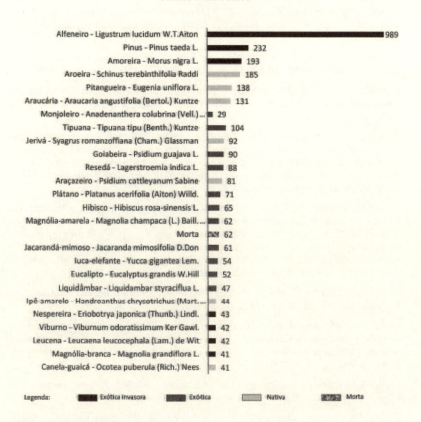

As ações que vêm sendo desenvolvidas pela Comissão de Arborização enfrentam consideráveis desafios, como carência de recursos financeiros para aquisição de mudas (300 mudas plantadas/ doações SEMMA de Curitiba e IAP), insumos (ausente), materiais e equipamentos (emprestados de alunos para os eventos comemorativos e servidores envolvidos com a causa), além da escassez de recursos humanos para a execução de atividades (plantio, coleta de bambus para tutoramento das mudas, manutenção, etc.). A alternativa utilizada consiste em formalização de parcerias institucionais e externas, ações essenciais para que possamos desenvolver as metas propostas no plano.

Referências

BRASIL. *Código Florestal Brasileiro*. 2012. Disponível em: https://www2.camara.leg.br/legin/fed/lei/2012/lei-12651-25-maio-2012-613076-normaatualizada-pl.pdf. Acesso em: 20 jul. 2019

BRASIL. *Constituição Brasileira*. 1988. Disponível em: https://www2.senado.leg.br/bdsf/bitstream/handle/id/518231/CF88_Livro_EC91_2016.pdf. Acesso em: 22 jul. 2019.

BRASIL. *Estatuto Das Cidades*. 2008. Disponível em: https://www2.senado.leg.br/bdsf/bitstream/handle/id/70317/000070317.pdf?sequence=6%20Calizaya, Acesso em :20 jul. 2019.

BRASIL. Instituto Brasileiro De Geografia E Estatística – IBGE. 2019. *Estimativa da população de Curitiba*. Disponível em: https://cidades.ibge.gov.br/brasil/pr/curitiba/panorama. Acesso em 20 jul. 2019. Mapa. 2018. Disponível em: https://censo2010.ibge.gov.br/noticias-censo.html?view=noticia&id=1&idnoticia=1272&busca=1&t=ibge-populacao-brasileira-envelhece-ritmo-acelerado. Acesso em: 22 jul. 2019.

CAMARGO CORRÊA, C. M. *et al.* Plano de Arborização Urbana para o Município de Doutor Ulysses/Pr. Congresso Técnico Científico da Engenharia e da Agronomia – CONTECC 2016. Foz do Iguaçú/PR. Disponível em: http://www.confea.org.br/sites/default/files/uploads-imce/contecc2016/experiencia_profissional/plano%20de%20arboriza%C3%A7%C3%A3o%20urbana%20para%20o%20municipio%20de%20doutor%20ulysses.pdf. Acesso em: 26 jul. 2019.

CURITIBA. Decreto Municipal nº 2008. Disponível em: https://mid.curitiba.pr.gov.br/2010/00086345.pdf. Acesso em 22 jul. 2019.

CURITIBA. Secretaria Municipal de Meio Ambiente – SEMMA. Conheça as árvores que compõe a paisagem de Curitiba. 2018. Disponível em: https://www.curitiba.pr.gov.br/noticias/conheca-as-arvores-que-compoem-a-paisagem-de-curitiba/45657. Acesso em: 22 jul. 2019.

CURITIBA. Secretaria Municipal de Meio Ambiente – SEMMA. *Parques e Bosques*. 2019 https://www.curitiba.pr.gov.br/conteudo/parques-e-bosques/267.

CURITIBA. Secretaria Municipal de Meio Ambiente – SEMMA. Substituição de espécies exóticas. 2013. https://www.curitiba.pr.gov.br/noticias/prefeitura-propoe-simplificacao-da-substituicao-de-plantas-invasoras/30665.

IBAMA. *Lei de Crimes Ambientais* 1998. Disponível em: https://www.ibama.gov.br/sophia/cnia/livros/ALeiCrimesAmbientais.pdf Acesso em: 20 jul. 2019.

MAPBIOMAS. Disponível em: http://mapbiomas.org/map#coverage Acesso em: 22 jul. 2019.

ONU. Departamento de Assuntos Econômicos e Sociais das Nações Unidas – DESA, 2018. *População urbana e rural do Brasil*. Disponível em: https://population.un.org/wup/Country-Profiles/. Acesso em 20 jul. 2019.

PARANÁ. *Constituição do Estado do Paraná*. Atualizada até 30.05.2008. Disponível em: http://www.assembleia.pr.leg.br/system/files/corpo/constituic_parana.pdf. Acesso em 23 jul. 2019.

SBAU – SOCIEDADE BRASILEIRA DE ARBORIZAÇÃO URBANA. Carta a Londrina e Ibiporã. *Boletim Informativo*, v. 3, n. 5, p. 3, 1996.

UFPR. CARTOIDEA – Laboratórios da Engenharia Cartográfica e Agrimensura/UFPR. Áreas verdes do campus Centro Politécnico. 2018.

UFPR. Pró-Reitoria de Planejamento – PROPLAN/UFPR. 2019. Área do Centro politécnico. Disponível em: http://www.proplan.ufpr.br/portal/rel_atv/1.1-1.2-%C3%81rea%20 f%C3%ADsica.xlsx. Acesso em 23 jul. 2019.

US FOREST SERVICE / USDA. *Urban forestry.* 2019. Disponível em: https://www.fs.fed. us/psw/topics/urban_forestry/ Acesso em 25 jul. 2019.

Informação bibliográfica deste texto, conforme a NBR 6023:2018 da Associação Brasileira de Normas Técnicas (ABNT):

CORRÊA, Carla Maria Camargo. A importância da arborização no controle da regulação climática e no planejamento urbano: estudo de caso: diagnóstico da vegetação no *campus* Centro Politécnico – UFPR. *In*: VILLAC, Teresa; BESSA, Fabiane Lopes Bueno Netto; DOETZER, Gisele Duarte (Coord.). *Gestão pública brasileira:* inovação sustentável em rede. Belo Horizonte: Fórum, 2021. p. 185-201. ISBN 978-65-5518-055-8.

INSTITUIÇÕES PÚBLICAS, POLOS GERADORES DE TRÂNSITO: PRÁTICAS DE INCENTIVO À MOBILIDADE SUSTENTÁVEL NA UFPR E NA CELEPAR

JOSÉ CARLOS ASSUNÇÃO BELOTTO

SILVANA NAKAMORI

JOÃO PEDRO BAZZO

1 Introdução

Este capítulo abordará a mobilidade urbana, focando Instituições Públicas como grandes polos geradores de trânsito ou polos geradores de viagens (PGVs), termo que passaremos a usar no texto. Será feita a contextualização do estado da arte em relação à cultura de mobilidade estabelecida a partir da metade do século XX, que influenciou a conformação das cidades atuais e o estilo de vida contemporâneo. Abordaremos também o movimento social que passou a defender uma mudança na mobilidade das cidades e uma breve conceituação de mobilidade urbana, mobilidade ativa e sustentável, polos geradores de viagens. Na sequência traremos dois exemplos de incentivo à mobilidade ativa e sustentável desenvolvidos por duas instituições públicas: a mais antiga universidade brasileira, Universidade Federal do Paraná (UFPR), e a Companhia de Tecnologia da Informação e Comunicação do Paraná (CELEPAR), empresa de economia mista de capital fechado, cujo maior acionista é o Estado do Paraná.

Ao longo do século XX grande parte da população mundial migrou do campo para as cidades. Essas cresceram e espraiaram-se, obrigando a população a constantes deslocamentos para o atendimento das necessidades diárias: trabalho, estudo, compras, lazer etc. De acordo com Prado (2019), o crescimento populacional e a aceleração da urbanização, onde mais de 50% das pessoas já vivem nas cidades, ocasiona pressão negativa em aspectos sociais e ambientais.

Nos primeiros anos pós-Segunda Guerra Mundial, conflito que teve os Estados Unidos como seu grande vencedor, o capitalismo que vivia o auge do "Fordismo", o estilo de vida e de urbanismo norte americano (cidade espraiada), foram adotados como modelo e símbolo do sucesso, tornando-se referência e induzindo o desenvolvimento e a reconstrução pós-guerra em grande parte do planeta e no Brasil também. O modelo de planejamento urbano adotado priorizou o consumo e o deslocamento individual por automóvel. Segundo Couto (2015), o carro tornou-se um símbolo de *status* e grande sonho de consumo de gerações, que enxergavam no veículo um degrau para a liberdade e ascensão social. Assim, para Belotto (2017), desenvolveu-se o que os cicloativistas chamam de cultura "carrocêntrica", influenciando a maneira de viver e de se deslocar das pessoas, e as cidades foram planejadas para favorecer o consumo, a indústria automobilística e de combustíveis fósseis.

A cultura de mobilidade e de urbanismo, que deu menos atenção ao transporte coletivo e não motorizado, acabou atraindo carros demais para nossas cidades, e em apenas algumas décadas começa a dar mostras de esgotamento, pois o espaço urbano é limitado e a capacidade de o planeta absorver poluentes também. Na Europa, nos anos 60, e nas Américas, na virada para o século XXI, a sociedade desperta para o comprometimento da qualidade de vida urbana com problemas como congestionamentos, acidentes de trânsito, poluição entre outros. Na Europa – principalmente nos Países Baixos e Nórdicos – surgem ativistas, urbanistas e acadêmicos que questionam esse modelo de planejamento urbano que prioriza o automóvel, e pedem a humanização das cidades. Muitos colocam que é nesse momento que nasce o movimento que anos mais tarde seria batizado de "cicloativismo".

Na década de 60, a Holanda vivenciava um período de intensa vitalidade e originalidade na esfera política e cultural. As transformações urbanas, a invasão de automóveis e o aumento dos acidentes de trânsito nas ruas de Amsterdam logo se tornaram alvo de um movimento intitulado "Provos", que passou a realizar uma série de intervenções que tinha na bicicleta o símbolo de um projeto urbano e de sociedade criativa e integrada, liberta do trabalho e do consumismo.

Quase na mesma época, começam a ganhar destaque o trabalho e as ideias do arquiteto urbanista e professor universitário dinamarquês, que mais tarde se tornaria um ícone dessa nova vertente de planejamento urbano, "Jan Ghel" e a sua "Cidade para as pessoas".

Nas Américas, o movimento que brada pela transformação da mobilidade urbana tem o seu primeiro registro nos anos 1990, na cidade de São Francisco EUA, quando alguns jovens resolvem marcar uma pedalada mensal e surge o "Critical Mass". Chris Carlsson (1992), um dos seus idealizadores, afirma que o movimento não possui uma agenda específica, cada participante está lá por motivos próprios, sejam: ambientais, anticapitalistas, igualdade social, racial ou de gênero, a única coincidência é que querem libertar as ruas do domínio dos carros, e que são ciclistas.

No Brasil, o movimento começa na maior cidade da América Latina – São Paulo – nos primeiros anos do século XXI e logo se alastra pelo país, em algumas cidades foi batizado como "Massa Crítica" em outras "Bicicletada".

Após abordar o surgimento do movimento que começa a questionar esse padrão e propor a transformação no planejamento da mobilidade, nos próximos parágrafos traremos alguns conceitos para melhor entendimento do leitor.

A Mobilidade Urbana pode ser conceituada como o fator gerado pela necessidade de deslocamentos no ambiente urbano: das pessoas, veículos e de suas cargas. Assim a mobilidade é algo que está presente na rotina de todos e que influencia sobremaneira a qualidade de vida urbana. Belotto (2017, p 9) alerta que a percepção das pessoas em relação à mobilidade urbana começa a mudar, e destaca: "A sociedade começa a despertar para a finitude dos recursos naturais e para os danos da poluição no meio ambiente e na qualidade de vida humana. Porém mudar a cultura é um processo lento e depende do engajamento popular".

Já a Mobilidade Sustentável pode ser considerada como a maneira de tratar a mobilidade urbana de forma integrada, respeitando-se a interdependência entre ambiente, saúde, direito à cidade, geração de emprego e renda, cidadania, moradia, fontes de energia alternativa e, principalmente, a integração entre todos os meios de transportes, em especial os públicos e os não motorizados.

Desse modo, a mobilidade sustentável é um conceito que pode ser caracterizado ao mesmo tempo como uma política urbana, econômica e socioambiental, pois em vez de priorizar a fluidez do trânsito com abertura de novas vias para a circulação somente para veículos motorizados, distribui o investimento nas diferentes modalidades e na integração entre diversos meios de transporte e na criação e melhoria de infraestrutura para meios de locomoção ativos, alternativos e acessíveis, com a implantação de infraestrutura cicloviária, calçadas de qualidade, opção por veículos menos poluentes, compartilhamento de veículos, programas de carona, integração intermodal entre outras.

Figura 1 – Exemplo de espaço ocupado na via

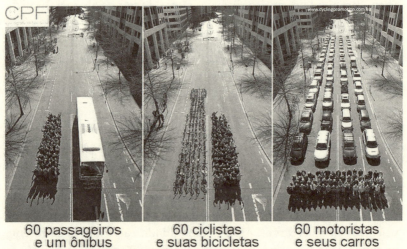

Fonte: https://radamesm.wordpress.com/2013/04/01/uma-bicicleta-a-mais-um-carro-a-menos/.

Já a mobilidade ativa pode ser considerada um recorte da mobilidade sustentável, acontecendo normalmente em deslocamentos urbanos e é associada com cidades que valorizam a ocupação do espaço público, com esplanadas, parques, jardins, logradouros, ruas para pedestres, estruturas que diminuem o número de veículos motorizados em circulação, colaborando para diminuição de acidentes, poluição do ar e congestionamentos rodoviários.

A mobilidade ativa, também é chamada de mobilidade suave ou não motorizada, utiliza unicamente meios físicos do ser humano para a locomoção. Os meios de transporte ativos mais amplamente usados são a caminhada e a bicicleta, porém, há outros meios menos frequentes com propulsão humana como, por exemplo: patins, patinetes e skate. O uso do transporte público também pode ser considerado um modal ativo, pois alterna pequenas caminhadas com o uso de metrô, ônibus, barcas ou outro meio de transporte coletivo.

A necessidade de quebra de paradigmas em relação à mobilidade urbana e a valorização dos meios alternativos e da integração entre modais são reforçados no pensamento de Fanini (2007), quando salienta que as políticas públicas devem alavancar o processo de mudança do paradigma ainda vigente da priorização do automóvel, através do planejamento e implantação de infraestruturas adequadas à caminhada e à utilização da bicicleta, como a melhoria das calçadas e equipamentos urbanos como paraciclos, bicicletários e pontos de apoio aos ciclistas, oferecendo acessibilidade a diferentes destinos, possibilitando integração com o sistema viário e ao transporte público de passageiros.

Os Polos Geradores de Viagens (PGVs) para Diniz (2005) são grandes equipamentos públicos ou privados que, devido à oferta de bens e serviços, geram viagens motorizadas, não motorizadas e a pé. Os *shoppings*, as universidades, os hospitais, repartições públicas, os escritórios de negócios, hipermercados, centros de convenções são exemplos de instalações que, por suas características atraem uma clientela muito grande de usuários, que independentemente da condição social, optam pelo modal de transporte motorizado particular, público ou de aluguel.

As universidades e outras repartições públicas podem ser entendidas como polos geradores de viagem, já que, para o Denatran (2001), os grandes polos geradores de viagens (PGVs) são empreendimentos, estruturas ou instituições que, mediante a oferta de bens e serviços, geram ou atraem um grande número de viagens. Consequentemente, causam reflexos na circulação, tanto no que diz respeito à acessibilidade e à fluidez do tráfego, interferindo em relação ao conforto ambiental, à segurança de veículos e pedestres, podendo esses impactos atingir a sua área de entorno ou resultar em repercussões em toda uma região.

Feita uma breve contextualização sobre o modelo de planejamento que orientou a mobilidade nas cidades contemporâneas para o uso do transporte individual motorizado e da conceituação de alguns termos relacionados ao tema, a seguir traremos o exemplo de duas instituições que possuem iniciativas voltadas ao incentivo da mobilidade sustentável.

2 Programa de Extensão Ciclovida da UFPR – Construindo a cultura da mobilidade sustentável

A Universidade Federal do Paraná, fundada em 19 de dezembro de 1912, é a mais antiga entre as instituições federais de ensino superior do Brasil. A UFPR tem a proporção de uma pequena cidade, formando uma comunidade universitária com aproximadamente 55.000 pessoas, entre servidores técnico-administrativos e docentes, alunos de cursos técnicos, graduação e pós-graduação e funcionários terceirizados ou indiretos.

Antes de iniciarmos o relato sobre o Programa de Extensão CICLOVIDA, pioneiro no incentivo à mobilidade sustentável na comunidade universitária, é pertinente salientar que as universidades e suas comunidades possuem algumas características próprias que as diferenciam de outros PGVs, como estádios de futebol, hospitais, centros comerciais, hipermercados, e mesmo outros órgãos públicos, pois o produto que oferecem e que atraem as pessoas gerando as viagens são a ciência e a educação.

A educação, particularmente a superior, é uma ferramenta essencial para superarmos os problemas e desafios do mundo atual. Para Buarque (1994), no passado, a universidade patrocinou grandes progressos da humanidade, emancipando o pensamento de dogmas e promovendo avanços civilizatórios e científicos. No presente, deve operar com responsabilidade socioambiental para originar alternativas e/ou produtos, a fim de responder aos anseios da sociedade, propiciando uma formação que aborde problemas reais e contemporâneos.

O alicerce da universidade está ancorado no tripé indissolúvel: ensino, pesquisa e extensão, que se interligam e se complementam, formando a essência da universidade. Assim, Siqueira afirma:

> A necessidade de desenvolver simultaneamente o treinamento profissional (ensinar), a capacidade para buscar e produzir conhecimento (pesquisar) e a formação de cidadãos (educar) é um desafio que se impõe à universidade, exigindo currículos inter e transdisciplinares. A exclusão de qualquer um desses elementos significaria configurar outro tipo de agência de ensino superior diferente das universidades. (SIQUEIRA, 2005, s/p)

O CICLOVIDA nasceu motivado pelo resultado de uma pesquisa realizada em 2003 pelo Programa Institucional de Qualidade de Vida (PIQV), que abordava os hábitos de vida dos servidores da UFPR, a qual apontou grande quantidade de pessoas sedentárias na instituição (65%). A maioria dos entrevistados apresentou como motivo para não praticar atividade física regularmente a falta de tempo, mas a mesma pesquisa também questionava quanto tempo as pessoas levavam em seus trajetos de ida e volta para a universidade; a resposta apontou que a maioria passa algo próximo de 2 horas por dia no trânsito. Assim surgiu o questionamento: "Por que não usar o tempo gasto com o deslocamento diário, já realizando a atividade física?" E o símbolo da mobilidade sustentável, a bicicleta, seria a ferramenta capaz de atender as duas necessidades de uma só vez.

A UFPR possui uma comunidade numerosa, sendo um dos maiores polos geradores de viagens da cidade de Curitiba. E para Nakamori (2015), sua comunidade é formadora de opinião e constituída em sua maioria por indivíduos jovens e mais propensos a assimilar mudanças de comportamento, podendo levar consigo os hábitos adquiridos durante sua formação acadêmica, fazendo da UFPR um núcleo irradiador de uma cultura de mobilidade urbana mais saudável e sustentável.

Entre 2003 a 2007, o CICLOVIDA desenvolveu suas ações informalmente. Em 2008 foi formalizado junto à Pró-Reitoria de Extensão e Cultura (PROEC), como um Programa de Extensão Universitária.

Até 2017, o CICLOVIDA esteve vinculado ao Núcleo de Psicologia do Trânsito (NPT), atualmente está ligado à Divisão de Gestão Ambiental (DGA) da Superintendência de Infraestrutura (SUINFRA/UFPR) e desenvolve 28 ações/projetos, em parceria com os departamentos de Engenharia Ambiental, Engenharia da Produção, Engenharia Civil, Engenharia Elétrica, Engenharia Mecânica, Design, Psicologia, Arquitetura e Urbanismo, Educação Física, Genética, Gestão da Informação, Direito, Comunicação Social, Terapia Ocupacional, Setor de Educação Profissional e Tecnológica, Setor Litoral e Setor Palotina.

Para atingir o objetivo de constituir um núcleo irradiador da cultura do uso da bicicleta a partir da universidade, o CICLOVIDA concentra a sua atuação em três eixos:

1. Reuniões de articulação: com representantes de órgãos oficiais dos três poderes, nos níveis municipal, estadual e federal; com a Sociedade Civil, através de ONG's, OSCIP's, Associações comunitárias, Empresas Privadas, Escolas e outras entidades da sociedade civil.

2. Pesquisas e ações de divulgação que evidenciem os benefícios da mobilidade sustentável, elaboração de projetos que viabilizem a

implantação de infraestrutura cicloviária ou peatonal nos campi da UFPR e no seu entorno, inclusão curricular do tema nos cursos de graduação e pós-graduação.

3. Financiamento: submissão do Programa CICLOVIDA a Editais Públicos de financiamento de projetos sociais, e a outras formas de financiamento à pesquisa e à extensão, eventualmente disponíveis, além da articulação com demais entidades públicas ou privadas para financiamento de projetos específicos.

As ações ou projetos vinculados ao CICLOVIDA são:
1. Cidades Universitárias para Bicicletas: um Modelo para o Futuro.
2. Leitura e Análise dos *Campi* da UFPR.
3. Diagnóstico: Comunidade Universitária e o Uso da Bicicleta.
4. Concurso de Projetos de Ciclo Mobilidade para a Cidade Universitária.
5. O Uso da Bicicleta e a Questão Ambiental.
6. Publicações do CICLOVIDA.
7. Como Melhorar a Sua Vida (e dos outros) Pedalando.
8. Dirija sua Vida.
9. Ciclismo na Promoção da Saúde.
10. Simulador de Benefícios da Bicicleta, disponível em: www. ciclovida.ufpr.br
11. Bicicletas para a Comunidade Universitária.
12. Projeto Transformando o Trânsito.
13. Carona Solidária.
14. Design e a Bicicleta.
15. Bicicleta Legal.
16. Estatística e o CICLOVIDA.
17. Bicicleta no Plano Diretor da UFPR.
18. Tempo 10.
19. Desafio Intermodal, (DI), (Projeto vinculado)
20. Biciclearte.
21. Cicloturismo.
22. Copa Ciclovida/UFPR de Ciclismo.
23. Apoio de Sistemas de Informática ao CICLOVIDA.
24. Mobilidade Urbana Sustentável: O Único Caminho para o Futuro.
25. Palociclo.
26. Incubadora de Projetos de Mobilidade Sustentável.

27. Mobilidade na Terapia Ocupacional.
28. Sensibilização para o uso da Bicicleta como Modal de Transporte pela Comunidade UFPR (COOLABICI), (Projeto vinculado).

Surgindo demandas específicas ou criação de novas ações, o Programa CICLOVIDA procura professores da UFPR que aceitem de forma voluntária orientar alunos, contribuindo com a atividade extensionista.

Desde 2010 é ofertado um calendário de passeios de cicloturismo. Em 2016, foi elaborado um *folder* com roteiros para passeios de bicicleta em Antonina, abrangendo dicas para ciclistas e pontos turísticos e desde 2019 o CICLOVIDA está desenvolvendo a proposta para a criação da "Rota Caiçara de Cicloturismo" um roteiro com mais de 300 km que passa pelos sete municípios do litoral paranaense.

O Programa já elaborou ou organizou diversas publicações. Na Figura 2 podem ser vistos alguns exemplos das obras produzidas. A Figura 3 mostra os dois modelos de paraciclos desenvolvidos no curso de Design de Produto e instalados em 2012 com o auxílio do curso de Arquitetura e Urbanismo.

Figura 2 – *Folders*, guias, livros, relatórios técnicos produzidos pelo Ciclovida

Fonte: Arquivo do CICLOVIDA.

Figura 3 – Alunos do curso de Design desenvolveram os modelos e em 2012 o Ciclovida instalou 600 vagas para bicicletas nos campi da UFPR

Fonte: Arquivos do Programa CICLOVIDA.

Serão apresentados alguns resultados do CICLOVIDA por eixo de atuação. Sobre o primeiro eixo, a realização de reuniões de articulação tem mostrado progresso no sentido de influenciar a mudança no planejamento da mobilidade urbana e no desenvolvimento de políticas públicas. O programa empreendeu diversas reuniões e conseguiu sensibilizar os dirigentes e legisladores, responsáveis pelo planejamento e gerenciamento da mobilidade urbana, os quais começam a inserir a bicicleta em sua agenda.

No nível nacional, o Programa CICLOVIDA, esteve presente em diversas reuniões para a criação do Programa Bicicleta Brasil. Dos trabalhos desenvolvidos no Ministério das Cidades originou-se a Lei da Mobilidade Urbana nº 12.587/2012, que destaca a prioridade para os meios coletivos e não motorizados de transporte. Diversos colaboradores do CICLOVIDA têm participação constante nas ações e eventos da União dos Ciclistas do Brasil (UCB), organização com abrangência nacional que atua como uma confederação das ONGs Cicloativistas Brasileiras. Desde 2019 o CICLOVIDA tem participado da construção da Estratégia Nacional de Promoção da Mobilidade por Bicicleta, que se trata da elaboração de um plano de ação multissetorial proveniente do Acordo de Cooperação Técnica (ACT) firmado entre a UCB e a Secretaria Nacional de Mobilidade e Desenvolvimento Regional e Urbano do Ministério do Desenvolvimento Regional para a efetivação do "Programa Bicicleta Brasil" (Lei Federal 13.724/2018). A Estratégia está sendo construída em conjunto com outras organizações que representam: o setor produtivo da bicicleta, os municípios brasileiros, o meio acadêmico e o governo federal e tem por objetivo construir uma visão de futuro, com o horizonte de 2030, para a expansão da mobilidade por bicicleta em nosso país.

Em nível estadual, o Programa CICLOVIDA participou da criação da Lei nº 17.385/12 que formalizou setembro como o mês da Bicicleta no Paraná, também participou do grupo técnico que elaborou o Decreto nº 1.517/2015 que criou o CICLOPARANÁ (Programa Estadual de Fomento a Ciclomobilidade no Estado), e está representado com uma cadeira no CONCICLO, conselho responsável por programar e acompanhar as ações do CICLOPARANÁ.

Em nível municipal, o Programa CICLOVIDA tem participado de diversos grupos de trabalho, como a reformulação do circuito ciclístico de lazer, a participação na câmara técnica sobre mobilidade urbana do IPPUC/CONCITIBA (Conselho da Cidade de Curitiba). Desde 2015, acontecem edições do Desafio Intermodal na rede municipal de ensino em parceria com as Secretarias Municipais de Trânsito e de Educação. Um dos destaques da parceria com o Movimento Cicloativista foi a realização do Fórum Mundial da Bicicleta em Curitiba, em fevereiro de 2014, evento internacional que teve participação decisiva da UFPR, que cedeu suas instalações para realização de 90% das atividades que compuseram a programação.

A atuação do CICLOVIDA também já alcança alguma repercussão internacional e em 2019 a ação extensionista da UFPR foi agraciada com o destaque e reconhecimento da Universidade das Nações Unidas como um projeto educacional de qualidade no "RCE Awards" na categoria Projetos Inovadores em Educação para o Desenvolvimento Sustentável (ESD), relacionado ao ODS 11 – Cidades e comunidades sustentáveis.

No segundo eixo de atuação do Programa, destacamos a pesquisa em conjunto com a PMC e outras IES sobre o perfil de mobilidade da comunidade universitária de Curitiba e o já tradicional "Desafio Intermodal" que acontece em Curitiba desde 2007 e que ano a ano tem aprimorado sua cientificidade e conquistado mais espaço na mídia. Foi incluído como conteúdo das disciplinas de Cidade e Meio Ambiente do curso de Arquitetura e Urbanismo e de Engenharia de tráfego da Engenharia Civil na UFPR e a partir de 2015 como já citado, também está nas escolas municipais. O DI ainda inspirou artigos e TCCs, dissertação de mestrado e atualmente (2019) é tema de tese de doutorado na Pós-Graduação em Planejamento e Governança na Universidade Tecnológica Federal do Paraná (UTFPR).

As ações de divulgação têm fomentado o surgimento de trabalhos acadêmicos sobre mobilidade sustentável em muitas áreas do conhecimento, artigos, publicações, monografias de graduação e pós-graduação, dissertações de mestrado, encontrando-se em andamento duas teses de doutorado.

O Projeto COOLABBICI já recuperou dezenas de bicicletas abandonadas, executando a manutenção e colocando-as para rodar novamente por meio de empréstimo gratuito para estudantes que passaram a experimentar a alternativa de se deslocar de maneira ativa e sustentável, muitos dos alunos após o período de empréstimo adquiriram a sua própria bicicleta, adotando definitivamente o hábito de pedalar.

Em 2012 o Programa implantou 600 vagas de estacionamento para bicicletas nos diversos *campi* da UFPR. O design dos paraciclos foi criado por alunos de Design na disciplina de Projeto de Produto. O projeto de instalação contou com a participação de alunos de Arquitetura e Urbanismo. Em 2019, a Prefeitura Municipal de Curitiba, na apresentação do Plano Cicloviário, anunciou a construção de trechos que conectam os *campi* da UFPR, trechos que foram propostos em um TCC do curso de Engenharia Civil.

No terceiro eixo, no que se refere à captação de recursos, o programa já obteve êxito em alguns editais de fomento à extensão e à pesquisa para o financiamento de seus projetos, que auxiliaram o pagamento de bolsas para alunos, impressão das publicações, implantação dos paraciclos, compra de equipamentos para os laboratórios parceiros, entre outros itens financiados.

Observa-se que a implantação de infraestrutura pró-bicicleta, o fomento a realização de trabalhos acadêmicos, inserção curricular, publicações, articulação com o poder público e a sociedade civil, e eventos de divulgação, tem colaborado para trazer à luz a importância da bicicleta como opção de transporte saudável e sustentável, ampliando a produção acadêmica sobre o tema, a sua consideração no planejamento urbano e a sua adoção como meio de transporte pela comunidade universitária.

A Tabela 1 apresenta dados para comparação entre o perfil de mobilidade (divisão modal) encontrado na pesquisa da Associação Nacional de Transportes Públicos (ANTP), que aborda o panorama nacional e o encontrado pela pesquisa que analisou a comunidade da UFPR. Quanto ao perfil de mobilidade urbana, a pesquisa realizada em 2016 fez parte das ações do termo de cooperação técnica Brasil x Holanda para o desenvolvimento da ciclomobilidade em Curitiba.

Tabela 1 – Dados para comparação entre o perfil de mobilidade nacional x comunidade UFPR

MODAL	NACIONAL	COMUNIDADE UFPR
A pé	41%	10%
Transporte coletivo	28%	47%
Motocicleta	04%	02%
Bicicleta	02%	07%
Carro	25%	34%

Obs.: Os percentuais dos modais ônibus e trilhos na pesquisa nacional foram somados como transporte coletivo. Na pesquisa da UFPR foram somados os percentuais de ônibus e Vans como transporte coletivo, e na pesquisa do perfil de mobilidade universitária os números possuíam duas casas decimais, assim os valores maiores que 0,50 foram arredondados para cima e os menores para baixo.

Fonte: Elaborada pelos autores. Dados nacionais ANTP, dados da comunidade universitária Programa CICLOVIDA/UFPR.

A intenção de tornar a UFPR um polo irradiador de uma cultura de mobilidade sustentável começa a alcançar resultados, a ponto de colocar o estado do Paraná em destaque no *ranking* sobre pesquisa e inovação da publicação "A Economia da Bicicleta no Brasil", estudo realizado pelo Laboratório de Mobilidade da Universidade Federal do Rio de Janeiro (UFRJ) em conjunto com a Associação Brasileira do Setor de Bicicletas (Aliança Bike). O Estado do Paraná se encontra em quarto lugar em número de projetos de pesquisa, segundo no número de pesquisadores sobre o tema e em segundo lugar nos valores aplicados na pesquisa sobre o tema, conforme se observa na Tabela 2.

Tabela 2 – Estados de destaque nas áreas de projetos de pesquisa, número de pesquisadores, e percentual de valores de financiamento de pesquisa

	Número de projetos de pesquisa por estado	Número de pesquisadores	Percentual de valores de financiamento de pesquisa
São Paulo	29	76	54.4%
Santa Catarina	21	23	1.3%
Rio de Janeiro	19	27	13.4%
Paraná	17	67	17.6%
Goiás	3	25	1.6%
Pará	3	15	7.7%
Outros estados	32	37	4.1%
Total	124	270	100%

Fonte: A Economia da Bicicleta no Brasil – UFRJ 2018.

3 CELEPAR

A Companhia de Tecnologia da Informação e Comunicação do Paraná (CELEPAR) conta com cerca de mil colaboradores e atua para desenvolver soluções digitais para a estrutura da administração estadual e municipal.

Em 2007, começou a ser desenvolvido o programa Transporte Livre pela equipe da Comissão Interna de Prevenção a Acidentes (CIPA), a iniciativa teve início liderada por um dos analistas de sistemas da empresa que era cicloativista.[1] Ao longo dos anos, o programa foi envolvendo diferentes setores da empresa, como diretoria, logística, eventos, comunicação e programa qualidade de vida, seguindo as fases de: levantamento, informação, comunicação, orientação e incentivos. As primeiras atividades foram relacionadas à pesquisa, divulgação do modal e pedidos de infraestrutura, especialmente paraciclos adequados e vestiários.

---

[1] Luís Cláudio de Brito Patrício foi o mentor do Transporte Livre na CELEPAR e um dos pioneiros do movimento cicloativista de Curitiba.

O levantamento inicial identificou que mais de 70% dos funcionários gostariam de vir de bicicleta, caso fosse seguro, ao menos de vez em quando. A pesquisa também apontou que 90% eram favoráveis a investimentos na ciclomobilidade. Assim, após esse levantamento inicial, foram feitas outras pesquisas com focos diferenciados: a pesquisa de 2014, por exemplo, apontou um aumento expressivo de interessados em usar a bicicleta como opção de deslocamento.

Atualmente (2019), a empresa conta com um bicicletário de alto padrão, com 66 vagas e chuveiros para atender os 89 colaboradores que se deslocam de bicicleta para o trabalho. Além disso, existe um cadastro com cerca de 80 ciclistas que se identificam como participantes do Programa Transporte Livre. O Programa envolve diferentes setores da empresa, por meio de atividades para incentivar o uso da bicicleta, como oficinas, grupos de discussão, palestras, eventos especiais, passeios, mapeamentos, orientações, entre outros. As atividades realizadas pelo programa são as seguintes: "Bikes para empréstimo", "Bike Anjo", "Manutenção", "Guarda-chuva compartilhado", "Bicicletário Coberto", "Guia Pedal Defensivo".

Entre os projetos relacionados à mobilidade, destacam-se as ações do Dia Mundial Sem Carro, Dia de Bike ao Trabalho, pedaladas e o Programa + Carona, listadas na Tabela 4.

Tabela 3 – Principais projetos relacionados à mobilidade na CELEPAR

Projeto	Descrição
Vias Sustentáveis – Dia Mundial sem Carro	Mais de 100 pessoas aceitaram o desafio proposto pela CELEPAR e deixaram o veículo em casa dia 21/09, como forma de antecipar a celebração do Dia Mundial Sem Carro. Alguns vieram ao trabalho de carona solidária, de bicicleta, de ônibus ou a pé. Os participantes concorreram a brindes e puderam experimentar doces e cafés em *foodbikes*, e assistir curtas sobre mobilidade em vaga viva no estacionamento interno.
Programa + Carona	O Programa +Carona é uma iniciativa em prol do fomento de carona, contribuindo com 6 vagas exclusivas para empregados(as) que vem colaborativamente (3 ou mais empregados no carro) para trabalhar na Celepar. (Figura 5)
Dia Mundial de Bike ao Trabalho	Medidas de incentivo ao uso da bicicleta como meio de transporte.

Fonte: Arquivos CELEPAR.

As iniciativas de incentivo ao uso da bicicleta estão conectadas com os indicadores de "Saúde e Bem-Estar" e "Cidades e comunidades sustentáveis" do desenvolvimento sustentável da ONU.

Inicialmente, as bicicletas ficavam em espaços improvisados, até que foram adquiridos alguns paraciclos fixos de chão, medida importante, mas ainda insuficiente pela quantidade limitada de vagas, porém o modelo de fixação pela roda não agrada aos ciclistas, além da exposição ao clima. Em setembro de 2014, durante as comemorações do Dia Mundial sem Carro, foi disponibilizado um bicicletário que atendeu todos os requisitos de um estacionamento adequado: próximo à entrada, protegido do sol e chuva, em relevo plano, com suporte estável no quadro, com visibilidade e de fácil circulação. As Figuras 4 e 5 mostram os bicicletários antigo e atual da Companhia.

Figura 4 – Antigo bicicletário da CELEPAR

Figura 5 – Melhoria da estrutura de apoio a ciclistas através da construção de novo bicicletário

Fonte: Arquivo da CELEPAR

Figura 6 – Programa Mais Carona – vagas destinadas a veículos de motoristas que dão carona para ir ao trabalho

Fonte: Arquivo da CELEPAR.

A melhoria da infraestrutura para os usuários da bicicleta na sede da empresa e as ações de incentivo tem conseguido atrair mais colaboradores da empresa a adotar a bicicleta em seu dia a dia. A experiência do programa tem sido compartilhada com outras empresas, em congressos, com gestores públicos e escolas da rede pública e particular, estimulando a mobilidade urbana sustentável deixando fulgente o compromisso da CELEPAR com os ODS.

4 Conclusão

As ações de incentivo da mobilidade sustentável em instituições públicas, como tem acontecido na CELEPAR e na UFPR, começam a apresentar resultados, ampliando a opção por modais mais sustentáveis por suas comunidades internas e também pela conscientização externa, alcançada pelo exemplo e pela articulação com instituições públicas e privadas que ambas vem realizando. Na CELEPAR, a qualificação do espaço para estacionamento das bicicletas e as ações de incentivo ao seu uso tem aumentado os optantes por pedalar ao trabalho, em um raciocínio fácil, percebe-se que se a empresa possui em torno de 1.000 colaboradores, e se oitenta e nove vão regularmente trabalhar de bicicleta, significa que 8,9% usam a bicicleta como principal meio de transporte. Na UFPR, percebe-se o aumento de pesquisadores e publicações sobre o tema, a inserção curricular da temática em cursos de graduação e pós-graduação, a participação na elaboração de legislação e de políticas públicas relacionadas à questão. Em relação à implantação de infraestrutura a instalação de 600 vagas em paraciclos na UFPR e o anúncio da Prefeitura Municipal de Curitiba em ramais para conectar os *campi* com a malha cicloviária municipal merece destaque.

Verificando-se as ações que vêm sendo realizadas por ambas as instituições, e os números apontados, pode-se afirmar que tem apresentado resultados de avanço no sentido de minimizar os impactos como PGVs, uma vez que se analisando somente o número relativo ao uso da bicicleta, símbolo mundial de sustentabilidade no transporte, percebe-se que 8,9% na CELEPAR e 7,0% na UFPR estão muito acima da média nacional, que é entre 2,0% e 3,0% de uso do modal bicicleta. Além do uso interno, a conscientização da comunidade externa também tem avançado, observando-se o número de ações realizadas que extrapolam os limites de cada instituição e o destaque alcançado pelo Estado do Paraná no *ranking* sobre pesquisa e inovação. São apontamentos de que, para transformar a cultura, vale a pena a realização de ações de incentivo à mobilidade sustentável em instituições públicas que sejam grandes polos geradores de viagens.

Referências

ANDRADE, Victor; RODRIGUES, Juciano Martins. *Economia da bicicleta no Brasil*. LABMOB-Laboratório de Mobilidade Sustentável- Universidade Federal do Rio de Janeiro (UFRJ), Associação Brasileira do Setor de Bicicletas (Aliança Bike), Rio de Janeiro 2018.

ASSOCIAÇÃO NACIONAL DE TRANSPORTES PÚBLICO – ANTP. Sistema de Informações da Mobilidade Urbana – Simob. Relatório geral 2016, maio de 2018.

BELOTTO, José Carlos Assunção. *CICLOMOBILIDADE:* um estudo de caso sobre a participação da UFPR na implantação do CICLOPARANÁ – Programa Paranaense de Mobilidade não Motorizada por Bicicleta. Dissertação (Mestrado em Desenvolvimento Territorial Sustentável) – Universidade Federal do Paraná. Matinhos, 2017.

BUARQUE, Cristovam. *A aventura da universidade*. São Paulo: Editora da Universidade Estadual Paulista; Rio de Janeiro: Paz e Terra, 1994.

CARLSSON, Chris: *Critical Mass:* Bicycling's Defiant Celebration, San Francisco Bike Coalition for founding Critical Mass in 1992.

COUTO, David P. L. *Da galera da bike ao cicloativismo*: bicicleta e política na cidade de Cutitiba/Pr. 2015. 256 f. Dissertação (Mestrado em Sociologia Política) – Universidade Federal de Santa Catarina, Florianópolis, 2015.

DENATRAN. *Manual de procedimentos para o tratamento de polos geradores de tráfego.* Departamento Nacional de trânsito – Ministério das Cidades. Brasília 2001.

DINIZ, Irandir de Castro *et al.* Polos geradores de viagens e suas interferências na circulação viária: caso do parque shopping Belém. *Revista de Engenharia e Tecnologia- UEPG.* Disponível em: revistas2. uepg.br/index.php/ret/article/download/11970/209209209892. Acesso em: 26 jun. 2019.

FANINI V. e VACCARI L. Série de Cadernos Técnicos: Mobilidade Urbana, Publicações Temáticas da Agenda Parlamentar CREA PR. 2011.

GEHL, Jan. *Cidades para pessoas.* São Paulo: Perspectiva, 2013.

NAKAMORI, Silvana. *Programa CICLOVIDA como política de mobilidade urbana sustentável:* estudo empírico na Universidade Federal do Paraná. Dissertação (Mestrado em Planejamento e Governança Pública) – Universidade Tecnológica Federal do Paraná. Curitiba, 2015.

PRADO, Gheysa Caroline. *Modelo para promoção da mobilidade urbana ativa por bicicleta:* uma abordagem do design de serviços para o comportamento sustentável. Tese (Doutorado em Design) – Universidade Federal do Paraná. Curitiba, 2019.

PREFEITURA MUNICIPAL DE CURITIBA. Noticias: Curitiba e Holanda vão trabalhar juntas em projetos de ciclomobilidade para a cidade. Disponível em: https://www. curitiba.pr.gov.br/noticias/curitiba-e-holanda-vao-trabalhar-juntas-em-projetos-de-ciclomobilidade-para-a-cidade/37601. Acesso em: 23 jul. 2019.

SIQUEIRA, Moema Miranda de. O ensino superior e a universidade. *RAE-eletrônica,* v. 4, n. 1, art. 15, jan./jul. 2005.

Informação bibliográfica deste texto, conforme a NBR 6023:2018 da Associação Brasileira de Normas Técnicas (ABNT):

BELOTTO, José Carlos Assunção; NAKAMORI, Silvana; BAZZO, João Pedro. Instituições públicas, polos geradores de trânsito: práticas de incentivo à mobilidade sustentável na UFPR e na CELEPAR. *In*: VILLAC, Teresa; BESSA, Fabiane Lopes Bueno Netto; DOETZER, Gisele Duarte (Coord.). *Gestão pública brasileira:* inovação sustentável em rede. Belo Horizonte: Fórum, 2021. p. 203-221. ISBN 978-65-5518-055-8.

COMPRA COMPARTILHADA SUSTENTÁVEL: A EXPERIÊNCIA DA REDE SUSTENTA PARANÁ

RODRIGO DE SOUZA LORO

1 Introdução

O objetivo do presente trabalho é apresentar a experiência de uma compra compartilhada de itens com critérios de sustentabilidade, planejada e executada pelos integrantes da Rede Sustenta Paraná. Atualmente são 18 (dezoito) órgãos públicos signatários que fazem parte da Rede, tais como Banco Central, DNIT, Tribunal de Contas da União, Tribunal de Justiça do Estado Paraná, Universidade Federal do Paraná, entre outros. Tais órgãos, através de seus representantes indicados, fomentam o apoio interinstitucional para as práticas internas dos órgãos, promovem o debate e propiciam o *benchmarking*, atuam na capacitação de servidores na área ambiental, desenvolvem parcerias, identificam e implementam projetos com utilização conjunta de recursos.

Importante esclarecer que não há gasto específico do orçamento público para a realização das atividades. A rede não possui orçamento próprio, mas apenas a indicação e dedicação de servidores públicos que irão atuar de acordo com os objetivos firmados, com o apoio institucional dos seus órgãos de origem, signatários da rede.

Foi dentro desse ambiente de trabalho, engajado nas ações de sustentabilidade na Administração Pública, e aqui considerando sustentabilidade em suas três dimensões, social, econômico e ambiental, que surgiu em 2018 o projeto da realização de uma compra compartilhada sustentável entre os órgãos da Administração Pública.

2 Sustentabilidade na Administração Pública Federal

Conforme apresentado por Boff (2012), a concepção de sustentabilidade teve origem há mais de 400 anos, mas ganhou força a partir de 1970, com as reuniões organizadas pela ONU, quando despertou a atenção para os limites de crescimento que colocava em crise o modelo vigente praticado na maioria dos países.

Entre outras definições, podemos dizer que sustentabilidade é a capacidade de o ser humano interagir com o mundo, de modo a não comprometer os recursos naturais das gerações futuras.[1]

Já desenvolvimento sustentável, segundo o Relatório Brundtland (1987), pode ser entendido como "[...] o desenvolvimento capaz de suprir as necessidades da geração atual, garantindo a capacidade de atender as necessidades das futuras gerações. É o desenvolvimento que não esgota os recursos para o futuro".

O Brasil há muito se preocupa com o tema. O desenvolvimento sustentável está presente no normativo nacional desde a Constituição, que é a lei fundamental de um Estado, alcançando até os dispositivos infralegais, como portarias e regulamentos.

Na Constituição Federal, está inserido no art. 170, inc. VI, que estabelece a defesa do meio ambiente, inclusive mediante tratamento diferenciado conforme o impacto ambiental dos produtos e serviços e de seus processos de elaboração e prestação, como um princípio da ordem econômica. Ainda, o art. 225 do mesmo diploma, por sua vez, determina que "todos têm direito ao meio ambiente ecologicamente equilibrado, bem de uso comum do povo e essencial à sadia qualidade de vida, impondo-se ao Poder Público e à coletividade o dever de defendê-lo e preservá-lo para as presentes e futuras gerações".

No âmbito infraconstitucional, cabe menção ao art. 3º da Lei nº 8.666/93, que estabelece que a licitação destina-se, entre outras finalidades, à promoção do desenvolvimento nacional sustentável.

---

[1] Tal definição está presente na Resolução do Tribunal de Contas da União nº 268, de 4 de março de 2015, que trata sobre a Política Institucional de Sustentabilidade do Tribunal de Contas da União.

Para além dos três normativos apresentados, existem muitos outros diplomas legais e infralegais que regulam a atuação do Estado e do particular, visando ao compromisso com o meio ambiente e com as gerações futuras.[2]

Nesse contexto, evidencia-se que para Silva e Barki (2012, p. 162) "os gestores públicos, servidores, políticos e tomadores de decisão devem entender que é papel do Estado promover instrumentos econômicos que fomentem a criação de uma nova economia, baseada em produtos e serviços sustentáveis".

E o Estado tem uma ferramenta poderosa para isso. Conforme Ribeiro e Inácio Júnior (2019), em torno de 12,5% do Produto Interno Bruto do país são oriundos de compras governamentais,[3] o que possibilita ao Estado ser um verdadeiro fomentador do desenvolvimento sustentável através da correta especificação de suas contratações.

Por outro lado, a eficiência econômica nas contratações pode ser um empecilho, vez que produtos e serviços que atendam a critérios de sustentabilidade, a princípio, são mais caros. Mas tal situação pode ser contornada através do ganho de escala nas contratações, e uma experiência que vem se mostrando muito eficiente nesse sentido é a compra compartilhada sustentável.

3 Compra compartilhada sustentável

Para compreensão do tema, trazemos a definição presente no *Guia de Contratações Sustentáveis* do Superior Tribunal de Justiça (BRASIL, p. 12).

Trata-se de aquisição conjunta de bens e serviços que geram menos impacto ambiental, mais justiça social e eficiência econômica, com ganho de escala, realizada por organizações públicas de diferentes setores ou

---

[2]   Nesse sentido, citamos ainda a Lei nº 6.938/91, que dispõe sobre a Política Nacional do Meio Ambiente; a Lei nº 12.187/09, que instituiu a Política Nacional sobre a Mudança do Clima (PNMC); a Lei nº 12.305/10 que instituiu a Política Nacional de Resíduos Sólidos (PNRS); O Decreto nº 7.746/12, que regulamenta o art. 3º da Lei nº 8.666/93; O Decreto nº 8.892/16, que cria a Comissão Nacional para os Objetivos de Desenvolvimento Sustentável; o Decreto nº 9.980/2019, que atribui competências sobre o tema (artigo 15, VI); A Instrução Normativa nº 01/10 da Secretaria de Logística e Tecnologia da Informação do Ministério do Planejamento, Orçamento e Gestão, que trata sobre a inclusão de critérios ambientais nas licitações, e a Instrução Normativa nº 10/12, do mesmo órgão, que aborda os Planos de Gestão de Logística Sustentável.

[3]   Média apurada entre os anos de 2006 e 2017 conforme publicação.

entre unidades de uma mesma organização pública, visando fomentar a produção e o consumo sustentável no país.

Através de uma compra compartilhada, diferentes órgãos se unem para, por meio de um único procedimento de contratação, adquirir junto ao mercado os produtos e serviços que têm interesse.

O grande diferencial é que a concentração do procedimento gera um maior volume de contratação, possibilitando, assim, um menor preço final. Ainda permite que os órgãos especifiquem seus bens e produtos de forma a observarem critérios de sustentabilidade (econômica, ambiental e social) que somente é possível em virtude da escala da contratação.

Conforme nos ensina Silva (2016, p. 2),

> (...) as compras compartilhadas sustentáveis vêm estabelecer um novo modelo de governança em compras, agregando a noção aplicável do conceito de sustentabilidade em todo ciclo de vida das contratações. Esse modelo é uma espécie de bússola para que servidores e unidades envolvidas nas contratações atuem de forma sistêmica e integrada, com vistas à otimização de recursos humanos, logísticos e orçamentários, entre outros.

Cabe, neste ponto, explicitar algumas questões mais técnicas acerca da forma que a Administração Pública realiza suas contratações para o completo entendimento do tema.

A Lei nº 8.666/93 prevê, em seu art. 15, que as compras públicas, sempre que possível, deverão ser processadas através do sistema de registro de preços. Tal forma de contratação é regulamentada atualmente pelo Decreto nº 7.892, de 23 de janeiro de 2013.

Pelo sistema de registro de preços, ao final da licitação, a empresa vencedora não irá formalizar um contrato com a Administração, mas sim irá firmar um documento denominado Ata de Registro de Preços, que terá validade de até 12 (doze) meses, podendo ultrapassar de um exercício financeiro a outro, ou seja, proporcionando a efetivação da compra em dois orçamentos dentro do prazo de 12 meses.

Na prática, a empresa vencedora terá a preferência numa eventual e futura aquisição pelo órgão ou entidade pública, mas a Administração não possui nenhuma obrigação de adquirir o bem registrado.

Uma vez firmada a Ata de Registro de Preços, e havendo a necessidade do bem pelo órgão público, esse irá realizar o acionamento da ata para, aí sim, firmar um contrato, ou instrumento equivalente (artigo 62, Lei nº 8.666/93), de fornecimento ou serviço, com o fornecedor. O quantitativo adquirido observará a necessidade da Administração, estando limitada à quantidade máxima informada na licitação e registrada na Ata.

Tal instrumento facilita no controle de estoque e no planejamento financeiro da instituição, pois já se sabe de antemão o fornecedor e o preço a ser pago em um bem para aquisição futura.

Ainda, o Decreto nº 7.892/13 prevê a possibilidade de outros órgãos e entidades participarem da Ata de Registro de Preços. Será denominado de "órgão gerenciador" o órgão ou entidade da administração responsável pela condução do conjunto de procedimentos para registro de preços e gerenciamento da ata, e "órgão participante" o órgão ou entidade da administração pública que participa dos procedimentos iniciais do Sistema de Registro de Preços e integra a ata de registro de preços, ainda que não seja o responsável pela condução da licitação propriamente dita.

Com essa sistemática, é possível que um órgão da Administração firme uma Ata de Registro de Preços com uma empresa para fornecimento do material para diversos órgãos públicos, além daquele que realizou o procedimento licitatório e firmou a ata.

É nesse contexto de contratação que a compra compartilhada sustentável se insere. Com base nos dispositivos do referido decreto, diferentes organizações públicas realizam um único procedimento licitatório para diversos bens que geram menor impacto ambiental, maior justiça social, observando-se a eficiência econômica decorrente do ganho de escala.

Cabe trazer aqui a experiência pioneira nesse sentido coordenada por Renato Cader Silva e implementada pelo Jardim Botânico do Rio de Janeiro (JBRJ) em 2010, que realizou a compra compartilhada sustentável de 48 itens de material de expediente com 10 órgãos da Administração Pública federal.[4] Essa foi considerada pelo Ministério do Planejamento, atual Ministério da Economia, como a primeira compra compartilhada sustentável do Governo Federal.[5]

---

[4] SILVA, Renato Cader. *Compras públicas sustentáveis*: uma experiência de compra sustentável compartilhada no Instituto de Pesquisas Jardim Botânico do Rio de Janeiro. Monografia. 4º lugar no 16º Concurso Inovação no Setor Público. Escola Nacional de Administração Pública – ENAP. 2011. Disponível em: http://repositorio.enap.gov.br/handle/1/378. Acesso em 06 nov. 2019.

[5] A iniciativa foi premiada em quarto lugar na 16ª edição do Concurso Inovação promovido pelo ENAP – Escola Nacional de Administração Pública.

Na oportunidade, através do ganho de escala, foi possível atingir uma economia de 49,89% sobre o valor estimado dos itens, o que representou uma quantia de R$723.263,78. Os resultados foram considerados totalmente satisfatórios, com uma grande possibilidade de propagação para toda a Administração Pública.

4 A experiência da Rede Sustenta Paraná

Observando as experiências exitosas, e no intuito de utilizar o poder de compra do Governo Federal como um meio transformador em prol da sustentabilidade, os integrantes da rede Sustenta Paraná elegeram a compra compartilhada sustentável como um dos projetos para o ano de 2018.

Estabelecido o tema, e com o início dos trabalhos, observou-se que o primeiro passo a ser tomado, antes mesmo da elaboração de um cronograma ou um planejamento mais aprofundado, era estipular qual seria o órgão responsável pela futura licitação. Conforme já comentado, ainda que a compra envolva vários itens para atender às necessidades comuns de vários órgãos ou entidades, apenas um deles irá realizar todo o procedimento licitatório.

Determinar o "órgão gerenciador" previamente é primordial para poder estabelecer um planejamento mais realista e concreto dos atos, possibilitando que se elabore um cronograma de acordo com a realidade de trabalho do órgão condutor dos procedimentos.

As diferenças entre uma compra compartilhada sustentável e um procedimento licitatório ordinário residem principalmente na parte de planejamento da licitação, em que serão estabelecidos os itens a serem licitados, suas especificações técnicas (incluindo os critérios de sustentabilidade), demais obrigações das contratadas, bem como quais órgãos e entidades irão participar do registro de preço a ser formado.

Todas essas questões devem compor, ao final, um documento denominado Termo de Referência.[6] A partir desse momento, e com a apresentação desse documento, o procedimento de contratação segue o padrão de uma licitação ordinária, sendo os atos praticados quase que exclusivamente pelo órgão gerenciador, até a formalização da Ata de Registro de Preços.

---

[6] Decreto nº 3.555/2000, art. 8º, inc. I

Daí a importância de se estabelecer de plano qual seria o órgão gerenciador, pois diferentes órgãos possuem prazos e procedimentos internos diversos, que influenciam no planejamento da contratação como um todo. Além do que, sem um órgão gerenciador não há compra compartilhada sustentável, sendo fundamental que desde o início já haja o aval da autoridade máxima do órgão autorizando a realização do certame.

No caso concreto, o escolhido para a elaboração do edital e atuação como órgão gerenciador foi a Justiça Federal no Paraná, órgão signatário da rede Sustenta Paraná. Influenciou na escolha o fato de o Poder Judiciário já reconhecer em seus normativos a compra compartilhada como uma boa prática a ser observada nas contratações.[7] Ainda, a Justiça Federal do Paraná tem a experiência de realizar o registro de preços de material de informática em conjunto com outros Tribunais Regionais Federais.

Infelizmente, com a escolha do órgão gerenciador, alguns órgãos ficaram impossibilitados de participar do projeto. Cada ente da federação possui uma legislação específica no que tange às compras públicas. Por ser a Justiça Federal um órgão público federal, ficaram impossibilitados de participar os órgãos estaduais e municipais, que possuem legislação própria.

Ultrapassada a primeira etapa, era o momento de realizar o planejamento da licitação. A intenção, desde o primeiro momento, foi que a compra compartilhada sustentável fosse um trabalho de todos os órgãos participantes, que se configurasse em uma força conjunta que reunisse a experiência de todos aqueles que estavam atuando para, ao final, alcançar os resultados almejados.

Não era a intenção que apenas um órgão, ou uma pessoa, tomasse a frente dos trabalhos, escolhendo os itens e especificando os materiais, cabendo aos demais apenas concordar ao final e se fazer constar na Ata de Registro de Preços.

O objetivo era que todas as experiências fossem compartilhadas, uma construção colaborativa que ao final tornasse a licitação mais eficiente. Mas trabalhar de tal forma gera também maiores desafios e preocupações.

A primeira delas foi escolher os itens a serem licitados e adequá-los às diversas necessidades dos órgãos. Procurou-se licitar itens

---

[7]   Tais indicações estão presentes na Resolução nº 201/2015 do Conselho Nacional de Justiça e no Guia Prático de Licitações Sustentáveis do STJ.

comuns, afetos a todos os participantes. Mas logo se observou que as especificações dos materiais, que a princípio não teriam maiores complexidades, continham poucas similaridades.

Questões de tamanho, potência, cor, modelo, índice de luminosidade, são critérios que podem variar em cada edital de licitação publicado, não havendo na Administração um "modelo" de produto a ser adquirido.

Aos poucos, uma lista de produtos foi elaborada, e com uma análise criteriosa sobre os materiais e suas especificações, chegou-se a um denominador comum. A meta nesse momento era especificar os itens com critérios robustos de sustentabilidade e que atendessem às necessidades dos órgãos participantes.

Uma preocupação que a equipe de trabalho teve, também, foi de não exigir critérios de sustentabilidade que pudessem gerar itens desertos ou fracassados (que impedissem ou dificultassem a contratação).

A intenção é sempre contratar materiais que melhor atendam aos critérios de sustentabilidade, mas deve-se ter cuidado para não se fazer uma exigência que praticamente inviabilize a contratação de um produto, seja por não haver fornecedor para ele, seja porque o preço torna a contratação impraticável. Um exemplo a ser dado é com relação ao copo biodegradável.

Atualmente já existe um mercado incipiente de copos ecologicamente corretos que tem a intenção de substituir os copos plásticos descartáveis. Copos de fibra de bambu, amido de milho, fécula de mandioca são algumas das opções de fabricação.

Mas adquirir tais itens em uma licitação não é tão simples assim. O mercado tem que estar maduro e com fornecedores dispostos a entrar em uma disputa pública para que a Administração possa adquirir tais produtos a um preço competitivo.

Nesse sentido, a compra compartilhada exerce um papel importante de gerar a demanda necessária, com a soma das quantidades a serem licitadas, que acaba por promover o interesse dos fornecedores, fomentando o mercado.

De toda sorte, o maior desafio que a equipe de trabalho teve foi fazer com que o planejamento estabelecido fosse devidamente cumprido e com a maior participação possível.

O planejamento é integrado por diferentes etapas, cada qual com uma função específica, sendo que a soma de todas elas proporcionará sucesso à contratação. Normalmente, o procedimento que precede a licitação é feito por uma equipe que irá definir o objeto, as características desse objeto e as demais questões relevantes.

No presente caso, foi necessária a conjugação de esforços de várias equipes de trabalho de diversos órgãos para se chegar até o objeto da licitação. Os contatos entre equipes, proposições e tomadas de decisões ocorreram em um volume muito maior, na medida em que os itens licitados deveriam atender ao interesse de todos os participantes.

Foi preciso vencer eventuais resistências internas, sempre presentes em ambientes corporativos, e fomentar uma maior sinergia entre os setores. A carga de trabalho foi maior que a habitual, vez que o produto final não poderia apenas atender a uma necessidade, mas teria que ser compatível com todos os órgãos que fossem assinar a ata.

Ultrapassados eventuais obstáculos, o termo de referência foi finalmente finalizado e apresentado pelos membros da equipe, contendo ao todo 22 itens que contemplaram 6 temas de sustentabilidade, quais sejam:

- **copos plásticos**: produtos substitutos de menor impacto (vidro, papel, amido de milho ou bagaço da cana);
- **papel e material de expediente**: produtos substitutos de menor impacto (reciclado ou certificado);
- **energia elétrica**: produtos que diminuem o consumo (lâmpadas LED, refrigeradores com eficiência no consumo) e que reduzem o impacto (pilhas recarregáveis);
- água: produtos que eliminam o consumo de água em galão (purificadores);
- **coleta seletiva**: lixeiras para melhora da separação dos resíduos;
- **deslocamentos:** paraciclo para incentivo ao uso de bicicletas

Após pesquisa de mercado, a Justiça Federal realizou o cadastramento da intenção de registro de preço (IRP) no sistema Comprasnet,[8] para que outros órgãos pudessem fazer suas adesões. Houve, então, a consolidação das demandas dos órgãos participantes e a realização da sessão pública para o dia 07 dezembro de 2018.[9]

A compra compartilhada contou com a participação da Justiça Federal do Paraná e de mais quatro órgãos públicos federais: Polícia Federal (Superintendência do Paraná), Tribunal Regional Eleitoral

---

[8] Apesar dos órgãos integrantes serem conhecidos desde o início, a inclusão no procedimento de contratação ocorre via sistema de compras do governo (https://www.compras governamentais.gov.br/) somente nessa fase. Inclusive, a possibilidade de participação é franqueada a todos os órgãos que tenham interesse conforme art. 4º do Decreto nº 7.892/13.

[9] Pregão Eletrônico nº 38/2018 – UASG de consulta 090018 (Justiça Federal – Seção Judiciária do Paraná). Consulta Disponível em: https://www.comprasgovernamentais.gov.br/

do Paraná, Polícia Rodoviária Federal (Superintendência do Paraná) e DNIT – Departamento Nacional de Infraestrutura de Transportes (Superintendência Regional do Rio Grande do Sul). Com a adesão dos participantes, materializou-se a compra compartilhada sustentável, o que permitiu aumentar o quantitativo de material a ser licitado conforme tabela a seguir:

Item	Descrição / Especificação	Unidade de Medida	Qtde JFPR	Qtde DNIT/ RS	Qtde PRF/ PR	Qtde TRE/ PR	Qtde PF/PR
1	Copo Biodegradável 200 ml	Pacote com 100 unidades	3.000	-	300	-	1.000
2	Copo de Vidro – 300 ml	unidade	120	40	120	-	180
3	Copo de Amido – 200 ml	pacote com 100 unidades	3.000	150	150	-	-
4	Copo de Papel – 200 ml	pacote com 100 unidades	3.000	-	200	-	-
5	Caneca	unidade	1.000	-	1.000	-	1.000
6	Papel A4	resma	5.000	-	1.000	25.000	-
7	Envelope – 162 x 229 mm – 80 g – ouro	unidade	6.000	-	10.000	40.000	12.000
8	Envelope – 115 x 230 mm – 90 g – branco	unidade	12.000	-	25.000	-	12.000
9	Envelope – 260 x 360 mm – 110 g – branco	unidade	6.000	-	25.000	-	-
10	Envelope – 310 x 410 mm – 110 g – kraft natural ou branco	unidade	2.500	-	10.000	-	6.000
11	Lâmpada Led Tubular – 60 cm – 10 W – 5000 K/6500 K	unidade	200	-	2.000	-	-
12	Lâmpada Led Tubular – 120 cm – 20 W – 4300 K	unidade	6.000	700	2.000	3.000	-
13	Lâmpada Led Bulbo – 12 W – branca fria	unidade	200	-	500	1.000	-
14	Pilha Recarregável AA	unidade	50	-	250	-	50
15	Pilha Recarregável AAA	unidade	50	-	300	1.000	50
16	Carregador de Pilha	unidade	20	-	20	120	20
17	Purificador	unidade	20	10	30	-	41
18	Refrigerador 280 L	unidade	5	-	10	35	-
19	Frigobar	unidade	5	10	15	-	-
20	Paraciclo	unidade	20	-	20	-	24
21	Lixeira interna 30 L (diversas cores)	unidade	300	-	200	-	-
22	Lixeira interna 60 L (diversas cores)	unidade	100	-	100	-	-

Finalizado o procedimento licitatório, observou-se que o ganho de escala permitiu uma economia de 37,66% em relação ao valor da estimativa inicial feita na pesquisa de mercado, o que representou o montante de R$622.672,04.

Item	Descrição / Especificação	Quantitativo	Valor Unitário de Referência	Valor Unitário Registrado	Valor Total de Referência	Valor Total Registrado
1	Copo Biodegradável 200ml	4.300	R$34,05	R$32,00	R$146.415,00	R$137.600,00
2	Copo de Vidro – 300 ml	460	R$6,21	R$4,02	R$2.856,60	R$1.849,20
3	Copo de Amido – 200 ml	3.300	R$20,55	R$14,40	R$67.815,00	R$47.520,00
4	Copo de Papel – 200ml	3.200	R$70,12	R$38,00	R$224.384,00	R$121.600,00
5	Caneca	3.000	R$15,51	R$6,63	R$46.530,00	R$19.890,00
6	Papel A4	31.000	R$21,84	R$13,79	R$677.040,00	R$427.490,00
7	Envelope – 162 x 229 mm – 80g – ouro	68.000	R$0,41	R$0,18	R$27.880,00	R$12.240,00
8	Envelope – 115 x 230 mm – 90 g – branco	49.000	R$0,25	R$0,11	R$12.250,00	R$5.390,00
9	Envelope – 260 x 360 mm – 110 g – branco	31.000	R$0,65	R$0,41	R$20.150,00	R$12.710,00
10	Envelope – 310 x 410 mm – 110 g – kraft natural ou branco	18.500	R$0,87	R$0,39	R$16.095,00	R$7.215,00
11	Lâmpada Led Tubular – 60 cm – 10 W – 5000 K/6500 K	2.200	R$14,70	*	R$32.340,00	*
12	Lâmpada Led Tubular – 120 cm – 20 W – 4300 K	11.700	R$24,60	R$14,00	R$287.820,00	R$163.800,00
13	Lâmpada Led Bulbo – 12 W – branca fria	1.700	R$16,77	R$12,80	R$28.509,00	R$21.760,00
14	Pilha Recarregável AA	350	R$8,09	R$8,09	R$2.831,50	R$2.831,50
15	Pilha Recarregável AAA	1.400	R$5,15	R$5,15	R$7.210,00	R$7.210,00
16	Carregador de Pilha	180	R$24,90	*	R$4.482,00	*
17	Purificador	101	R$382,93	*	R$38.675,93	*
18	Refrigerador 280 L	50	R$1.485,05	*	R$74.252,50	*
19	Frigobar	30	R$843,47	*	R$25.304,10	*
20	Paraciclo	64	R$271,76	R$209,00	R$17.392,64	R$13.376,00
21	Lixeira interna 30 L (diversas cores)	500	R$90,99	R$40,00	R$45.495,00	R$20.000,00
22	Lixeira interna 60 L (diversas cores)	200	R$113,90	R$41,50	R$22.780,00	R$8.300,00
Totais (excluindo-se os itens cancelados)					R$1.653.453,74	R$1.030.781,70

ESTIMATIVA	R$1.653.453,74	RESULTADO	R$1.030.781,70
ECONOMIA	R$622.672,04	% ECONOMIA	37,658873%

* Itens cancelados no pregão eletrônico vez que todas as propostas apresentadas foram desclassificadas.

5 Análise dos resultados alcançados

Conforme estudos de Silva (2016), o procedimento da compra compartilhada agrega maior eficiência às compras públicas. Ainda, o autor elenca as seis funções principais do procedimento de compra compartilhada: a) padronização, com ganho na especificação técnica dos itens; b) economia de escala, com ganho no preço final registrado; c) planejamento, com o necessário alinhamento dos procedimentos; d) gestão do conhecimento; e) economia processual e f) sustentabilidade.

Dentro desses parâmetros, a realização da compra compartilhada sustentável pela Rede Sustenta Paraná se mostrou exitosa ao final, sendo alcançados os objetivos dispostos no plano de trabalho. Assim, partindo da metodologia adotada por Silva (2011, 2016), listamos os benefícios observados em uma contratação nesses moldes:

- **Aquisição de produtos que atendam aos critérios de sustentabilidade:** As compras compartilhadas permitem especificações técnicas mais robustas, que admitem englobar critérios de sustentabilidade ambiental e social. O fato de se comprar em grandes volumes torna viável a inserção desses critérios no fornecimento dos produtos, sendo esse custo absorvido pelo preço.

Vale lembrar que os requisitos sustentáveis alcançam desde a especificação técnica dos bens e serviços até a qualificação dos fornecedores.

Ainda, o trabalho em conjunto trouxe o conhecimento e a experiência de diversos órgãos sobre o tema para a realização de uma licitação onde a sustentabilidade foi uma preocupação desde o início. E as especificações apresentadas certamente reverberarão para as futuras licitações.

- **Redução no custo da aquisição:** Com relação à questão financeira, o ganho é duplo. Do ponto de vista econômico, é indiscutível a vantagem das compras compartilhadas, pois, por meio do aumento do volume de compra, chega-se a preços mais vantajosos para a Administração.

A realização da compra compartilhada sustentável possibilitou uma potencial economia de R\$622.672,04, correspondente a 37,66% do valor estimado para a licitação.[10]

---

[10] Tratamos como potencial economia pois, como já dito, os itens licitados serão objeto de registro de preços, sendo que a Administração não tem a obrigação de adquirir a totalidade registrada conforme art. 16 do Decreto nº 7.892/13.

Ainda, tem que se considerar a redução no custo para a realização do procedimento licitatório, vez que o procedimento é único, realizado pelo órgão gerenciador para todos os participantes. O custo certamente é menor do que se cada órgão realizasse o procedimento licitatório independentemente.

Segundo dados utilizados pelo Ministério da Transparência e Controladoria-Geral da União em 2017, o custo de uma licitação na modalidade pregão eletrônico é de R$20.698,00.[11] Na compra compartilhada se verifica uma otimização de Recursos Humanos refletindo diretamente na eficiência econômica.

- Geração de demanda necessária para novos produtos: Conforme já tratado, o poder de compra da Administração Pública é enorme, e quando se informa ao mercado o interesse da Administração em comprar itens sustentáveis, certamente o mercado irá desenvolver novos produtos para atender essa demanda.

O Estado pode e deve agir como fomentador de um desenvolvimento sustentável e, através da correta especificação dos produtos nas licitações, conseguir atuar diretamente nas características e modelos dos produtos fornecidos pelo mercado.

- Troca de experiências e evolução no conhecimento: A compra compartilhada sustentável é uma construção coletiva, onde servidores de diferentes órgãos e com experiências diferentes devem agir em sinergia para alcançar o resultado final.

Isso gera uma troca de experiências, um *benchmarking*, que engrandece o trabalho e o torna mais qualificado. O ganho não é só no produto final e acerca do tema sustentabilidade, mas há também um ganho na qualificação das pessoas que atuaram no projeto, e num âmbito temático muito mais abrangente. Certamente esse conhecimento compartilhado irá reverberar e ser propagado nas atividades cotidianas de cada órgão participante.

Por fim, a compra compartilhada sustentável possibilita maior qualidade no planejamento das contratações, com uma análise mais detalhada dos itens, algo sempre a ser buscado no tema das contratações públicas.

---

[11] Informação presente na Nota Técnica nº 1081/2017 do Ministério da Transparência e Controladoria-Geral da União, atualmente denominada apenas Controladoria Geral da União (CGU). Disponível em: https://www.cgu.gov.br/noticias/2017/07/cgu-divulga-estudo-sobre-eficiencia-dos-pregoes-realizados-pelo-governo-federal

- Possibilidade de elaboração de "catálogo" de produtos sustentáveis: Firmada a Ata de Registro de Preços, os materiais estarão disponíveis aos órgãos participantes para adquiri-los assim que tiverem necessidade. Mas, além deles, qualquer outro órgão ou entidade pública, inclusive de outro ente federado, poderá adquirir os itens que se encontram registrados em ata, desde que obedecidas algumas exigências legais.[12]

Tal situação é comumente conhecida como "carona", quando um órgão público que não participou da licitação se utiliza da ata para aquisição de um bem ou serviço.

Essa previsão legal possibilita que a Ata de Registro de Preços se caracterize como um "catálogo" de produtos sustentáveis, fazendo com que outros órgãos possam se beneficiar dos resultados obtidos pela compra compartilhada.

Inclusive, cabe observar que os participantes tiveram a preocupação de licitar mais de uma solução para substituir os copos plásticos comuns, podendo cada órgão analisar a melhor opção, levando em consideração inclusive os preços ofertados, e adquirir o material que melhor atende a sua necessidade.

6 Considerações finais

A compra compartilhada sustentável demonstra que é possível realizar uma compra economicamente eficiente e ambientalmente correta. Ainda, se mostrou um poderoso instrumento para o desenvolvimento nacional sustentável.

A experiência serve também como um aprendizado para aqueles órgãos que ainda não possuem capacitação, ou não têm conhecimento necessário para a inclusão de critérios de sustentabilidade nas licitações, e que poderão adquirir essa experiência conjuntamente com os demais órgãos participantes.

E quanto maior for a participação, maiores os resultados obtidos, na medida em que o maior volume de compra possibilita um menor preço ao final e um grupo de trabalho maior possibilita uma descrição dos itens mais apurada e eficiente.

Diante do sucesso do projeto, a perspectiva é de realização de uma segunda compra compartilhada por parte dos integrantes da rede,

---

[12] A previsão está contida no art. 22 do Decreto nº 7.892/13

aumentando-se o número de itens e com uma maior quantidade de participantes, tornando essa nova forma de contratar uma tendência em decorrência dos benefícios que dela advêm.

Referências

BOFF, Leonardo. *Sustentabilidade:* o que é o que não é. Rio de Janeiro: Vozes, 2012.

BRASIL. Conselho Nacional de Justiça. Resolução nº 201/2015. Disponível em: http://cnj.jus.br/busca-atos-adm?documento=2795. Acesso em: 01 ago. 2019.

BRASIL. Constituição da República Federativa do Brasil de 1988. Disponível em: http://www.planalto.gov.br/ccivil_03/constituicao/constituicao.htm. Acesso em: 01 ago. 2019.

BRASIL. Decreto 3.555, de 08 de agosto de 2000. Aprova o Regulamento para a modalidade de licitação denominada pregão, para aquisição de bens e serviços comuns. Disponível em: http://www.planalto.gov.br/ccivil_03/decreto/D3555.htm Acesso em 01 ago. 2019.

BRASIL. Decreto 7.892, de 23 de janeiro de 2013. Regulamenta o Sistema de Registro de Preços previsto no art. 15 da Lei nº 8.666, de 21 de junho de 1993. Disponível em: http://www.planalto.gov.br/ccivil_03/_ato2011-2014/2013/decreto/d7892.htm. Acesso em 01 ago. 2019.

BRASIL. Lei nº 8.666, de 21 de junho de 1993. Regulamenta o art. 37, inciso XXI, da Constituição Federal, institui normas para licitações e contratos da Administração Pública e dá outras providências. Disponível em: http://www.planalto.gov.br/ccivil_03/leis/l8666cons.htm . Acesso em 01 ago. 2019.

BRASIL. Ministério da Transparência e Controladoria-Geral da União. *Nota Técnica nº 1081/2017.* Disponível em: https://www.cgu.gov.br/noticias/2017/07/cgu-divulga-estudo-sobre-eficiencia-dos-pregoes-realizados-pelo-governo-federal. Acesso em: 01 ago. 2019.

BRASIL. Superior Tribunal de Justiça. *Guia Prático de Licitações Sustentáveis do STJ.* Disponível em: http://www.stj.jus.br/sites/portalp/Institucional/Gestao-Socioambiental/Licitacoes-Sustentaveis. Acesso em 01 ago. 2019

BRASIL. Tribunal de Contas da União. Resolução nº 268, de 4 de março de 2015. Disponível em: https://portal.tcu.gov.br/transparencia/sustentabilidade/. Acesso em: 01 ago. 2019.

BRUNDTLAND, G. H. (Org.) *Nosso futuro comum.* Rio de Janeiro: FGV, 1987.

RIBEIRO, Cássio Garcia; INÁCIO JÚNIOR, Edmundo. o mercado de compras governamentais brasileiro (2006-2017): mensuração e análise. *Texto para Discussão,* TD 2476. Brasília: IPEA, 2019. Disponível em: http://www.ipea.gov.br/portal/images/stories/PDFs/TDs/td_2476.pdf. Acesso em 06/11/2019

SILVA, Renato Cader da; BARKI, Teresa Villac Pinheiro. Compras públicas compartilhadas: a prática das licitações sustentáveis. *Revista do Serviço Público,* v. 63, n. 2, p. 157-175, 28 jan. 2014.

SILVA, Renato Cader. Compras compartilhadas sustentáveis: construindo um novo paradigma. Conselho Nacional do Ministério Público. Revista do 5º Congresso Brasileiro de Gestão do Ministério Público: Gestão por Resultados. Brasília: CNMP, 2014.

SILVA, Renato Cader. *Compras públicas sustentáveis*: uma experiência de compra sustentável compartilhada no Instituto de Pesquisas Jardim Botânico do Rio de Janeiro. Monografia. 4º lugar no 16º Concurso Inovação no Setor Público. Escola Nacional de Administração Pública – ENAP. 2011. Disponível em: http://repositorio.enap.gov.br/handle/1/378. Acesso em 06/11/2019.

SILVA, Renato Cader. *Compras públicas sustentáveis*: uma experiência compartilhada. Monografia. 1º lugar no Prêmio Ministro Gama Filho do Tribunal de Contas do Estado do Rio de Janeiro. 2016. https://www.tce.rj.gov.br/web/ecg/premio-ministro-gama-filho-20161

VILLAC, Teresa; BLIACHERIS, Marcos Weiss; SOUZA, Lilian Castro de (Coord.). Panorama de licitações sustentáveis: direito e gestão pública. 1. Reimpressão. Belo Horizonte: Forum, 2016.

WWF-Brasil. *Sustentabilidade:* Da teoria à prática. Disponível em: https://www.wwf.org.br/participe/porque_participar/sustentabilidade/. Acesso em 01 ago. 2019.

Informação bibliográfica deste texto, conforme a NBR 6023:2018 da Associação Brasileira de Normas Técnicas (ABNT):

LORO, Rodrigo de Souza. Sustenta Paraná. *In*: VILLAC, Teresa; BESSA, Fabiane Lopes Bueno Netto; DOETZER, Gisele Duarte (Coord.). *Gestão pública brasileira:* inovação sustentável em rede. Belo Horizonte: Fórum, 2021. p. 223-238. ISBN 978-65-5518-055-8.

ANÁLISE PRÉVIA DA SUSTENTABILIDADE NAS CONTRATAÇÕES PÚBLICAS

ADRIANA DA COSTA RICARDO SCHIER

CLÁUDIA DE OLIVEIRA CRUZ CARVALHO

1 Introdução

O Poder Público, na pessoa da Administração Pública, se amolda à estrutura constitucional vigente. Esta, por sua vez, e em conjunto com a estrutura infraconstitucional, representa os principais fundamentos, valores e princípios, percebidos como parâmetros e metas de Desenvolvimento do Estado Democrático de Direito. Surge, pois, entre os princípios, regras e valores que devem ser efetivados quando da atuação da Administração Pública, a promoção e proteção do ambiente equilibrado através do Desenvolvimento Sustentável.

Para além da análise do Desenvolvimento Sustentável enquanto *triple bottom line*, a perspectiva aqui adotada é aquela multifacetária, qual seja, o Desenvolvimento que tem por base os meios de promoção da área Ambiental, Econômica, Social, atrelados a todas as suas vertentes e correlações, a exemplo do Desenvolvimento Tecnológico. Assim, o que se espera é uma análise conjunta, sistêmica, de possíveis meios de promoção da sustentabilidade dentro da Administração Pública.

Nesse caminho, surgem diversos instrumentos possíveis de promoção do Desenvolvimento Sustentável para e pela Administração Pública, tais como a prática da logística reversa, o plano de reciclagem, a contratação de obra pública com a previsão do uso de lâmpada de baixo consumo, ou ainda a contratação pública sustentável.

No âmbito da contratação pública sustentável, ou ainda na licitação sustentável, existem várias formas para a promoção do Desenvolvimento Sustentável, sendo uma delas a utilização da Análise Prévia da Sustentabilidade. Para esse documento específico na etapa de planejamento segue o presente artigo, com o intuito de demonstrar sua necessidade e a eficiência do instrumento se aplicado de modo rotineiro e adequado.

2 As diretrizes observadas na análise prévia da sustentabilidade

Antes de verificar as faces da Análise Prévia da Sustentabilidade, cumpre conhecer os contornos jurídicos do Desenvolvimento Sustentável. É dizer, investigar o que se compreende juridicamente quanto à necessária análise da sustentabilidade nas contratações públicas. A medida abre espaço para análises de discricionariedade ou vinculação do gestor na atuação socioambiental, ou seja, saber se a análise é obrigatória ou não.

Nesse sentido, apresenta-se inicialmente o Desenvolvimento enquanto princípio constitucional. Ou seja, sua essencialidade ultrapassa sua localização constitucional espacial quando se trata de desenvolvimento, e se apresenta enquanto princípio constitucional. Ainda, cumpre esclarecer que na visão holística e multifacetária deste trabalho, falar em Desenvolvimento é considerar em si a própria Sustentabilidade, de modo que o termo Desenvolvimento, em sua melhor feição, fará as vezes sempre do trato sustentável neste ensaio.

O Desenvolvimento Sustentável enquanto princípio constitucional significa que a norma jurídica constitucional integra o conjunto de valores básicos da sociedade (FERREIRA, 2012, p. 57). Fala-se, então, em princípio do Desenvolvimento, seja como diretriz constitucional, seja enquanto estrutura normativa constitucional.

No enquadramento enquanto diretriz constitucional, cabe apontar que, segundo Espíndola (2002), os princípios formam os fundamentos do sistema jurídico. Cunha indica os princípios como a força matriz de determinada ordenação. São fatores de existência, organização e funcionamento de um sistema, irradiando suas opções valorativas sobre todos os seus elementos (CUNHA, 2003, p. 265).

Já na análise do princípio enquanto tipo de estrutura normativa, surge a relevância em se caracterizar uma norma enquanto norma constitucional e a consequente supremacia em relação às demais normas do ordenamento jurídico, assumindo o vértice do ordenamento.

É importante destacar que Canotilho (2010) apresenta interessante classificação dessas normas constitucionais, das quais se destacam para este estudo os princípios estruturantes, os quais são os que constituem e indicam as ideias diretivas básicas de toda a ordem constitucional. Ou seja, nessa construção do princípio da sustentabilidade este se apresenta enquanto princípio estruturante.

Ainda importante recordar a distinção entre os princípios e as regras. Estas são as normas jurídicas que indicam uma exatidão, sempre sendo satisfeitas ou não satisfeitas, possuindo determinações para o âmbito fático e jurídico, trabalhando com o tudo ou nada, exigindo o cumprimento na exata medida de suas prescrições. Princípios, a seu turno, indicam uma possibilidade de análise de valores e interesses, exigindo uma otimização na sua aplicação, podendo ser realizados em graus variados, dependendo ainda para sua realização de possibilidades fáticas e jurídicas. Fala-se em *mandamentos de otimização* (ALEXY, 2007, p. 87).

É, pois, a distinção maior entre princípios e regras esta indicação de que os princípios "são normas que ordenam que algo seja realizado na maior medida possível dentre das possibilidades jurídicas e fáticas existentes" (ALEXY, 2007, p. 90). Possuem um caráter *prima facie* e não um mandamento definitivo de como devem agir, e é nessa estrutura normativa que se encontra o princípio do Desenvolvimento Sustentável. Não há, por consequência, que se falar na não aplicação da sustentabilidade na contratação pública, como se regra fosse. O que existe é o dever de aplicação sempre e da melhor maneira possível, como princípio constitucional que é.

Com essa carga de exigência, Canotilho (2010) destaca que o ambiente de Estado Socioambiental precisa da promoção de novas formas de estímulos destinadas a incentivar novos programas em prol da sustentabilidade, tais como efetivação de políticas de energia que tenha por base recursos renováveis. Esses estímulos, porém, uma vez que podem ser compreendidos enquanto preferências, devem atentar para os próprios limites normativos desse Estado Socioambiental, de tal forma que uma atuação ativa visando concretizar o princípio do Desenvolvimento Sustentável não venha a violar outros princípios estruturantes do Estado, como o princípio do Estado de Direito.

O princípio do Desenvolvimento Sustentável, assim, obriga, independentemente de regulamentação legal específica, ação voltada à concretização do desenvolvimento material e imaterial, "socialmente inclusivo, durável, equânime, ambientalmente limpo, inovador, ético e eficiente no intuito de assegurar, preferencialmente de modo preventivo e precavido, no presente e no futuro, o direito de bem-estar físico, psíquico e espiritual, em consonância homeostática com o bem de todos" (FREITAS, 2011, p. 45). Integra parte da estrutura básica da ordem jurídica, social, econômica e ambiental, desembocando como um emergente princípio de transformação para as questões sociais, econômicas e ambientais da sociedade global (FERRER, 2008).

Bosselmann aponta que o princípio da sustentabilidade, em sua dimensão estrita ambiental, adquire sua qualidade normativa na medida em que reflete um fundamental respeito pela integridade ecológica (BOSSELMAN, 2008, p. 53). É, pois, enquanto princípio estruturante, instrumento normativo relevante na proteção dos direitos fundamentais (COELHO, 2011, p. 261-291).

Thiago Pereira de Freitas declara que o Desenvolvimento Sustentável "visa a chegar num Estado melhor, mais completo e mais complexo do que se observava anteriormente; busca organizar os recursos ambientais, sociais e econômicos de uma forma integrada, sinérgica e homeostática, dentre outros" (FREITAS, 2014, p. 161).

Nesse contexto apresentado, conclui-se que o Desenvolvimento foi e está sendo incorporado no ordenamento brasileiro nas diversas frentes a partir do mandamento constitucional, visando criar uma rede de concretização dos preceitos defendidos pela Carta Constitucional. Muito além da estreita proteção ambiental, o ordenamento brasileiro "pretende que a sustentabilidade fixe os pressupostos (sociais, econômicos, ambientais, jurídico-políticos e éticos) de conformação do Desenvolvimento constitucionalmente aceitável" (CAVALCANTI, 2003, p. 21). É a necessidade da efetividade máxima do Desenvolvimento (GUERRA, 2010, p. 80) e de "substituir o modelo de desenvolvimento fundamentado exclusivamente no desenvolvimento econômico..." (DELGADO, 2001, p. 18).

A relevância, pois, no enquadramento estrutural normativo do Desenvolvimento enquanto princípio constitucional está também nessas consequências de sua distinta eficácia jurídica, atrelada a sua aplicabilidade máxima e direta em todas as atuações do Estado, representando não somente um contínuo e necessário caminho na concretização dos direitos, inclusive fundamentais, mas também um filtro valorativo em todas as novas demarcações do Estado, ou por meio de seus representantes, a exemplo da Administração

Pública. É o reconhecimento da aplicação da norma constitucional do Desenvolvimento, a partir da aplicação sistemática, na sua máxima medida possível, em busca de sua eficácia jurídica nas contratações públicas, por exemplo.

Passada a análise jurídica do Desenvolvimento Sustentável, cumpre verificar o real significado da proteção ao Desenvolvimento Sustentável, ou seja, compreender sua materialidade e o que deverá ser pesquisado na Análise Prévia da Sustentabilidade aqui estudada.

Por anos, quando se falava em Desenvolvimento Sustentável, costumeiramente se tratava de atitudes de direta proteção ambiental. Todavia, hoje se reconhece a evolução dos termos, não se admitindo mais um Desenvolvimento Sustentável atrelado unicamente à promoção e proteção do meio ambiente ecologicamente equilibrado. Agregaram-se dimensões outras ao Desenvolvimento Sustentável.

Tradicionalmente, fala-se em *triple bottom line*, o qual traduz a ideia de proteção ambiental, econômica e social do Desenvolvimento. Nessa linha, há uma conexão entre as dimensões de modo que as proteções sociais não seguem sem as proteções ambientais, as ambientais não seguem sem as econômicas e assim cada uma com todas. Há uma maturidade no trato do Desenvolvimento Sustentável, de modo que hoje existe uma visão holística, a qual abarca o desenvolvimento da sociedade em si.

Arjun Sengupta, nessa visão não estritamente econômica, conceitua o Desenvolvimento como um processo individual onde todos os direitos humanos e as liberdades fundamentais podem ser realizadas (SENGUPTA, 2008). Milena Fachin também faz conexão do Desenvolvimento com a ideia de processo emancipatório, citando que o desenvolvimento abarca uma natureza social, econômica, cultural, política e ambiental, existindo para a satisfação das necessidades humanas (FACHIN, 2013, p. 180). Falar em Desenvolvimento então é não ignorar todas as conexões que formam o todo em prol da dignidade humana (DELGADO, 2001, p. 92).

Nessa percepção, é possível hoje seguir com as bases do *triple bottom line* (econômico, social e ambiental), permitindo, porém, o reconhecimento de outras frentes decorrentes destas, tais como o Desenvolvimento Sustentável Tecnológico, Cultural, Jurídico, Político e Ético.

Nesses termos, o que se apresenta é um quadro interdisciplinar no conteúdo amplo da sustentabilidade, possuindo "um conceito sistêmico, relacionado com a continuidade dos aspectos econômico, sociais, culturais e ambientais da sociedade humana" (LIMA, 2006, p. 06).

A sustentabilidade, então, deve ser reconhecida como uma questão sistêmica de sentido amplo. Nas palavras de Juarez Freitas, a sustentabilidade deve ser compreendida dentro de um quadro de multidimensões justamente porque o bem-estar desejado é multidimensional (FREITAS, 2011, p. 57). Assim, para o autor, a sustentabilidade se desdobra em feições política-jurídica, ética, econômica, ambiental e social. Destas, destaca-se a relevância e inovação da percepção ética, uma vez que ela se detém em todas as outras feições.

Nessa esteira, torna-se necessário reconhecer a materialidade do Desenvolvimento Sustentável, seguindo aqui a base das três principais dimensões.

Sustentabilidade ambiental é, historicamente, sinônimo do processo de preservação do Ambiente Ecologicamente Equilibrado. É, pois, a proteção ambiental o objetivo amplo e restrito da sustentabilidade. Nesse sentido, a Política Nacional do Meio Ambiente – Lei nº 6.938/81 aparece como base normativa brasileira para as ações estatais que visam à preservação, melhoria e recuperação da qualidade ambiental.

A sustentabilidade nessa dimensão tem compromisso com uma qualidade de vida e longevidade em um ambiente não degradado, apresentando relação ainda com as questões de hiperconsumo e produção em massa, especialmente nos países ricos, e a necessidade imediata de mudanças que resguardem a presente e as futuras gerações (FREITAS, 2011, p. 18). Canotilho se dirige a essa sustentabilidade contextual como a sustentabilidade em sentido restrito, ou ecológico, a qual "aponta para a proteção/manutenção a longo prazo de recursos através do planejamento, economização e obrigações de conduta e de resultados". (CANOTILHO, 2010, p. 09).

Já a sustentabilidade econômica visa ao processo entre custos e benefícios, economicidade, consumo e produção, eficiência gerencial, e uma regulação de mercado que promova a emancipação econômica atrelada ao Desenvolvimento Sustentável (FREITAS, 2011, p. 64). É o combate às externalidades negativas da economia (MACIEL, 2015, p. 163). Nesse ponto, a Agenda 21 apresenta alguns parâmetros a serem percorridos pela atividade econômica, indicando a necessidade de um comércio que seja "multilateral, aberto, equitativo, não discriminatório e previsível, compatível com os objetivos do desenvolvimento sustentável (ambiental) e que resulte na distribuição ótima da produção mundial...". Clovis Cavalcanti explica que o caminho para uma sociedade ecologicamente sustentável, nessa dimensão ampla já apresentada, "não pode ser calcado em um sistema como o do mecanismo de mercado. Necessita-se aqui de um modelo biofísico da economia, uma visão do processo econômico submetido a regras compatíveis com as leis da natureza..." (CAVALCANTI, 1996, p. 328).

Por fim, a dimensão social da sustentabilidade aparece como a que impede distinções despropositadas entre os cidadãos, a que promove a equidade, a inclusão e o reconhecimento social da proteção ambiental. Não se admite, a partir dessa dimensão, uma promoção ao Desenvolvimento de modo irresponsável em relação aos demais. Instiga-se aqui a educação socioambiental da sociedade. Há, sim, uma possibilidade de alguma distinção entre os pares, porém desde que essa distinção auxilie o próprio Desenvolvimento das potencialidades dos menos favorecidos (FREITAS, 2011, p. 58). Citam-se, por exemplo, as ações afirmativas do Estado nas contratações de pessoas portadoras de deficiência física, ou ainda a exigência de replantio para as empresas fabricantes de papel.

Cumpre esclarecer e trazer à baila que Juarez Freitas explora ainda as dimensões éticas e jurídico-políticas da sustentabilidade. Segundo o jurista, a dimensão ética exige o dever de agir de modo benéfico, em cooperação. Nesta linha também Teresa Villac com o entendimento da compra do Estado como aquela que visa atender o interesse público e não apenas a finalidade da Administração (VILLAC, 2019, p. 77). Já a dimensão jurídico-política diz respeito sobremaneira ao dever do Estado da tutela jurídica da sustentabilidade, exigindo um redesenho da atuação do Estado em prol do Desenvolvimento Sustentável (FREITAS, 2011, p. 69-71).

Nesse contexto, e na assertiva da existência das diversas faceta integradas da sustentabilidade, resta mencionar também a dimensão cultural da sustentabilidade, a qual foi trazida para o aparato jurídico das contratações públicas através do Decreto nº 10.024/2019 que regula o Pregão Eletrônico. Segundo o art. 2º, parágrafo primeiro, as contratações públicas devem atender no mínimo, para além do trato ambiental, social e econômico, também a dimensão cultural da sustentabilidade.

Falar da face cultural da sustentabilidade nas contratações públicas é, em primeira medida, o reconhecimento da importância da tradição, do quadro histórico e dos valores, bem como a permissão do ingresso das inovações (SACHS, 1993, p. 32). Esse contexto, quando alocado na Administração Pública, exige considerar a realidade de cada órgão, sua identidade na sociedade, e seu histórico de contratação, por exemplo, atrelando às possibilidades de inovação. Segundo o Guia Nacional de Contratações Sustentáveis, a dimensão cultural "refere-se ao equilíbrio entre o respeito às tradições e a inovação, bem como a capacidade de elaboração de projetos que sejam nacionais e não meramente cópias de modelos externos e sem adequação" (AGU, 2019).

Assim, embora a vertente clássica apresente o Desenvolvimento Sustentável como trato ambiental, econômico e social, é possível identificar e promover outras leituras da sustentabilidade integrada. Ainda, para a realidade das contratações públicas, com a inovação do decreto do Pregão Eletrônico, torna-se obrigatório não somente atender as dimensões econômicas, sociais e ambientais nas contratações públicas, mas também a dimensão cultural.

A sustentabilidade, desse modo, pode apresentar caminhos com as diversas dimensões aqui abordadas, demonstrando que os aspectos dialogam entre si. É, pois, um conceito dinâmico, que se faz presente onde há espaço para uma discussão protetiva da sociedade e seu meio, encontrando frentes diversas no decorrer do tempo.

O Desenvolvimento, assim, qualificado aqui como sustentável, foi e está sendo incorporado no ordenamento brasileiro nas mais variadas frentes, visando criar uma rede de concretização dos preceitos defendidos pela Carta Constitucional. Muito além da estreita proteção ambiental, o ordenamento brasileiro "pretende que a sustentabilidade fixe os pressupostos (sociais, econômicos, ambientais, jurídico-políticos e éticos). de conformação do desenvolvimento constitucionalmente aceitável" (CAVALCANTI, 2003, p. 21). É a necessidade da efetividade do desenvolvimento (GUERRA, 2010, p. 80).

Com isso, a proteção do Desenvolvimento Sustentabilidade nas dimensões cultural, econômica, social e ambiental recebe em si, por consequência do enquadramento enquanto princípio constitucional, todo o regime jurídico dos princípios, conquistando, entre outras coisas, o dever de ser imediatamente ativa, fazendo e protegendo desde logo. Nesse passo, a atuação direta do Estado torna-se a maior responsável pela efetividade dessa proteção, e aqui, especificamente, adquire responsabilidade socioambiental no campo das contratações públicas.

3 A prática da análise prévia da sustentabilidade

Como base para a verificação de como e quando deve ser realizada a análise prévia da sustentabilidade, torna-se importante recordar alguns conceitos relacionados à contratação pública.

Sobre o seu regime, sabe-se que a contratação pública está permeada pela indisponibilidade do interesse público e a supremacia do interesse público sobre o privado. Desses, cumpre trazer à baila a distinção sempre moderna entre o Interesse Público Primário e Secundário, ambos de extrema relevância para esse estudo da Análise Prévia da Sustentabilidade, haja vista o Estado só poder movimentar-se através da função administrativa quando o interesse em questão for condizente com o interesse primário.

Assim, recorda-se que o interesse público primário diz respeito ao interesse da sociedade como um todo e que merece ser validado. É o interesse público consagrado em lei e entregue ao Estado para ser seu representante. Já o interesse público secundário forma-se no próprio aparelho estatal, na entidade personalizada. Esse interesse secundário terá vez sempre desde que corresponda também ao interesse público primário. Ou seja, não há um querer da Administração em se atentar ao interesse secundário subjugando o interesse primário. É dizer que o Estado não pode, enquanto mera vontade, não efetuar uma determinada diretriz ambiental sob o pretexto de estar agindo conforme a vontade da Administração.

Com esse quadro, e nessa diretriz de dever do Estado, quando analisada a licitação em sentido amplo de contratação pública, ou seja, processos de inexigibilidade, dispensa de licitação, despesas de pequeno vulto e certames licitatórios, é importante firmar o entendimento de que a análise prévia da sustentabilidade deverá ser realizada em todos os modos que resultem contratações públicas.

Assim, já indicada a materialidade da análise prévia da sustentabilidade, qual seja, seus aspectos ambientais, econômicos, sociais e culturais, cumpre agora apontar o melhor momento para esse estudo, debate e formalização.

Conhecendo as fases interna e externa da licitação, a análise prévia da sustentabilidade inicialmente só faz sentido se realizada na fase interna da contratação, haja vista existir possibilidade de alteração da demanda antes de ser publicada aos fornecedores. Para os casos de contratação direta, a análise segue sendo viável antes do momento da seleção do fornecedor, seja por compatibilidade de preço diante das exigências socioambientais, seja por necessária competitividade com as especificações qualitativas do objeto socioambiental.

Seguindo, e destacados os momentos seguintes do certame, tais como a preliminar instrução processual, a análise jurídica pela controladoria interna, a confecção dos documentos do certame (ex., edital e minuta de contrato), a seleção do fornecedor (ex., fase de lances), homologação, gestão e fiscalização do contrato, é importante reconhecer qual fase trata diretamente da construção do objeto a ser contratado, uma vez que a análise só poderá ser efetivada quando da exatidão ou ao menos contornos do seu objeto. Assim, tem-se que o melhor momento para o estudo e confecção da análise prévia da sustentabilidade é em momento posterior à elaboração dos Estudos Preliminares e antes da confecção do Termo de Referência.

A necessidade dos Estudos Preliminares surgiu inicialmente com a Instrução Normativa nº 04/2014 SLTI destinada diretamente às contratações de soluções de TI. Na sequência, a ideia foi incorporada na Instrução Normativa nº 05/2017-SEGES/MPDG, a qual traz as diretrizes das contratações de serviços com cessão de mão de obra. Nesse cenário é importante destacar que os Estudos Preliminares representam mais que uma obrigação processual interna quando da realização da contratação pública. Os Estudos Preliminares seguem como a formalização do Planejamento da contratação pela Administração Pública e em assim sendo, não estão vinculados unicamente àquele tipo de certame a que se refere a IN nº 05/2017-SEGES/MPDG. Enquanto ideia e boa prática, é instrumento possível para todas as contratações da Administração, inclusive as de pequena monta, como os casos de dispensa de licitação, com as suas devidas adaptações.

Com o objeto estruturado após a confecção dos Estudos Preliminares, bem como a apresentação de justificativa da demanda, requisitos, estimativa de quantidades, pesquisa de mercado inicial, justificativa da solução, declaração da viabilidade e outros, conforme art. 24 da IN nº 05/2017 SEGES/MPDG, torna-se possível analisar a sustentabilidade do objeto quando da conclusão deste documento. Eventualmente algum objeto mereça destaque da análise da sustentabilidade antes de finalizada a pesquisa de mercado inicial, pelas peculiaridades e impactos da composição ou obrigações do objeto. De todo modo, em regra geral, o momento segue como ideal, uma vez que o próximo passo será a confecção do Termo de Referência, o que deverá apresentar com exatidão as qualidades do objeto, obrigações da contratada, valores estimados, entre outros, os quais podem ter sido alterados por consequência na análise prévia da sustentabilidade formalizada anteriormente.

Já quanto ao conteúdo da análise da sustentabilidade, essa inicialmente trabalhará com as quatro dimensões aqui destacadas do Desenvolvimento Sustentável, quais sejam, a base econômica, ambiental, cultural e social da contratação. Eventualmente, a demanda pode apontar para outras bases, como a análise tecnológica ou ainda aspectos jurídicos.

Com essas diretrizes em mente, inicialmente cumpre analisar a dimensão cultural da demanda, verificando se o objeto que se propõe condiz com a identidade do órgão e se agrega valores de inovação na solução apresentada. É investigar se o objeto, por exemplo, fomenta a inovação no órgão com produto de menor impacto ou exige o uso racional, ou ainda a contratação de solução de TIC que esteja em conformidade com os costumes e idioma da Administração (AGU, 2019).

Passada a análise cultural, a análise deve confrontar o objeto inicialmente quanto a seus requisitos ambientais. É importante esclarecer que esse momento ambiental poderá, inclusive, indicar a substituição do objeto pretendido por objetos reconhecidamente mais socioambientais, como, por exemplo, a substituição da demanda de lâmpadas comuns para a indicação da demanda de LED.

Finalizada a análise ambiental, seja com a alteração do objeto ou apenas com seu reconhecimento, cumpre seguir para os parâmetros econômicos da demanda. Nesse ponto, entre as possibilidades, está a análise da participação de fornecedores de Microempresas e Empresas de Pequeno Porte, reunião de demandas com objetos similares, garantindo a economia processual, ou ainda análise pontual dos orçamentos e valores apresentados.

Por fim, o estudo é finalizado com os aspectos sociais da contratação, seja em âmbito interno, relacionado ao quadro de servidores públicos, seja em âmbito externo, relacionado aos contratados ou à sociedade impactados. Nesse sentido, torna-se possível reconhecer que a contratação de determinado curso de capacitação de servidor atua em prol do Desenvolvimento Sustentável Social naquela unidade. Ainda, enquanto outras possibilidades, a análise pode indicar percentual mínimo de contratação de pessoas portadoras de deficiências físicas para a demanda de contratação de recepcionistas.

Percebe-se que o que se destacou foram ideias a serem trabalhadas nas demandas que surgirem na Administração Pública. É dizer que existem infinitas possibilidades de análise da sustentabilidade diante das infinitas demandas possíveis. Eventualmente as demandas de terceirização contarão com vários aspectos significativos das obrigações contratuais, como a orientação de seus funcionários para os métodos de reciclagem, a logística reversa na contratação de aquisição de cartuchos, a preferência de embalagens retornáveis, e exclusão de itens com resíduos potencialmente poluidores, entre outros.

Resta primordial verificar que não é o modo de elaborar a análise prévia da sustentabilidade o que torna sua utilização essencial, mas sim essa obrigação do olhar sustentável da Administração em cada demanda. Ainda é importante destacar que quando analisada a demanda, essa possivelmente indicará uma vertente da sustentabilidade em prevalência a outra, ou ainda indicará que não há o que se exigir ou alterar do objeto. Essa análise que não sugeriu alteração no objeto ou eventualmente não reconheceu nenhuma proteção socioambiental também tem seu valor no Estado Socioambiental, uma vez que afirma que em que pese não há o que ser feito de socioambiental naquela contratação, o Estado cumpriu seu dever-poder de aplicar o filtro do princípio do desenvolvimento sustentável em todas as suas atuações.

Nesse intento, a Administração Pública tem procurado concretizar as contratações sustentáveis por meio de critérios que atendam o objetivo do Desenvolvimento Sustentável, bem como tem promovido o incentivo dessas práticas através dos mais diversos canais de comunicação com o cidadão e com os fornecedores. Em estudos estatais especializados nesse intento, tal qual a segunda edição do *Guia Nacional de Contratações Sustentáveis – AGU*, é possível verificar diversos critérios de sustentabilidade de uma grande gama de objetos contratados pela União.

Assim, orienta-se para que quando do início da análise da sustentabilidade, seguindo os parâmetros de iniciar com a análise da dimensão cultural, aspectos ambientais, econômicos e finalizar com os possíveis tratamentos sociais, o servidor responsável se utilize dos guias existentes em relação ao objeto determinado, ou ainda guias gerais da Administração. A medida visa recuperar, por vezes, os normativos necessários àquele tipo de contratação. É falar em dimensão jurídica do Desenvolvimento Sustentável através da contratação.

Como modo de apontar possíveis caminhos em uma futura análise prévia da sustentabilidade, o que exige concentração na fase do planejamento sustentável – escolha do objeto socioambiental, análise econômica, social e ambiental, diretrizes de execução e fiscalização contratual – sugere-se iniciar a estrutura de análise sustentável da contratação através do seguinte *checklist*:

(continua)

ANÁLISE PRÉVIA DA SUSTENTABILIDADE	SIM/NÃO
1. O objeto foi definido após confecção dos Estudos Técnicos Preliminares ou documento similar de planejamento?	
1.1 Na fase de planejamento, contratar se mostrou a melhor solução para a demanda apresentada?	
1.2 A solução foi escolhida na fase de planejamento e após análise de outras soluções possíveis, sendo a atual a mais sustentável?	
1.3 O objeto pretendido condiz com a identidade do órgão e agrega valores de inovação, conforme diretiva da dimensão cultural?	
1.4 Existem critérios socioambientais da contratação no corpo dos Estudos Técnicos Preliminares?	
2. O objeto identificado possui critérios específicos socioambientais? Ambientais, Sociais, Culturais ou Econômicos?	
2.1 Em consulta à segunda ed. *Guia Nacional de Licitações Sustentáveis* da AGU, foi identificada diretriz específica sobre o objeto?	
2.2 As diretrizes ambientais, culturais, sociais e econômicas identificadas no Guia AGU e outros foram identificadas para inserção no Termo de Referência e/ou Edital?	
3. Os orçamentos do objeto pretendido foram analisados criticamente?	
3.1 As propostas apresentadas são válidas para analisar a sustentabilidade econômica do certame?	
3.2 A licitação deverá seguir o rito exclusivo para certame de Microempresas e Empresas de Pequeno Porte – ME/EPP?	
3.3 Foi apresentada justificativa para o afastamento da licitação exclusiva ME/EPP?	
3.4 Os valores envolvidos exigem a promoção do certame licitatório, afastando a possibilidade da contratação direta?	
4. Em sendo contratação de serviços com mão de obra exclusiva, foi indicada a responsabilidade da empresa para com a educação ambiental de seus funcionários na execução dos serviços?	
4.1 Segue como obrigação da empresa a capacitação dos funcionários no manejo dos recursos naturais, tais como uso da energia elétrica e água?	

(conclusão)

ANÁLISE PRÉVIA DA SUSTENTABILIDADE	SIM/NÃO
4.2 Foi identificada como obrigação da empresa a orientação de seus funcionários quanto ao manejo inicial da gestão de resíduos sólidos da Administração?	
4.3 Segue como obrigação da contratada a comprovação de capacitação de seus funcionários quanto às diretrizes sustentáveis previstas para a execução dos serviços?	
5. Em sendo contratação para fornecimento, foi identificada a obrigação da logística reversa para o objeto?	
6. Em sendo contratação de obras, foi mensurado o plano da gestão de resíduos sólidos, reuso e aproveitamento?	
7. As indicações e diretrizes da análise prévia da sustentabilidade foram incorporadas no processo de contratação?	
7.1 O Termo de Referência apresentou medidas socioambientais para a contratação, tais como novas obrigações da contratada?	
7.2 O Edital apresentou critérios específicos relacionados ao certame licitatório, tais como licitação exclusiva ME/EPP?	
8. Foram indicados no processo os caminhos para a execução e fiscalização sustentável do objeto contratado?	
9. As medidas socioambientais foram aprovadas pelo Ordenador de Despesas?	

As sugestões são exemplificativas e têm o condão de indicar a sustentabilidade nos quatro grandes momentos da demanda pública, quais sejam, o planejamento, a seleção, a gestão e a fiscalização do contrato. Ainda, o *check list* surge como um possível roteiro para a posterior confecção do documento Análise Prévia da Sustentabilidade, ou seja, a sugestão da tabela não substituiu a formalização do documento aqui estudado.

Cumpre lembrar que a ênfase em cada uma destas etapas se dará conforme o objeto pretendido. É falar que eventualmente existirão objetos planejados de modo sustentável, porém sem critérios objetivos de sustentabilidade, a exemplo das demandas que apenas redimensionam as quantidades inicialmente previstas. Por fim, é mister destacar que todo porte de demanda exige a análise socioambiental, em maior ou menor medida, ou seja, a análise prévia da sustentabilidade será realizada de modo eventualmente mais simplificada em uma contratação direta por inexigibilidade e de modo mais integral nos certames para obras públicas.

Com essas vertentes, resta destacar as características do servidor público que irá realizar a análise prévia da sustentabilidade, o qual deverá, em primeira medida, compreender a relevância das atuações do Estado em prol do Desenvolvimento Sustentável, bem como, e por consequência, as atuações da Administração na proteção socioambiental.

Nesse sentido, o servidor deverá ser necessariamente capacitado em temas relacionados ao Desenvolvimento Sustentável na Administração Pública, tais como o movimento internacional em prol da licitação sustentável e sua relação com os ODS da Agenda 2030 - Organização as Nações Unidas, bem como com a direta e local instrumentalidade da contratação sustentável para a promoção das políticas públicas socioambientais.

Já quanto à função exercida pelo servidor, é possível que a pessoa responsável pela elaboração da análise prévia da sustentabilidade faça parte da unidade socioambiental do órgão, o que torna mais prática a análise. Nesse sentido, o Tribunal de Contas da União vem há tempos destacando a importância da criação das unidades socioambientais na Administração Pública, inclusive para o planejamento e execução do Plano de Logística Sustentável da Unidade. Através do Acórdão nº 1.056/2017, a Corte de Contas destacou a necessidade da implementação de unidades de sustentabilidade em caráter permanente, as quais devem ser compostas por servidores com perfil técnico para os assuntos socioambientais.

Todavia, reconhecendo a realidade da maioria das unidades gestoras do Estado e a inexistência do setor socioambiental, conclui-se que o servidor melhor adaptado para investigar e propor o tratamento socioambiental da demanda através da análise prévia da sustentabilidade é aquele que exerce suas funções entre os setores de planejamento e licitação, possibilitando identificar tanto diretrizes logísticas quanto de contratação em sentido estrito.

Com esse quadro, a análise prévia da sustentabilidade torna-se modo objetivo da Administração se relacionar com os aspectos socioambientais em todas as suas demandas, sejam essas de pequena monta através de cartões de suprimento, de dispensas ou inexigibilidades de licitação, sejam elas os usuais contratos de terceirização de recepcionistas, limpeza ou vigilância, ou sejam ainda as demandas de obras públicas e inovações tecnológicas. É dizer que em se contratando, será contratado de modo sustentável, com o crivo do Estado Socioambiental.

4 Considerações finais

A aproximação constitucional no Direito Administrativo fez com que o gestor público passasse a contar com uma atuação mais pautada na busca da concretização dos valores e princípios protegidos na Constituição. Houve, pois, um afastamento da legalidade estrita e uma aproximação da legalidade sistêmica do ordenamento jurídico, bem como a atuação em busca da promoção dos princípios constitucionais.

Nesse cenário, a atuação da Administração Pública passou a ser meio de concretização também de outros fins não diretamente ligados a suas atividades finalísticas, tais como as contratações públicas sustentáveis aqui analisadas. A promoção e proteção ao Desenvolvimento Sustentável passaram a integrar a finalidade das contratações, concretizando aqueles valores, inovando, estimulando fornecedores para objetivos socioambientais, ensinando valores sustentáveis à sociedade e, materialmente, trabalhando em prol da preservação ambiental, social, econômica, cultural e tecnológica em cada redução de riscos conquistada. É dizer que a Administração contraiu um dever de promover o princípio constitucional do Desenvolvimento Sustentável, e isso de modo permanente e da melhor maneira possível.

Assim, para além dos caminhos normativos em prol do Desenvolvimento Sustentável na contratação pública, nasce a necessidade de revisitar constantemente novos meios, critérios e especificações técnicas que permitam a maximização desse princípio constitucional. Surge, dessa forma, o instrumento da análise prévia da sustentabilidade. Ora, o que se pretende é lançar os olhos da sustentabilidade sobre todas as demandas do maior comprador nacional, qual seja, o Estado.

A análise prévia da sustentabilidade torna-se meio viável para verificar as diferentes frentes possíveis de proteção socioambiental decorrentes das mais variadas demandas de contratação pelo Estado. O documento que sistematiza a análise prévia, além de formalizar a preocupação socioambiental da Administração no processo específico, é, eventualmente, meio de alteração processual em prol das medidas socioambientais. Ou ainda, traduz o reconhecimento de que quando da realização da análise prévia da sustentabilidade surge a figura da Administração presente e ativa nos caminhos socioambientais da contratação pública.

Enquanto desafio, segue a necessária atuação dos líderes da Administração na difusão desse olhar sustentável através desse instrumento, o qual não trabalha apenas com as dimensões sociais, ambientais, culturais e econômicas da contratação pública em análise, mas também com a educação socioambiental dos servidores envolvidos na fase interna, das equipes de consultoria, dos fornecedores e da sociedade quando do conhecimento do objeto pretendido pelo Estado. Ou seja, é a precisa e urgente percepção do gestor enquanto autoridade da governança socioambiental da Administração.

Referências

ALEXY, Robert. *Teoria de los derechos fundamentales*. 2. ed. Madri: Centro de Estudios Políticos y Constitucionales, 2007.

BOSSELMANN, Klaus. *The Principle of Sustainability*: transforming law and governance. Ashgate: Hampshire, 2008.

CANOTILHO, José Joaquim Gomes. O princípio da sustentabilidade como princípio estruturante do direito constitucional. *Revista de Estudos Politécnicos*. v. VIII, n. 13, 2010.

CAVALCANTI, Clóvis. Breve Introdução à Economia da Sustentabilidade. *In*: CAVALCANTI, Clóvis (Org.). *Desenvolvimento e natureza*: estudos para uma sociedade sustentável. São Paulo: Cortez, 2003.

CAVALCANTI, Clovis. Desenvolvimento e respeito a natureza: uma introdução termodinâmica à economia da sustentabilidade. *In*: VIOLA, Eduardo; COSTA, Leila da (Org.). *Incertezas de sustentabilidade na globalização*. Campinas: UNICAMP, 1996.

COELHO, Saulo de Oliveira Pinto; ARAUJO, Andre Fabiano Guimarães de. A sustentabilidade como princípio constitucional sistêmico e sua relevância na efetivação interdisciplinar da ordem constitucional econômica e social: para além do ambientalismo e do desenvolvimentismo. *Revista da Faculdade de Direito de Uberlândia*. Uberlândia, n. 1, v. 39, 2011.

CUNHA, Sergio Servulo. O que é princípio. *In*: GRAU, Eros Roberto. CUNHA, Sergio Servulo da (Coord.). *Estudos de Direito Constitucional*: em homenagem a José Afonso da Silva. Malheiros: São Paulo, 2003.

DELGADO, Ana Paula Teixeira. *O direito ao desenvolvimento na perspectiva da globalização*: paradoxos e desafios. Rio de Janeiro: Renovar, 2001.

ESPINDOLA, Ruy Samuel. *Conceito de Princípios Constitucionais*. 2. ed. rev. atual. ampl. São Paulo: RT, 2002.

FACHIN, Milena Girardi. *Direito humano ao desenvolvimento*: universalização, ressignificação e emancipação. Tese Pontifícia Universidade Católica de São Paulo. São Paulo, 2013.

FERREIRA, Daniel. *A licitação pública no Brasil e sua nova finalidade legal:* a promoção do desenvolvimento nacional sustentável. Belo Horizonte: Fórum, 2012.

FERRER, Gabriel Real. El derecho ambiental y el derecho de la sostenibilidad. *In: Programa Regional de Capacitacion en Derecho y Políticas Ambientales.* Asunción: ONU, 2008.

FREITAS, Thiago Pereira de. *Sustentabilidade e as contratações públicas.* Rio de Janeiro: Lumen, 2014.

FREITAS, Juarez. *Sustentabilidade:* direito ao futuro. Belo Horizonte: Fórum, 2011.

GUERRA, Sidney. Desenvolvimento Sustentável nas três grandes conferências internacionais de ambiente da ONU: o grande desafio no plano internacional. *In:* GOMES, Eduardo Biacchi; BULZICO, Bettina (Org.). *Sustentabilidade, desenvolvimento e democracia.* Ijuí: Unijuí, 2010.

LIMA, Sergio Ferraz. Introdução ao conceito de sustentabilidade: aplicabilidade e limites. *Caderno da Escola de Negócios das Faculdades Integradas do Brasil,* v. 4, n. 4, jan./dez., 2006.

MACIEL, Marcela Albuquerque. Licitação para a promoção do desenvolvimento sustentável. *Revista de Direito e Política,* ano XIII, v. 22, jan./dez., 2015.

MACHADO, Alessandro Q. (Coordenador da 2ª edição). *Guia Nacional de Contratações Sustentáveis.* Brasília: AGU, setembro, 2019.

MELLO, Celso Antonio Bandeira de. *Curso de Direito Administrativo.* 25. ed. rev. e atual. São Paulo: Malheiros, 2007.

SACHS, Ignacy. Estratégias de transição para o século XXI. *In:* BURSZTYN, M. *Para pensar o desenvolvimento sustentável.* São Paulo: Brasiliense, 1993.

SENGUPTA, Arjun. O direito ao desenvolvimento como um direito humano. *Revista da Social Democracia Brasileira,* n. 68, março 2002.

Informação bibliográfica deste texto, conforme a NBR 6023:2018 da Associação Brasileira de Normas Técnicas (ABNT):

SCHIER, Adriana da Costa Ricardo; CARVALHO, Cláudia de Oliveira Cruz. Análise prévia da sustentabilidade nas contratações públicas. *In:* VILLAC, Teresa; BESSA, Fabiane Lopes Bueno Netto; DOETZER, Gisele Duarte (Coord.). *Gestão pública brasileira:* inovação sustentável em rede. Belo Horizonte: Fórum, 2021. p. 239-256. ISBN 978-65-5518-055-8.

A GESTÃO DE RESÍDUOS NA UNIVERSIDADE FEDERAL DO PARANÁ E OS ASPECTOS SOCIOAMBIENTAIS

REGINA CÉLIA ZANELATTO

1 Introdução

A preservação ambiental e a adoção de políticas visando à sustentabilidade passaram a ser uma necessidade universal na preservação da espécie humana. O crescimento econômico e populacional, além do consumo desenfreado, são fatores determinantes para o aumento da geração de resíduos sólidos urbanos, os quais têm gerado grande preocupação, pois necessitam de tratamento e destinação final ambientalmente adequados.

Nos últimos anos, esses resíduos apresentam-se como um dos principais problemas urbanos, uma vez que o descarte e disposição inadequada provocam diversos impactos ambientais, sociais, econômicos e sanitários, podendo afetar a saúde da população.

A adesão aos critérios de Sustentabilidade pela Administração Pública Federal tem levado diversos órgãos públicos a promover o correto gerenciamento de resíduos gerados, em decorrência dos impactos provocados por suas atividades. Dessa forma, os problemas relacionados aos resíduos atingem também as Universidades, por meio do ensino, pesquisa e extensão, acarretando diferentes tipos de resíduos que precisam ser segregados e destinados adequadamente. Considerando os aspectos comportamentais e culturais de cada indivíduo, o engajamento da Comunidade Acadêmica, no sentido de despertar a corresponsabilidade na geração de resíduos, é uma tarefa difícil, mas extremamente importante para a eficácia no gerenciamento de resíduos.

Entretanto, o comprometimento da alta gestão com a questão ambiental se faz necessária e essa precisa estar em consonância com a gestão técnica acadêmica. Em concordância com essa prerrogativa, De Conto (2010) aponta o favorecimento dessas mudanças em prol da adoção de uma Política Ambiental em universidades, havendo a necessidade da integração de diferentes áreas do conhecimento, sendo o apoio e a aprovação da alta administração imprescindível para o sucesso da manutenção do comprometimento ambiental de toda academia.

Conforme o Censo do Ministério da Educação (MEC) para 2017,[1] contamos com mais de 8 milhões de alunos matriculados em 2.448 Instituições de Ensino Superior no Brasil, sendo 109 federais. Considerando essa população gerando resíduos diariamente, como promotoras do conhecimento e formadoras de opiniões, as universidades têm o dever de dar o exemplo no correto gerenciamento de resíduos. De acordo com Careto e Vendeirinho (2003), é preciso que as universidades e instituições de ensino coloquem em prática aquilo que ensinam.

O papel assumido pelo Governo Federal no processo de desenvolvimento sustentável trouxe iniciativas a serem implantadas nos órgãos da federação, incluindo as Instituições de Ensino Superior (IES), com programas como a Agenda Ambiental na Administração Pública (A3P), Plano de Logística Sustentável (PLS), Plano de Gerenciamento de Resíduos Sólidos (PGRS), bem como a Coleta Seletiva Solidária, por meio do Decreto nº 5.940/2006, o qual obriga todo órgão ou entidade da administração pública federal, seja direta ou indireta, a doar os resíduos recicláveis para Cooperativas ou Associações de Catadores de Materiais Recicláveis.

Tais iniciativas vêm sendo cobradas pelos órgãos de controle e fiscalização, bem como de consultoria e assessoramento jurídico, Advocacia Geral da União (AGU), Tribunal de Contas da União (TCU), Procuradoria Federal (PF), Ministério Público (MP), Ministério Público do Trabalho (MPT), dentre outros, visando ao cumprimento para o desenvolvimento de uma sociedade mais justa, sustentável

---

[1] CENSO MEC 2017. http://portal.mec.gov.br/docman/setembro-2018-pdf/97041-apresenta c-a-o-censo-superior-u-ltimo/file. Acesso: ago. 2019.

e equilibrada, corroborando com os Objetivos do Desenvolvimento Sustentável (ODS) acordados pelo Brasil, especialmente os ODS 11 e 12, de *Tornar as cidades e os assentamentos humanos inclusivos, seguros, resilientes e sustentáveis* e *Assegurar padrões de produção e de consumo sustentáveis*, respectivamente.

2 Gerenciamento de resíduos na UFPR

A Divisão de Gestão Ambiental (DGA) foi criada no início de fevereiro de 2002, tendo como objetivo desenvolver ações ambientais de caráter administrativo, operacional, educativo e de orientação para todas as demais unidades da Universidade, a qual está presente em todas as regiões do Estado do Paraná,[2] totalizando 308 edificações, com 484.744,89 m² de área construída e 11.408.620,26 m² de terreno. De forma imparcial, visa o comprometimento de atender as demandas socioambientais, agregando ações voltadas para a sustentabilidade, em cumprimento com a legislação vigente no contexto ambiental, legal, sanitário e social.

Ao longo de sua trajetória, a DGA vem desenvolvendo trabalhos na área da gestão ambiental, visando à implantação de programas, com o objetivo de minimizar os impactos ambientais gerados pelas atividades de pesquisa, ensino e extensão da UFPR, contribuindo, dessa forma, para uma Universidade mais limpa, saudável e sustentável. Conforme dados da PMC[3] de 2018, atualmente cerca de 2,7 mil toneladas/dia de resíduos gerados em Curitiba e mais 23 municípios integrantes do Consórcio Intermunicipal para a Gestão de Resíduos Sólidos Urbanos de Curitiba e Região Metropolitana (CONRESOL) são levados para o aterro da empresa Estre Ambiental, em Fazenda Rio Grande e mais 100 toneladas, compostas principalmente por resíduo vegetal, são encaminhadas para a Essencis Soluções Ambientais, na Cidade Industrial de Curitiba.

Uma fração desses resíduos é oriunda da UFPR, a qual conta com uma população considerável, com mais de 55 mil pessoas, entre comunidade acadêmica, terceirizados e transeuntes. Assim como em

---

[2]　As regiões do Estado do Paraná contemplam os seguintes *campi* da UFPR: Curitiba, Matinhos, Pontal do Sul, Balneário de Mirassol, Paranaguá, Palotina, Maripá, Jandaia do Sul, Toledo e Estações Experimentais.

[3]　PREFEITURA MUNICIPAL DE CURITIBA. 2018. Disponível em: https://www.curitiba.pr.gov.br/conteudo/consultoria-sobre-residuos-solidos-ifc/2624. Acesso em: ago. 2019.

muitas cidades, as universidades são acometidas pelos problemas urbanos comuns, como a geração de resíduos. Segundo Tauchen & Brandli (2006), faculdades e universidades podem ser comparadas com pequenos núcleos urbanos, uma vez que envolvem diversas atividades de ensino, pesquisa, extensão, além de atividades referentes à sua operação, como restaurantes e locais de convivência. Como consequência dessas atividades, ocorre a geração de resíduos sólidos e efluentes líquidos, incluindo resíduos de serviços de saúde (RSS) e resíduos perigosos.

A quantidade de resíduos descartados diariamente por esse número expressivo de pessoas resulta em grande preocupação por parte dos gestores acadêmicos. É função de todo o Gestor Ambiental procurar gerir os resíduos resultantes da própria organização. No caso da UFPR, procura-se fazer com que os resíduos sejam reutilizados, reaproveitados, ou mesmo encaminhados para fins de reciclagem. Contudo, nem sempre os resíduos podem ser geridos da forma desejada e nesse caso, ocorre a necessidade de contratação de empresas especializadas no ramo, objetivando a disposição final adequada de resíduos.

Dentro dessa premissa, a DGA gerencia diversos contratos na Universidade, entre os quais: coleta, transporte, tratamento e disposição final de resíduos de serviços de saúde; coleta, transporte, tratamento e disposição final de resíduos perigosos; coleta, transporte e destinação final de lâmpadas fluorescentes; locação e transporte de caçambas para coleta e destinação de resíduos de construção civil; aquisição de materiais, como bombonas, lacres, lixeiras seletivas e *containers* de aço galvanizado, além de controle de vetores, controle de enxames de abelhas e vespas e manutenção de áreas verdes. Os valores dos contratos somaram o montante de R$3.330.478,44 nos últimos três anos.

Desde 2002, a UFPR conta com um Programa Institucional intitulado *Separando Juntos na UFPR*, em parceria com a Prefeitura Municipal de Curitiba,[4] o qual tem caráter multissetorial e trata do Gerenciamento Integrado de Resíduos, coordenado pela DGA, que visa promover uma mudança de atitudes, envolvendo toda a comunidade universitária na proposta de redução, separação e destinação adequada dos resíduos gerados na UFPR, despertando assim, o sentido de corresponsabilidade

---

[4] Parceria por meio da Gerência de Educação Ambiental da Secretaria Municipal de Meio Ambiente (SMMA/PMC).

e garantindo qualidade ambiental para a universidade. Através da separação de resíduos recicláveis, esse trabalho visa ao atendimento quanto aos aspectos ambientais, legais e sanitários sobre os resíduos gerados na Universidade, bem como proporcionar benefício social à comunidade de catadores, contribuindo com a renda e o resgate de sua cidadania.

Na UFPR são gerados diferentes tipos de resíduos, entre eles: resíduos sólidos recicláveis, resíduos orgânicos/rejeitos (incluindo resíduos vegetais), resíduos perigosos, resíduos de serviços de saúde, resíduos de construção civil e resíduos eletroeletrônicos.

Foram implantadas lixeiras seletivas na maioria dos *campi* da UFPR, visando à correta segregação. *Containers* de aço galvanizado foram instalados em diversos depósitos para o armazenamento temporário, propondo uma melhor organização dos resíduos. A DGA conta com um projeto para a implantação de uma Central de Triagem de Resíduos (CTR), objetivando o correto armazenamento temporário, além de um melhor controle dos resíduos gerados.

Os resíduos recicláveis gerados pela UFPR são coletados nos diferentes *campi* da Universidade e encaminhados para a Cooperativa de Catadores e Catadoras de Materiais Recicláveis (CAT@MARE) para fins de reciclagem. Nos últimos 10 anos (2009 a 2018) promovemos a coleta e o transporte de 1.713.700 Kg de resíduos recicláveis, nos *campi* da UFPR até a Cooperativa CAT@MARE, tendo gerado uma receita aproximada de R$791.000,00 para os catadores, promovendo benefício social e contribuindo com a renda de diversas famílias.

Gráfico 1 – Resíduos recicláveis repassados aos catadores de materiais recicláveis

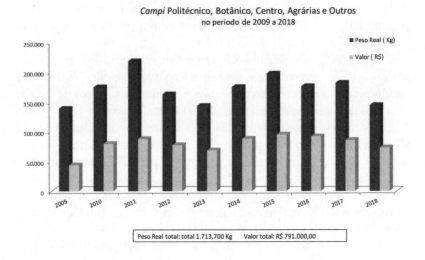

Fonte: Elaboração da autora.

Foi calculada a média da composição de Resíduos recicláveis gerados pelos *campi* Politécnico, Botânico, Agrárias e Centro, para o período de 2018, sendo que o papelão representou 54%, seguido de papel branco (20%), plásticos e sucatas (13% cada).

A maior parte dos resíduos orgânicos/rejeitos ainda são coletados pela Prefeitura Municipal de Curitiba (PMC), em dias pré-determinados. Parte dos resíduos, como cepilhos gerados pelo biotério, contendo somente ureia e fezes (cama de forrageio para ratos), além de resíduos de podas de árvores são encaminhados para o Núcleo de Pesquisa e Desenvolvimento de Energia Autossustentável (NPDEAS), para tratamento térmico com aproveitamento energético na produção de biomassa verde, através do cultivo de microalgas.

Os Resíduos de Serviços de Saúde (RSS) são periodicamente coletados nos locais geradores por empresa especializada, visando ao tratamento e a disposição final adequada. No período de 2009 a 2018, foram coletados 732.664 Kg de RSS na UFPR (Curitiba e Região Metropolitana, além de Pontal do Sul e Matinhos) visando ao tratamento e disposição final adequada, a um custo de R$2.608.342,00.

Gráfico 2 – Coleta de resíduos de serviços de saúde na UFPR por empresa especializada

no período de 2009 a 2018

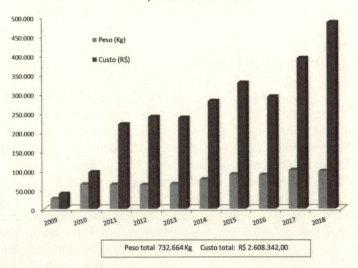

Fonte: Elaboração da autora.

Demais unidades da UFPR geradoras de RSS, localizadas na Região Oeste do Estado, possuem contrato diretamente com empresas especializadas.

Considerando uma Universidade centenária, ocorre a necessidade da adequação dos aspectos ambientais, visando à prevenção da poluição, oriunda de suas atividades. Com a criação da Divisão de Gestão Ambiental (DGA) em 2002, deu-se ênfase ao Programa de Gerenciamento de Produtos Químicos em todos os setores e *campi* da UFPR, utilizando como referência a normatização proposta pelo Departamento de Química da UFPR, os quais devem atender as *Normas de coleta, tratamento e armazenagem de produtos químicos da UFPR*, e atendida pelas unidades geradoras de resíduos químicos. Para o conhecimento dos geradores, essa norma é divulgada na página eletrônica da DGA, na parte de Gerenciamento de Resíduos, onde contém demais procedimentos para o correto descarte de resíduos.[5]

---

[5] As normas podem ser acessadas através do site da Divisão de Gestão Ambiental da UFPR, no link: http://www.suinfra.ufpr.br/portal/dga/gerenciamento-de-residuos/.

Adicionalmente, a UFPR passou a contar com a Central de Resíduos da Química (CRQ) a partir de 2010, com local próprio para depositar os produtos químicos vencidos e descartados pelos laboratórios do Centro Politécnico, além de passivos ambientais e produtos químicos descartados irregularmente ou abandonados. Até então, os resíduos gerados vinham sendo armazenados nos próprios laboratórios, muitas vezes sob as bancadas de trabalho, o que é considerado altamente perigoso, dada a saúde ocupacional.

Os resíduos perigosos gerados pela Universidade são coletados por intermédio da DGA, a qual faz o gerenciamento e providencia a coleta, o tratamento e a destinação final adequada, por meio de empresa especializada. O mesmo se aplica para a geração de outros resíduos perigosos como: pilhas, baterias, latas de tinta vazias contendo resíduos, vidrarias de laboratório, entre outros sólidos contaminados.

Para o período de 2008 a 2017, foram coletados 134.205 kg de resíduos perigosos (resíduos químicos vencidos, pilhas, baterias, vidrarias de laboratório) por empresa especializada, visando à destinação final adequada ao custo de R$229.400,00. A partir de 2018, os resíduos perigosos passaram a integrar o contrato de Resíduos de Serviços de Saúde.

Quanto à geração de lâmpadas fluorescentes, promovemos a coleta, o transporte e destinação final adequada por empresa especializada. Para 2018, a Universidade gerou um montante de 14.341 lâmpadas fluorescentes, promovendo o descarte ambientalmente adequado, por meio de empresa especializada, a um custo de R$21.683,59. Já quanto aos reatores, gerou 176,6 Kg, ao custo de R$762,91. De 2012 a 2017, foram geradas 81.700 lâmpadas.

Anteriormente, a destinação de baterias automotivas e de pneus era promovida pela DGA. Atualmente a UFPR conta com serviços de manutenção veicular, por meio de empresa especializada, a qual promove diretamente a troca de baterias e pneus usados por novos, através da logística reversa.

A DGA promove a contratação de caçambas para a coleta e disposição final adequada de resíduos de construção civil (RCC), oriundos de serviços de obra e manutenção pela SUINFRA e demais unidades como o CIFLOMA (Depto. Enga, Florestal), o qual gera muito resíduos de madeira. Para o período de 2015 a 2017, tivemos um custo de R$79.820,00 para a contratação de caçambas. Parte dos resíduos de madeira gerados pelo CIFLOMA também são encaminhados para o NPDEAS para tratamento térmico de resíduos com aproveitamento energético e fixação de CO2. Quanto às grandes obras de engenharia, o RCC fica a cargo da empresa contratada pela UFPR. Durante a fase do processo licitatório, a Licença de Operação (LO), bem como o Plano de Gerenciamento de Resíduos de Construção Civil (PGRCC) são exigidos da empresa, como uma forma de assegurar que a mesma atenda a legislação afeta ao gerenciamento de resíduos.

Com o objetivo de promover o correto gerenciamento de Resíduos, foram adquiridos equipamentos e materiais, como um triturador de resíduos vegetais, bombonas e lacres para disponibilizar junto aos geradores de resíduos químicos. Visando à emissão zero no transporte de resíduos, contamos com quatro carros elétricos para transportar os resíduos gerados na Universidade. Para o período de 2016 a 2019, tivemos o custo de R$36.381,00 na compra de Bombonas. Mapeamento das atuais necessidades de lixeiras seletivas e *containers* de aço galvanizado para os demais *campi* da UFPR.

Visando facilitar o gerenciamento de resíduos, mapeamos todos os depósitos de resíduos existentes na UFPR no CampusMap, do Centro de Pesquisas Aplicadas em Geoinformação – CEPAG. A próxima etapa será o mapeamento dos depósitos de outros *campi*, bem como das lixeiras e *containers* para a disposição temporárias de resíduos.

O treinamento de terceirizados envolvidos na operacionalização de resíduos (serventes de limpeza e pessoal de manutenção) era promovido anteriormente pela DGA. Entretanto, devido à constante rotatividade de pessoal, e acatando a sugestão do Ministério Público do Trabalho – 9ª Região, a partir de 2016, a capacitação passou a ser exigida no próprio contrato que a UFPR tem com a empresa para a contratação de serviços terceirizados para a limpeza e conservação, com uma carga horária mínima de 40 horas, visando não comprometer o gerenciamento de resíduos da Universidade.

Diversas ações desenvolvidas por docentes e técnicos administrativos da UFPR vêm demonstrando preocupação com a questão ambiental, sobretudo quanto aos resíduos gerados pelas atividades desenvolvidas na instituição, conforme constatado durante a realização de dois eventos como segue:

   a) **I Workshop sobre Produtos Químicos na UFPR**, realizado em 2005, que contou com a presença de vários representantes de todos os setores da Universidade. Se já existia uma demanda para a resolução dos passivos ambientais, ficou mais intensa posteriormente a esse encontro.

b) VII Simpósio Internacional sobre Gerenciamento de Resíduos em Universidades, realizado em 2015 através da DGA, em parceria com o NIMAD, que reuniu diversos profissionais da área para a apresentação e discussão de modelos mais viáveis de gestão de resíduos. Desse evento, resultou um documento, intitulado *Carta de Curitiba*[6] com vistas à promoção conjunta de iniciativas em favor do desenvolvimento de ações que venham contribuir com a promoção e o avanço na área de Gestão de Resíduos.

Quanto à prevenção na geração de resíduos, destacamos algumas ações, desenvolvidas pela UFPR conforme seguem:

- erradicação de copos descartáveis pelos Restaurantes Universitários (RUs), em substituição por canecas retornáveis;
- implementação do Sistema Eletrônico de Informação (SEI), em substituição aos processos físicos;
- confecção de blocos de rascunho, visando ao reuso de papel;
- produção de Biomassa Verde por meio de cultivo de microalgas; produção de biogás; tratamento térmico de resíduos (de madeira e de resíduos vegetais) com aproveitamento energético e fixação de CO2 pelo NPDEAS;
- instalação de torneiras com tempo de abertura regulável nos banheiros;
- instalação de vasos sanitários com caixa acoplada de descarga de 3 e 6 litros;
- otimização do uso da água com reuso de água de chuva para lavagem de pisos e regar jardins;
- instalação de lâmpadas LED, com maior durabilidade, menor consumo, maior eficiência e menor quantidade de resíduos;
- instalação de usina fotovoltaica no *campus* Politécnico;
- instalação de equipamentos de lógica wi-fi, sem uso de tubulações e cabos;
- incentivo a ciclo mobilidade na Universidade por meio do Programa de Extensão CICLOVIDA;
- contratação de *outsourcing* de impressão;
- redistribuição de materiais de consumo em excesso ou desuso para outras unidades da universidade. Parte do material é encaminhada para a Cooperativa Cat@mare.

---

[6] A *Carta de Curitiba* pode ser acessada na íntegra no site da DGA: http://www.suinfra.ufpr. br/portal/dga/wp-content/uploads/sites/5/2017/06/Carta-Curitiba-assin.pdf.

- realização de cursos na área de resíduos, visando à minimização na geração de resíduos.

3 Aspectos socioambientais

Os catadores de materiais recicláveis são como agentes ambientais, pois esses são os primeiros a limpar o nosso planeta, e assim, merecendo toda a consideração e respeito pelo serviço prestado. Seus esforços em prol do município deveriam ser mais valorizados pela sociedade.

A UFPR já vinha doando os resíduos recicláveis para catadores do Jardim União e Jardim Sanava, mesmo antes de o governo instituir o Decreto nº 5.940. Após a promulgação desse normativo, a UFPR passou a doar os resíduos recicláveis gerados para a Cooperativa de Catadores e Catadoras de Materiais Recicláveis (CAT@MARE), por meio de um convênio firmado em 2008. A partir de 2012, a UFPR assinou um Termo de Adesão ao Convênio Coletivo – Decreto Federal nº 5.940/2006, junto ao Ministério Público do Trabalho – 9ª Região.

Além da diminuição da quantidade de resíduo enviado aos aterros sanitários por meio da Coleta Seletiva, o que colabora para a solução da problemática ambiental do excesso de lixo urbano e da vida útil dos aterros, a UFPR vem contribuindo de maneira a propiciar melhor qualidade de vida para os catadores, promovendo a cidadania desses trabalhadores com inclusão social e a geração de renda. De Sousa (2009) fez uma análise dos benefícios sociais dos catadores de resíduos recicláveis gerados pela UFPR e entre os cinquenta catadores entrevistados da CAT@MARE, todos afirmaram que a coleta na UFPR é vantajosa, pois afirmaram que suas condições de trabalho melhoraram devido ao grande volume de materiais coletados, não só da UFPR, como também de outros órgãos públicos. Dessa forma, os catadores dedicam-se apenas à separação dos resíduos no barracão da cooperativa, refletindo na melhoria de qualidade de vida, pois não precisam mais coletar resíduos recicláveis nas ruas e, portanto, não estando mais sujeitos ao peso excessivo dos carrinhos manuais, nem mesmo aos riscos que as ruas oferecem. Entretanto, a participação da UFPR quanto aos benefícios sociais para os catadores não se resume apenas no repasse de resíduos recicláveis, pois diversos alunos do Curso de Engenharia de Produção da UFPR, por meio do projeto de extensão intitulado *Aprendendo a Empreender*, desenvolvem na Cat@mare ações que visam atender as demandas da cooperativa em relação ao processo de separação de resíduos, procurando agregar mais valor aos materiais por eles comercializados. Tais ações refletem no compromisso socioambiental da UFPR.

4 Discussão

A busca pelo crescimento econômico desenfreado é claramente insustentável, pois a capacidade de suporte da terra é limitada. A redução dos impactos negativos, oriundos de nossas atividades sobre o meio em que vivemos, torna-se essencial para a nossa sobrevivência. Com o objetivo de atender os princípios da sustentabilidade, devemos repensar sobre nossos hábitos de consumo, reduzindo os resíduos através de mudanças de atitudes, visando combater o desperdício, reaproveitando, reutilizando e reciclando o máximo possível os materiais.

Como instituição promotora de conhecimento e formadora de opiniões, a Universidade deve dar o exemplo quanto ao correto gerenciamento de resíduos, visando a sua destinação final adequada, sejam eles sólidos recicláveis, perigosos, de serviços de saúde, de construção civil ou eletroeletrônico. De acordo com De Conto (2010), a necessidade da construção de uma Política de Sustentabilidade estruturada se faz necessária visando assegurar que o gerenciamento de resíduos não seja comprometido quanto às exigências ambientais, legais, bem como de saúde pública. O Plano de Desenvolvimento Institucional (PDI) das universidades deve contar com o compromisso socioambiental, e a institucionalização de Políticas por meio do PDI seria uma forma de fortalecer as ações, garantindo uma solução de continuísmo.

Conforme De Conto (2010), os problemas ambientais relacionados à gestão de resíduos em universidades, é uma exigência a ser atendida e que será possível a partir da integração do conhecimento produzido nas diferentes áreas e da construção de uma gestão acadêmica moderna, antenada, participativa, onde o *pensar ambiental* esteja presente desde o planejamento até a operacionalização das atividades da organização, mas, sobretudo, com o comprometimento das altas esferas da administração. Diferentemente desse cenário, o que vemos atualmente nas universidades são unidades administrativas, geralmente ligadas a Prefeituras universitárias ou a Superintendências de Infraestruturas, contando com equipes resumidas, às vezes com um servidor apenas, atendendo milagrosamente e de forma precária e emergencial o gerenciamento de resíduos, visando à minimização dos impactos ambientais decorrentes das atividades desenvolvidas na instituição. Para um cenário ideal, se faz necessária uma estrutura física adequada, com recursos e uma equipe multidisciplinar, com um número de servidores adequado ao atendimento das necessidades da instituição, como ocorre na USP (Universidade Estadual de São Paulo), que conta com uma Superintendência de Gestão Ambiental vinculada a Reitoria, a qual reconheceu a importância da gestão ambiental no organograma institucional. Propostas de melhoria organizacional, quando apresentada pela gestão técnica acadêmica, devem ser analisadas com especial atenção pela alta gestão, pois estando à frente do gerenciamento, sabem exatamente quais são os pontos fracos a serem fortalecidos, devendo contar com o devido apoio da alta administração.

Barki (2012) cita sobre a ausência de disposição legal expressa que preveja a implantação de setores de gestão ambiental em órgãos públicos, resultando num dos fatores do não desenvolvimento da gestão pública sustentável. Já, no item 9.2.2.2 do Acórdão TCU nº 1.056/2017,[7] referente à Sustentabilidade na Administração Pública, menciona sobre a exigência de que os órgãos e as entidades da Administração Pública Federal (APF) implementem, em suas estruturas, o efetivo funcionamento de unidades de sustentabilidade com caráter permanente, contando, em sua composição, com servidores ou colaboradores dotados de perfil técnico para a específica atuação nos assuntos pertinentes. Entretanto, posteriormente, essa determinação foi convertida em recomendação por meio do Acórdão TCU nº 600/19,[8] pois o acórdão anteriormente citado suprimiu a possibilidade de que a proposta e as dificuldades de sua implantação fossem discutidas com maior profundidade, não levando em consideração os custos e a exequibilidade da implantação, bem como as alterações na estrutura organizacional de inúmeras unidades, considerando-se particularmente sensível, em face da desafiadora situação fiscal vivenciada pelos órgãos e entidades da APF. Segue a nova redação ao item 9.2.2.2 que foi dada pelo Acórdão nº 600/19:

> 6.5. Ante o exposto, deve-se acolher a alegação, **para converter a determinação contida no item 9.2.2.2 em recomendação** e dar-lhe a seguinte redação: 9.2.2.2. Recomendar ao Ministério do Planejamento,

---

[7] ACÓRDÃO TCU nº 1.056/2017. Disponível em: file:///C:/Users/UFPR/Downloads/ACOR DAO%201056-2017.pdf. Acesso em: ago. 2019.

[8] ACÓRDÃO TCU nº 600/2019. Disponível em: https://contas.tcu.gov.br/sagas/SvlVisu alizarRelVotoAcRtf?codFiltro=SAGAS-SESSAO-ENCERRADA&seOcultaPagina=S&it em0=625176 Acesso em: nov. 2019.

Desenvolvimento e Gestão, representado pela Coordenação Geral de Normas de sua Secretaria de Gestão (SEGES/CGNOR), que avalie a conveniência e oportunidade de, em conjunto com os órgãos que têm representação na CISAP, adotar medidas com vistas a que os órgãos e as entidades da APF criem, em suas estruturas, unidades de sustentabilidade com caráter permanente, contando, em sua composição, com servidores ou colaboradores dotadas de perfil técnico para atuação nos assuntos pertinentes;

Independentemente desse novo entendimento, isso denota uma certa evolução sobre a importância da sustentabilidade na administração pública atualmente.

Diante do exposto, torna-se evidente a necessidade de investimentos em capital humano e que a gestão administrativa deverá contabilizar em seu planejamento o gerenciamento de resíduos, visando à minimização de impactos negativos oriundos de suas atividades de ensino, pesquisa, extensão e área administrativa, resultando em economia de recursos, refletindo na sustentabilidade, bem como numa imagem positiva para a instituição. Conforme apontado por De Conto (2010), os problemas relacionados aos resíduos em universidades são complexos, exigindo soluções complexas e sistêmicas, voltadas à prevenção da geração de resíduos. Essa etapa pressupõe a revisão de conceitos e reavaliação de condutas técnicas por parte dos geradores, como a substituição de reagentes menos impactantes ao meio ambiente, redução na quantidade de soluções, economia de recursos, entre outros. Para isso, investimentos de infraestrutura se fazem necessários, além da contratação continuada de serviços e aquisição de materiais necessários ao correto gerenciamento de resíduos. Como resultado, irá promover uma universidade mais limpa, saudável e sustentável, gerando mais benefícios sociais à Comunidade de Catadores de Materiais Recicláveis, pois os resíduos recicláveis terão menos rejeitos misturados, propiciando um modelo de Gestão de resíduos para os demais órgãos da Administração Pública.

Quanto à UFPR, é de fundamental importância que cada Unidade Geradora de Resíduos Perigosos e de Serviços de Saúde siga atentamente os procedimentos referentes à Normatização da UFPR para coleta, transporte e armazenamento de resíduos químicos. Para atingir parte dos objetivos propostos, uma capacitação continuada com a comunidade acadêmica se faz necessária. A DGA conta com uma gestão participativa, de forma que a comunidade acadêmica possa participar de maneira mais efetiva com esse trabalho, colaborar com ideias que venham somar, assim como a formalização de novas parcerias, objetivando, sobretudo, a sustentabilidade e melhor qualidade ambiental para a universidade.

O apoio institucional se torna extremamente relevante, visando à eficácia da gestão acadêmica. Esse apoio não se restringe às altas esferas da administração, mas também diz respeito a setores ou unidades que poderiam somar, como, por exemplo, o desenvolvimento de programas de comunicação entre laboratórios, em que passivos (resíduos químicos) poderiam resultar em ativos (insumos) para outras unidades, aumentando o ciclo de vida dos produtos, bem como a economia de recursos para a aquisição de novos materiais. O quesito *Sustentabilidade Ambiental dos projetos* deveriam ser obrigatórios em todas as Instituições de Ensino Superior (IFESs), bem como cobrados pelos órgãos de fomento à pesquisa, pois resultaria num maior comprometimento ambiental por parte das agências fomentadoras, assim como maior responsabilidade dos geradores de resíduos, resultando numa gestão acadêmica mais eficaz.

O gerenciamento de resíduos não se resume à questão ambiental e sanitária, mas também abrange os aspectos legais, pois o meio ambiente, bem como o gerenciamento de resíduos sólidos e de serviços de saúde estão amplamente amparados por ordenamentos jurídicos, conforme a Lei de Crimes Ambientais (Lei nº 9.605/1988), a Política Nacional de Resíduos Sólidos (Lei nº 12.305/2010) e o Decreto nº 6.514/08, que trata das infrações administrativas, disciplinadas pelos arts. 70 a 76 da Lei de Crimes Ambientais. Essa legislação é bem clara quanto ao não cumprimento da lei, que vai desde a reclusão e detenção até o pagamento de multas. Sobre os requisitos de boas práticas de gerenciamento dos resíduos de serviços de saúde, foi estabelecida a Resolução da Diretoria Colegiada (RDC) nº 222/2018 da ANVISA. Já quanto aos resíduos recicláveis, o Governo Federal instituiu o Decreto nº 5.940/2006, o qual obriga o repasse de resíduos recicláveis para os catadores. As Universidades, sendo entes da Federação, também são abarcadas por essa obrigação, bem como pelo cumprimento da legislação supracitada.

Entre os fatores de sucesso para a melhoria da qualidade de vida através do gerenciamento adequado de resíduos está o processo da educação ambiental (GRIPPI, 2001). Visando difundir sobre o gerenciamento de resíduos no âmbito da instituição, a DGA promoveu diversas palestras na instituição. Contudo, uma ação de educação ambiental continuada com a comunidade acadêmica se faz necessária.

A educação informal, de forma lúdica e por meio de Teatro seria uma forma eficaz para a conscientização de alunos e servidores em geral. Conforme Capra (2002), o primeiro passo no caminho para a sustentabilidade seria uma alfabetização ecológica, levando à compreensão dos princípios de organização que os ecossistemas desenvolveram para sustentar a vida. A educação para a sustentabilidade deveria ser um elemento essencial da vida universitária e, principalmente, da educação de base, pois esses serão os protagonistas do amanhã.

Por meio do Decreto nº 5.940, os catadores de materiais recicláveis acabaram estreitando suas relações com diversos órgãos da Administração Pública, inclusive com as universidades, as quais poderiam fazer mais por essa classe menos favorecida, pois, além do repasse de materiais recicláveis, poderiam promover a capacitação em diferentes áreas do conhecimento, como administração, contabilidade e finanças, área ambiental, cooperativismo, entre outras, propiciando, dessa forma, mais conhecimento para que eles possam gerir com mais propriedade as cooperativas ou associações nas quais estão inseridos. Além disso, poderiam desenvolver cursos de extensão junto às Cooperativas, visando à melhoria do processo produtivo ou mesmo de artesanatos feitos com materiais recicláveis, além da terapia ocupacional ou ginástica laboral. São diversas ações que poderiam ser realizadas, visando também à qualidade de vida dos catadores, refletindo, dessa forma, num maior compromisso socioambiental por parte da instituição.

Tudo está ligado pela "Teia da Vida", num processo de sinergia. Temos de respeitar a vida não apenas pela obrigação ambiental e legal, mas pela consideração com o próximo, com o planeta, com a fauna, a flora e tudo aquilo que não vemos, mas que podemos sentir quando olharmos para nossa essência, nos despertando para um ser melhor e mais conscientes na forma de consumir. Uma visão sistêmica sobre o nosso planeta se faz necessária e urgente, fazendo-nos perceber que "O todo é maior do que a mera soma de suas partes", conforme mencionado por Capra (1995) em sua obra *A teia da vida*, sendo essa frase considerada como a fórmula-chave dos pensadores sistêmicos. Apontamos como um dos maiores exemplos desse pensamento o cacique Chefe Seattle que, em 1854, enviou uma carta ao presidente dos Estados Unidos da América, conforme o trecho a seguir citado:

> (...) a terra não pertence ao homem; o homem pertence a terra. Todas as coisas estão ligadas como o sangue que une uma família. Há uma

ligação em tudo. O que ocorrer sobre a terra recairá sobre os filhos da terra. O homem não tramou o tecido da vida; ele é simplesmente um de seus fios. Tudo o que fizer ao tecido, fará a si mesmo.[9]

5 Conclusão

Visando a um maior comprometimento da UFPR com os aspectos ambientais, torna-se urgente a construção de uma política ambiental (ou de sustentabilidade) na Universidade e que a mesma seja considerada no Plano de Desenvolvimento Institucional (PDI), evidenciando o compromisso da universidade com o meio ambiente. Essa construção deverá considerar a participação da comunidade acadêmica, fazendo com que ela se sinta parte do processo, visando promover o sentido da corresponsabilidade socioambiental. O comprometimento da alta gestão é primordial para que as ações ambientais por parte da gestão técnica e acadêmica se tornem mais eficazes e contem com os recursos necessários para a correta gestão, não somente de resíduos, mas de demais aspectos da gestão ambiental. A adoção do Pensamento Sistêmico por parte dos gestores se faz necessária, visando a uma universidade mais sustentável.

Referências

BARKI, Teresa Villac Pinheiro. O compromisso socioambiental do Estado na gestão adequada de resíduos. *In*: BLIACHERIS, Marcos Weiss; FERREIRA, Maria Augusta Soares de Oliveira (Coord.) *Sustentabilidade na Administração Pública*: valores e práticas de gestão socioambiental. Belo Horizonte: Fórum, 2012. P. 65-81. ISBN: 978-85-7700-565-9.

CARETO, Hélder; VENDEIRINHO, Raquel. *Sistemas de gestão ambiental em universidades*: caso do Instituto Superior Técnico de Portugal. Relatório final de curso, outubro de 2003. Disponível em: http://meteo.ist.utl.pt/~jjdd/LEAMB/LEAmb%20TFC%20site%20v1/2002-2003 /HCareto_RVendeirinho%20artigo.pdf. Acesso em: jul. 2019.

CAPRA, Fritjof. *A teia da vida*: uma nova compreensão científica dos sistemas vivos. Editora Cultrix, São Paulo. 249 p.

CAPRA, Fritjof. *As conexões ocultas*: ciência para uma vida sustentável. Pensamento-Cultrix Ltda, 2002. 296 p.

---

[9] Carta do cacique Seattle, da tribo Suquamish, do Estado de Washington, enviada ao presidente dos Estados Unidos (Francis Pierce), depois de o Governo haver dado a entender que pretendia comprar o território ocupado por aqueles índios. Disponível em: http://www.culturabrasil.org/seattle_cartadoindio.htm. Acesso em: ago. 2019.

CONCEIÇÃO, Márcio. *Magera*: os empresários do lixo: um paradoxo da modernidade: análise interdisciplinar das Cooperativas de reciclagem de lixo. Campinas, SP: Átomo, 2003.

DE CONTO, Suzana. Maria. Gestão de resíduos em universidades: uma complexa relação que se estabelece entre heterogeneidade de resíduos, gestão acadêmica e mudanças comportamentais. *In*: DE CONTO, Suzana Maria (Org.) *Gestão de resíduos em universidades*. Caxias do Sul: Educs, 2010. 319 p.

DE SOUSA, Fabrícia Kolodziejski. *Análise dos benefícios sociais dos catadores de resíduos sólidos recicláveis gerados na UFPR*. Monografia apresentada à disciplina BIO400 – Estágio em Biologia como requisito parcial à conclusão do Curso de Ciências Biológicas, Setor de Ciências Biológicas, Universidade Federal do Paraná (2009).

GRIPPI, Sidney. *Lixo, reciclagem e sua história*: guia prático para as prefeituras brasileiras. Rio de Janeiro: Interciência, 2001.

TAUCHEN, Joel; BRANDILI, Luciana Londero. A gestão ambiental em instituições de ensino superior: modelo para implantação em campus universitário. Passo Fundo, 2006. Disponível em: http://www.scielo.br/pdf/%0D/gp/v13n3/11.pdf. Acesso em: jul. 2019.

Informação bibliográfica deste texto, conforme a NBR 6023:2018 da Associação Brasileira de Normas Técnicas (ABNT):

ZANELATTO, Regina Célia. A gestão de resíduos na Universidade Federal do Paraná e os aspectos socioambientais. *In*: VILLAC, Teresa; BESSA, Fabiane Lopes Bueno Netto; DOETZER, Gisele Duarte (Coord.). *Gestão pública brasileira*: inovação sustentável em rede. Belo Horizonte: Fórum, 2021. p. 257-274. ISBN 978-65-5518-055-8.

PRÁTICAS DE SUSTENTABILIDADE REALIZADAS NO HOSPITAL DE CLÍNICAS DA UFPR

MÔNICA EVELISE SILVEIRA

LIDIA LIMA

ALANA ZAFANELI MACHADO

1 Introdução

Muitos são os desafios para a busca de uma organização suficientemente sustentável, principalmente quando pensamos em hospitais. Como podemos alinhar questões de sustentabilidade em um Hospital Público Universitário, 100% SUS, que presta assistência de alta complexidade, com atividades de ensino, pesquisa e extensão, de modo a não deixar de atingir seu objetivo maior, que é proporcionar aos usuários do SUS um serviço efetivo com padrões de qualidade de excelência?

No cotidiano administrativo, a grande demanda de recursos, tanto naturais como sociais e econômicos, para oferecer diversas atividades complexas 24 horas por dia, insere a área hospitalar como potencialmente poluidora, condição atribuída principalmente aos seus insumos consumidos e seus resíduos descartados, sendo considerados grandes causadores de impactos ambientais, demandando atenção e cuidado do gestor público.

Nesse cenário bastante desafiador, somente um comprometimento com ações coletivas fornece uma relação equilibrada entre o tratar e o ser tratado. Diante disso, o conjunto de ações nas áreas assistenciais e gerenciais para melhorar as condições de saúde da população desafia a administração hospitalar, pois cabe ao hospital fortalecer a sustentabilidade organizacional, incluindo o equilíbrio financeiro, aplicação de indicadores de qualidade e transparência.

O caminho, ao se falar em desenvolvimento sustentável, ultrapassa o tripé da responsabilidade financeira, social e de meio ambiente. Não há respostas prontas, não é uma ou outra ação, é necessário um dispêndio em várias frentes, mas como primeiro passo, é imprescindível o comprometimento da gestão com ações de melhoria através de uma construção coletiva, considerando a cultura organizacional, as necessidades e as oportunidades. O gestor precisa ser um líder para promover o trabalho em equipe, a interação com as pessoas, as relações pautadas pela confiança, transparência e socialização das informações, e a redução das resistências às mudanças operacionais.

Inaugurado em 1961, o Complexo Hospital de Clínicas da UFPR (CHC/UFPR) é um Hospital Universitário referência em ensino, pesquisa e extensão, sendo o maior prestador de serviços do Sistema Único de Saúde (SUS) do Estado do Paraná. Localizado na cidade de Curitiba/PR, é considerado o maior Hospital do Estado do Paraná e o terceiro maior Hospital Universitário do Brasil, possuindo cerca de 60 mil m² de área construída. Por dia, estima-se que 11 mil pessoas circulam pelo CHC/UFPR, entre professores, alunos, funcionários e pacientes, além de manter uma média de aproximadamente 270.000 atendimentos por mês entre internações, cirurgias, exames e atendimentos ambulatoriais (EBSERH, 2019).

Há alguns anos, o CHC/UFPR vem aprimorando suas práticas ambientais para garantir um maior desenvolvimento sustentável. Porém, é utópico pensarmos que podemos ter sustentabilidade ambiental sem uma estabilidade econômica institucional e também sem qualidade de vida das pessoas no ambiente de trabalho. Como bem colocado por Sachs (2010), o desenvolvimento não pode ser único, devemos buscar a tripla perspectiva do desenvolvimento socialmente includente, ecologicamente viável e economicamente sustentado.

A contratualização com o gestor local tem sido a principal fonte de recursos para despesas de outros custeios e investimentos, estando assegurados pelo Ministério da Educação os recursos para pagamento de pessoal. O programa de Reestruturação dos Hospitais Universitários (REHUF) tem permitido alguns investimentos, mas parte dos recursos desse programa acaba cobrindo parcialmente o déficit das despesas de manutenção. Ademais, a inconstância do cronograma de pagamento do teto contratual pré-fixado, a defasagem temporal entre a realização de determinados procedimentos de alto custo e recebimento dos valores pós-fixados, e a inexistência de orçamento específico para manutenção das atividades de ensino e pesquisa dentro do Hospital, comprometem cada dia mais a sua sustentabilidade financeira.

Para superar as dificuldades, a atual gestão do CHC/UFPR buscou envolver todos os atores e implantar um efetivo controle de seus fluxos, o que tornou o hospital mais saudável em um contexto em que os hospitais universitários atravessam uma crise financeira sem precedentes, que compromete o atendimento pleno de todas as dimensões da qualidade e limita sua oferta de serviços, mesmo diante de uma demanda cada vez maior da sociedade.

Nessa perspectiva, analisaremos algumas ações realizadas nos últimos anos no Complexo Hospital de Clínicas, para alcançar resultados significativos que impactam diretamente no seu desenvolvimento sustentável, com conquistas que fortalecem os três pilares da sustentabilidade: o ambiental, o social e o econômico.

2 Licitações sustentáveis

Os hospitais prestadores do SUS não podem determinar preços por seus serviços executados, e os valores repassados com base em uma tabela de preços defasada nem sempre são suficientes para equilibrar os resultados entre receitas e despesas.

Os gestores necessitam de instrumentos gerenciais adequados a uma administração eficiente e eficaz de suas instituições. Nesse sentido, a continuidade do uso de ferramentas gerenciais nos hospitais, especificamente do planejamento estratégico, vem contribuir significativamente para a efetivação das medidas internas e negociações políticas necessárias, se não para reconduzir ao equilíbrio econômico e financeiro, ao menos para reduzir tal desequilíbrio.

Segundo Dallora (2007), há pouco conhecimento sobre os conceitos de custos hospitalares e as informações são pouco compreendidas ou mal aproveitadas. O equilíbrio econômico-financeiro de um Hospital depende também de uma gestão de custos, onde seu permanente acompanhamento permite a implantação de medidas que visem a um melhor desempenho das unidades pela melhoria dos processos, aumento de produtividade, racionalização do uso de recursos ou outras medidas administrativas (FALK, 2001; SANTOS, MARTINS, LEAL, 2009).

Assim como em grande parte das indústrias e serviços privados, a preocupação com a sustentabilidade também está presente no setor público. A administração pública tem papel fundamental na busca por melhores políticas que venham garantir uma sustentabilidade institucional, incluindo o equilíbrio financeiro, promoção de melhorias e correta aplicação dos recursos, além de promover a segurança e bem-estar dos funcionários.

Porém, nem sempre foi assim. De uma maneira geral, pouco se deu importância às questões ambientais, visto que o assunto era apresentado como empecilho ao desenvolvimento. A partir da Conferência das Nações Unidas sobre o Meio Ambiente e Desenvolvimento, em 1992, houve uma maior preocupação na garantia do desenvolvimento aliado à sustentabilidade, tendo ficado claro que o Estado deve desempenhar um papel importante para que as políticas de aquisições e consumos de seus órgãos tornem-se mais sustentáveis.

Hoje, para assegurar a sustentabilidade no contexto de políticas de compras e contratações dentro do setor público, está inserido o conceito de Licitações Sustentáveis, onde a administração consegue estabelecer critérios ambientais a fim de tornar menos impactantes ambientalmente os produtos e serviços contratados, levando em consideração questões como reciclagem, uso de materiais não tóxicos e biodegradáveis e a possibilidade de logística reversa.

O CHC/UFPR, atendendo o disposto no art. 31º da Lei nº 13.303/2016 (BRASIL, 2016) e na Instrução Normativa nº 01 de 19 de janeiro de 2010 (BRASIL, MINISTÉRIO DO PLANEJAMENTO, ORÇAMENTO E GESTÃO, 2010) da Secretaria de Logística e Tecnologia da Informação do Ministério do Planejamento, Orçamento e Gestão, estipula para suas licitações cláusula específica referente à sustentabilidade ambiental. Entre alguns dos itens presentes, podemos citar:

1. que os bens sejam constituídos, no todo ou em parte, por material reciclado, atóxico, biodegradável, conforme ABNT NBR – 15448-1 e 15448-2;

2. que sejam observados os requisitos ambientais para a obtenção de certificação do Instituto Nacional de Metrologia, Normalização e Qualidade Industrial (INMETRO) como produtos sustentáveis ou de menor impacto ambiental em relação aos seus similares;

3. que os bens sejam, preferencialmente, acondicionados em embalagem individual adequada, com o menor volume possível, que utilize materiais recicláveis, de forma a garantir a máxima proteção durante o transporte e o armazenamento;

4. que os bens não contenham substâncias perigosas em concentração acima da recomendada na diretiva RoHS (Restriction of Certain Hazardous Substances), tais como mercúrio (Hg), chumbo (Pb), cromo hexavalente (Cr(VI)), cádmio (Cd), bifenil-polibromados (PBBs), éteres difenil-polibromados (PBDEs);

5. a obrigação de fabricantes, importadores, distribuidores e comerciantes estruturar e implementar sistemas de Logística Reversa de produtos perigosos, tais como: agrotóxicos e seus resíduos e embalagens, assim como outros produtos cuja embalagem, após o uso, constitua resíduo perigoso, pilhas e baterias, pneus, óleos lubrificantes e seus resíduos e embalagens, lâmpadas fluorescentes, de vapor de sódio e mercúrio e de luz mista, e produtos eletroeletrônicos e seus componentes.

Em atenção às cláusulas de sustentabilidade, constantes nos editais de licitações do CHC/UFPR, podemos citar alguns produtos que seguem essa metodologia de compra, como as lâmpadas fluorescentes, termômetros e esfigmomanômetros (aparelhos medidores de pressão arterial) à base de mercúrio, e aparelhos que utilizam o gás R22.

Em 2010, com a aprovação da Política Nacional de Resíduos Sólidos (PNRS) (BRASIL, 2010), a logística reversa tornou-se tema de discussão, em que as lâmpadas contendo vapor de mercúrio deveriam ou ser tratadas pela instituição ou voltar ao fabricante. Até 2013, o CHC/UFPR encaminhava suas lâmpadas queimadas para descontaminação e reciclagem em empresa especializada contratada que dava o destino correto para esses produtos.

Uma das dificuldades para colocar em prática o retorno para o fabricante é que existiam muitas marcas diferentes de lâmpadas em uso e os fabricantes não queriam responsabilizar-se por produtos que não fossem produzidos por eles. A solução encontrada foi acrescentar no Termo de Referência uma cláusula sobre a logística reversa onde o fornecedor deveria levar para tratamento as lâmpadas queimadas em mesmo número de lâmpadas adquiridas pela instituição até o final da vigência do processo de compra. A licitação ocorreu com sucesso, pois as empresas interessadas foram informadas com antecedência podendo organizar seus processos e principalmente realizar parcerias com empresas licenciadas para a retirada e tratamento das lâmpadas queimadas.

Com isso, o hospital deixou de contratar empresa específica para esse fim, deixando a cargo da empresa fornecedora o serviço de coleta, tratamento e destinação final das lâmpadas queimadas com fornecimento de declaração de tratamento. Em cinco anos, foram recolhidas aproximadamente 22.400 lâmpadas.

Atualmente, o hospital conta com um projeto de troca de todas as lâmpadas fluorescentes por lâmpadas de LED. Até o presente momento, foi efetuada compra de 8.600 lâmpadas, que serão trocadas conforme a necessidade. Como o total de lâmpadas em uso é de aproximadamente 14.000 unidades, a previsão é que em dois anos estejamos apenas com lâmpadas LED. Com isso, deixaremos de utilizar lâmpadas com substâncias químicas altamente poluidoras, adotando lâmpadas com potencial para reciclagem sem ocasionar contaminações ao meio ambiente e à população no geral, além de contribuir na redução de consumo de energia elétrica.

O mercúrio é um metal altamente contaminante do meio ambiente. Além de causar danos irreversíveis à saúde humana, pode levar à morte por sua contaminação. Por ser altamente volátil, seu aquecimento gera vapor de mercúrio que é, muitas vezes, mais perigoso ao meio ambiente devido a sua condensação e contaminação do solo e da água, ocasionando bioacumulação com contaminação de peixes e da população consumidora dos mesmos, portanto, sua incineração ou autoclavação é desaconselhada (BRASIL, MINISTÉRIO DO MEIO AMBIENTE, 2010; DAMAS, BERTOLDO & COSTA, 2014).

Mesmo antes de o Brasil assinar o Acordo de Minamata (BRASIL, 2018) para eliminação do uso de mercúrio, o CHC/UFPR já estava envolvido com a campanha Saúde Sem Mercúrio, da Rede Global Saúde Sem Dano.

Em 2012, em parceria com o Projeto Hospitais Saudáveis e com a Universidade Tecnológica Federal, o CHC/UFPR promoveu o I Seminário "Assistência à Saúde Livre de Mercúrio no Paraná" com palestrantes altamente qualificados que falaram sobre o risco de contaminação da água, ar e solo, além dos riscos ocupacionais, para um público de mais de 100 pessoas vindos de diversos hospitais e órgãos públicos, evidenciando que o mercúrio é um potencial causador de diversas doenças crônicas, principalmente neurológicas.

Cientes dos riscos envolvidos com o uso do mercúrio, o processo de eliminação do metal no CHC/UFPR foi acelerado, passando por uma importante etapa, que foi o convencimento da equipe técnica para o uso das novas tecnologias. Com isso, a Comissão de Padronização do CHC/UFPR realizou um estudo, não somente quanto à aprovação do INMETRO, mas também quanto à eficiência, resistência à desinfecção e durabilidade dos termômetros disponíveis comercialmente.

Em 2013 foram adquiridas 500 unidades de termômetros digitais que substituíram os termômetros de mercúrio em uso. Em cinco anos, 890 unidades foram adquiridas para trocas e reposições. Apesar do valor do termômetro digital ser três vezes maior do que o termômetro de mercúrio, o custo se torna menor devido sua maior durabilidade, além de proporcionar um incalculável ganho ambiental.

Os esfigmomanômetros à base de mercúrio continham uma coluna com cerca de 80 gramas do metal e eram encaminhados à equipe técnica de engenharia clínica para calibração uma vez ao ano. Na calibração, o metal era retirado, a coluna limpa com algodão e novamente preenchida com as 80 gramas de mercúrio. Esse procedimento foi realizado por muito tempo sem maiores cuidados ocupacionais, e, a partir do entendimento do risco, esses equipamentos foram substituídos por modelos sem mercúrio. Os 125 esfigmomanômetros digitais e aneroides representaram, aproximadamente, a retirada de circulação de 10 kg desse metal.

Para o descarte desses equipamentos ainda existentes, foi orientado o acondicionamento do mercúrio em recipientes com tampa de rosca sob selo d'água e posteriormente em bombonas com tampa hermética. Esse resíduo ficou armazenado no CHC/UFPR até 2017, quando foi encaminhado para enclausuramento em aterro industrial, permanecendo em suas embalagens originais cimentadas em tonéis.

Até o momento não existe orientação dos órgãos de meio ambiente quanto à melhor forma de tratamento ou disposição final desse metal, sendo entendido que seu enclausuramento poderia ser mais seguro do que o armazenamento na instituição.

Outros produtos que estão sendo substituídos gradativamente no CHC/UFPR são os equipamentos que utilizam como fluidos refrigerantes o gás Clorodifluormetano, conhecido como R22. O R22 é um hidroclorofluorcarbono (HCFC) amplamente utilizado em substituição aos clorofluorcarbonos (CFC), que tiveram seu uso proibido a partir de 2010 por se tratar de um gás altamente nocivo à camada de ozônio (BRASIL, 2017).

O R22 era considerado um gás mais brando, com um menor potencial de destruição da camada de ozônio. Porém, hoje se sabe que esse gás é tão poluidor quanto o CO_2, principal gás do efeito estufa. Por isso, em atenção ao Protocolo de Montreal, tem-se como meta eliminar totalmente o uso do R22 até o ano de 2040 (UNEP, 2018).

A utilização do R22 se dá principalmente em aparelhos de ar-condicionado mais antigos. Gradativamente, e atendendo à cláusula de sustentabilidade, o hospital tem se certificado da compra de equipamentos que já não possuem como fluído refrigerante o R22, e sim outros gases, como, por exemplo, o R410A.

Atualmente, o CHC/UFPR possui aproximadamente 560 aparelhos de ar-condicionado, sendo que aproximadamente 160 desses já utilizam o R410A. Estima-se que o hospital consiga retirar todos os equipamentos com o gás R22 em até 10 anos, antes mesmo do prazo estabelecido pelo Protocolo.

Todos os exemplos acima mostram que a redução do uso de compostos que agridem o meio ambiente e causam danos à saúde pública devem ser uma meta presente na administração pública e as licitações sustentáveis são um instrumento para viabilizar o desenvolvimento sustentável.

3 Gerenciamento de resíduos

Do início das atividades do hospital até 1989, todos os resíduos gerados eram queimados em fornos instalados no subsolo do hospital, prática essa que era a única alternativa disponível na época. Em 1989 foi inaugurada uma vala séptica no bairro da Cidade Industrial e iniciada a coleta municipal dos resíduos hospitalares de Curitiba e Região Metropolitana.

Nessa época, foi criado no CHC/UFPR um grupo de trabalho para avaliação da situação do descarte de resíduos. Foi entregue um relatório onde primeiramente se previa a necessidade de aquisição de sacos de lixo branco leitoso com símbolo de risco biológico, campanha para arrecadação de recipientes para descarte seguro de materiais perfurocortantes, construção de um abrigo externo de resíduos, entre outros problemas que não existiam até então.

Várias campanhas para segregação de resíduos foram desenvolvidas pela Comissão de Controle de Infecção Hospitalar. Os papelões e plásticos de maior volume eram separados e disponibilizados para reciclagem já em 1990. Em 1992 foi instituída a segregação dos resíduos infectantes, comuns e recicláveis, porém essa campanha não teve o êxito desejado, pois todos os resíduos acabavam sendo recolhidos pelo caminhão da coleta hospitalar municipal, além de falta de sacos nas cores adequadas.

Em 2002 foi realizado um projeto piloto no Serviço de Análises Clínicas, com distribuição para todos os funcionários de um gibi elaborado pelo Núcleo de Qualidade do Serviço com orientações sobre a segregação dos resíduos, além de palestras e apresentação de teatro realizada pelos próprios funcionários. Foi conseguida a colocação de um contentor de resíduos para a coleta dos resíduos comuns que ficava em frente ao prédio do Serviço, e encaminhamento correto dos recicláveis. Houve grande envolvimento dos funcionários com redução significativa da geração de resíduos infectantes. O projeto foi enviado para o 8º Concurso de Inovação na Administração Pública da Escola Nacional de Administração Pública e ficou entre os 10 melhores projetos apresentados.

Em 2003, abrangendo todo o CHC/UFPR, foi publicada a portaria da Comissão de Gerenciamento de Resíduos (CGR), que realizava reuniões semanais com membros de vários setores que geravam vários tipos diferentes. Porém, as decisões foram arrastadas durante todo o ano devido à publicação da RDC 33/03 da Agência Nacional de Vigilância Sanitária que permitia o descarte como resíduo comum de vários resíduos que até então eram classificados como infectantes pelo Conselho Nacional de Meio Ambiente. Esse conflito entre os órgãos federais provocou grande confusão e dificuldade de decisões, aliado à iminência do fechamento da Vala Séptica, gerando muitas discussões.

Nesse cenário, foi formada uma Câmara Técnica de Resíduos da APARCIH, na qual a presidente da CGR do CHC/UFPR foi também responsável por promover as reuniões com a Secretaria de Meio Ambiente e representantes de 36 hospitais para definir quais resíduos deveriam realmente ser descartados como infectante. Nesse período, devido a fortes pressões da sociedade, técnicos da ANVISA e do CONAMA se reuniram durante um ano, e a RCD nº 306/04 da ANVISA foi publicada em dezembro de 2004 contendo em seu anexo a classificação dos resíduos de forma harmonizada com a publicação da Resolução nº 358/05 do COMANA.

Com a publicação das resoluções federais de forma harmônica e com definições mais claras de procedimentos a serem adotados, os ânimos se acalmaram. Porém, devido à publicação do Decreto Municipal nº 1.201/04, muitos resíduos que a nível federal eram considerados como sem risco ao meio ambiente e que poderiam ser descartados como resíduo comum ainda hoje são encaminhados para tratamento como resíduos infectante.

Diante desse quadro, a CGR promoveu várias atividades em prol do meio ambiente, visando principalmente a mudança de hábitos quanto à segregação dos resíduos. Foi elaborada uma cartilha com orientações, etiquetas de identificação das lixeiras em polivinil (material resistente e lavável), distribuição de cartazes, treinamento nos locais de trabalho e apresentações lúdicas.

Em abril de 2005, em Curitiba, ocorreu o fechamento da vala séptica e o hospital contratou, por processo de licitação, empresa responsável pela coleta e tratamento dos resíduos químicos, infectantes e perfurocortantes. Os resíduos comuns continuaram a ser recolhidos pelo município e encaminhados ao aterro sanitário. Porém, como a segregação dos resíduos ainda não era realizada corretamente, uma grande parcela dos resíduos comuns e recicláveis eram misturados aos infectantes, chegando no final de 2006 com uma média mensal de 38 toneladas de resíduos infectantes e perfurocortantes, o que correspondeu a um gasto médio mensal de R$58.000,00.

A CGR fez uma avaliação da situação e verificou que as lixeiras eram improvisadas e a falta de sacos de lixo era constante, havendo muitas vezes apenas sacos pretos ou azuis, e em outros momentos, apenas sacos brancos. Esse problema fazia com que os funcionários e servidores não conseguissem memorizar qual resíduo deveria ser descartado em qual saco/lixeira.

Com o apoio da direção, o fornecimento dos sacos nas cores adequadas foi solucionado. Posteriormente, em 2008 o hospital teve um projeto ambiental escrito pela CGR e aprovado pelo do Governo de Estado com fornecimento de 2682 lixeiras e 102 carros de transporte de resíduos. Foram adquiridas lixeiras brancas com tampa e pedal com símbolo de risco biológico para o descarte dos resíduos infectantes, lixeiras pretas com inscrição "Resíduo Comum" para descarte de resíduos orgânicos e rejeitos, e lixeiras azuis com o símbolo de reciclável para descarte de materiais com possibilidade de reciclagem, além de carros de transporte branco, preto e azul.

Nesse mesmo ano, uma cláusula sobre o gerenciamento de resíduos foi incluída em todos os contratos de metas dos serviços, dividindo, dessa forma, a responsabilidade com os chefes e funcionários. As campanhas e palestras sobre meio ambiente continuaram, e com a mudança de hábitos, houve significativa redução na geração de resíduos infectantes e perfurocortantes para uma média de 13 toneladas por mês, e um aumento da geração de resíduos comuns e recicláveis, o que permaneceu de 2010 a 2013.

A partir de 2014, o hospital passou por diversas mudanças, inicialmente com a abertura de uma Unidade de Pronto Atendimento (UPA) Municipal, onde os resíduos eram gerenciados pelo CHC/UFPR. Mesmo com a UPA desativada em 2017, houve, em 2018, um aumento de 15% no número de atendimentos ambulatoriais, 15% no número de exames realizados, 35% no número de cirurgias e um aumento da taxa de ocupação hospitalar de 71% para 85%. Com o aumento potencial de trabalho, consequentemente, houve um aumento da geração de resíduos, e, em 2019 a média mensal de resíduos infectantes e perfurocortantes foi de 17,5 toneladas. Com a redução gradual do preço por quilo de resíduo tratado, o gasto mensal médio em 2019 foi de aproximadamente R$28.200,00.

Os resíduos comuns (orgânicos e rejeitos) tiveram aumento expressivo de cerca de 75 m^3 por mês em 2006 para aproximadamente 356,6 m^3 por mês em 2019. Os resíduos comuns foram coletados pelo município até 2009, quando, na iminência do fechamento do Aterro Sanitário da Caximba, a prefeitura municipal se isentou da coleta. Portanto, a partir de 2009, o CHC/UFPR contratou empresa para coleta e destinação final também desse resíduo, com o custo médio mensal atual de R$14.500,00. Já os resíduos recicláveis, o CHC/UFPR realiza a doação para associações de catadores desde 2007, atendendo ao Decreto Federal nº 5.940/06 (BRASIL, 2006). Entre 2014 e 2018 houve uma geração média mensal de 5.300 Kg, o equivalente a R$2.700,00 por mês. Em 2019, a média mensal aumentou para 9.250 Kg, gerando aproximadamente R$ 75.200,00 para a associação de catadores.

A ASSOCIAR é a atual associação responsável pela coleta, separação e encaminhamento para reciclagem desses resíduos. Antes da assinatura do Termo de Adesão com o CHC/UFPR, as instalações de trabalho dessa associação, em 2015, eram precárias. Tanto o escritório quanto banheiros e copa eram de madeira, sem pintura, além de o piso não possuir pavimentação, e telhas que cobriam o teto estavam quebradas. Atualmente, todo o barracão possui pavimentação e as instalações foram reconstruídas e pintadas. Além disso, a Associação ganhou uma esteira para ajudar na separação dos resíduos e conseguiu adquirir um segundo caminhão para as coletas.

A mudança de hábitos dos funcionários e servidores quanto à separação dos resíduos no CHC/UFPR foi uma conquista de esforços ao longo dos 14 anos de trabalho. O encaminhamento para tratamento e disposição final adequada dos resíduos perigosos (infectantes, perfurocortantes e químicos) gerados na instituição asseguram economia e responsabilidade ambiental da instituição e a doação dos resíduos recicláveis para a Associação de Catadores é uma das ações do hospital que contribui com o tripé da sustentabilidade no quesito social.

4 Modelo teste reportado do Laboratório de Análises Clínicas do CHC/UFPR

Há muitos anos, a locação de equipamentos para o processamento de exames para o Setor de Análises Clínicas do CHC/UFPR se tornou uma prática comum, pois dessa maneira, os equipamentos são de última geração, mais ágeis e confiáveis, podendo reduzir o tempo de permanência do paciente internado no hospital. Por ser locação de equipamento, os custos de manutenção e depreciação desses equipamentos utilizados já estão incluídos nos custos do contrato.

Como forma de pagamento, até o ano de 2004, o contrato era pago levando em consideração a média mensal dos exames realizados em um determinado período, acrescido de uma percentagem a mais para segurança, por se tratar de um serviço onde há muitas variações dependentes de quantidade de pacientes e tipos de exames. Assim, todos os pagamentos possuíam um valor fixo, com base em uma média prevista de exames que possivelmente seriam realizados.

Dessa maneira, mesmo que a quantidade prevista não fosse realizada ou até mesmo se mais exames fossem processados, a parcela paga à empresa contratada seria sempre a mesma. O fornecimento do material, entregue mensalmente referente a toda a quantidade prevista demandava um grande espaço para armazenamento de insumos, e caso não houvesse o consumo total, havia mais acúmulos de insumos no mês seguinte, ocasionando perdas e desperdícios.

Com a adoção do modelo de Teste Reportado para o gerenciamento de contratos no Laboratório de Análises Cínicas, além de modificar o sistema de pagamento, gerou um maior controle nos gastos da instituição e um melhor aproveitamento dos recursos financeiros e materiais. Além disso, o Serviço de Análises Clínicas do CHC/UFPR com o projeto "Gerenciamento dos Contratos de Comodato para equipamentos nos serviços de análises clínicas da Unidade de Apoio Diagnóstico no Hospital de Clínicas da Universidade Federal do Paraná", foi classificado em segundo lugar no "Projeto Melhores Práticas na Rede Federal de Educação – MEC". Tal prêmio foi recebido pela implantação de um dos mais eficientes sistemas de gestão de contratos e pagamentos no âmbito de Hospitais-Escola.

Com o pagamento feito pelos testes realizados – ou seja, apenas seria pago ao fornecedor o teste reportado e suas respectivas repetições após comparação do relatório mensal do equipamento com o relatório de produção do sistema do hospital, ficou garantido um pagamento justo para a realização dos serviços com a qualidade necessária e a um custo menor e sem desperdícios de materiais.

Na implantação dessa metodologia, houve uma redução de 32% do custo unitário dos exames contratados. Com isso, no período entre 2004 e 2010, aumentamos o número de contratos de 7 para 12, uma média de aumento no número de exames realizados de 30,77%, o que gerou um aumento de apenas 18,67% nos gastos mensais com esses contratos.

5   A terceirização da lavanderia hospitalar

A adoção de práticas para assegurar que o hospital atinja seu objetivo institucional foi uma preocupação ao constatar que os custos referentes a lavanderia instalada dentro do CHC/UFPR eram exorbitantes, não condizentes com a capacidade financeira do hospital e muito menos com a atividade-fim, que é de garantir acesso aos serviços de atenção à saúde.

O diagnóstico situacional realizado na lavanderia, a partir de 2013, evidenciou uma baixa capacidade operacional e a ausência de referência ou clareza de fluxos e processos, gerando impacto na segurança dos pacientes e de funcionários que ali trabalhavam. Para adequar a lavanderia às condições mínimas de trabalho, seria necessário um investimento de aproximadamente 1,5 milhão de reais, sem considerar a manutenção de custos com a mão de obra terceirizada, gastos com caldeira e também implantação de práticas que assegurassem a sustentabilidade ambiental, referente ao consumo, estação de tratamento e reuso de água.

A solução encontrada para essa problemática foi, no ano de 2016, terceirizar todas as etapas da produção de roupa limpa. Para cumprir os princípios da legalidade, economicidade, razoabilidade e igualdade, a alternativa foi a realização de um processo licitatório que contemplasse cláusulas de Acordo de Níveis de Serviço e quantificação de percentual de desconto por serviço não prestado. Esse modelo de contrato prevê critérios objetivos de mensuração de resultados e do nível de qualidade dos serviços contratados. Nele consta quais são os indicadores adotados e os registros de todos os controles e informações para, se necessário, promover os descontos referentes ao não atendimento dos serviços acordados, além de os pagamentos estarem limitados a uma faixa específica de tolerância onde, abaixo dessa faixa, o fornecedor está sujeito às sanções legais.

O objeto desse novo contrato previu, então, todo o processamento de roupa hospitalar, incluindo inventário, remoção do enxoval sujo na unidade geradora, processamento e distribuição do enxoval limpo em todos os setores do hospital, em substituição à tentativa de adequar a antiga lavanderia hospitalar, que seria muito mais onerosa. Atualmente, os indicadores de custo comprovaram a satisfatória mudança no processo. Além da economia de luz e água com a lavagem da roupa, os custos com o contrato foram reduzidos de aproximadamente 490 mil reais por mês em 2015, para aproximadamente 240 mil reais por mês em 2018, uma economia de 51% mensal ao hospital.

Vale ressaltar também, que a partir de 2013, o quilo de roupa processada reduziu, à medida que os controles de uso adequado do enxoval hospitalar foram implantados. Não só o controle do uso correto do enxoval proporcionou uma diminuição do seu consumo, como também, a partir do mesmo ano, a fiscalização de todos os contratos de serviços terceirizados no âmbito do CHC/UFPR passou a ser extremamente ativa.

À medida que são constatadas irregularidades na prestação do serviço, a direção do hospital toma todas as providências preconizadas no contrato, como notificação, advertência, cobrança de multa ou rescisão unilateral. Com essa prática de acompanhar e fiscalizar a execução dos serviços terceirizados contratados pelo hospital, entre 2013 e 2014, com uma real atuação de fiscalização para aplicação de multa contratual, houve uma economia de aproximadamente 1 milhão de reais para o hospital.

Após os excelentes resultados apresentados com a terceirização da lavanderia, o hospital, mediante seu compromisso de adotar práticas para assegurar a correta aplicação de recursos, elaborou uma proposta de reforma para o local onde antes funcionava a lavanderia hospitalar, a fim de abrigar outras áreas administrativas que atualmente estavam em casas alugadas. Todo o mobiliário e maquinário existente nessa área foi reaproveitado, desmontado para aproveitamento de peças ou leiloado.

Com essa reforma, nesse ano, conseguimos realocar para a parte interna do hospital cerca de 69 funcionários que ocupavam duas casas externas alugadas. Para manutenção dessas casas, o hospital gastava em torno de 20 mil reais por mês entre aluguel, água, energia elétrica, telefone e limpeza. Além dessas duas casas, o hospital possui mais uma casa alugada, onde futuramente irá efetuar o remanejamento dos funcionários que lá trabalham para as dependências internas do

CHC/UFPR. Ao todo, estima-se que toda essa mudança trará uma economia ao hospital de aproximadamente 28,5 mil reais por mês.

6 A adoção do RIS/PACS no diagnóstico por imagem

É notório que, com o passar dos anos, as tecnologias empregadas no setor da saúde vêm sendo aprimoradas, visando à eficiência e eficácia nos seus serviços. Um dos grandes avanços foi na informatização dos exames de diagnóstico por imagens com o desenvolvimento dos sistemas RIS (Radiology Information System) e PACS (Picture Archiving and Communication System). Esses dois sistemas integrados proporcionam mais agilidade no diagnóstico, imagens mais nítidas e com melhor contraste, além de garantir uma maior confiabilidade nos resultados dos exames sem precisar de repetições (FRANCESCHI, 2006).

Pensando nisso, em 2014 o CHC/UFPR implantou o uso desses dois sistemas e atualmente, o RIS/PACS é usado no CHC/UFPR para exames e diagnósticos nos serviços de tomografia, ressonância magnética, ecografia, radiologia, ecocardiografia e endoscopia digestiva.

Com a implantação e uso do sistema RIS/PACS, houve uma redução de gastos de aproximadamente 49 mil reais por mês referente ao uso de filmes, líquidos reagentes e seus descartes, envelopes, guarda e arquivo dos filmes, e 24 mil reais por mês, referente a funcionários que trabalhavam no processo de revelação e arquivamento das imagens na forma não digital, acrescidos de mais uma média de 11 mil reais por mês de horas extras pagas a esses funcionários para cobertura de escala.

Segundo a Resolução nº 358/05 do Conselho Nacional do Meio Ambiente (CONAMA), todos os efluentes utilizados para revelação de exames de imagem são considerados resíduos do grupo B (químicos) e seu descarte deve ser feito por empresas especializadas em tratamento e descarte de produtos químicos nocivos ao meio ambiente (BRASIL, 2005). Com a implantação do sistema informatizado, foi eliminada totalmente a necessidade de utilização desses insumos e filmes para a revelação das imagens, o que trouxe benefícios ambientais e sociais, visto que não há mais manipulação desses químicos pelos funcionários do hospital.

Além dos efluentes, havia também a preocupação com os resíduos sólidos produzidos, como os filmes radiográficos, que possuem altos índices de metais pesados como a prata. Após decisão da Comissão de Análise de Descarte de Prontuários e Documentos, os filmes radiológicos em desuso foram doados para a associação de catadores que retiraram o material, separam envelopes, laudos e filmes. Todo o processo foi acompanhado por responsáveis da Comissão de Gerenciamento de Resíduos do CHC/UFPR. Ao todo 1.200 quilos de envelopes e laudos foram triturados e posteriormente encaminhados para reciclagem e 4.100 quilos de filmes de raios-X, mamografia e ressonância foram comercializados com empresa licenciada para realizar a extração da prata e posteriormente tratar os resíduos químicos provenientes desse processo.

Com essa atitude, o hospital mais uma vez colabora com a melhoria da qualidade de vida e de trabalho dos seus funcionários e também dos catadores de materiais recicláveis da Associação.

7 Considerações finais

Como vimos, por muitos anos o Complexo Hospital de Clínicas da UFPR vem promovendo a melhoria de suas políticas e ações na busca de um maior desenvolvimento e comprometimento na área de sustentabilidade hospitalar, carregando em sua missão e valores a referência na inovação tecnológica e sustentabilidade.

Os desafios continuam, porém, com o trabalho de divulgação e apoio da administração, o desenvolvimento sustentável ganhou força à medida que a organização e todos envolvidos entendem que não é mais possível oferecer produtos e serviços de qualidade se os processos não estão alinhados às questões ambientais, econômicas e sociais.

Para o futuro, continuaremos a desenvolver novos projetos em prol da sustentabilidade, identificando e gerenciando as diversas atividades no âmbito hospitalar. A eficiência organizacional e sustentável é viabilizada quando há uma corresponsabilidade na resolução de problemas entre todos os envolvidos. É preciso cada vez mais difundir a importância e a responsabilidade de cada um para uma organização suficientemente sustentável, dedicando especial atenção à sustentabilidade de modo que esse objetivo seja plenamente alcançado com a melhor efetividade possível.

Referências

BRASIL. Conselho Nacional de Meio Ambiente. Resolução CONAMA 358 de 29 de Abril de 2005 – Dispõe sobre o tratamento e a destinação final dos resíduos dos serviços de saúde. Disponível em: http://www2.mma.gov.br/port/conama/legiabre.cfm?codlegi=462. Acesso em: 15 set. 2020.

BRASIL. Decreto nº 5.940, de 25 de Outubro de 2006. Institui a separação dos resíduos recicláveis descartados pelos órgãos e entidades da administração pública federal direta e indireta, na fonte geradora, e a sua destinação às associações e cooperativas dos catadores de materiais recicláveis, e dá outras providências. Disponível em: http://www.planalto. gov.br/ccivil_03/_Ato2004-2006/2006/Decreto/D5940.htm. Acesso em: 15 set. 2020

BRASIL. Decreto nº 9.470 de 14 ago. 2018. Promulga a Convenção de Minamata sobre Mercúrio, firmada pela República Federativa do Brasil, em Kumamoto, em 10 de outubro de 2013. Disponível em: http://www.planalto.gov.br/ccivil_03/_ato2015-2018/2018/Decreto/D9470.htm. Acesso em: 15 set. 2020.

BRASIL. Lei nº 13.303, de 30 de junho de 2016. Dispõe sobre o estatuto jurídico da empresa pública, da sociedade de economia mista e de suas subsidiárias, no âmbito da União, dos Estados, do Distrito Federal e dos Municípios. Disponível em: http://www.planalto.gov. br/ccivil_03/_ato2015-2018/2016/lei/l13303.htm. Acesso em: 15 set. 2020.

BRASIL. Lei nº 12.305 de 02 ago. 2010. Institui a Política Nacional de Resíduos Sólidos; altera a Lei nº 9.605, de 12 de fevereiro de 1998; e dá outras providências. Disponível em: http://www.planalto.gov.br/ccivil_03/_ato2007-2010/2010/lei/l12305.htm. Acesso em: 15 set. 2020.

BRASIL. Ministério do Planejamento, Orçamento e Gestão. Instrução Normativa nº 01 de 19 de Janeiro de 2010. Dispõe sobre os critérios de sustentabilidade ambiental na aquisição de bens, contratação de serviços ou obras pela Administração Pública Federal direta, autárquica e fundacional e dá outras providências. Disponível em: https://portal.tcu. gov.br/lumis/portal/file/fileDownload.jsp?fileId=8A8182A2578C7A760157902EAE95161E . Acesso em: 15 set. 2020.

BRASIL. Ministério do Meio Ambiente. 2010. *Gerenciamento dos resíduos de mercúrio nos serviços de saúde.* Brasília: MMA.

DALLORA, M. E. R. V. *Gerenciamento de custos de consumo em um hospital de ensino.* Dissertação de Mestrado. Universidade de São Paulo, Ribeirão Preto, Brasil. 2007.

DAMAS, G. B.; BERTOLDO, B.; COSTA, L. T. Mercúrio: da antiguidade aos dias atuais. *Revista Virtual de Química.* 6 (4), 1010-1020, 2014.

EBSERH. *Complexo Hospital de Clínicas – CHC.* Disponível em: http://www.ebserh.gov. br/web/chc-ufpr. Acesso em: 05 ago. 2019.

FALK, J. A. *Gestão de custos para hospitais*: conceitos, metodologias e aplicações. Atlas, São Paulo, 2001.

BRASIL. Ministério do Meio Ambiente. *Protocolo de Montreal.* 2017. Disponível em: http:// www.protocolodemontreal.org.br/site/. Acesso em: 05 ago. 2019.

FRANCESCHI, W. B. *Procedimentos e práticas para digitalização de imagens médicas.* Dissertação de Mestrado. Universidade Tecnológica Federal do Paraná, Curitiba, Brasil, 2006.

SACHS, I. Barricadas de ontem, campos de futuro. *Estudos Avançados*. 24 (68): 25-38, 2010.

SANTOS, M. E., MARTINS, V. F., LEAL, E. A. Avaliação de gestão de custos nas entidades hospitalares: um estudo na cidade de Uberlândia. *Revista de Administração Hospitalar*. 10(1): 3-17, 2013.

UNEP. *Handbook for the Montreal Protocol on Substances that Deplete the Ozone Layer*. Ozone Secretariat, Nairobi, 2018.

Informação bibliográfica deste texto, conforme a NBR 6023:2018 da Associação Brasileira de Normas Técnicas (ABNT):

SILVEIRA, Mônica Evelise; LIMA, Lidia; MACHADO, Alana Zafaneli. Práticas de sustentabilidade realizadas no Hospital de Clínicas da UFPR. *In*: VILLAC, Teresa; BESSA, Fabiane Lopes Bueno Netto; DOETZER, Gisele Duarte (Coord.). *Gestão pública brasileira*: inovação sustentável em rede. Belo Horizonte: Fórum, 2021. p. 275-292. ISBN 978-65-5518-055-8.

A INTERDISCIPLINARIDADE NO GERENCIAMENTO DE RESÍDUOS SÓLIDOS NA UNIVERSIDADE TECNOLÓGICA FEDERAL DO PARANÁ (UTFPR)

TAMARA SIMONE VAN KAICK

1 Histórico da estruturação da coleta seletiva solidária na UTFPR

A preocupação com o gerenciamento de resíduos na UTFPR ocorre desde a década de 1990, quando já haviam sido realizados vários projetos e campanhas para a coleta seletiva na instituição. Estas campanhas e o desenvolvimento de estrutura para a coleta de resíduos havia sido desenvolvida por professores que atuavam nas disciplinas correlatas, que, alinhados com a gestão administrativa, procuraram ordenar a estrutura de coleta seletiva para a instituição. Esta preocupação se deu quando os *campi* da UTFPR ainda eram Centros Federais de Educação Tecnológica (CEFET) e autônomos entre si.

Em 2005, os CEFETs do Paraná são unificados para juntos constituírem a Universidade Tecnológica Federal do Paraná, a UTFPR. No ano seguinte à formação da UTFPR e a definição de que os CEFETs do Paraná seriam então estruturados como *campus* de uma única universidade, foi lançado o Decreto nº 9.540/2006, que versa sobre a coleta seletiva solidária na Administração Pública, na qual a UTFPR, obrigatoriamente, deveria fazer parte. O referido decreto incentivava a organização da coleta de resíduos com o objetivo de destinar os materiais recicláveis para as associações de catadores. Os resíduos recicláveis forneceriam matéria-prima e possibilitariam a geração de renda para essas associações. Dessa forma, o poder público seria um fornecedor contínuo e seguro de materiais recicláveis para as associações de catadores, o que explica o termo: coleta seletiva solidária. Cada *campus* da UTFPR assumiu o compromisso em fazer o atendimento ao referido decreto. Como a formatação da UTFPR era recente, cada *campus* desenvolveu um padrão próprio de coleta seletiva, inclusive no que se refere ao modelo e cores de coletores, assim como formas de gerenciamento e campanhas.

Em 2012, a Instrução Normativa nº 10 de 2012, do Ministério de Planejamento e Orçamento (BRASIL, 2012), obriga o desenvolvimento do Plano de Logística Sustentável, no qual a coleta seletiva também estava contemplada.

Tentando aliar os esforços para atender ao Decreto nº 9.540/2006 (BRASIL, 2006); e a IN nº 10 de 2012 (BRASIL, 2012), foi realizada uma convergência nos esforços relativos ao gerenciamento de resíduos, no sentido de tentar unificar e padronizar a coleta seletiva solidária na UTFPR. Nesse sentido, foi realizado um movimento de cooperação, para tentar propor uma campanha única e integrada na UTFPR e seus 13 *campi*.

2 O desenho da proposta interdisciplinar para a campanha da coleta seletiva

A comunicação visual para a campanha voltada à coleta seletiva da UTFPR foi denominada Campanha Jogada Certa e nasceu de um *case* desenvolvido na UTFPR *campus Curitiba*. A Campanha Jogada Certa (Figura 1) surgiu depois de uma discussão realizada durante a disciplina de Educação Ambiental (EA), do curso superior de Tecnologia de Processos Ambientais do Departamento de Química e Biologia (DAQBI). O objetivo dessa disciplina foi de fazer com que os alunos tivessem a oportunidade de planejar e vivenciar um projeto de EA que pudesse ser aplicado na universidade.

Como os estudantes e professores do DAQBI não atuam com o desenvolvimento de comunicação visual, fez-se a proposta de desenvolver a campanha de forma interdisciplinar. Dessa forma, a campanha foi desenvolvida entre dois departamentos: o DAQBI e o Departamento de Desenho Industrial (DADIN).

Figura 1 – Logo da Campanha Jogada Coleta Seletiva UTFPR

Fonte: KAZAMA, REZENDE, 2014.

Pelo fato de o *campus Curitiba* ter o Departamento de Desenho Industrial (DADIN) com o curso superior de tecnologia de Design Gráfico, foi realizada uma parceria com o mesmo para que os alunos dos dois cursos pudessem trocar ideias sobre as técnicas e elementos visuais de comunicação que são importantes para uma campanha de sensibilização.

Dessa forma nasce a Campanha Jogada Certa, fruto da parceria entre dois cursos tecnológicos (Processos Ambientais e Design Gráfico), com os quais foram desenvolvidas as primeiras peças de comunicação da Campanha, inclusive com *slogan* e frases de impacto (Figura 2), para sensibilizar a comunidade acadêmica.

Figura 2– Frases de impacto desenvolvidas pelos alunos
para a campanha da coleta seletiva

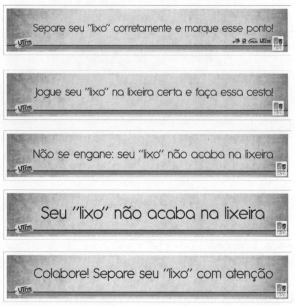

Fonte: Tamara Simone van Kaick.

A UTFPR já possuía o Programa de Gerenciamento de Resíduos do *campus Curitiba* (PGRCC), que foi implementado em 2005, o qual indicava a realização semestral de palestras para funcionários terceirizados responsáveis pela limpeza, para estudantes e servidores professores e técnicos administrativos.

Durante o período de 2005 a 2011, a Comissão de Gestão de Resíduos do *campus Curitiba* já atuava para definir as estruturas básicas para a coleta seletiva, assim como foi desenvolvido o manual do Plano de Gerenciamento de Resíduos Sólidos (PGRS) e procedimentos. Neste período o PGRS foi avaliado e analisado por dois servidores que estavam no curso de especialização em Auditoria da Qualidade e Ambiental da UTFPR *campus Curitiba*. O trabalho final da especialização desses dois servidores resultou em duas monografias que propuseram a implementação de novos procedimentos, que foram inseridos no PGRS.

Com base nos documentos técnicos do PGRS revisado, foi lançado o desafio para os estudantes do DAQBI e DADIN para a elaboração e desenvolvimento de uma campanha voltada à coleta seletiva. Esse desafio resultou em um Trabalho de Conclusão de Curso (TCC) do Design Gráfico, e que foi responsável pela implementação da comunicação visual da Campanha Jogada Certa, com marca, *slogan*, formas de divulgação, mídias e avaliação da mesma. A campanha foi considerada um sucesso no *campus Curitiba*, desde que foi lançada durante a Semana do Meio Ambiente em junho de 2011. Em setembro de 2012, durante o evento interno da UTFPR, 2º Seminário de Extensão e Inovação (SEI), a Campanha Jogada Certa foi alçada para a categoria de Programa Institucional, a ser implementado em todos os *campi* da UTFPR no Estado do Paraná, intitulado Programa Jogada Certa.

A Campanha foi aderida por alguns *campi* da UTFPR, mas para aqueles que já estavam com campanhas consolidadas não houve a adesão, pois todos os *campi* da UTFPR desenvolviam as ações e atividades no sentido de atender o princípio da Educação Ambiental utilizando gerenciamento de resíduos como tema transversal, com experiências muito ricas no âmbito multi e interdisciplinar. Todas as atividades voltadas à Coleta Seletiva na UTFPR foram desenvolvidas como parte prática de disciplinas, o que envolvia diretamente os estudantes na execução das atividades e mobilização do público-alvo.

As atividades que foram realizadas no *campus* Curitiba demonstraram a possibilidade de atuar de forma prática com a interdisciplinaridade na campanha. As campanhas foram realizadas até 2018, como parte da extensão da disciplina de Educação Ambiental da graduação do Curso de Tecnologia em Processos Ambientais, com a participação dos alunos durante o semestre na disciplina de Educação Ambiental. Também foram ofertadas, durante esse período de 2012 a 2018, duas vagas de estágio para cursos que possuem disciplinas sobre gestão e gerenciamento em resíduos, voltado para alunos dos cursos de Tecnologia em Processos Ambientais, Engenharia Civil e Eng. Sanitária e Ambiental. O estagiário teria como orientador o professor membro da Comissão de Resíduos Sólidos da Coleta Seletiva Solidária, e atuaria no Departamento de Serviços Gerais (DESEG), atendendo a alimentação dos dados e preenchimento do PGRS. As peças publicitárias da Campanha Jogada Certa foram desenvolvidas por alunos do curso de Design.

Em parceria com o *campus* de Cornélio Procópio, um estudante orientado por um professor do Curso de Tecnologia em Análise e Desenvolvimento de Sistemas desenvolveu um *game* para o Programa Jogada Certa (Figura 3), intitulado The Cleaners, e voltado para o público infantil.

Figura 3 – Cartilha do *game* The Cleaners do Programa Jogada Certa

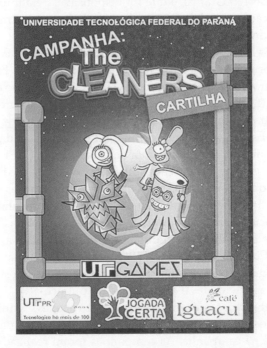

Fonte: Laboratório do Curso de Tecnologia em Análise e Desenvolvimento de Sistemas *campus* UTFPR Cornélio Procópio.

A partir de 2017, com a implantação das comissões do Plano de Logística Sustentável (PLS), surgiu o movimento para incorporar a padronização da campanha da coleta seletiva na UTFPR em seus 13 *campi*, o que traz um grande desafio e coordenação de planejamento e esforços conjuntos. O desenvolvimento dessa padronização é planejado pela Comissão Central do PLS, e a execução das atividades é realizada pelas comissões de resíduos de cada *campi*. São desenvolvidos planejamentos, padrão de PGRS UTFPR, oficinas de treinamento para gravimetria e preenchimento do modelo padrão, e foram adquiridas balanças do mesmo modelo para a realização da gravimetria que também segue uma metodologia padrão. A gravimetria é realizada como parte prática de disciplinas de cursos afins.

Os alunos da disciplina de EA foram responsáveis pelas palestras para alunos do curso do Ensino Médio, Funcionários de Serviços

Gerais e do RU, e os estagiários atuam na aula inaugural dos calouros, onde a dinâmica da coleta seletiva é apresentada para todos os calouros, uma vez por semestre. A campanha atinge, atualmente, todo o público da UTFPR dos 13 *campi*. A maior parte dos *campi* da UTFPR possui um Facebook sobre a Coleta Seletiva na UTFPR. Foram desenvolvidos os seguintes elementos para a comunicação visual da campanha, que foram repassados para os *campi*: adesivos para os coletores de resíduos (Figura 4); *banners* (Figura 5); cartazes e *slides* para TV interna (Figura 6).

Figura 4 – Adesivos para os resíduos recicláveis (A) e orgânicos (B) desenvolvidos para serem aplicados nos coletores da UTFPR

Fonte: KAZAMA, REZENDE, 2014.

Figura 5 – Banners sobre a separação correta dos resíduos e da indicação do caminho do "lixo" na UTFPR

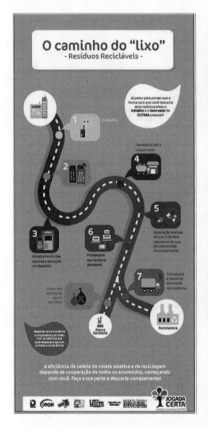

Fonte: KAZAMA, REZENDE, 2014.

Figura 6 – Cartazes e *slides* preparados para a TV interna da UTFPR *campus* Curitiba

Fonte: KAZAMA, REZENDE, 2014.

O termo "lixo" aparece entre aspas em algumas peças da campanha, porque foi constatado que não havia o entendimento de que o termo resíduos é o correto por parte de muitos estudantes e servidores. Na campanha da coleta seletiva da cidade de Curitiba, o *slogan* para os resíduos recicláveis é: Lixo que não é lixo. Dessa forma, utilizou-se o termo "lixo" entre aspas, com o objetivo de trazer a interpretação que o cidadão curitibano tem sobre o termo para os recicláveis. No entanto, a campanha Jogada Certa tentou trazer os termos corretos, no sentido de fazer com que o estudante da UTFPR crie a cultura e compreenda a utilização dos termos corretos para resíduos, que é tudo que pode voltar para a cadeia produtiva novamente, como os resíduos recicláveis e os resíduos orgânicos compostáveis.

3 O desafio de tratar os resíduos orgânicos na UTFPR

Para atender a redução de 20% do envio de resíduos para o aterro sanitário, item que consta no Pacto da Agenda 21 Paraná para as Instituições de Ensino Superior, e que foi assinado pela UTFPR, o Programa Jogada Certa, por meio da Iniciação Científica (IC) e do mestrado em Ciência e Tecnologia Ambiental (PPGCTA), desenvolveu um piloto de vermicompostagem para média escala. Esse piloto demonstrou o potencial dessa técnica em transformar em húmus. Cerca de 500 kg de resíduos orgânicos não cozidos, gerados durante um mês de atividade do RU foram compostados. Esse trabalho resultou em cerca de 380 kg de húmus. A vermicompostagem reduz o tempo da transformação dos resíduos orgânicos em húmus, e poder ser realizado em ambientes confinados e menores. O processo de compostagem utilizando minhocas, a vermicompostagem, levou quase 50 dias para obter esse resultado, transformando resíduo orgânico em húmus.

O Restaurante Universitário (RU), da sede Ecoville do *campus* Curitiba, atende cerca de 10.905 refeições/alunos em um mês de atividade. O RU gera cerca de 500 kg de resíduos orgânicos não cozidos por mês, o que poderia ser compostado na própria universidade. Porém, o *campus* Curitiba sofre com a falta de espaço para implantar sistemas de compostagem convencionais. Para tentar identificar o melhor processo de compostagem, utilizando menos espaço e acelerando o processo, foram realizados alguns testes, e a vermicompostagem, que utiliza minhocas como acelerador do processo de transformação de resíduo em húmus, se mostrou o mais adequado para esta situação do *campus* Curitiba (Figura 7). O resultado do composto demonstrou que é possível realizar a vermicompostagem em espaço e tempo reduzidos, ideal para locais que não conseguem ter leiras para a compostagem tradicional. Esse processo também se mostrou um excelente elemento de sensibilização da comunidade.

Figura 7 – Vermicompostagem na UTFPR sede Ecoville

Fonte: Laboratório de Educação Ambiental do Departamento de Química e Biologia, *campus* Curitiba.

Praticamente todos os *campi* da UTFPR desenvolvem alguma técnica de compostagem de resíduos orgânicos não cozidos. A meta da Comissão PLS é de implementar processos de compostagem em todos os *campus* a partir de 2020, com o objetivo de realmente evitar o envio de resíduos orgânicos não cozidos ao aterro sanitário. A estimativa que se tem com essa ação é que seja evitado o encaminhamento de cerca de 27% dos resíduos, do que atualmente é enviado ao aterro sanitário. Dessa forma, a UTFPR estará economizando recursos, promovendo a cultura da compostagem, o húmus estará sendo aplicado na própria instituição para paisagismo e formação de hortas nos centros de convivência dos estudantes, e dessa forma a instituição estará promovendo a economia circular.

O engajamento da comunidade acadêmica se dá com a inclusão dessas atividades como práticas de ensino a serem realizadas nas disciplinas correlatas. Tanto a compostagem como a gravimetria realizada para os materiais recicláveis são temas de pesquisa e extensão. A avaliação das Campanhas voltadas para a coleta seletiva solidária é realizada por meio de gravimetria dos materiais retirados dos coletores dos recicláveis (Figura 8). Também são realizadas entrevistas com alunos e professores para identificar lacunas e melhorias nos processos.

Em todas as atividades realizadas que se referem ao gerenciamento de resíduos na UTFPR, estão sendo associados os Objetivos do Desenvolvimento Sustentável (ODS), 4 – Educação com qualidade; 11 – Cidades e comunidades sustentáveis e 12 – Consumo e produção responsáveis.

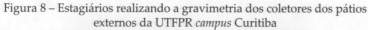

Figura 8 – Estagiários realizando a gravimetria dos coletores dos pátios externos da UTFPR *campus* Curitiba

Fonte: Laboratório de Educação Ambiental do Departamento de Química e Biologia, *campus* Curitiba.

A UTFPR está revendo toda a campanha da coleta seletiva, a meta estipulada pela Comissão PLS é que a partir de 2020 seja lançada a estrutura de coleta seletiva com inclusão para pessoas cegas. Dessa forma, a coleta nos 13 *campus* da UTFPR será seletiva solidária e inclusiva, além de fazer parte das atividades de ensino, pesquisa e extensão, e será uma forma de propagar os ODS 4, 11 e 12 na instituição e comunidades externas.

Referências

BRASIL. Decreto nº 5.940, de 25 de outubro de 2006. Determina a separação de resíduos recicláveis descartados de órgãos e entidades da Administração Pública Federal Direta e Indireta em benefício de associações e cooperativas de catadores de material reciclável (Coleta Solidária). 2006.

BRASIL. Instrução Normativa/SLTI nº 10, de 12 de novembro de 2012 do Ministério de Planejamento, Orçamento e Gestão. Estabelece regras para elaboração dos Planos de Gestão de Logística Sustentável de que trata o art. 16, do Decreto nº 7.746, de 5 de junho de 2012, e dá outras providências. 2012.

KAZAMA, M. M.; REZENDE, S. H. *Programa Jogada Certa*: coleta seletiva na UTFPR. Trabalho de Conclusão de Curso do Curso Superior de Tecnologia em Design Gráfico do Departamento de Desenho Industrial. *Campus* UTFPR Curitiba, 2014.

TRIBUNAL DE CONTAS DA UNIÃO. Levantamento de Sustentabilidade na Administração Pública Federal. Processo TC nº 006.615/2016-3, 2016.

Informação bibliográfica deste texto, conforme a NBR 6023:2018 da Associação Brasileira de Normas Técnicas (ABNT):

VAN KAICK, Tamara Simone. A interdisciplinaridade no gerenciamento de resíduos sólidos na Universidade Tecnológica Federal do Paraná (UTFPR). *In*: VILLAC, Teresa; BESSA, Fabiane Lopes Bueno Netto; DOETZER, Gisele Duarte (Coord.). *Gestão pública brasileira:* inovação sustentável em rede. Belo Horizonte: Fórum, 2021. p. 293-305. ISBN 978-65-5518-055-8.

PARTE III

OS DESAFIOS DA CULTURA DA SUSTENTABILIDADE

POLÍTICA DE SUSTENTABILIDADE DA UTFPR: CAMINHOS TRILHADOS PARA IMPRIMIR A SUSTENTABILIDADE COMO UM VALOR ESTRATÉGICO

TAMARA SIMONE VAN KAICK

LUIZ ALBERTO PILATTI

JOÃO PAULO AIRES

1 Histórico da Universidade Tecnológica Federal do Paraná (UTFPR)

A Universidade Tecnológica Federal do Paraná (UTFPR) é a primeira e única universidade tecnológica no Brasil. A Escola de Aprendizes Artífices fundada em 1909 foi a origem dessa universidade. O DNA da educação profissional e tecnológica se manteve ao longo da linha do tempo durante a trajetória evolutiva da primeira escola, quando a mesma foi alçada para a condição de Liceu em 1937, Escola Técnica em 1942 e Centro Federal de Educação Tecnológica em 1959, mantendo essa marca registrada até os dias atuais, como UTFPR. O Centro Federal de Educação Tecnológica do Paraná (CEFET-PR) passou à condição de Universidade Tecnológica pela Lei nº 11.184 de 07 de outubro de 2005 (BRASIL, 2005).

A UTFPR é a universidade federal com o maior número de *campi* no Paraná, 13 no total (Figura 1), oferecendo cursos técnicos, superiores de tecnologia, bacharelados, licenciaturas, especializações, mestrados e doutorados. No Brasil, é a universidade pública que oferece o maior número de vagas na área das engenharias.

Figura 1 – Localização dos 13 *campi* da UTFPR no Estado do Paraná

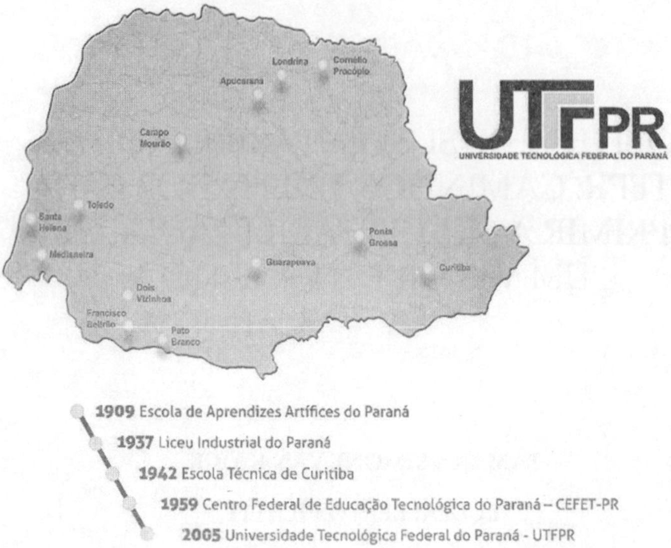

Fonte: UTFPR, 2018.

A UTFPR procura manter consonância com a legislação, assim como com os movimentos internacionais, tais como: Pacto Global, os Princípios para a Educação Empresarial Responsável das Nações Unidas (Principles for Responsible Management Education – PRME da ONU), os Objetivos de Desenvolvimento Sustentável (ODS – Agenda 2030) e a Agenda 21, dos quais assumiu princípios que foram aderidos a sua missão, visão e valores institucionais, assim como na sua Política de Sustentabilidade.

A **Missão** da Instituição é desenvolver a educação tecnológica de excelência, construir e compartilhar o conhecimento voltado à solução dos reais desafios da sociedade. A **Visão** da instituição é ser uma universidade reconhecida internacionalmente pela importância de sua atuação em prol do desenvolvimento regional e nacional sustentável. Os **Valores** da UTFPR são: a) Ética: contar com estudantes e servidores eticamente responsáveis, inseridos em um contexto de busca do conhecimento e de dedicação à verdade científica e à imparcialidade; b) Tecnologia e humanismo: considerar a tecnologia como algo inerente à sociedade e que os aspectos humanos são parte integrante do problema e da solução de todo desenvolvimento tecnológico; c) Desenvolvimento humano: formar o cidadão crítico, ético e autônomo; d) Interação com o entorno: desenvolver sua missão de modo responsável, solidário e cooperativo com a sociedade, governos e organizações; e) Empreendedorismo e inovação: efetuar a mudança por meio de atitude empreendedora; f) Excelência: promover a melhoria contínua das atividades acadêmicas, de gestão e da relação com a sociedade; g) Sustentabilidade: assegurar que todas as ações se observem sustentáveis nas dimensões sociais, ambientais e econômica; h) Diversidade e inclusão: promover a educação tecnológica, respeitando e valorizando a diversidade e o potencial de todas as pessoas; i) Democracia e transparência: valorizar a participação democrática e a transparência em todas as instâncias da UTFPR, como compromissos voltados ao fortalecimento dos processos de participação das comunidades universitárias e externa na concepção, decisão, implementação e avaliação das ações da Universidade.

Em consonância com a missão, visão e valores, a UTFPR considerou importante implementar a Política de Sustentabilidade para a instituição. O desenvolvimento da política deu-se por meio de vários encontros e diálogos realizados entre os membros das comissões central e de cada *campus* do Plano de Logística Sustentável (PLS). A formatação e orientações legais e padrão foram alinhadas com a reitoria com o intuito de consolidar a sustentabilidade com os demais documentos legais institucionais, para que a mesma se conforme como um valor estratégico da UTFPR, no desenvolvimento de todas as suas atividades. Concluído o texto final do documento, o mesmo passou por consulta pública, na qual recebeu contribuições importantes da comunidade acadêmica e externa. Após finalizada a consulta pública e inseridas as contribuições, a minuta passou pelo Conselho Universitário (COUNI) e foi aprovada pela Deliberação nº 07/19, de 14.05.2019 (COUNI UTFPR, 2019).

2 A política de sustentabilidade da UTFPR

A Política de Sustentabilidade da UTFPR estabelece princípios, diretrizes e objetivos com vistas a garantir a integridade, confiabilidade, disponibilidade e autenticidade das informações relacionadas aos impactos socioambientais e econômicos da instituição; buscar a conformidade com a legislação vigente que contemple as dimensões social, econômica e ambiental do desenvolvimento sustentável; atender os valores éticos; e aplicar as melhores práticas de gerenciamento de modo a preservar os seus ativos e a imagem institucional.

Em relação à aplicação da Política de Sustentabilidade, conforme indicado no art. 2º, a UTFPR se compromete com a formação científica, tecnológica, social e ambiental de cidadãos, de forma a atuar de modo integrado no desenvolvimento e inovação, de promover práticas sustentáveis que assegurem a qualidade de vida e ambiental e de atender aos requisitos legais e à melhoria contínua nos processos implementados.

O compromisso com a sustentabilidade no viés de uma universidade está intimamente interligado com a Educação, a Cultura e ao Bem-estar, como matrizes básicas. Nessa matriz básica estão inseridos os pilares econômico, social e ambiental, que, por sua vez, possuem inter-relações importantes e que precisam ser expressas, para que, juntos, possam abranger a sustentabilidade almejada pela universidade, conforme indicado na Figura 2.

Figura 2 – Matriz da sustentabilidade para a UTFPR

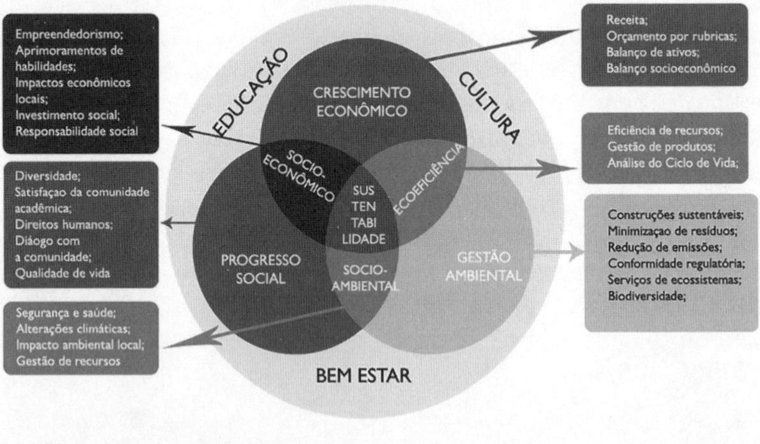

Fonte: Elaboração dos autores.

Entre as instituições públicas brasileiras, as universidades federais, em virtude de sua natureza e missão, no sentido de ser formadora de cidadãos do futuro, além de serem centros de transmissão e difusão da cultura humanística, científica e tecnológica, são potenciais formadoras de opinião e inovações, com forte responsabilidade para a promoção do desenvolvimento sustentável em nosso país.

Aliada a essa questão da formação do cidadão, ainda é possível vislumbrar o potencial da capacidade regulamentadora e indutora de novos padrões e práticas que as universidades, no contexto da administração pública, podem fomentar. Pelo fato de serem grandes consumidoras de recursos naturais e bens de serviços, nas suas atividades meio e finalísticas, as mesmas podem assumir um papel estratégico na revisão dos padrões de produção e consumo, assim como na adoção de novos referenciais de sustentabilidade socioambiental, que deveriam ser assimilados em seus processos de gestão (BRASIL A3P, 2009). Portanto, a inserção do conceito de sustentabilidade na gestão pública exige mudanças de atitudes, e o grande desafio consiste em transpor o discurso para a prática, concretizando-as em ações.

Para atender a premissa na formação de cidadãos visando o futuro e promover a cultura da sustentabilidade, a UTFPR propôs desenvolver uma estrutura que pudesse permear esta cultura nas áreas do ensino, pesquisa e extensão, assim como nas áreas de planejamento e administração. A estrutura inicial foi formatada para atender a Instrução Normativa nº 10, de 12 de novembro de 2012 (BRASIL, 2012c), expedida pela Secretaria de Logística e Tecnologia da Informação (SLTI) do Ministério do Planejamento, Orçamento e Gestão, para o desenvolvimento do PLS, que indicaria as estratégias de gestão para o uso racional de recursos e a incorporação de práticas de sustentabilidade na cultura administrativa da instituição.

Com efeito, para atender essa IN, foi implementada uma comissão central para o desenvolvimento do PLS da UTFPR. Cada um dos 13 *campi* implementou sua comissão gestora regional espelhando a estrutura da comissão central PLS. Essas comissões são formadas por professores e Técnicos Administrativos (TA). O ano de 2017 foi o marco inicial de atuação dessas comissões. Anteriormente a 2017, um grupo de professores intercâmpus, interdisciplinar e voluntário, havia se reunido para discutir o Sistema de Gestão Ambiental da UTFPR, com o objetivo de auxiliar na estruturação de um conjunto de iniciativas que pudessem ser padronizadas para todos os *campi*, observando principalmente a coleta de resíduos.

Esse grupo de professores voluntários foi convidado para fazer parte da comissão central PLS e iniciar o processo de estruturação da política ambiental da UTFPR, que depois foi alçada para a elaboração da Política de Sustentabilidade. Nesse sentido, foi realizado um levantamento dos diversos dispositivos legais (nacionais e acordos internacionais dos quais o Brasil é signatário) que são convergentes com a proposta e objetivos do PLS, visando unificar esforços para atender as demandas similares, apresentando-as em um mesmo documento. Seguem os dispositivos legais convergentes com o PLS, em ordem cronológica:

- Política Nacional do Meio Ambiente, Lei nº 6.938, de 31 de agosto de 1981 (BRASIL, 1981);
- Art. 225 da Constituição (1988), que garante a todos o direito ao meio ambiente ecologicamente equilibrado, bem de uso comum do povo e essencial à sadia qualidade de vida, impondo-se ao Poder Público e à coletividade o dever de defendê-lo e preservá-lo para as presentes e futuras gerações (BRASIL, 1988);
- Agenda 21 – 1992. O Capítulo IV da Agenda 21 indica que os países devem estabelecer programas voltados ao exame dos padrões insustentáveis de produção e consumo, e para tanto deveriam estabelecer políticas e estratégias nacionais de estímulo a mudança de padrões insustentáveis de consumo. Entre os princípios da Declaração do Rio 92, a de número 8 afirma que "os Estados devem reduzir e eliminar padrões insustentáveis de produção e consumo e promover políticas demográficas adequadas" (ONU, 1992).
- Lei nº 8.666 de junho de 1993 – Art. 3º A licitação destina-se a garantir a observância do princípio constitucional da isonomia, a seleção da proposta mais vantajosa para a administração e a promoção do desenvolvimento nacional sustentável e será processada e julgada em estrita conformidade com os princípios básicos da legalidade, da impessoalidade, da moralidade, da igualdade, da publicidade, da probidade administrativa, da vinculação ao instrumento convocatório, do julgamento objetivo e dos que lhes são correlatos (BRASIL, 1993).
- Programa Agenda Ambiental na Administração Pública/A3P (Agenda dos Três Poderes e 3 nos três âmbitos de atuação) – 1999 (BRASIL, 2009);
- Declaração de Johannesburgo de 2002, ou Rio-92 +10 – indicada a adoção do consumo sustentável como princípio basilar do desenvolvimento sustentável (ONU, 2015).
- Decreto nº 5.940, de 25 de outubro de 2006, que determina a separação de resíduos recicláveis descartados de órgãos e entidades da Administração Pública Federal Direta e Indireta em benefício de associações e cooperativas de catadores de material reciclável (Coleta Solidária) (BRASIL, 2006);

- Decreto nº 7.478, de 12 de maio de 2011, que criou a Câmara de Políticas de Gestão, Desempenho e Competitividade (CGDC), que tem como objetivos principais: formular políticas e medidas específicas destinadas à racionalização do uso dos recursos públicos e aperfeiçoar a gestão pública, visando à melhoria dos padrões de eficiência, eficácia, efetividade, transparência e qualidade da gestão pública e dos serviços prestados ao cidadão, no âmbito o Poder Executivo (BRASIL A, 2011);
- Acórdão nº 1.752, de 29 de junho de 2011, do Plenário do Tribunal de Contas da União, em especial o item 9.8, que recomenda ao Ministério do Planejamento, Orçamento e Gestão "que incentive os órgãos e instituições públicas federais a adotarem um modelo de gestão organizacional estruturado na implementação de ações voltadas ao uso racional de recursos naturais (...)" (BRASIL, 2011b);
- Decreto nº 7.746, de 05 de junho de 2012, que regulamenta o art. 3º da Lei nº 8.666, para estabelecer critérios, práticas e diretrizes para a promoção do desenvolvimento nacional sustentável nas contratações realizadas pela Administração Pública Federal, e institui a Comissão Interministerial de Sustentabilidade na Administração Pública (CISAP), e a instituição do PLS – Decreto nº 7.746 de 05.06.2012 (atende ao art. 3º da Lei nº 8.666/1993) (BRASIL, 2012a)
- Portaria Interministerial nº 244, de 06 de junho de 2012, iniciativa conjunta de quatro Ministérios (Planejamento, Meio Ambiente, Minas e Energia e Desenvolvimento e Combate à Fome), que instituiu o Projeto Esplanada Sustentável (PES), cuja finalidade é integrar ações que visam à melhoria da eficiência no uso racional dos recursos públicos e à inserção da variável socioambiental no ambiente de trabalho. Projeto Esplanada Sustentável – PES – (art. 225 da Constituição; Decreto nº 5.940/2006; Decreto nº 7.478, de 12 de maio de 2011; Acórdão nº 1.752, de 29 de junho de 2011)/Programa de Eficiência do Gasto Público – SisPEG (BRASIL B, 2012);
- Instrução Normativa nº 10, de 12 de novembro de 2012, expedida pela Secretaria de Logística e Tecnologia da Informação do Ministério do Planejamento, Orçamento e Gestão e que estabelece regras para elaboração dos Planos de Gestão de Logística Sustentável, previsto no decreto acima citado (BRASIL C, 2012).

- Ofício Circular nº 13/SOF/MPOG, de 06 de dezembro de 2012, que estabelece metas para economia de 10% em itens de consumo para o Ministério da Ciência, Tecnologia e Inovação (MCTI) (BRASIL D, 2012).
- Portaria nº 370/2015 – Lei nº 10.295, de 17 de outubro de 2001, na Lei nº 9.433, de 8 de janeiro de 1997, e considerando, ainda, o Decreto nº 7.746, de 5 de junho de 2012, o Decreto nº 7.690, de 2 de março de 2012, e o conteúdo da Portaria MPOG nº 23, de 12 de fevereiro de 2015, bem como o Termo de Adesão MPOG/MEC nº 02, de 23 de novembro de 2012 (BRASIL, 2015).

Nesse sentido, foi proposto o agrupamento dos objetivos semelhantes, principalmente da PES Portaria nº 244/2012 e Portaria nº 370/2015, PLS e A3P, com a intenção de demonstrar as possíveis convergências entre esses dispositivos legais. Tais convergências entre esses dispositivos legais podem ser visualizadas no Quadro 1:

Quadro 1 – Convergências entre os Programas Federais que visam a Sustentabilidade na Administração Pública

(continua)

PES, PORTARIA Nº 370	PLS	A3P
I – promover a sustentabilidade ambiental, econômica e social na Administração Pública Federal.	I – atualização do inventário de bens e materiais do órgão ou entidade e identificação de similares de menor impacto ambiental para substituição.	(a) – sensibilizar os gestores públicos para as questões socioambientais.
II – melhorar a qualidade do gasto público pela eliminação do desperdício e pela melhoria contínua da gestão dos processos.	II – práticas de sustentabilidade e de racionalização do uso de materiais e serviços.	(d) reduzir o impacto socioambiental negativo direto e indireto causado pela execução das atividades de caráter administrativo e operacional (A3P).
III – incentivar a implementação de ações de eficiência energética nas edificações públicas.	II – práticas de sustentabilidade e de racionalização do uso de materiais e serviços.	(c) contribuir para revisão dos padrões de produção e consumo e para a adoção de novos referenciais de sustentabilidade no âmbito da administração pública.

(conclusão)

PES, PORTARIA Nº 370	PLS	A3P
IV – estimular ações para o consumo racional dos recursos naturais e bens públicos.	II – práticas de sustentabilidade e de racionalização do uso de materiais e serviços.	(b) promover o uso racional dos recursos naturais e a redução de gastos institucionais.
V – garantir a gestão integrada de resíduos pós-consumo, inclusive a destinação ambientalmente correta.	II – práticas de sustentabilidade e de racionalização do uso de materiais e serviços.	(c) contribuir para revisão dos padrões de produção e consumo e para a adoção de novos referenciais de sustentabilidade no âmbito da administração pública; (d) reduzir o impacto socioambiental negativo direto e indireto causado pela execução das atividades de caráter administrativo e operacional.
VI – melhorar a qualidade de vida no ambiente do trabalho.	II – práticas de sustentabilidade e de racionalização do uso de materiais e serviços.	(e) contribuir para a melhoria da qualidade de vida (A3P).
VII – reconhecer e premiar as melhores práticas de eficiência na utilização dos recursos públicos, nas dimensões de economicidade e socioambientais.		

Os números romanos e letras entre parêntese indicam a ordem dos itens nos documentos oficiais.

Ao verificar as sinergias nos dispositivos legais, a UTFPR vislumbrou a estruturação do Plano de Logística Sustentável que pudesse atender as convergências entre os demais dispositivos legais como PES e Portaria nº 370, a voluntária A3P, incluindo ainda os princípios do Pacto Global, do PRME e ODS, essas últimas sendo iniciativas da ONU voltadas para o desenvolvimento sustentável.

3 Comissão do Plano de Logística Sustentável (PLS) da UTFPR

A UTFPR institui a Comissão PLS Central vinculada à reitoria para atender os requisitos legais. Destaca-se que os representantes dos *campi* que compõem a Comissão são os presidentes das comissões locais, o que permitiu criar uma rede de *expertise* entre as comissões e diversos professores. Por meio de um diagnóstico preliminar, foram elencados os pontos fortes e fracos da UTFPR em relação aos aspectos voltados à sustentabilidade, definindo as ações prioritárias e metas a serem atendidas tendo como critério de importância o atendimento ao requisito legal, mas também ao atendimento da missão, visão e valores da instituição.

A função da Comissão Central PLS é de realizar diagnósticos, indicar encaminhamentos e padronizar determinados documentos e atividades para que haja uma unidade nas ações que promovam a sustentabilidade na UTFPR. Essa Comissão Central, instituída em 2017, foi responsável por elaborar a Política de Sustentabilidade e encaminhar para a consulta pública. Também realizou a padronização dos documentos institucionais voltados para a Coleta Seletiva Solidária, atendendo o Decreto nº 5.940/2006 (BRASIL, 2006), a estruturação da proposta de um sistema de avaliação e diagnósticos voltado aos temas do PLS da Secretaria de Logística e Tecnologia da Informação do Ministério do Planejamento, Orçamento e Gestão (BRASIL C, 2012). As comissões dos *campi* executam e orientam as demais comissões que atuam de forma articulada para atender os objetivos da Política de Sustentabilidade da UTFPR.

A Comissão Central iniciou um processo de padronização da marca e da comunicação visual para as ações focadas em institucionalizar a Sustentabilidade como valor, o que gerou a marca UTFPR Sustentável (US), que será a denominação da Comissão PLS a partir de 2020. O registro da marca foi realizado, assim como foi criado um grupo de pesquisa para o seu desenvolvimento e estudo da arquitetura da marca para as campanhas e padronização de elementos da comunicação visual, conforme indicado na Figura 3.

Figura 3 – Arquitetura da marca da UTFPR Sustentável

2. ARQUITETURA DE MARCA

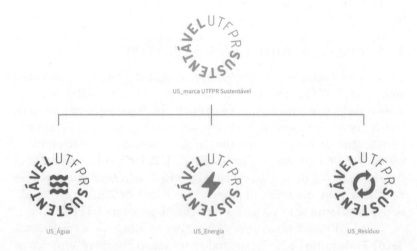

Fonte: Comissão Permanente PLS.

Para o desenvolvimento da cultura de sustentabilidade na comunidade acadêmica, foram adotadas as seguintes medidas: implantação da Semana do Meio Ambiente (primeiro semestre) e da Semana da Sustentabilidade (segundo semestre), assim como a apresentação de como é realizada a coleta seletiva e as ações voltadas à inserção da cultura da sustentabilidade na UTFPR que são apresentadas pela comissão PLS durante a semana de recepção dos calouros. Na semana do calouro ainda são realizadas gincanas voltadas à reciclagem, plantio de árvores no estacionamento, trilhas, são distribuídos os copos permanentes para os calouros, entre outras ações voltadas a engajar os novos discentes para compreender o conceito da sustentabilidade na UTFPR.

Para a Semana do Meio Ambiente, insere-se na temática central o tema do Dia Mundial do Meio Ambiente como referência, e para a Semana da Sustentabilidade o tema deve estar correlacionado ao movimento "Lixo Zero" e com os ODS. Todos os *campi* da UTFPR realizam as atividades no mesmo período, criando uma unidade nas temáticas.

Os professores atuantes nas Comissões PLS dos *campi* inserem atividades práticas em suas disciplinas, que estão diretamente relacionadas com as ações e metas da UTFPR Sustentável, capilarizando a cultura da sustentabilidade no ensino, pesquisa e extensão. E este tem sido um dos grandes diferenciais na disseminação dessa cultura de sustentabilidade para os discentes na UTFPR.

4 A cultura da sustentabilidade da UTFPR

A implantação e utilização da tecnologia digital deu-se em vários âmbitos da UTFPR, como no setor de Recursos Humanos (RH) e setores meios, assim como no ensino, pesquisa e extensão, o que impactou de forma expressiva na redução do consumo de papel e na agilização no trâmite dos processos. A tramitação de processos e documentos no formato digital que foi implementada na UTFPR resultou na redução do uso de 57,6% de resmas de papel (500 folhas/resma) entre os anos de 2017 a 2018, quando comparado com o ano de 2016, ano que não houve nenhuma ação voltada à redução de papel na UTFPR.

A UTFPR aderiu às disposições emanadas pelo Governo Federal, desde 31 de julho de 2017, passando a utilizar o Sistema Eletrônico de Informações (SEI), desenvolvido pelo Tribunal Regional Federal da 4ª Região (TRF-4). O sistema foi implantado no conceito "virada de chave", em que todos os processos de todos os setores passaram do papel para o formato digital (UTFPR, 2017). O SEI-UTFPR foi instituído como sistema oficial de gestão de processos e documentos eletrônicos, de uso obrigatório no âmbito da UTFPR. Por meio dele é possível a produção, edição, assinatura, tramitação e arquivamento de processos e documentos que passam pelas áreas meio e fim da Instituição. Desde a sua implantação, em meados de 2017 até junho 2019, foram gerados na UTFPR cerca de 95.000 processos com a produção de mais de 513.000 documentos nato-digitais e de 335.000 documentos recebidos que deixaram de ser impressos e passaram a ser tramitados eletronicamente (UTFPR, 2019).

A substituição da produção de documentos em papel para o formato nato-digital contribui para a sustentabilidade ambiental e econômica. Os documentos nato-digitais são aqueles que já nascem no meio digital e possuem validade jurídica, já que não houve alteração no formato e contexto do mesmo. Somente em algumas exceções ocorrem exigências na qual a documentação seja reproduzida em meio físico. Essa prática do uso de documentos nato-digitais, aliada ao uso de tecnologia da informação e comunicação, tem possibilitado a aceleração na tramitação de processos, facilitando o acesso às informações e, ainda, contribuindo com a desburocratização dos processos de negócio. Nesse sentido, a integração entre diferentes sistemas de informações utilizados pela instituição, assim como a possibilidade de desenvolvimento de módulos para o SEI-UTFPR têm contribuído para a otimização de processos com a redução de retrabalhos e maior transparência e integridade das informações.

A implantação do SEI-UTFPR também evidenciou a necessidade de padronização dos processos de trabalho executados nos diferentes *campi*. Com isso, o mapeamento, a definição e a otimização dos processos vêm sendo realizada pelo Escritório de Processos (EPROC), com apoio das áreas de negócio e dos Facilitadores-SEI em todos os *campi*. Além disso, o uso do sistema possibilitou a modernização da gestão documental resultando em maior transparência e economicidade de recursos.

Para favorecer a alta disponibilidade do serviço, todos os servidores têm possibilidade de executar ações com maior agilidade, como a assinatura de documentos, por meio do Aplicativo (APP) do SEI para smartphones.

Ensino e pesquisa

Foram várias as ações realizadas no sentido de investir no uso de tecnologias digitais no ensino e pesquisa com o objetivo de agilizar trâmites, facilitar o acesso dos alunos a bibliotecas, evitar o uso de papel e reduzir a necessidade de espaço físico para arquivar livros, teses, dissertações e Trabalhos de Conclusão de Cursos (TCCs).

Em 19 de outubro de 2018, foi publicada a Instrução Normativa Conjunta nº 01/2018 – Pró-Reitoria de Pós-Graduação e Pesquisa (PROPPG) e a Pró-Reitoria de Graduação (PROGRAD) da UTFPR (UTFPR A, 2018), que institui a obrigatoriedade apenas das versões digitais de TCCs, TCCs *Lato Sensu*, Dissertações e Teses, nas etapas de qualificação, defesa e entrega de versão final à Biblioteca. Esta Instrução Normativa não revoga, nem substitui a IN Conjunta nº 01/2011 PROPPG/PROGRAD, apenas a complementa, no tocante à abolição das citadas versões impressas.

A tecnologia digital, facilitando a pesquisa e acesso à Biblioteca, aconteceu com a Biblioteca Tecnológica (Bibliotec), lançada em 27 de março de 2019. Trata-se de uma ferramenta que visa aproximar o usuário da biblioteca com o objetivo de impulsionar o ensino e a pesquisa na Instituição. Foi realizado um trabalho conjunto com as pró-reitorias, diretorias e equipe de bibliotecários para ampliar o acervo das 14 bibliotecas e, simultaneamente, atender as necessidades dos usuários. Por meio dessa ferramenta, a comunidade acadêmica da UTFPR pode buscar as informações do acervo físico das bibliotecas, dos repositórios acadêmicos, do Portal de Periódicos Capes e das recém-adquiridas coleções digitais. A instituição tem como premissa possibilitar à comunidade acadêmica o acesso aos melhores acervos digitais do país e do mundo, e, dessa forma, investiu para ter uma biblioteca que possibilitasse a busca integrada. O resultado obtido com a Bibliotec foi um diferencial na produção do conhecimento desenvolvido na UTFPR. Com uma palavra-chave são consultados mais de 740 milhões de documentos simultaneamente.

A partir do primeiro semestre de 2019 foi adotado o uso de Diários de Classe da UTFPR com lançamentos exclusivos na plataforma digital. O objetivo é colaborar com os processos de registro e controle dos cursos de graduação e evitar a impressão de documentos dessa natureza.

Em levantamento realizado pela Pró-Reitoria de Graduação (PROGRAD), a ação deve gerar uma economia efetiva para a Instituição de mais de 26 mil folhas de papel por semestre, colaborando para que a universidade se torne mais sustentável e evitando o arquivamento e consumo desnecessário de papel. A ação está em consonância com a Política de Sustentabilidade, assim como com o PLS. Com o procedimento, os professores registram a frequência, o conteúdo, as notas e os resultados finais, junto à assinatura eletrônica, diretamente no sistema acadêmico. Da mesma forma, o coordenador de curso também poderá assinar o diário de classe no meio digital. Após essas etapas, o processo deve ser encerrado e automaticamente encaminhado ao Departamento de Registro Acadêmico (DERAC). Essa iniciativa permite que a UTFPR avance ainda mais na discussão acerca da sustentabilidade por meio da digitalização dos processos, além de facilitar o trâmite de documentos e agilizar as atividades de entrega de diários de classe pelos docentes.

Extensão

Na extensão, todos os projetos, programas, cursos, eventos e ações são registrados em um sistema on-line. Por meio do Sistema de Acompanhamento de Projetos (SAP), os coordenadores indicam quais são os ODS atendidos pelo projeto, assim como quais municípios e públicos-alvo são atendidos. Dessa forma é possível identificar quantos ODS a UTFPR está atendendo por meio da extensão, e relacionar os municípios atendidos com o seu respectivo Índice de Desenvolvimento Humanos (IDH). Também é possível realizar um balanço das ações da extensão em relação aos aspectos sociais, ambientais e econômicos. Todo o trâmite se dá de forma digital.

5 Resultados da inserção da cultura de sustentabilidade na UTFPR

As ações que foram iniciadas em 2017, na UTFPR, visando à inserção da cultura voltada à sustentabilidade surtiram efeito em relação à redução no consumo de recursos, como papel e copos descartáveis, assim como um gerenciamento mais adequado na coleta seletiva de resíduos. Neste capítulo serão relatados alguns dos resultados obtidos.

Papel

No Relatório de Gestão 2018, foi demonstrado que a redução no consumo de resmas de papel foi de 57,6% em comparação com o ano de 2016, em função da implantação do SEI em 2017 (UTFPR, 2019).

Com a implantação de tecnologias digitais para as atividades-meio, como o trâmite de processos e diário de classe, aliado a Bibliotec, o SAP e a IN nº 01/2018, estima-se que a redução do uso de resmas de papel chegue a 70%, conforme pode ser visualizado na Figura 4 abaixo:

Figura 4 – Gráfico demonstrativo da linha do tempo e a relação com a redução no consumo de resmas de papel na UTFPR

Fonte: Elaboração dos autores.

Coleta Seletiva Solidária na UTFPR

Cada *campi* da UTFPR possui uma comissão de Resíduos para atender o Decreto nº 5.940 de 2006 (BRASIL, 2006), com a manutenção de uma página no Facebook, para divulgação das atividades que são implementadas. Os 13 *campi* desenvolveram o Plano de Gerenciamento de Resíduos Sólidos (PGRS) entre o segundo semestre de 2017 e primeiro semestre de 2018. Mas, devido às diferenças entre as unidades de medida aplicadas e modelos de balanças, a proposta realizada foi a de padronização da metodologia e os instrumentos de medição para que a instituição possa ter um controle melhor dos resíduos gerados. Todos os *campi* estão alinhados para desenvolver o PGRS padronizado com os mesmos instrumentos de medição no segundo semestre de 2019. Na sequência, estão sendo indicadas a média estimada na somatória dos 13 *campi* para a geração de resíduos, apresentada por tipologia:
 - Resíduos químicos de laboratório: 221,57 L/mês;
 - Pilhas e baterias: 35, 7 kg/ano;
 - Lâmpadas fluorescentes: 7.524 unidades/ano;
 - Orgânico: 1.497 L/semana;
 - Rejeitos: 2.668,5 L/semana;

- Papel: 59,33 kg/semana;
- Plástico: 48,23 kg/semana;
- Papelão: 334,00 kg/semana;
- Vidro: 19,68 kg/mês.

A UTFPR pretende realizar, a partir de 2020, o tratamento *in loco* dos resíduos orgânicos não cozidos de todos os Restaurantes Universitários (RU) de seus *campi*. A estimativa prevista com essa ação é evitar o envio de até 25% de resíduos ao aterro Sanitário.

Copos descartáveis

Foram realizadas campanhas entre os anos de 2017 a 2019, para evitar o uso de copos descartáveis no RU da UTFPR em todos os *campi*. As campanhas tiveram diversas denominações, de acordo com a realidade de cada *campus*, tais como: Campanha "Meu Caneco" (*Campus* Curitiba); Campanha "Copo Zero" (*Campus* Campo Mourão); Campanha "Like na Caneca" (*Campus* Francisco Beltrão). Cada *campus* da UTFPR desenvolveu, por meio das Comissões de PLS, as campanhas e entregam copos permanentes para os calouros. No *campus* Curitiba, ficou acordado que os centros acadêmicos fariam o repasse das canecas permanentes para os calouros, sendo que cada caneca representa o curso de graduação do calouro. Nos demais *campi*, cada calouro recebe a caneca durante Semana do Calouro.

Em todos os Restaurantes Universitários (RUs) da UTFPR não são mais distribuídos copos descartáveis desde o segundo semestre de 2017. Em outubro de 2018, os potes e colheres descartáveis utilizados para servir as sobremesas, também foram substituídos por materiais equivalentes em inox.

O resultado obtido pelas campanhas "copo zero" da UTFPR foi a não geração de cerca de 961.280 unidades de copos e potes descartáveis, durante os meses de outubro e novembro de 2018. Essa política será mantida para evitar o consumo de cerca de 1.922.560 unidades de copos descartáveis nos RUs, quantidade que seria estimada para realizar compras de copos e potes descartáveis para o ano de 2019.

Cultura da sustentabilidade no ensino

Como estratégia de inserção dos princípios na cultura institucional e na formação do cidadão do futuro, a UTFPR incorporou no documento "Diretrizes para a elaboração dos projetos pedagógicos dos cursos". No item 3.11 do referido do documento UTFPR (2016), que versa sobre a Formação para a Sustentabilidade, consta que:

> Sustentabilidade é um termo usado para definir o desenvolvimento que deveria ser capaz de articular os aspectos ambientais, culturais, econômicos, espaciais e sociais para o suprimento das necessidades da geração atual, sem comprometer a capacidade de atender às necessidades das futuras gerações. A prática da sustentabilidade e a promoção de seus valores éticos no ensino superior pedem uma ação multi, inter e transdisciplinar a ser realizada no âmbito da academia, com o objetivo de "formar cidadãos conscientes e profissionais comprometidos, responsáveis e preparados para atuar nessa perspectiva", *considerando os Objetivos de Desenvolvimento Sustentável (ODS) da UNESCO (UNESCO, 2015).* Como, atualmente, verifica-se que o conceito de sustentabilidade extrapola a questão dos impactos no meio ambiente produzidos pela ação humana, é necessário estabelecer como se dará a relação do currículo com a apropriação do conceito de desenvolvimento sustentável. Logo, propõe-se que cada curso embase seu entendimento de sustentabilidade no contexto do perfil do egresso desejado. (UTFPR, 2016, p. 22)

Dessa forma, a UTFPR conseguiu implementar estratégias importantes para iniciar uma cultura da sustentabilidade no âmbito do ensino, pesquisa e extensão, o que confere a ela um potencial êxito de inserir esta base de formação voltada ao cidadão do futuro. Um dos objetivos da Política de Sustentabilidade é promover atividades curriculares no ensino, pesquisa e extensão, incluindo temas sobre Sustentabilidade, Educação Ambiental, Cultura e Responsabilidade Social, voltadas à formação de lideranças socioambientais que possam desenvolver uma economia global inclusiva, equitativa e sustentável.

Nesse sentido, vislumbra-se a continuidade no planejamento estratégico da UTFPR com a inserção de uma estrutura que consiga alinhar os conceitos da Sustentabilidade com os objetivos propostos pela própria instituição, que atendem requisitos legais e políticas internacionais, de forma transversal, com vistas a facilitar o diálogo e apoiar o debate entre educadores, estudantes, empresas, governos, consumidores, mídia, organizações da sociedade civil e outros grupos interessados sobre questões críticas relacionadas à responsabilidade socioambiental global e de sustentabilidade.

Referências

BRASIL. Lei nº 11.184 de 07 de outubro de 2005. Dispõe sobre a transformação do Centro Federal de Educação Tecnológica do Paraná em Universidade Tecnológica Federal do Paraná e dá outras providências. 2005.

BRASIL A3P. *Agenda Ambiental na Administração Pública*. 5. ed. Brasília/DF, 2009.

BRASIL. Lei nº 6.938, de 31 de agosto de 1981. Política Nacional do Meio Ambiente, 1981.

BRASIL. Constituição Federal, 1988.

BRASIL. Lei nº 8.666 de junho de 1993. Regulamenta o art. 37, inciso XXI, da Constituição Federal, institui normas para licitações e contratos da Administração Pública e dá outras providências, 1993.

BRASIL. Decreto nº 5.940, de 25 de outubro de 2006, que determina a separação de resíduos recicláveis descartados de órgãos e entidades da Administração Pública Federal Direta e Indireta em benefício de associações e cooperativas de catadores de material reciclável (Coleta Solidária). 2006.

BRASIL. Decreto nº 7.478, de 12 de maio de 2011, que criou a Câmara de Políticas de Gestão, Desempenho e Competitividade – CGDC. 2011a.

BRASI. Acórdão nº 1.752, de 29 de junho de 2011, do Plenário do Tribunal de Contas da União. 2011b.

BRASIL. Decreto nº 7746 de 05 de junho de 2012 que regulamenta o art. 3º da Lei no 8.666. 2012a.

BRASIL. Portaria Interministerial nº 244 de 06 de junho de 2012. Projetos Esplanada Sustentável/ Programa de Eficiência do Gasto Público – SisPEG. 2012b.

BRASIL. Instrução Normativa/SLTI nº 10, de 12 de novembro de 2012 do Ministério de planejamento, orçamento e gestão. Estabelece regras para elaboração dos Planos de Gestão de Logística Sustentável de que trata o art. 16, do Decreto nº 7.746, de 5 de junho de 2012, e dá outras providências. 2012c.

BRASIL. Ofício Circular nº 13/SOF/MPOG de 06 de dezembro de 2012, que estabelece metas para economia de 10% em itens de consumo para o Ministério da Ciência, Tecnologia e Inovação (MCTI). 2012d.

BRASIL. Portaria nº 370/2015 MEC. 2015.

COUNI UTFPR. Conselho Universitário UTFPR. Deliberação nº 7/19, de 14.05.2019. Aprovação da Política de Sustentabilidade da UTFPR. 2019.

ONU. *Agenda 21*. Capítulo IV. 1992.

ONU. Resolução nº 70/1 da Assembleia Geral das Nações Unidas intitulada "Transformando o nosso mundo: a Agenda 2030 para o Desenvolvimento Sustentável". Os Objetivos do Desenvolvimento Sustentável. 2015.

UTFPR. Universidade Tecnológica Federal do Paraná. Diretrizes para Elaboração de Propostas de Cursos Disponível em: http://portal.utfpr.edu.br/documentos/graduacao-e-educacao-profissional/prograd/legislacao/legislacao-geral-para-todos-os-cursos/diretrizes-para-a-elaboracao-dos-projetos-pedagogicos-de-cursos/view. 2016.

UTFPR. Universidade Tecnológica Federal do Paraná. Ordem de Serviço UTFPR n. 01/2017, Disponível em: https://sei.utfpr.edu.br/sei/publicacoes/controlador_publicacoes.php?acao=publicacao_visualizar&id_documento=16&id_orgao_publicacao=0. 2017.

UTFPR. Universidade Tecnológica Federal do Paraná. Instrução Normativa Conjunta PROPPG e PROGRAD. Disponível em: http://portal.utfpr.edu.br/documentos/conselhos/couni/deliberacoes/deliberacao-e-versaofinal-rg_sei_23064-011936_2019_35-1.pdf/view. 2018.

UTFPR. Universidade Tecnológica Federal do Paraná. Relatório de Gestão 2018 Disponível em: http://portal.utfpr.edu.br/documentos/reitoria/documentos-institucionais/prestacao-de-contas/2018-relatorio-de-gestao/view. 2019a.

UTFPR. Universidade Tecnológica Federal do Paraná. Disponível em: <http://portal.utfpr.edu.br/noticias/reitoria/servidores/sei-completa-dois-anos-deimplantacao-com-mais-de-95-mil-processos. 2019b.

UTFPR. Universidade Tecnológica Federal do Paraná. Relatório de Gestão 2018. Portal UTFPR. Disponível em: http://portal.utfpr.edu.br/documentos/reitoria/documentosinstitucionais/prestacao-de-contas/2018-relatorio-de-gestao/view. Acesso em: 08 maio 2020.

Informação bibliográfica deste texto, conforme a NBR 6023:2018 da Associação Brasileira de Normas Técnicas (ABNT):

VAN KAICK, Tamara Simone; PILATTI, Luiz Alberto; AIRES, João Paulo. Política de sustentabilidade da UTFPR: caminhos trilhados para imprimir a sustentabilidade como um valor estratégico. *In*: VILLAC, Teresa; BESSA, Fabiane Lopes Bueno Netto; DOETZER, Gisele Duarte (Coord.). *Gestão pública brasileira*: inovação sustentável em rede. Belo Horizonte: Fórum, 2021. p. 309-328. ISBN 978-65-5518-055-8.

UM NOVO DESAFIO PARA A ADMINISTRAÇÃO PÚBLICA: A MENTALIDADE SUSTENTÁVEL

VALTER OTAVIANO DA COSTA FERREIRA JÚNIOR

1 Ecologia e meio ambiente

A ecologia e o meio ambiente são temas de interesse comum a todos os povos e países.

Carvalho (2005) leciona com propriedade quanto à proximidade entre as ciências da ecologia e da economia, como se verifica:

> A palavra ecologia tem sua origem na palavra grega 'oikos' (casa) e 'logos' (estudo) significando o estudo do ambiente da casa. Considerando o planeta Terra como uma casa, ela abrange os organismos vivos e objetos naturais nela contidos, bem como todos os processos funcionais que a tornam habitável. A palavra economia tem sua origem na mesma raiz grega da palavra ecologia. O termo 'nomia' quer dizer manejo ou gerenciamento; logo economia significa gerenciamento da casa. Como gêmeas, as duas ciências deveriam conviver harmoniosamente, mas o que se vê é a economia buscando dominar o meio ambiente sem respeitar as leis naturais que regulam o fluxo, o equilíbrio e a capacidade de sustentação dos ecossistemas, que em seu conjunto formam o grande ecossistema Terra. (CARVALHO, p. 86)

Odum (2001) ensina que a ecologia tem por finalidade estudar o relacionamento dos organismos ou grupos de organismos com seu ambiente ou a ciência das inter-relações que ligam os organismos vivos ao seu ambiente.

Lago e Pádua (1988) ressaltam que ecologia é muito mais do que uma designação de uma disciplina científica, é a identificação de um amplo e múltiplo movimento social, que em certos lugares e ocasiões chega a ter delineamentos de um movimento de massa.

Para Freitas (2002), a ecologia é a parte mais conhecida do estudo sobre meio ambiente, a que requer maiores cuidados e atenções. Todavia, reforça que não há dúvida que o meio ambiente é mais amplo e inclui temas como o urbanismo, aspectos históricos, paisagísticos e outros tantos fundamentais.

Lembra Milaré (2007) que "a expressão meio ambiente foi, ao que parece, utilizada pela primeira vez pelo naturalista francês Geoffroy de Saint-Hilaire na obra Études progressives dun naturalist, de 1835".

Silva (1995) leciona que a palavra ambiente indica a esfera, o círculo, o âmbito que nos cerca, em que vivemos. O conceito de meio ambiente há de ser, pois, globalizante, abrangente de toda natureza original e artificial, bem como os bens culturais correlatos, compreendendo, portanto, o solo, a água, o ar, a flora, as belezas naturais, o patrimônio histórico, artístico, turístico, paisagístico e arqueológico.

Fiorillo (2001) adverte que o termo meio ambiente é um conceito jurídico indeterminado, cabendo, dessa forma, ao intérprete o preenchimento do seu conteúdo. Para ele, a divisão do meio ambiente em aspectos que o compõem busca facilitar a identificação da atividade degradante e do bem imediatamente agredido. Não se pode perder de vista que o direito ambiental tem como objeto maior tutelar a vida saudável, de modo que a classificação apenas identifica o aspecto do meio ambiente em que valores maiores foram aviltados. E com isso encontramos pelo menos quatro significativos aspectos: meio ambiente natural, artificial, cultural e do trabalho.

Mota (1981) sustenta que o meio ambiente é formado de dois sistemas intimamente inter-relacionados: o sistema natural, composto do meio físico e biológico (solo, vegetação, animais, habitações, água, etc.) e o sistema cultural, consistindo do homem e de suas atividades. Assim como em outros sistemas, o homem tem a capacidade de dirigir suas ações, utilizando o meio ambiente como fonte de matéria e energia necessárias à sua vida ou como receptor de seus produtos e resíduos.

Já Postiglione (1985) advoga a noção globalizante e unitária de ambiente, no sentido de que este só pode ser eficientemente protegido através da ordenação global do território.

2 Contexto mundial de tutela ambiental

O desenvolvimento do progresso humano e social carrega consigo o estigma de uma desenfreada degradação ao meio ambiente. É de se perquirir a razão de tanto tempo ter se passado sem que o mundo acordasse para a necessidade de proteger o meio ambiente.

Milaré (2007) assevera que no final da década de 1960 houve o indicador de que o crescimento econômico e o processo de industrialização predatória estavam trazendo resultados desastrosos para o Planeta.

Camargo (2007) ensina que:

> Em 1968, o empresário italiano Aurélio Peccei criou o Clube de Roma, que reunia intelectuais, cientistas, humanistas, industriais, funcionários públicos, entre outros, da Europa e América do Norte. O objetivo era debater a crise do presente e do futuro da humanidade. O Clube, que foi fundado na cidade de Roma, na velha academia de Galileu, Academia dei Lincei, encomendou ao MIT um relatório sobre os limites do crescimento, que foi concluído em julho de 1971 e publicado em 1972, sob a direção de David Meadows, com o título Os limites do crescimento. (CAMARGO, p. 326)

Desse modo, em 1972, foi publicado pelo Clube de Roma[1] o relatório "Os limites do Crescimento", que versava sobre os danos irreversíveis ao meio ambiente, consequência da má utilização industrial dos recursos naturais no planeta, objetivando atender de forma descontrolada às demandas da crescente população.

O grande número de catástrofes ambientais acabou demonstrando a importância do meio ambiente para a humanidade. Se a vida corre perigo, não se justifica o máximo desenvolvimento econômico.

Os países da Europa foram os primeiros a sentirem as consequências ambientais dos danos praticados pelo ser humano, motivo pelo

---

[1] Sobre o Clube de Roma, Carlos Walter Porto-Gonçalves assevera: "Em finais dos anos de 1960, o Clube de Roma, criado por um grupo de empresários e executivos transnacionais (Xérox, IBM, Fiat, Remington, Rand, Ollivetti, entre outras), coloca em debate, entre outras questões, o lado da demanda por recursos não-renováveis. O Relatório Meadows, patrocinado pelo Clube de Roma e elaborado por cientistas de uma das mais renomadas instituições acadêmicas estadunidenses, o Massachusetts Institute of Technology – MIT – apresenta um título ilustrativo – The limits to growth – Os limites do crescimento. Embora partindo de uma hipótese simplificadora, o documento assinalava o tempo necessário para o esgotamento dos recursos naturais, caso fossem mantidas as tendências de crescimento até então prevalecentes". (PORTO-GONÇALVES, Carlos Walter. *A globalização da natureza e a natureza da globalização*. Rio de Janeiro: Civilização Brasileira, 2006, p. 67-68)

qual se fazia necessária a busca de uma solução que repercutisse no plano internacional. A iniciativa veio do governo da Suécia, em 1969, quando levou à Organização das Nações Unidas (ONU) uma proposta de conferência para tratar do tema.

Os demais países foram sensibilizados para a necessidade da tutela ambiental após o desastre ocorrido na Baía de Minamata, no Japão, em 1972, onde várias crianças nasciam mudas e deformadas em razão do mercúrio despejado pelas indústrias químicas na baía. Ressalte-se que o mercúrio chegou à população através da cadeia alimentar, uma vez que os peixes e mariscos absorveram o mercúrio e o transmitiam às pessoas que deles se alimentavam.

Milaré (2007) assinala que a proposta foi aceita pela ONU, que, em junho de 1972, na cidade de Estocolmo, realizou a Conferência das Nações Unidas sobre Meio Ambiente Humano, com a participação de 113 países, 250 organizações não governamentais e organismos da ONU.

Os mais importantes resultados dessa primeira Conferência foram a instituição do Programa das Nações Unidas para o Meio Ambiente (PNUMA) e a aprovação da Declaração sobre o Meio Ambiente Humano.

Essa Conferência elaborou 26 princípios e foi marcada pelas posições contrárias ocupadas pelos países desenvolvidos e não desenvolvidos. Cada qual defendia o seu interesse. Os países desenvolvidos sentiam de forma direta os efeitos da degradação ambiental, em razão da poluição dos seus rios, escassez dos recursos energéticos. Por outro lado, os países não desenvolvidos estavam preocupados com a necessidade de atingir o nível dos países desenvolvidos, como forma de mitigação da pobreza.

O Brasil se posicionou no sentido de buscar o desenvolvimento a qualquer custo, sem demonstrar a menor preocupação com a questão ambiental, preocupando-se mais com a diminuição dos índices de pobreza que assolavam o país.

Mesmo diante dessa postura brasileira, a Conferência de Estocolmo foi considerada um marco na história ambiental mundial, pois trouxe para a discussão internacional a temática ambiental. Desde então o meio ambiente ingressou definitivamente na agenda internacional.

Em 1983, foi criada a Comissão Mundial sobre Meio Ambiente e Desenvolvimento pela Assembleia Geral da ONU. Essa Comissão era coordenada pela Dra. Gro Harlem Brundtlant, Primeira-Ministra da

Noruega e tinha como um de seus principais objetivos a reformulação do conceito de desenvolvimento.

Após quatro anos, em 1987, a Comissão concluiu os seus esforços e apresentou ao mundo o relatório intitulado Nosso Futuro Comum, o qual ficou conhecido como "Relatório Brundtland". Segundo consta do Relatório da CMMAD,

> até recentemente, o planeta era um grande mundo no qual as atividades humanas e seus efeitos estavam nitidamente confinados em nações, setores (energia, agricultura, comércio) e amplas áreas de interesse (ambiental, econômico e social). Esses compartilhamentos começaram a se diluir. Isto se aplica em particular às várias "crises" globais que preocupam a todos, sobretudo nos últimos 10 anos. Não são crises isoladas: uma crise ambiental, uma crise do desenvolvimento, uma crise energética. São uma só crise.

O Relatório Brundtland trouxe grande contribuição para as discussões ambientais iniciadas, em 1972, na Suécia, ao fixar o amplo conceito político de desenvolvimento sustentável:

> a humanidade é capaz de tornar o desenvolvimento sustentável – de garantir que ele atenda as necessidades do presente sem comprometer a capacidade de as gerações futuras atenderem também às suas.

No ano de 1989, a Assembleia Geral das Nações Unidas convocou uma nova Conferência Internacional que teria como tema central o meio ambiente e o desenvolvimento. Foi realizada na Cidade do Rio de Janeiro, em 1992, e ficou conhecida como "Cúpula da Terra". O objetivo perseguido pela Conferência ECO/92 foi

> estabelecer uma nova e justa parceria global por meio do estabelecimento de novos níveis de cooperação entre os Estados, os setores-chave da sociedade e os indivíduos, e concluir acordos internacionais que respeitem os interesses de todos e protejam a integridade do sistema global de meio ambiente e desenvolvimento.

A Conferência do Rio de Janeiro, em 1992, veio demonstrar a grande necessidade da combinação estratégica entre o econômico, o social e o ambiental, garantindo e fortalecendo um vínculo sistêmico entre esses três objetivos do desenvolvimento, objetivando o equilíbrio desejável que a sustentabilidade deverá traduzir.

Nessa Conferência foram assinados alguns documentos internacionais, dos quais se destacam a Agenda 21[2] e a Convenção-Quadro sobre Mudanças Climáticas.[3]

De acordo com Soares (2003), a ECO-92 legou três contribuições expressivas ao direito internacional ambiental:

> Em primeiro lugar, a reformulação do princípio da necessidade de se construir as condições para estabelecer-se uma igualdade jurídica entre os Estados, a partir do reconhecimento de uma desigualdade de fato entre eles. Em segundo, o dever de os Estados fortalecerem a noção de cooperação internacional entre eles, no referente a qualquer medida de preservação do meio ambiente, seja ela local, nacional, regional, internacional, não mais como um princípio ético e desejável, mas como um dever jurídico e obrigatório. Em terceiro, a introdução do conceito de sustentabilidade, qualidade particular que deverá impregnar quaisquer decisões, políticas governamentais ou normas votadas pelos Estados, tanto no que respeita a seu ordenamento jurídico interno, quanto com referência a suas relações internacionais, conceito que deverá gerar deveres a serem exigíveis dos próprios Estados e dos particulares submetidos às jurisdições deles. (SOARES, p. 73-74)

Após dez anos da ECO-92, realizou-se a Cúpula Mundial sobre Desenvolvimento Sustentável, Cúpula de Johanesburgo ou Rio+10, a qual teve como finalidade examinar os progressos alcançados e reafirmar os compromissos assumidos em 1992.

Sobre esta situação, ensina Freitas (2002):

> Pois bem: dez anos depois, de 18 a 20 de agosto de 2002, em Johanesburgo, África do Sul, a Organização das Nações Unidas (ONU), através do seu Programa das Nações Unidas para o Meio Ambiente (PNUMA), convencida da necessidade de integrar o Poder Judiciário nos seus planos de proteção do meio ambiente, realizou o "Simpósium Global de Juízes sobre o Desenvolvimento Sustentável e o Papel do Direito". O encontro de magistrados antecedeu em uma semana o grande congresso mundial denominado "Cúpula Mundial do Desenvolvimento Sustentável", realizado dez anos depois da Cúpula do Rio. O objetivo maior, claramente, foi o de conciliar as duas coisas, desenvolvimento e meio ambiente. Durante três dias, 61 magistrados de todas as partes do mundo, entre

---

[2] A Agenda 21 tem como objetivo principal realizar um plano de ação para atingir, no século XXI, o desenvolvimento sustentável.

[3] A Convenção-Quadro busca a estabilização das emissões de gases causadores do efeito estufa, em níveis que evitem a interferência antrópica perigosa no clima mundial.

eles os maiores especialistas em Direito Ambiental e muitos Ministros de Supremas Cortes, e 14 convidados especiais, como o Presidente da Corte de Justiça das Comunidades Européias e o Presidente da Comissão de Direito Ambiental da I.U.C.N., debateram e tiraram conclusões sobre a forma de implementar o desenvolvimento sustentável de acordo com as regras do Direito Ambiental. (FREITAS, 2002, p. 235-236)

Oliveira (2009) assinala que Johanesburgo não apresentou grandes avanços no arranjo de propostas para a solução da problemática ambiental, tendo recebido, por esse motivo, severas críticas de diversas partes.

Saliente-se, contudo, que, em Johanesburgo, em 2002, os governos aprovaram um Plano de Ação para, até 2015, reduzir pela metade a proporção de pessoas sem condições econômicas ou acesso à água potável. O Relatório Avaliação Global do Setor de Água Potável e Saneamento define "acesso razoável" à água como um mínimo de 20 litros por pessoa por dia, de uma fonte localizada em até um quilômetro da residência do usuário.

Com a realização das conferências internacionais mencionadas, a preocupação com o meio ambiente passa a fazer parte dos discursos políticos, sociais e econômicos. Inicia-se a busca pelo desenvolvimento sustentável como forma de condicionar o vigente sistema predatório capitalista à finitude dos recursos ambientais disponíveis.

O Relatório "Nosso Futuro Comum" não deixa dúvidas sobre esse objetivo, quando apregoa: "para haver o desenvolvimento sustentável é preciso minimizar os impactos adversos sobre a qualidade do ar, da água e de outros elementos naturais, a fim de manter a integridade global do ecossistema".

Importante aduzir também que vários princípios ambientais foram criados em decorrência das conferências internacionais da ONU sobre meio ambiente. Principalmente, nas conferências de 1972 (Suécia) e de 1992 (Brasil).

Dentre esses princípios ambientais, salientamos alguns pela sua importância e projeção no cenário internacional.

O direito ambiental é uma ciência autônoma e por isso é informado por princípios que orientam seus objetivos e diretrizes que devem se espraiar por todas as normas ambientais, norteando os operadores desta ciência e solucionando dúvidas ou lacunas na interpretação das normas ambientais.

A classificação dos princípios ambientais não é uniforme na doutrina. Há diferença de nomenclaturas entre alguns autores. Rodrigues, por exemplo, traz a seguinte classificação: "Entendemos como princípios diretores do direito ambiental os seguintes: ubiquidade; desenvolvimento sustentável; poluidor-pagador e participação". E acrescenta:

> A partir destes princípios maiores poderíamos falar em subprincípios, que seriam: precaução, prevenção, correção da poluição na fonte, intervenção estatal, função social da propriedade, solidariedade, globalidade, educação ambiental e informação ambiental, multidisciplinariedade, etc. (RODRIGUES, 2002, p. 134)

Milaré (2007), por sua vez, traz a seguinte classificação: "princípio do ambiente ecologicamente equilibrado como direito fundamental da pessoa humana, da solidariedade intergeracional, da natureza pública da proteção ambiental, da prevenção e da precaução, da consideração da variável ambiental no processo decisório de políticas de desenvolvimento, do controle do poluidor pelo Poder Público, do poluidor-pagador, do usuário-pagador, da função socioambiental da propriedade, da participação comunitária, e da cooperação entre os povos".

Freitas (2002) assevera quanto aos princípios ambientais que "o primeiro é o dever de todos os Estados de proteger o ambiente; o princípio da obrigatoriedade do intercâmbio de informações e da consulta prévia; da precaução; do aproveitamento equitativo, ótimo e razoável dos recursos naturais; do poluidor-pagador e da igualdade".

Registre-se que os princípios ambientais influenciaram e influenciam, até os dias atuais, a elaboração e a interpretação das normas vigentes nos países.

3 A crise ambiental

A preocupação com a devastação do meio ambiente não é fenômeno recente.[4] Desde as primeiras civilizações o homem já explorava a natureza. Veiga aponta que:

---

[4] Uma das atitudes pioneiras de preservação ambiental foi a criação, em 1872, do primeiro parque natural do mundo nos EUA. Trata-se do Parque de Yellowstone. Também no século 19, inspirados pela criação do parque americano, foram criados alguns parques nacionais e reservas florestais no Canadá, África do Sul, Austrália, México e Nova Zelândia. (VEIGA, 2009, p. 9)

O declínio de muitas sociedades esteve ligado a processos erosivos decorrentes da devastação florestal. O caso mais evidente foi o desaparecimento da civilização maia clássica entre 800 e 900 d.c. Mas também na Grécia havia começado a surgir sinais de destruição por volta de 650 a.c., como consequência de excessivo pastoreio nas terras que não serviam para a agricultura (4\5 do total). Apesar do conhecimento grego sobre técnicas de conservação de solo, como o terraceamento e a fertilização orgânica, a pressão demográfica tornou carecas as colinas da Ática. Em 590 a. C., uma reforma constitucional proposta por Sólon chegou a prever a proibição da agricultura em áreas de declive. E, algumas décadas mais tarde, o tirano Peisistratus iniciou a recuperação dos solos degradados por meio do plantio de oliveiras. A mesma coisa ocorreu em escala ampliada com o Império Romano a partir de 58 a. C. (VEIGA, 2006, p. 71-72)

Ost (1995), por sua vez, assevera que "textos muito antigos revelam a ancianidade das questões ambientais e a vontade dos homens em as solucionar: o direito florestal nasceu na Babilônia em 1900 antes da nossa era; o código hitita, redigido entre 1380 e 1346 a. C, contém uma disposição relativa à poluição da água (uma multa de três siclos de prata será cobrada por qualquer contaminação de um reservatório ou de um poço comum)".

Sobre a capacidade do homem em transformar o meio em que vive, Butzke ensina:

> O homem dá-se conta de que ele próprio é espectador e ator do processo de transformação do ambiente natural e que, na mesma medida em que ele próprio se beneficia com o uso dos recursos naturais, o homem também se prejudica, quer intoxicando-se por substâncias por ele mesmo sintetizadas, quer pela alteração dos ecossistemas naturais ou ainda pela destruição da camada de ozônio, pela contaminação das águas ou pela poluição da Atmosfera. (BUTZKE, 2002, p. 112)

Em razão dessa exploração desenfreada dos recursos naturais, o mundo vive uma crise ambiental sem precedentes. A nossa civilização ao menos poderia aprender com os exemplos do passado, evitando o cometimento de novos atentados contra a natureza. No entanto, não é isso que vem ocorrendo. Ao contrário, cada vez mais os recursos naturais vão desaparecendo, como resultado da intensa atividade humana.[5]

---

[5] Se quisermos alcançar uma sociedade humana em harmonia com a natureza, devemos nos guiar por um respeito maior por ela. Crispin Tickell no prefácio do livro: *A vingança de Gaia de James Lovelock*.

Segundo Azevedo (2008), analisando-se criticamente a atual civilização, percebe-se que o núcleo da crise é econômico, dominada que se encontra pela entidade do mercado ilimitado, revelando-se pela estagnação dos países centrais e pela orientação monetarista, imposta aos países periféricos segundo padrões novecentistas, alheios à perversidade de seus efeitos.

Todavia, embora seja uma crise econômica, salienta Faraco que é no ambiente que os efeitos dessa concepção econômica se revelam mais avassaladores, embora, obviamente, o desastre ambiental tenha começado bem antes do advento do neoliberalismo. Foladori lembra que:

A partir da década de 60, do século XX, o ser humano constatou estar atravessando uma crise ambiental. E mais, nas últimas duas décadas, reconheceu uma mudança no nível em que essa crise se manifesta. De problemas em escala local ou regional (poluição do ar das cidades, rios contaminados, detritos sólidos amontoados etc.), passou-se a problemas em escala planetária (aquecimento global, redução da camada de ozônio, perda da biodiversidade, entre outros). É claro que essa crise ambiental foi um resultado não buscado pelo ser humano, ainda que, em alguns casos ou em alguma medida, seja responsabilidade de sua atuação econômica. (FOLADORI, 2001, p. 104)

Guiddens levanta a preocupação sobre o aumento da população mundial e o seu impacto no meio ambiente, ao aduzir:

As projeções de longo alcance feitas pelas Nações Unidas sugerem que a população mundial chegará aos 10 bilhões de pessoas no final do século XXI. A maioria desse aumento da população terá lugar no mundo desenvolvido. O receio de que a escassez e a fome poderão acompanhar o crescimento da população não é descabido. O seu aumento repentino representará uma enorme pressão tanto no ambiente natural como sobre as infra-estruturas físicas de muitas partes do mundo. (GUIDDENS, 2004, p. 604)

Assim, os apelos dos cientistas às modificações sem precedentes operadas pelos homens nos sistemas ecológicos só serão incorporados em políticas ambientais ou econômicas ou sociais à medida que se consiga refletir esse limite ecológico como limite social, ou seja, como barreira ao desenvolvimento das atividades sociais até o momento empreendidas.

Vesentini salienta a transformação e dominação que o homem exerce sobre a natureza, ao afirmar que:

> A partir da Revolução Industrial, com o desenvolvimento do capitalismo, a natureza vai pouco a pouco deixando de existir para dar lugar a um meio ambiente transformado, modificado, produzido pela sociedade moderna. O homem deixa de viver em harmonia com a natureza e passa a dominá-la, dando origem ao que se chama de segunda natureza: a natureza modificada e produzida pelo homem – como o meio urbano por exemplo, com seus rios canalizados, solos cobertos por asfalto, vegetação nativa completamente devastada, assim como a fauna original da área, etc. –, que é muito diferente da primeira natureza, a paisagem natural sem intervenção humana. (VESENTINI, 1996, p. 317)

Neste sentido, Ost (1995) critica a modernidade ocidental por ter transformado "a natureza em ambiente: simples cenário no centro do qual reina o homem, que se autoproclama dono e senhor".

Ost (1995) adverte que "enquanto não for repensada a nossa relação com a natureza e enquanto não formos capazes de descobrir o que dela nos distingue e o que a ela nos liga, nossos esforços serão em vão, como o testemunha a tão relativa efectividade do direito ambiental e a tão modesta eficácia das políticas públicas neste domínio".

Tem-se que a escassez de recursos naturais é uma escassez social, fruto de uma específica forma de relação com a natureza. A própria sociedade impõe seus próprios limites.

Benjamin assevera sobre a amplitude da crise ambiental:

> Crise ambiental essa que ninguém mais disputa sua atualidade e gravidade. Crise que é multifacetária e global, com riscos ambientais de toda a ordem e natureza: contaminação da água que bebemos, do ar que respiramos e dos alimentos que ingerimos, bem como perda crescente da biodiversidade planetária. Já não são ameaças que possam ser enfrentadas exclusivamente pelas autoridades públicas (a fórmula do nós-contra-o-Estado), ou mesmo por iniciativas individuais isoladas, pois vítimas são e serão todos os membros da comunidade, afetados indistintamente, os de hoje e os de amanhã, isto é, as gerações futuras. (BENJAMIN, 2010, p. 80)

O próprio Ost (1995) enfatiza que a crise ambiental "é simultaneamente a crise do vínculo e a crise do limite: uma crise de paradigma, sem dúvida".

Crise do vínculo, porque já não conseguimos nos diferenciar com o que nos liga ao animal, ao que tem vida, à natureza; crise do limite porque já não conseguimos saber o que deles no distingue. Ost defende a tese de que "a nossa época perdeu, pelo menos depois da modernidade, o sentido do vínculo e do limite das suas relações com a natureza".

Lovelock demonstra a sua preocupação com o consumo desenfreado, ao comentar que:

> Somos mais de seis bilhões de indivíduos famintos e vorazes, todos aspirando a um estilo de vida de Primeiro Mundo, nosso modo de vida urbano avança sobre o domínio da Terra viva. Consumimos tanto que ela já não consegue sustentar o mundo familiar a que nos habituamos. (LOVELOCK, 2006, p. 131)

Para Luhmann (1992), que faz uma leitura sociológica da questão ambiental, a sociedade encontra-se envolvida pelos resultados que causa no meio, envolta pelo paradoxo de modificar seu próprio meio, entretanto minando as condições de sua ulterior existência. O autor encara com pessimismo a possibilidade de superação dos problemas ecológicos por compreender que a sociedade não dispõe de instrumentos cognitivos suficientes para mudar o atual modelo de sistema social, haja vista ter se desenvolvido à margem dessas questões, vendo o meio ambiente como uma estrutura autorregulável capaz de assimilar todo e qualquer tipo de interferência e, portanto, sem necessidade de inserção nas preocupações sociológicas.

4 A mudança de *mindset*

Conforme vimos nos autores acima lançados, o desenvolvimento do homem atual está degradando a natureza. Nosso modelo atual é um modelo insustentável. As catástrofes ambientais continuam a acontecer, ano após ano. A evolução tecnológica só cresce, mas a sustentabilidade efetiva não se dá da mesma forma.

Podemos mudar a forma de cuidar e gerenciar a nossa casa. Um novo enfoque, um novo olhar se faz necessário. Uma nova escolha precisa surgir, uma nova alternativa precisamos encontrar.

Nesse sentido, focar mais na dimensão evolutiva do homem (o ser) e menos nas dimensões expressivas do ter e do fazer. O equilíbrio, ou o caminho do meio, é algo de extrema relevância para a nossa cultura ocidental.

A mudança que se busca é a saída do "eu" (ego) para o "nós" (alma). Um salto evolutivo no nível de consciência dos dirigentes e das nossas organizações será o próximo passo para a sustentabilidade profunda.

Barret (2017) aponta para sete níveis de consciência pessoal, o primeiro nível é o da sobrevivência, ou seja, precisamos satisfazer nossas necessidades psicológicas de sobrevivência (alimentação e segurança, por exemplo); o segundo nível evolutivo está ligado aos nossos relacionamentos, ao sentimento de pertencer e sentir-se amado e respeitado pela família, amigos e colegas; o terceiro nível é o da auto-estima, que é a satisfação da necessidade de se sentir bem em relação a você mesmo, através de conseguir cuidar de sua vida, ter orgulho da sua performance; o quarto nível é o da transformação, quando você explora quem você é, com autonomia, liberdade e independência, através do desenvolvimento de seus dons e talentos únicos; o nível cinco é o da coesão interna, quando se descobre o seu eu autêntico, encontrando significado para sua vida, através do alinhamento com a sua paixão e propósito; o sexto nível é o de fazer a diferença, quando se realiza o seu senso de propósito, com parceiros que compartilhem o mesmo ideal ou visão de mundo; e, por fim, no topo da pirâmide evolutiva está o servir (serviço), que é dedicar a sua vida ao serviço altruísta no bem-estar da humanidade.

Da mesma forma que as pessoas possuem níveis de evolução, Barret ensina que as organizações também podem ser enquadradas nestes mesmos níveis, vejamos: a sobrevivência: se refere à estabilidade financeira, lucro, saúde e segurança dos funcionários; o relacionamento: diz respeito à comunicação aberta, amizade, lealdade, satisfação do cliente, o cuidado com o outro; a autoestima: toca à produtividade da organização, sua eficiência, qualidade, crescimento profissional, excelência e ordem; a transformação: se refere à adaptabilidade, *accountability*, ao aprendizado contínuo, trabalho em equipe, crescimento pessoal; a coesão interna: confiança, comprometimento, honestidade, integridade, entusiasmo e paixão; o nível de fazer a diferença: consciência ambiental das organizações, colaboração, realização dos funcionários e parceiros; o topo da pirâmide é o servir: diz respeito à responsabilidade social, gerações futuras, compaixão, perspectiva de longo prazo.

Fácil perceber que a questão ambiental se encontra, mais claramente, nos níveis de fazer a diferença no mundo e no servir, ambos níveis altos de consciência evolutiva. Ou seja, para sermos mais sustentáveis, para termos mais empatia, mais compaixão, nossos níveis de consciência precisam evoluir, senão não fará sentido e não terá significado.

No entanto, não vamos conseguir evoluir sem antes deixar para trás os paradigmas atuais, aquilo que nos prende no nível evolutivo atual. A visão materialista da vida, a visão utilitarista do meio, a visão individualista, a visão do meu sucesso em detrimento do seu sucesso, são visões distorcidas, ultrapassadas, que beiram a cegueira, faz tempo. A nossa sociedade, como um todo, precisa ressignificar muitas crenças.

Algo precisa mudar substancialmente, algo precisa mudar verdadeiramente, ou nos colocamos dentro de uma relação empática, de compaixão, de unidade energética, de unidade espiritual, ou não haverá mais volta para aquilo que o homem faz, não apenas com o meio em que vive, mas principalmente, consigo mesmo.

Ledo engano, pensarmos que o homem degrada apenas o meio ambiente, ele degrada a si mesmo quando destrói, quando queima, quando polui, quando lança efluentes, etc. O homem está se destruindo em razão de um nível evolutivo superficial (egoísta), por isso, precisamos saltar para o nível evolutivo que encontra a nossa alma (o fazer acontecer, o legado e a espiritualidade, o servir).

Devemos lembrar que a crise de percepção é uma crise de *mindset*, de modelos mentais limitantes, que nós mesmos criamos.

De acordo com Carol (2017), nossos modelos mentais podem ser de dois tipos: de crescimento ou fixos. Os modelos de crescimento são aqueles que nos permitem perceber algo valioso, de aprender algo nas situações e nos desafios, que nos desenvolve, que permite nosso crescimento. Por sua vez, o modelo mental fixo é extremamente limitante, de pessoas ou organizações que não acreditam que é possível melhorar uma situação ou cenário. Que jogam a toalha antes mesmo da luta começar. Não acreditam em mudanças, apenas acreditam no estado atual das coisas.

Nossos modelos mentais são fundamentais para a visão que temos do mundo, para nossa tomada de decisão, para nossa relação com as pessoas e com o meio em que vivemos. Eles são formados ou criados através do que aprendemos, do que vemos, do que ouvimos e do que acreditamos como sendo verdade.

Somos muito influenciados por nossos meios, como a família, a escola, os amigos e a nossa sociedade. Tudo gera, em cada um de nós, uma crença, um conceito, ou seja, um modelo mental que passa a ser a minha lente, a forma como vejo meu mundo. Por isso, não vejo o mundo como ele é, vejo como eu sou.

Com relação à questão da visão do homem sobre o meio ambiente, todos fomos e ainda somos influenciados por alguns modelos, tais como, o mencionado por Capra, ao asseverar:

> Tal como a crise da física na década de 20, a crise ambiental deriva do fato de estarmos tentando aplicar os conceitos de uma visão de mundo obsoleta – a visão de mundo mecanicista da ciência cartesiana-newtoniana – a uma realidade que já não pode ser entendida em função desses conceitos. Vivemos hoje num mundo globalmente interligado, no qual os fenômenos biológicos, psicológicos, sociais e ambientais são todos interdependentes. Para descrever esse mundo apropriadamente, necessitamos de uma perspectiva ecológica que a visão de mundo cartesiana não nos oferece. Precisamos, pois, de um novo "paradigma" – uma nova visão da realidade, uma mudança fundamental em nossos pensamentos, percepções e valores. Os primórdios dessa mudança, da transferência da concepção mecanicista para a holística da realidade, já são visíveis em todos os campos e suscetíveis de dominar a década atual. (CAPRA, 1982, p. 8)

A mudança de percepção, a mudança de modelos mentais, a mudança de valores e de necessidades, são pontos nucleares para nossa evolução de consciência ou de modelos mentais. Enquanto não percebermos que somos uma unidade global (sociedade empática como nos ensina Jeremy Rifkin) não vamos conseguir evoluir em nossas consciências (modelos) e dificilmente sejamos, verdadeiramente, sustentáveis.

Muito mais do que cumprir a Constituição Federal, as leis, as normas internacionais, o que se deve buscar é uma mudança comportamental, a partir de uma alteração de perspectiva valorativa de *mindset* do gestor público e da própria Administração Pública, como um todo. O desafio é muito maior do que cumprir as leis brasileiras, é uma mudança valorativa de comportamento, que tem como base a integridade do compromisso assumido com o bem comum. É um processo evolutivo do despertar da consciência de toda a sociedade, dos administradores públicos e das empresas. Todos somos parte do mesmo processo evolutivo.

Assumir essa atitude sustentável (um modelo mental sustentável) é também se comunicar de uma forma não violenta com o meio ambiente, como explica Rosemberg (2006). Nossas comunicações não estão apenas atreladas ou relacionadas às pessoas que gostamos ou não gostamos, ou a nós mesmos, nossa comunicação avança para o meio em que vivemos.

E é na área ambiental que percebemos o quanto somos violentos (não sustentáveis). Basta abrir os jornais e verificar as catástrofes ambientais que estão acontecendo. Por isso, a nossa mudança de nível de percepção é que vai nos impulsionar, é que vai nos dar a consciência necessária para a nova escolha que podemos fazer e precisamos fazer para a construção de um conceito mais sustentável de comunicação/relação com o meio ambiente.

5 Conclusões finais

A própria Agenda 2030 possui um plano de ação para as pessoas, o planeta e a prosperidade, buscando o fortalecimento da paz, tudo dentro de parcerias. Importante mencionar que essa Agenda, pode ser um grande catalisador de nosso novo *mindset* no Brasil.

Repensar a nossa relação com a natureza é medida que se impõe no Brasil e no mundo. O grande desafio humano será demonstrar que é possível evoluir do individualismo liberal, passando pelas experiências de igualdade relativa dos estados de bem-estar até alcançar a sustentabilidade. Sustentabilidade é um paradigma do "nós" e não mais do "eu". Ou vamos para um mundo do ganha-ganha ou será perde-perde para todos. A Administração Pública demonstra o seu comportamento sustentável quando busca, por exemplo, parcerias institucionais, observando os exemplos que vêm sendo praticados por outros atores.

A sustentabilidade surge, naturalmente, como um grande potencial valorativo para ser percebida e aplicada na centralidade dessa nova ordem jurídica altamente complexa, plural e transnacionalizada.

Sobre essa complexidade e a incerteza no mundo moderno, Barret ensina que:

A complexidade e incerteza no nosso mundo moderno são exacerbadas pelo fato de que muitas das maiores questões que estamos enfrentando são globais, mas as estruturas que temos para lidar com elas são nacionais. Não existe uma estrutura de governo global para regular o mundo. (...) Eu acredito que devemos olhar para as organizações se quisermos criar um futuro sustentável para a humanidade. Para mim, a afirmação a seguir de Willis Harman, cofundador da World Business Acadmy, soa mais verdadeira a cada ano: A organização se tornou a instituição mais poderosa do planeta. A instituição dominante em qualquer sociedade precisa se responsabilizar pelo todo. Mas o mundo dos negócios não tem essa tradição. Esse é um novo papel, não bem compreendido e nem bem aceito. Então as organizações precisam adotar uma tradição que nunca tiveram durante a história inteira do capitalismo: compartilhar a responsabilidade pelo todo. Cada decisão que é tomada, cada ação que é desempenhada, deve ser vista à luz dessa responsabilidade. (BARRET, 2017, p. xxi)

É em função disso que Rifkin (2010) trabalha a evolução humana a partir da predisposição empática inserida na nossa essência de seres humanos. Nossa capacidade empática pode representar a oportunidade para unir a espécie humana em torno de elementos de oportunidade que devem ser exercitados de maneira continuada.

Importante lição nos ensina Barret ao arrematar:

> O interesse próprio está no âmago da consciência humana, e que "união" e "cooperação" são simplesmente estratégias "egoístas" de sobrevivência que são acionadas quando as entidades individuais encontram condições que potencialmente ameaçam a sua existência física. Sob tais condições, a capacidade de exibir comportamentos que descrevemos como "mutualidade" ou "reciprocidade" aumenta significativamente a habilidade de uma entidade para sobreviver. Na verdade, estes comportamentos não são movidos pelo bem comum, mas por nosso foco coletivo em nosso próprio interesse próprio individual. (BARRET, 2017, p. 34)

E continua o autor, em termos humanos, a capacidade de união é regida pelo valor da "confiança" e a capacidade de cooperar é regida pelo valor da "empatia". Sem a confiança, as pessoas não se uniriam umas às outras. Sem empatia e confiança, elas não iriam cooperar umas com as outras.

É preciso expandir o nosso senso de identidade, se preocupando com as gerações futuras e se enxergando como membro da nossa sociedade global, descobriremos, assim, que a nossa consciência também se expandirá. Assim sendo, vamos perceber que só seremos bem-sucedidos se todos aqueles com quem nos identificarmos forem bem-sucedidos. Para fazer isso, devemos mudar o nosso nível de percepção do "eu" para o "nós".

As lideranças precisam despertar para o fato de que as organizações se tornaram uma filial que pertence totalmente à sociedade, e a sociedade se tornou uma filial que pertence totalmente ao meio ambiente (o planeta Terra). Se deixarmos de cuidar de nosso meio ambiente e nossos sistemas de suporte à vida, a sociedade irá ruir, desaparecer. Se perdermos nossa sociedade, perderemos nossa economia e nossos negócios sumirão também. Liderar é sustentar. Essa sustentação verdadeira é algo que precisamos desenvolver em nossas organizações, sejam privadas ou públicas.

Confiança, empatia, novas crenças, novos valores, novos níveis evolutivos, novos olhares, novos desafios, a busca de fazer a diferença no mundo, servir mais do que ser servido, são fatores que vão nos ajudar muito na construção de um novo modelo de mentalidade, que nos permita, além de sermos mais sustentáveis, sermos mais humanos.

Ser mais sustentável significa ser mais confiável, participativo e cooperativo. Ou seja, a mudança primordial é do *mindset* do administrador público, para que possamos construir um novo modelo de sustentabilidade no Brasil, não mais com base numa Lei Maior ou Menor, mas, sim, em comportamentos valorativos. Esse é o nosso grande desafio.

Referências

ÁGUA: fatos e tendências. ANA, MMA e o CEBDS (Org.), 2006, p. 19.

BARBIERI, José Carlos. *Desenvolvimento e meio ambiente*: as estratégias de mudanças da agenda 21. 6. ed. Petrópolis: Vozes, 2003, p. 17.

BARRET, Richard. A *organização dirigida por valores*: liberando o potencial humano para a performance e a lucratividade. Rio de Janeiro, 2017, p. 66.

BARRET, Richard. O *novo paradigma da liderança*. Rio de Janeiro: Qualitymark, 2017, p. 34.

BENJAMIN, Antônio Herman, Constitucionalização do ambiente e ecologização da Constituição Federal Brasileira. *In*: GOMES CANOTILHO; José Joaquim, LEITE, José Rubens Morato Org.). *Direito constitucional ambiental brasileiro*, organizadores. 3. ed. rev. São Paulo: Saraiva, 2010, p. 80.

BUTZKE, Alindo. Os fundamentos ecológicos das questões ambientais na Constituição brasileira de 1988. *Revista Trabalho e Ambiente*, Caxias do Sul, EDUCS, 2002, v. 1, n. 1, p. 112.

CAPRA, Fritjof. *O ponto de mutação*. 1982, p. 08.

CAMARGO, José Carlos de Almeida. *O quantum da Terra*: soluções de sustentabilidade. Progressiva, 2007, p. 326.

CARVALHO, Edson Ferreira de. *Meio ambiente & direitos humanos*. Curitiba: Juruá, 2005, p. 86.

COMISSÃO MUNDIAL SOBRE MEIO AMBIENTE E DESENVOLVIMENTO. *Nosso Futuro Comum*. Rio de Janeiro: Fundação Getúlio Vargas, 1991, p. X.

CRUZ, Branca Martins da *et al*. Desenvolvimento sustentável e responsabilidade ambiental. In: MARQUES, José Roberto (Org.). *Sustentabilidade e temas fundamentais de direito ambiental*. Campinas\SP: Millennium, 2009, p. 5.

DWECK, Carol S. *Mindset*: a nova psicologia do sucesso. São Paulo: Objetiva, 2017

DECLARAÇÃO DO RIO SOBRE MEIO AMBIENTE E DESENVOLVIMENTO. Conferência das Nações Unidas sobre Meio Ambiente e Desenvolvimento. 3. ed. Brasília: Senado Federal, 2001.

DERANI, Cristiane. *Direito ambiental econômico*. 3. ed. São Paulo: Saraiva, 2008.

FIORILLO, Celso Antônio Pacheco. *Curso de direito ambiental brasileiro*. 2. ed. ampl. São Paulo: Saraiva, 2001, p. 19.

FREITAS, Vladimir Passos de. *A Constituição Federal e a efetividade das normas ambientais*. 2. ed. São Paulo: Revista dos Tribunais, 2002, p. 17.

FOLADORI, Guilhermo. *Limites do desenvolvimento sustentável*. Tradução de Marise Manoel. São Paulo: Editora da Unicamp, 2001. p. 116.

GUIDDENS, Anthony. *Sociologia*. 4. ed. rev. e atual. Trad. Alexandra Figueiredo *et al.* Lisboa: Fundação Calouste Gulbenkian, 2004, p. 604.

IFKIN, Jeremy. *La civilización empática*: la carrera hacia una conciencia global en un mundo en crisis. Madrid: Paidós, 2010.

LAGO, Antonio; PÁDUA, José Augusto. *O que é ecologia*. 7. ed. São Paulo: Brasiliense, 1988, p. 8.

LOVELOCK, James. *A vingança de Gaia*. Trad. de Ivo Korytowski. Rio de Janeiro: Intrínseca, 2006, p. 131.

LUHMANN, Niklas. *Comunicazione ecológica*: puó la societá moderna adattarsi alle minacce ecologiche?. 3 ed. Milano, 1992. p. 67-68.

MASCARENHAS, Luciane Martins de Araújo. *Desenvolvimento Sustentável*: estudo de impacto ambiental e estudo de impacto de vizinhança. Curitiba: Letra da Lei, 2008, p. 23.

MILARÉ, Édis. *Direito do ambiente:* a gestão ambiental em foco – Doutrina. Jurisprudência. Glossário. 5. ed. São Paulo: Revista dos Tribunais, 2007, p. 109.

MOTA, Suetônio. *Planejamento urbano e preservação ambiental*. Fortaleza: Proedi, 1981, p. 15.

ODUM, Eugene P. *Fundamentos de ecologia*. 4. ed. Lisboa: Fundação Calouste Gulbenkian, 2001, p. 4.

OST, François. *A natureza à margem da lei: a ecologia à prova do direito*. Trad. Joana Chaves. Lisboa: Instituto Piaget, 1995, p. 32.

OLIVEIRA, Ana Raquel Arca Vilaboa de. Meio Ambiente: Aspectos Internacionais. *In*: OLIVEIRA, Amanda Flávio de (Org.) *Direito econômico*: evolução e institutos. Rio de Janeiro: Forense, 2009, p. 257.

POSTIGLIONE, Amadeo. Ambiente: suo significato giuridico unitario. *Riv. Trim. Dir. Pubbl.*, p. 38, 1985.

RODRIGUES, Marcelo Abelha. *Instituições de direito ambiental*, v. 1, São Paulo: Max Limonad, 2002, p. 133.

ROSEMBERG, Marshal. *Comunicação* não-violenta: técnicas para aprimorar relacionamentos pessoais e profissionais. São Paulo: Ágora, 2006.

SOARES, Guido Fernando Silva. *A proteção internacional do meio ambiente*. São Paulo: Manole, 2003, p. 73-74.

SILVA, José Afonso da. *Direito Ambiental Constitucional*. 2. ed. São Paulo: Malheiros, 1995, p. 3.

VEIGA, José Eli da. *Desenvolvimento sustentável*: o desafio do século XXI. 2. ed. Rio de Janeiro: Garamond, 2006, p. 71-72.

VESENTINI, José William. *Sociedade e espaço*: geografia geral e do Brasil. 32. ed. São Paulo: Editora Ática S.A, 1996, p. 317.

VIEIRA, Andréia Costa; BARCELLOS, Ilma de Camargos. Água: bem ambiental de uso comum da humanidade. *Revista de Direito Ambiental*, ano 14, n. 53, p. 58, jan./mar. 2009.

Informação bibliográfica deste texto, conforme a NBR 6023:2018 da Associação Brasileira de Normas Técnicas (ABNT):

FERREIRA JÚNIOR, Valter Otaviano da Costa. Um novo desafio para a administração pública: a mentalidade sustentável. *In*: VILLAC, Teresa; BESSA, Fabiane Lopes Bueno Netto; DOETZER, Gisele Duarte (Coord.). *Gestão pública brasileira*: inovação sustentável em rede. Belo Horizonte: Fórum, 2021. p. 329-348. ISBN 978-65-5518-055-8.

COMUNICAÇÃO NÃO-VIOLENTA: INSTRUMENTO DE HARMONIZAÇÃO E EFICÁCIA DA ADMINISTRAÇÃO PÚBLICA

GALATÉIA FRIDLUND

PEDRO HENRIQUE BESSA

Este artigo é baseado no livro *Comunicação não-violenta: técnicas para aprimorar relacionamentos pessoais e profissionais*, escrito pelo psicólogo americano Marshall B. Rosemberg, mundialmente conhecido pelo sucesso advindo de seus trabalhos no sentido de harmonização das relações entre opressores e oprimidos em grandes causas mundiais, como segregações raciais, guerras e inimizades históricas.

Pincelado com observações pessoais sobre o que comumente acontece no funcionalismo público e incrementado pelas palestras, entrevistas e cursos fornecidos gratuitamente na internet pelo próprio autor, o cuidado de pesquisar o assunto somente na fonte tem o objetivo de preservar, o tanto quanto possível, a fidelidade da obra de Rosemberg, sem intermediações de outros comentaristas.

Pergunta-se: qual a pertinência da Comunicação Não-Violenta no exercício da Administração Pública, ambiente profissional no qual a hierarquia de comando não permite propriamente uma "Comunicação" e sim obediência à autoridade?

A indagação merece ser refeita ao final do texto, após a abordagem das técnicas propostas pelo autor em cotejo com dois exemplos de atividades estatais díspares: a primeira, a de garantir o direito de filiação a todos os seus jurisdicionados, atividade exercida diretamente com o público.[1] A segunda, a do servidor que se sentia desrespeitado porque seu chefe tinha o costume de ligar para seu ramal, exigir isso e aquilo e desligar o telefone na sua cara.

Considerando as inúmeras e diversificadas atividades estatais, os dois exemplos acima podem refletir situações vivenciais que abrangem qualquer servidor, ou seja, os que possuem função de orientação e defesa dos direitos fundamentais e os que têm funções burocráticas.

Pois bem, a primeira vez que alguém nos países lusófonos ouve a expressão "Comunicação Não-Violenta" de imediato entende-a como sendo uma linguagem agressiva para, então, dela excluir a hostilidade. Em português, o foco está na palavra "Comunicação", mas em inglês a tônica está na união das palavras *no+violent*, "não-violência" com hífen, numa inovação linguística, para indicar a percepção de um novo conceito criado pelo psicólogo americano Marshall B. Rosemberg para designar uma especial abordagem de vida.

Nonviolent communication passou a ter significado específico, impregnado de ensinamentos filosóficos, religiosos e comportamentais da cultura das mais diversas partes do planeta. Marshall construiu o conteúdo de seus ensinamentos em conceitos similares ao princípio ético contido no hinduísmo, budismo e jainismo, consubstanciado em não cometer violência contra qualquer tipo de ser vivo, inclusive contra si mesmo, pois o preceito de "não causar dano" proposto pelas filosofias citadas engloba palavras, intenções, sentimentos e até pensamentos do praticante. Em essência, Marshall **traduziu** a sapiência oriental para a linguagem ocidental, de maneira a ajustá-la à nossa forma de pensar e entender o mundo.

A CNV, sigla que utilizaremos para designar Comunicação Não-Violenta, é uma visão filosófica predisposta a contribuir para um melhor relacionamento da pessoa consigo mesma e para com os outros, de maneira inteligente, colaboradora, pacífica e proveitosa. Contempla qualquer pessoa, seja ela física ou jurídica, pública ou privada, uma vez que se trata de postura individual com enorme repercussão social, destacadamente dos funcionários públicos e entes da Gestão Pública, por conta de que seus atos e comunicações atingem milhares de pessoas.

---

[1] Em razão da dificuldade da mãe amamentando seu bebê recém-nascido, sem condições físicas, hormonais e emocionais de buscar os direitos de seu filho, o legislador editou a Lei nº 8.560/92, através da qual atribuiu ao Ministério Público, defensor dos interesses sociais e individuais indisponíveis, a tarefa de regularizar o estado de filiação das crianças que não possuem o nome do pai na certidão de nascimento.

No âmago da CNV está a crença de que todo Homem é por natureza generoso e tem prazer em dar e receber. Tem compaixão e empatia para consigo e para com os outros, pois, segundo o autor, "é da natureza humana gostar de dar e receber de forma compassiva".[2]

Entretanto, recorre à violência quando não encontra outra forma para se fazer compreender ou atender às expectativas alheias, reproduzindo hábitos de reagir, pensar e falar que são apreendidos através da cultura dominante que o cerca.

Marshal afirma que o indivíduo é ensinado a esquecer a maravilhosa forma de ser conforme sua qualidade inata de se relacionar com harmonia e cedo aprende o jogo perverso chamado "Quem Tem Razão", no qual não há vencedor.[3] Todos perdem nesse jogo porque envolve as duas criações mais tortuosas que o ser humano poderia inventar para si: a punição e a recompensa. Punição, porque se estiver errado, merece sofrer. E recompensa, caso esteja certo.

Rosemberg justifica esse entendimento afirmando que esse modelo distorce a natureza humana e a finalidade de agir. A recompensa afasta a pessoa de sua característica inata de generosidade e colaboração porque passa a se comportar com segundas intenções e, por outro lado, o medo da punição desvirtua a finalidade da ação como, por exemplo, o aluno que fica quieto na sala de aula por medo de ser castigado e não para escutar o que está sendo lecionado.

Marshall dá muita importância à energia que está por trás da ação. Considera nefasto esse modelo arquitetado pelo lado sombrio da humanidade porque pode induzir as pessoas ao medo de fracassar, à culpa e à vergonha.

Aliado a isso, Rosemberg demonstra que as culturas dominantes implantam a ideia de que a violência é agradável, destacadamente através da televisão, em que mocinhos matam bandidos e todos ficam satisfeitos. Em assim fazendo, os interesses econômicos e outros das mais diversas ordens fincam raízes no solo da consciência coletiva, a ponto de o *doar natural* passar a ser visto com desconfianças e julgamentos moralistas.

Tais paradigmas existenciais têm consequências individuais e sociais desastrosas: quando se acredita que o ser humano é essencialmente mau, passa-se a odiar e a desconfiar de qualquer tipo de

---

[2] ROSEMBERG, Marshall B. *Comunicação não-violenta*: técnicas para aprimorar relacionamentos pessoais e profissionais. São Paulo: Ágora, 2006, p. 19.

[3] Princípios da Comunicação não-violenta. Parte 1. https://www.youtube.com/watch?v=ux ABJFS1_j8&t=230s acesso em 20/07/2019.

relacionamento. Essa crença negativa tem o efeito social de criar uma "Linguagem chacal", denominação dada pelo autor para designar o desafeto para com o outro, ou, mais precisamente, o desligamento da essência humana natural de sociabilidade. Portanto, afasta-o da característica indispensável à evolução humana, por conta da necessidade de relacionamentos interpessoais para o crescimento individual e espiritual do Homem, o mesmo valendo para a pessoa jurídica, ou seja, para a entidade pública.

Diante de tal constatação, a CNV propõe um processo no qual a pessoa reconecta-se com sua essência e passa a identificar *em si* a intenção de falar com honestidade e humildade aquilo que *realmente* sente, pensa e quer. Ao mesmo tempo, com empatia, dispõe-se a ouvir com atenção o que alguém tem a lhe dizer, sem julgamentos ou juízos preconcebidos e de maneira a que possa haver *convergência* de interesses, e não *conflito* de interesses.

A metáfora de uma laranja e duas pessoas a desejando pode ilustrar com clareza a importância da correta aplicação da CNV: a laranja foi dividida ao meio, deu-se metade para cada uma, sem oportunizar o esclarecimento sobre os motivos pelos quais a fruta era desejada por ambas. Cortar a laranja ao meio e dar metade para cada pessoa foi justo? Não. Uma queria a casca da laranja para fazer doce e a outra pretendia fazer suco. Se houvesse a predisposição de colaboração, honestidade e empatia sugerida pela CNV haveria diálogo aberto, de maneira a que as pessoas pudessem identificar suas intenções, resultando na convergência de interesses. E cada uma restaria com suas necessidades 100% atendidas.

O resultado da CNV é o crescimento pessoal e ético do praticante. A percepção de si mesmo e a harmonia interpessoal alcançada através da aplicação das técnicas de CNV conduz o praticante a resolver conflitos de interesses presentes e futuros, porque opera um efeito preventivo: se a pessoa foi capaz de observar sem julgamentos, perceber suas necessidades e a do outro, expressar-se com honestidade sobre sua intenção de colaborar para a solução que contemple ambas as partes na mesa do diálogo uma vez, sentir-se-á mais confiante e capaz de solucionar futuros impasses da mesma forma. Isso vale para qualquer situação existencial, em especial para resolver os conflitos de interesses nas relações continuadas no tempo, como, por exemplo, no trabalho, na família ou com os amigos. Não será a única discórdia que o praticante terá em sua vida. Novos temas precisarão ser negociados, e se a pessoa tem a sincera intenção em se desenvolver e capacitar-se para entender o outro, terá competência para recorrer ao diálogo balizado pelas proposições e técnicas da CNV.

O exercício das práticas e percepções indicadas pela CNV respeita as diferenças e, sobretudo, resgata as relações sociais. O impacto de introjetar princípios da CNV é imenso. Experimenta-se um salto de qualidade nas relações interpessoais, intrafamiliar, profissionais e vai além: a aplicação da CNV conduz ao autoconhecimento e autoempatia nos momentos em que a confusão de sentimentos acomete a pessoa. Leva-a à compreensão emocional para perceber as próprias limitações e necessidades no momento acalorado da discussão, bem como as de seus interlocutores.

Será que isso é possível?

Embora a comunicação seja aparentemente fácil através do uso da palavra, para algumas pessoas pode ser muito difícil, em razão de elas mesmas não conseguirem identificar o que exatamente as aflige.

Nada como exemplos para o leitor identificar as nuances invisíveis das dificuldades de se fazer compreender, principalmente com as pessoas mais próximas.

O autor fornece o exemplo da esposa que se sentia sozinha e gostaria que seu marido não trabalhasse até tarde da noite. Passou a aconselhá-lo: "você trabalha demais, saia mais cedo da firma", dizia ela. Os dias foram passando, a mulher insistindo até que, enfim, o marido resolveu sair do trabalho ao entardecer. Como tinha tempo, resolveu fazer um curso de computação à noite, ou jogar futebol depois do expediente. Resultado: a mulher continuou sozinha porque não se expressou com honestidade sobre o que sentia e sobre sua necessidade de companhia e foi incapaz de perceber a característica ativa do marido.

No que tange à dificuldade de se expressar honestamente, a CNV surpreende: o método tem o condão de clarear as ideias do praticante, encorajá-lo à auto-observação, ao respeito e à sinceridade para consigo mesmo. O simples fato de se perceber e melhorar o relacionamento intrapessoal já faz bem para as pessoas que o cercam, pois trará mais paz e satisfação conjuntural.

A identificação das próprias necessidades pode ultrapassar limites, pois habilita a pessoa a considerar as necessidades dos outros, tornando-a mais apta a resolver eventual conflito com seus pares, seja na família, no trabalho, na escola, enfim, em qualquer relação continuada. Isso viabiliza que as soluções sejam adequadas e "sob medida", pois os dois lados da moeda serão vistos: as duas pessoas colocarão na mesa da discussão seus respectivos pontos de vistas e suas formas de colaboração para a solução do impasse.

A CNV amplia o cumprimento dos acordos porque a solução partiu das próprias pessoas envolvidas no conflito de interesses, dando mais sustentabilidade ao que foi acordado. Mais do que isso, ao se utilizar da CNV, a pessoa aprende que tem condições e competência para resolver as questões com diálogo, discernimento, sinceridade, colaboração e empatia.

Inúmeras são as situações passíveis de conflito. Mas, conforme Rosemberg, "a utilidade mais importante da CNV pode ser no desenvolvimento da autocompaixão".[4]

O autor explica seu entendimento: numa sociedade competitiva, é comum a pessoa se recriminar por ter cometido atos de que se arrepende. Por ter sido ensinada a "ser a melhor da turma, a mais forte, a mais inteligente", aliado ao aprendizado preconceituoso que permeia a sociedade, julga a si mesma com severidade, como se tivesse feito algo muito ruim. Sente-se como se tivesse falhado. Envergonha-se e, em consequência, não vê saída e sente ódio de si mesmo, permitindo que ditos sentimentos negativos aflorem.

Todavia, o autor aponta outro caminho no qual a vergonha e ódio de si mesmo podem ser substituídos por outro sentimento mais nobre: a compaixão. Destacadamente na autoavaliação, área tão importante para o desenvolvimento humano. Através da compreensão de que os erros nos mostram as limitações a serem superadas, os equívocos devem ser encarados como guias em direção ao crescimento pessoal.[5]

Em suma, a CNV pode ser definida como uma ferramenta através da qual a maioria das pessoas alcança identificar as próprias dificuldades de se expressar, ao tempo em que percebe as necessidades emocionais do interlocutor.

Mas, afinal, o que é esse método capaz de elucidar tantas questões existenciais e propiciar qualidade nos relacionamentos?

O processo da CNV se opera através de quatro técnicas: observar os fatos sem julgamentos; expressar sentimentos (com vulnerabilidade); perceber quais as necessidades que estão por trás dos sentimentos (com autoresponsabilização) e formular o pedido de mudança comportamental de forma clara e com intencionalidade.

---

4 ROSEMBERG, p. 179.
5 ROSEMBERG, p. 181.

Primeira técnica: observar sem julgamentos

Marshall identificou preceito comum às religiões e crenças espalhadas pelo planeta: Na *Bíblia*, observar sem julgamentos encontra-se na máxima "não julgues e não serás julgado";[6] Krishnamurti, filósofo indiano cujas ideias influenciam gerações em todas as partes do planeta, enuncia: "A forma mais elevada da inteligência humana é a capacidade de observar sem julgar".[7] A Meditação Vipassana busca a desidentificação com os estados mentais prejudiciais, como, por exemplo, julgamentos, ansiedade, depressão ou estresse, deixando o pensamento no momento presente.

As crenças e práticas citadas nada mais são do que métodos através dos quais o Homem "purifica-se", isolando-se da influência do aprendizado de julgar antecipadamente e rotular situações como certo ou errado, bom ou ruim, entre outras qualificações. Liberta-se de preconceitos e de julgamentos moralistas, de forma a possibilitar a conexão com sua verdadeira natureza benevolente e, assim, colocar-se em condições de aplicar em si as técnicas da CNV.

- Exemplo de observação com julgamento: "Zequinha é péssimo jogador de futebol". Provavelmente essa avaliação seria recebida como crítica, gerando resistência ao ouvinte.
- Exemplo de observação sem julgamento: "Zequinha não marcou nenhum gol nas últimas vinte partidas". A mesma ideia conduz à constatação de um fato.

Nas atividades estatais mencionadas no início deste texto, observar sem julgamentos na Averiguação de Paternidade é muito fácil. Ao Estado não interessa se a mãe da criança se relacionou sexualmente com um ou com dois homens no período da concepção e sim que a criança tenha garantido *o exercício* de seus direitos de filiação, tais como alimentos, visitas, convivência familiar paterna, direitos sucessórios, entre outros.

Já o exemplo do chefe que solicita autoritariamente algo e bate o telefone na cara do subordinado é mais difícil de observar o fato sem julgamento, pois cordialidade e educação são atributos que devem estar presentes em qualquer servidor público, pois faz parte de seu dever funcional. Ainda com maior exigência se o servidor fizer parte

---

[6] BÍBLIA: Mateus 7-1.
[7] ROSEMBERG, p. 53.

da cúpula institucional, ou for chefe, que tem o dever de comando sobre os demais servidores.

Segunda técnica: expressar o que sente (com vulnerabilidade).

Reconhecer o que se sente quando se recebe uma crítica, por exemplo, não é tarefa simples. A dificuldade de expressar os próprios sentimentos por vezes está na simples *identificação* da emoção que surge a partir da censura, pois é comum as pessoas esconderem até de si mesmas sentimentos não admitidos numa Sociedade que impõe valores como "homem não chora" e a "aparência é o que importa". Principalmente para profissionais como advogados, engenheiros, executivos, servidores públicos, autoridades, executivos e outros, cujo desempenho exige formalidade, respeito e imponência, não permitindo nenhuma demonstração de emoções.[8]

Um relacionamento honesto é o que todos querem. Mas como exigir do outro, se a própria pessoa não se relaciona dessa forma?

Segundo o autor, "expressar nossa vulnerabilidade pode ajudar a resolver conflitos",[9] pois, ao se expor honestamente, o praticante deixa o ouvinte mais propenso a ser solidário, mais aberto a receber a mensagem, ou mesmo a atender a um pedido.

Veja a diferença da reação de quem ouve as seguintes palavras:

- Você não me escuta!
- Sinto-me desacreditado quando você não ouve o que tenho a lhe dizer...

Terceira técnica: percepção da necessidade que está por trás do sentimento e consciência da autorresponsabilidade pelos próprios sentimentos

Todos os seres humanos têm as mesmas necessidades: todos precisam de alimentos, exercícios físicos, abrigo, proteção, amor, amizades, entre outras tantas necessidades físicas, morais e éticas.

---

[8] ROSEMBERG, p. 65.
[9] ROSEMBERG, p. 67.

Com a frase de Epiteto "As pessoas não são perturbadas pelas coisas, mas pelo modo que as veem",[10] Marshal demonstra que a CNV pode aumentar a capacidade de a pessoa compreender que é possível *escolher* a forma pela qual interpretará a mensagem ouvida.

- Quando alguém diz "Você nunca me compreende", está na verdade dizendo que sua necessidade de ser compreendido não está sendo satisfeita.[11]

O servidor desavisado que ouvisse a frase "você não me compreende" a receberia como uma crítica, sendo pouco provável que tivesse boa vontade em colaborar com a pessoa que reclama. Já o praticante da CNV perceberia com empatia a necessidade em pauta, aumentando a probabilidade de resolver a dificuldade de comunicação.

Não se está a afirmar que a CNV oferece soluções para todos os conflitos. Por vezes, o simples estar presente e escutar verdadeiramente o que lhe é relatado é suficiente para dissolver o estado emocional de quem atribui ao outro a causa de seu sofrimento.

Culpar o outro pelos próprios sentimentos é o aprendizado subliminar imposto pela Sociedade que utiliza a culpa para manipular as pessoas, conforme explicitado anteriormente.

A maioria das pessoas sequer tem consciência de que assim agindo está a boicotar o próprio poder de decisão sobre si mesma e a limitar sua própria autonomia, o que equivale a um processo de automutilação. O outro não é o responsável pela interpretação que a pessoa dá aos fatos e nem pelos sentimentos que lhe podem aflorar em decorrência dos acontecimentos. É o próprio Homem que ora se coloca na posição de vítima, ora na posição de carrasco de si mesmo, "hábito fácil de adquirir numa cultura que usa a culpa como meio de controlar as pessoas".[12]

O costume é poderoso e a linguagem mais ainda. Submete qualquer pessoa aos seus caprichos: frases como "você me faz ficar com raiva"; "fico desapontado quando você não está aqui"; "estou triste porque você fez isso" são exemplos das inúmeras expressões linguísticas que nos fazem acreditar que sofremos em decorrência de ações de outrem, numa análise superficial e conveniente sobre o problema.

---

[10] *Apud* ROSEMBERG, p. 79.
[11] ROSEMBERG, p. 84.
[12] ROSEMBERG, p. 199.

Contudo, a raiva, a tristeza, o desapontamento está no pensamento do próprio indivíduo, que surge quando esse julga *o outro* culpado.

O ditado popular "errar é humano, mas colocar a culpa no outro é divino" exemplifica de maneira lúdica e bem-humorada os defeitos introjetados no indivíduo por uma cultura externa propensa a criar desajustes éticos.

Quarta técnica: Formular o pedido com intencionalidade

Como expressar pedidos de forma a que os outros estejam mais propensos a atendê-los?

O primeiro ensinamento é utilizar uma linguagem positiva e clara, indicando a *ação* que se solicita, pois uma linguagem genérica pode deixar o demandado confuso.

A frase: "gostaria de ser tratado com justiça" pode significar muitas coisas, deixando o ouvinte sem saber exatamente qual é o pedido.

Diferentemente será a atitude do solicitado se ouvir: "gostaria de ter o mesmo tempo que o meu concorrente para expor minhas ideias".

A CNV diferencia pedido de exigência. Ninguém gosta de receber ordens. Todos têm necessidade de autonomia e de tomada de decisão, motivo pelo qual convém ao praticante, seja autoridade, chefe ou funcionário, *solicitar* o que deseja, despertando no ouvinte sua natureza benevolente.

Diante do acima descrito, o que se pode concluir?

Muitas ideias e muitas dúvidas podem surgir. Há intersecção entre as técnicas acima mencionadas e, como se vê, Marshall conseguiu demonstrar que *é possível* colocar em prática uma relação harmoniosa consigo mesmo e com o mundo, de forma a criar condições de crescimento e realizações pessoais, profissionais e interinstitucionais.

É sabido que o Homem é um ser social. Também não há divergências sobre o fato de que através da comunicação e da escrita a humanidade conseguiu evoluir materialmente.

Mas progrediu eticamente? Moralmente?

A resposta depende do ângulo de visão. Se olharmos com lentes panorâmicas de 360º veremos que a "civilização" contribuiu para minorar as injustiças sociais como, por exemplo, a abolição da escravatura e a conquista formal de igualdade de direitos entre homens e mulheres. Mas pela perspectiva individual, a humanidade continua com as questões existenciais ainda pendentes, destacadamente numa era onde as máquinas substituem *e absorvem* a maioria das pessoas.

"Conhece-te a ti mesmo", disse Sócrates 400 anos a. C.

"O ponto crucial da CNV é o autoconhecimento", disse Marshall no século XX e XXI.

Comunicação Não-Violenta não é só uma ferramenta de comunicação e de relacionamentos pessoais e profissionais. O uso da linguagem também é instrumento para promover justiça, educar, informar e formar pessoas mais transformadoras de uma cultura nociva que com as novas gerações e novos valores sociais está a mudar.

É uma visão com olhos de querer ver a instituição na qual se trabalha e a atividade-fim desenvolvida pelo órgão estatal que impacta nossa vida tanto social quanto econômica e ambiental.

Contudo, não é para principiantes. É preciso ter vivência e maturidade para olhar para si mesmo com olhos de observador. E sabedoria para aplicar as técnicas da CNV. A escuta qualificada a que se refere a CNV não é simples: exige coragem, tempo, paciência e brio, virtudes pouco cultivadas na cultura ocidental, na qual sinceridade pode ser entendida como demonstração de fragilidade e não raras vezes entendida como sinônimo de fraqueza e motivo de desonra.

Novamente voltamos à pergunta: qual a pertinência da Comunicação Não-Violenta no exercício da Administração Pública, ambiente profissional no qual a hierarquia de comando não permite propriamente uma "Comunicação", e sim obediência à autoridade?

Entre as muitas conclusões que o texto enseja, é possível extrair algumas da própria narrativa e dos exemplos citados.

Ser reativo faz parte da natureza humana e é o Homem quem promove a gestão pública. Enquanto escuta, automaticamente reflete, compara com as próprias vivências, posiciona-se a respeito do tema, para, então, responder. Isso quando não tenta impor suas ideias, característica encontrada em algumas "autoridades" que se consideram sabedores de tudo e possuem pouca ou nenhuma humildade para aprender.

O próprio Marshal confessou que é muito mais difícil aplicar as técnicas da CNV com psiquiatras e psicólogos do que com esquizofrênicos, porque o intelecto, os condicionamentos e a pretensa sapiência dos mais letrados blindam o sujeito para novas perspectivas.

Essas características humanas estão presentes e atuantes em qualquer funcionário público, seja ele o chefe da instituição ou o porteiro do prédio, motivo pelo qual conhecer e aplicar as técnicas da CNV importa em agregar valores como honestidade, integridade, transparência, respeito, solidariedade e qualidade na prestação de serviços estatais.

A CNV vai muito além da comunicação, das relações sociais, dos costumes ou das influências da neurolinguística. É um repensar suas atividades a partir dos efeitos econômicos e sociais que suas atividades geram. Versa sobre a intencionalidade de como a pessoa, seja ela física ou jurídica, pretende desenvolver seu propósito de vida, sua atividade-fim. Levar sua existência e deixar seu legado. Trata-se de instrumento de harmonização e eficácia da Administração Pública.

Referências

ROSEMBERG, Marshall B. *Comunicação não-violenta*: técnicas para aprimorar relacionamentos pessoais e profissionais. São Paulo. Ágora, 2006.

Links visitados:

Non Violent communication – Marshal Rosemberg interview. https://www.youtube.com/watch?v=SQe_5Ll9dQE.

Princípios da Comunicação Não-violenta. https://www.youtube.com/watch?v=uxABJFS1_j8&t=230s.

https://www.cnvc.org/learn-nvc/what-is-nvc.

Seção 1 – Curso em Comunicação Não-violenta Introdução. https://www.youtube.com/watch?v=HOmNP55JcC4.

Seção 2 – Aplicando CNV consigo. https://www.youtube.com/watch?v=LEnfujy3eoA.

Seção 3 – Honestidade. https://www.youtube.com/watch?v=ZPCjezkAgWI.

Seção 4 – Empatia (1). https://www.youtube.com/watch?v=HOmNP55JcC4.

Seção 5 – Relacionamentos. https://www.youtube.com/watch?v=EhhLr-SVJds&t=40s.

Seção 6 – Autoridade. https://www.youtube.com/watch?v=q2S5EqAmLrQ.

Seção 7 – Empatia (2). https://www.youtube.com/watch?v=xlt8lg838NQ.

Seção 8 – Transformação social. https://www.youtube.com/watch?v=5Ca-VdWqoVs.

Seção 9 – Gratidão. https://www.youtube.com/watch?v=52qbtSbzWv8.

Aprender a compartilhar nossas Realizações. https://www.youtube.com/watch?v=caG87i1V91s.

Princípios da CNV (parte 1). https://www.youtube.com/watch?v=uxABJFS1_j8.

Princípios da CNV (parte 2). https://www.youtube.com/watch?v=LlS3d-e_udg.

Entrevista com Marshall –. https://www.youtube.com/watch?v=X-ZQW5m8t88.

Mediando conflitos entre irmãos. https://www.youtube.com/watch?v=dvgi2CARuVU.

Como preparar as pessoas para suas esquisitices. https://www.youtube.com/watch?v=UXEV0nTb8T4.

Informação bibliográfica deste texto, conforme a NBR 6023:2018 da Associação Brasileira de Normas Técnicas (ABNT):

FRIDLUND, Galatéia, BESSA PEDRO Henrique. Comunicação não-violenta: instrumento de harmonização e eficácia da administração pública. *In*: VILLAC, Teresa; BESSA, Fabiane Lopes Bueno Netto; DOETZER, Gisele Duarte (Coord.). *Gestão pública brasileira*: inovação sustentável em rede. Belo Horizonte: Fórum, 2021. p. 349-361. ISBN 978-65-5518-055-8.

A POLÍTICA DE PREPONDERÂNCIA DO RISCO COMO FUNDAMENTO PARA A ATUAÇÃO REGULATÓRIA DO ESTADO

PRISCILLA KIYOMI ENDO

VITÓRIO GARCIA MARINI

> *(...) sem ação mais ousada, nossos filhos não terão tempo para discutir a existência das mudanças climáticas: estarão ocupados enfrentando seus efeitos – desastres ambientais, turbulências econômicas e ondas de refugiados climáticos buscando abrigo em outros países. Agora, podemos e devemos discutir sobre a melhor abordagem para o problema. Mas simplesmente negar o problema não só trai gerações futuras; trai o espírito essencial de inovação e de resolução de problemas práticos que guiou nossos Fundadores.*
>
> (Barack Obama)

1 Introdução

Este artigo objetiva promover um alerta sobre a emergencialidade de questões ambientais e a necessidade de regulação preventiva,

364 TERESA VILLAC, FABIANE LOPES BUENO NETTO BESSA, GISELE DUARTE DOETZER (COORD.)
GESTÃO PÚBLICA BRASILEIRA – INOVAÇÃO SUSTENTÁVEL EM REDE

com a finalidade de minimizar ou até mesmo evitar que riscos ambientais se convertam em infortúnios.

O princípio da prevenção adquire salutar importância no contexto de riscos ambientais imediatos, visto que relaciona qualquer dano ambiental a uma reparação que exigirá procedimentos intensos ou até mesmo meios tecnológicos que ainda nem foram desenvolvidos; o que caracteriza restauros impossíveis.

Assim, este capítulo propõe uma reflexão sobre a sociedade de risco e a urgência nas questões relacionadas ao meio ambiente que, aliadas ao princípio da prevenção, fundamentam a proposição de uma política de regulação – a Política de Preponderância do Risco.

2 A sociedade de risco e o estado de previdência

O acidente de Chernobyl funcionou como o marco zero de uma nova compreensão a respeito da sociedade industrial moderna, que alguns passaram a chamar pós-moderna ou reflexiva.[1]

Em 1986, a desinformação era tão grande que crianças brincaram com a fuligem radioativa emanada da Usina de Chernobyl como se fosse inofensiva. Algo também aconteceria no Brasil um ano depois, com o incidente do Césio 137. Naquele tempo, pouco se discutia publicamente sobre a produção de riscos de larga escala, riscos continentais ou globais.

Na pós-modernidade, todos, sem exceção, estariam expostos à ameaça e isso seria decorrente do modo de desenvolvimento econômico. O elemento risco,[2] diversamente do conceito de perigo, seria voluntário e decorreria da atividade humana conscientemente voltada à geração de riquezas.

Então foi inexorável nos depararmos em uma "sociedade de risco",[3] corpo social permeado por fatores de risco e por fatores

---

[1] Para uma perspectiva mais profunda sobre a passagem da sociedade industrial clássica à modernidade reflexiva: BECK, Ulrich; GIDDENS, Anthony; LASH, Scott. *Modernização reflexiva*: política, tradição e estética na ordem social moderna. São Paulo: Unesp, 1995, p. 209. O termo modernidade é tão plúrimo de significados que não ousamos aqui trabalhá-lo.

[2] "correr perigo é uma coisa, saber que se está em perigo é algo completamente diferente" (GOLDBLATT, p. 233).

[3] A conceituação e estruturação da sociedade de risco foi exposta por **Ulrich Beck** em *Risk Society e Ecological Politics in an Age of Risk*, livros seminais nos quais o autor formula críticas ao modelo político da maioria dos países desenvolvidos, ou em via de desenvolvimento, de acobertamento dos riscos do ciclo produtivo em prol do progresso

econômicos, um alimentando o outro,[4] o qual necessitaria, em algum momento, do surgimento de uma nêmeses, uma contramedida intervencionista, um modelo estatal de segurança capaz de contornar e refrear, na linguagem de Beck, a "explosividade social do perigo" (o reator nuclear que explode, a ameaça do aquecimento global, a contaminação das águas pelo plástico e pelos compostos químicos).

Da metade para o final daquela década, alguns constitucionalistas europeus (Canotilho, Koepfler e Steinberg) começaram a idealizar um modelo "vitaminado" de Estado, aplicador dos mais modernos princípios socioambientais. Chamaram-no de Estado Democrático Ambiental[5] (Estado Constitucional Ambiental ou Estado de Direito Ambiental). Em sua origem, era um modelo de Estado Democrático de Direito estruturado e programado para alcançar a Justiça Ambiental. Tendia a se transformar, gradualmente, em um Estado de Justiça Material Ambiental.

Seria um estado diagnóstico, científico e prescritivo em relação à política de riscos. Um Estado de Previdência. Era a utopia ecológica da democratização, afirmada por Boaventura de Souza Santos: "utopia necessária",[6] "utopia imprescindível".

Em 1987 surgia o conceito de desenvolvimento sustentável. O Estado Democrático e Ambiental deveria entender o desenvolvimento sustentável como visão transformadora do ciclo produtivo, um "toque de Midas ecológico" sobre homens, política, indústrias, desenvolvimento nuclear, máquinas e capital. Esse princípio autorizaria a taxação e o sancionamento dos comportamentos desviantes, as "externalidades negativas" da produção.

Inúmeros outros princípios se originariam desse e se tornariam essenciais ao Estado Democrático Ambiental: prevenção, precaução, cooperação, educação, informação, poluidor-pagador,

---

econômico. Ainda, do mesmo autor, indicados: *Las consecuencias perversas de la modernidad: Modernidad, contingencia y riesgo*. 2. ed. Barcelona: Anthropos, 1996; *La sociedad del riesgo: hacia una nueva modernidad*. Barcelona: Piadós, 1998.

[4] "Por isso, no nível global, a modernidade tornou-se experimental. Queiramos ou não, estamos todos presos em uma grande experiência, que está ocorrendo no momento de nossa ação – como agentes humanos, mas fora do nosso controle, em um grau imponderável. Não é uma experiência do tipo laboratorial, porque não controlamos os resultados dentro de parâmetros fixados – é mais parecida com uma aventura perigosa, em que cada um de nós, querendo ou não, tem que participar" (BECK, Ulrich; GIDDENS, Anthony; LASH, Scott. *Op. cit.* p. 76).

[5] O texto inaugural em língua portuguesa: CANOTILHO, José Joaquim Gomes. *Direito público do ambiente*. Coimbra: Faculdade de Direito de Coimbra, 1995.

[6] SANTOS, Boaventura de Souza. *Pela mão de Alice*. Porto: Afrontamento, 1994, p. 54.

usuário-pagador, protetor-recebedor, da obrigatoriedade de atuação, da solidariedade intergeracional, da responsabilidade ambiental do Poder Público.[7]

Esse modelo de Estado afirmar-se-ia também em uma perspectiva supranacional e globalista, de planificação de direitos regulatórios, inserindo-se naturalmente em blocos continentais de países submetidos a normas comunitárias.

Era, inegavelmente, a corporificação de tudo aquilo que as convenções internacionais vinham reconhecendo desde 1972, em Estocolmo, passando pelo Relatório Brundtland de 1987 e pela ECO-92.

Esse conceito de estado de oásis ecológico, democrático e inclusivo, focado na educação, na informação e na cooperação, era bem-intencionado. Entretanto, escapou-lhe um fator crítico: *a urgência da questão ambiental*.

3 O degelo do Estado Moderno: o fator urgência na questão ambiental

Há perenidade no valor democracia. A expressão consta já de nosso preâmbulo constitucional e é um dos elementos constitutivos do Estado brasileiro (artigo 1º). O apego à democracia será sempre imprescindível à composição estatal que deseje lidar com os fatores de risco.

Entretanto, ao lado do valor democrático, está o valor *urgência*, que deverá preponderar diante de riscos ambientais imediatos. O fundamento para essa afirmação reside no verbo *preservar* contido no artigo 225 da Constituição da República ("preservar os bens e recursos ambientais para as presentes e futuras gerações"), erigido como dever fundamental da República Federativa do Brasil.

Raffaele De Giorgi, um dos primeiros a discutir teoria do risco na América Latina, já falava nos anos 1990 sobre os naturais vínculos que o presente adquire com o futuro na questão ambiental:

> Se os problemas ecológicos são classificados como "riscos", isto significa que é necessário refletir sobre o significado que o futuro tem para com o presente. Com respeito às sociedades que existiram historicamente, mas

---

[7] Todos incorporados na legislação brasileira, inclusive constitucional.

também com respeito ao horizonte de percepção da sociedade moderna, na configuração que essa tem tido até agora, o problema do futuro se torna particularmente urgente. (DE GIORGI, p. 217).

De fato, os alertas globais reforçam a impressão de que a questão ambiental tenha se tornado particularmente urgente, desde já, no momento presente.

O Programa das Nações Unidas para o Meio Ambiente (PNUMA) emite relatórios detalhados sobre a situação da Terra desde 1997. Em 2019, foi publicada a sexta versão desse documento e o principal alarme vai para o risco de descumprimento do Acordo de Paris, que determina aos seus 195 signatários a redução de Gases de Efeito Estufa (GEE) entre 40 e 70% de 2010 a 2050. Até 2070, a meta estipulada no acordo é simplesmente zerar a produção industrial de GEE. A visão desse objetivo, em particular, desafia todo o atual ciclo produtivo.

É como se a ONU estivesse dizendo: "para sobrevivermos, teremos não que reinventar a roda, mas sim a forma de pensar que nos permitiu um dia justamente construirmos a roda".

O PNUMA afirma que o não cumprimento dessas metas imporá uma crise humanitária sem precedentes, uma espécie de "Apartheid Climático", onde os abastados terão que despender recursos babilônicos para fugir da adversidade climática em prováveis redutos protegidos, ao passo que os países e regiões subdesenvolvidas entrarão em colapso decorrente das alterações climáticas, desertificações e enchentes.

Em outras palavras, populações serão extintas.[8]

Marco Lambertini, Diretor Geral do WWF International, também alerta:

> A ciência é clara: precisamos ver ações urgentes e sem precedentes agora. As consequências de não mudar o curso são enormes não apenas para a natureza, mas para os humanos. Dependemos da natureza muito mais

---

[8] UN ENVIRONMENT (2019):
5. *Urgent action at an unprecedented scale is necessary to arrest and reverse this situation, thereby protecting human and environmental health and maintaining the current and future integrity of global ecosystems.*
18. (...) *Time is running out to prevent irreversible and dangerous impacts of climate change. Unless greenhouse gas emissions are radically reduced, the world is on course to exceed the temperature threshold set out in the Paris Agreement under the United Nations Framework Convention on Climate Change. That makes climate change a global driver of environmental, social, health and economic impact and heightened society-wide risks.*

do que a natureza depende de nós. Os líderes políticos e empresariais globais sabem que têm um papel importante a desempenhar na salvaguarda do futuro das economias, empresas e recursos naturais dos quais dependemos. A consciência está crescendo e ganhando força, agora é a hora de agir. Precisamos de líderes que concordem com um novo acordo global para a natureza e as pessoas, que interrompa a perda de biodiversidade e restaure a natureza, se quisermos ter alguma esperança de criar um futuro sustentável para o planeta e seus habitantes. (WWF, 2019)

A progressão dos fatores de degradação ambiental,[9] na mensuração feita pelos diversos observatórios mundiais, comprova que as ações presentes já se tornaram emergenciais.

Quando os riscos são emergentes,[10] a ação reclamada torna-se urgente.

Fatores de urgência não se referem somente a acidentes com produtos químicos, desastres naturais ou situações de conflito com consequências ambientais. Na realidade, há urgência em qualquer medida de controle que objetive evitar agravantes ambientais decorrentes de atividades e hábitos antrópicos, mesmo os mais usuais e aceitos socialmente.

Como a solução aos riscos ambientais ainda não surgiu pelas mãos prodigiosas da tecnologia e da ciência, caberá ao Estado, diante de sua inescapável projeção protetiva, assumir-se como a fonte primária das regulações de urgência, disciplinando, assim, o comportamento individual e coletivo.

O princípio reitor nessa situação de urgência ambiental é justamente a prevenção.

---

[9] Uma amostra está no "Dia da Sobrecarga da Terra", calculado anualmente pela *Global Footprint Network*, e que representa o número de dias que o planeta consegue suportar frente às atividades humanas no mundo naquele mesmo ano. Depois desta data, o que se consome excede à capacidade da Terra se regenerar. A cada ano a data tem se antecipado ainda mais: em 2017 foi dia 02 de agosto, em 2018 foi 1º de agosto e, agora, em 29 de julho de 2019. Ou seja, em menos de oito meses já consumimos todos os recursos naturais que o planeta possuía disponível para o ano de 2019. Já estamos no excesso.

[10] O conceito de emergência ambiental possui, inclusive, conceituação legal no Brasil: "situação resultante de um fenômeno de origem natural ou antrópica que seja susceptível de provocar graves danos ao meio ambiente ou aos ecossistemas e que, por suas características, requeira assistência imediata" (Decreto nº 7940/2013).

4 O princípio da prevenção diante do fator urgência na questão ambiental

A gestão dos riscos ambientais é direcionada pela prevenção, princípio tuitivo mais importante frente ao fator de urgência ambiental, com valor semelhante ao princípio do desenvolvimento sustentável.

A prevenção associa-se ao raciocínio de que muitos danos ambientais são irreversíveis e, por isso, é melhor agir prevenindo as degradações ambientais do que, posteriormente, ter de tratá-las. No princípio da prevenção, os riscos apresentam probabilidades e magnitude reconhecidas pela ciência.

Assim, qualquer produto que seja inserido no mercado e que se revele potencialmente danoso à saúde e ao meio ambiente deve ser normatizado pelo Estado (proibido ou restringido), com base na prevenção.

A presunção militará sempre em favor da saúde do consumidor e à saúde do ecossistema. Para que a prevenção entre em cena é necessário, tão somente, a verificação do risco. A presunção é sempre pró-ambiente.

A prevenção precisa orientar a tomada de medidas de imposição ou de abstenção de comportamentos, funcionando como um princípio geral de cautela, a autorizar que o Estado tome decisões pautadas pela prudência e pela emergência.

5 O Estado de Urgência Ambiental e a Política de Preponderância do Risco

O que está em jogo na formação do Estado de Urgência Ambiental é a percepção do risco. A preocupação se dirige ao fator que, não sendo aparente (como é o dano), é, desde já, apto a criar o dano futuro.

A percepção do risco será sempre antecedente à visualização do dano em si. Por isso, a regulação desse Estado de Urgência impõe o amparo por uma *Política de Preponderância do Risco* (e não do dano).

Não por menos, a Carta Magna estabelece a obrigatoriedade do controle do risco para a vida, para a qualidade de vida e para o meio ambiente (artigo 225, §1º, V).

5.1 Regulação de urgência

A emergencialidade da questão ambiental impõe que o Estado *regule* o *fornecimento* e o *consumo* de itens potencialmente danosos à saúde individual ou coletiva, assim como daqueles que possam causar danos ou prejuízos ao meio ambiente.

A *regulação de urgência* deve ser afirmada por meio de normas federais, as Políticas Nacionais.

A estruturação das competências constitucionais não deixa dúvida acerca do papel preponderante detido pela União na elaboração de Políticas Gerais e Primárias de Meio Ambiente.

Por outro lado, está muito claro que, na ausência de normas federais, os Estados e os Municípios são detentores do poder-dever de normatização em matéria ambiental, com plenitude dentro de suas possibilidades territoriais (artigo 24, §§1º, 2º, 3º e 4º, da Constituição da República). De modo semelhante, os órgãos públicos devem adotar medidas internas que se assemelhem a políticas locais de meio ambiente.

Reside na Constituição da República, portanto, toda a fundamentação para o Estado de Urgência Ambiental e, diante da emergencialidade do risco ambiental, o constituinte desautorizou o "jogo de empurra" entre os entes políticos.

O artigo 24 estabelece um autêntico microssistema no qual o preceito fundamental é o *dever de não omissão* em relação à emergencialidade da questão ambiental.

Na elaboração dessas leis e normas regulatórias, entende-se que devem ser atendidas técnicas de urgência:

a) evitar normas de eficácia contida, dependentes de regulamentações futuras;

b) na dúvida, diante da perspectiva de risco ambiental, proibir ou impor comportamentos, com base na Prevenção ("Política da Preponderância do Risco");

c) proibir o supérfluo: fundamentar-se no entendimento de que as pessoas se adaptam à escassez daquilo que é supérfluo ("a escassez educa");

d) proibir benesses individuais, porque aquilo que se aplica aos servidores e administrados também se aplica ao Chefe Maior ("o exemplo educa");

e) evitar produtos cuja logística reversa não esteja efetivamente estruturada no mercado;

f) listagem de produtos a serem proibidos ou restringidos, com regular atualização e embasamento científico;

g) criar, pela própria norma proibitiva ou impositiva, mecanismos internos dentro do Estado ou do órgão público competentes para emitir juízos futuros de exceção à proibição, desde que atendidos pressupostos de comprovação técnica por parte do interessado (discussões *de-dentro-para-dentro*);

h) prever sancionamentos individuais ao fornecedor e ao consumidor individual que violarem a regra proibitiva/impositiva.

5.2 A dúvida especialmente qualificada, a ausência de soluções alternativas e a essencialidade do que se está proibindo

A *dúvida especialmente qualificada*, a *existência de soluções alternativas* e a *essencialidade do que se está a proibir* representam elementos da Política de Preponderância do Risco.

A dúvida que dá origem à proibição do Estado de Urgência é a *dúvida especialmente qualificada*. Refere-se às incertezas de danos ambientais que convêm à aplicação do princípio da prevenção.

Há, assim, que sobrevirem fatores objetivos de alarme a indicarem que determinado produto ou insumo possa ser prejudicial à saúde ou ao meio ambiente. Meras conjecturas nada confirmam, porque o Estado de Urgência não deixa de ser um Estado científico, devendo exigir, nesse caso, fatos concretos ou estudos assinados que concluam pela possibilidade de concretização do risco.

Além da dúvida especialmente qualificada, é necessário avaliar se existem *soluções alternativas* ao que se estará proibindo, bem como a *essencialidade* do que se estará proibindo.

No caso de não existirem, de imediato, soluções alternativas ou em se tratando de item essencial, é preciso que o Estado então regule, para que a proibição aconteça de forma gradual, prevendo que medidas sejam adotadas para a efetiva implementação de alternativas. O Estado deve estabelecer metas de curto, médio e longo prazo, tornando claras as justificativas da deliberação adotada e especificando entes, instituições (públicas e privadas) essenciais para o atingimento das metas.

Nesse contexto, ainda que não existam Políticas Nacionais, devem os demais entes agir de forma pioneira e proibir o fornecimento e o consumo de produtos que revelem potencial risco.

Essa postura de iniciativa promove um ciclo virtuoso. A experiência comprova que os demais entes políticos e entidades tornam-se mais propensos a regular determinada prática quando percebem que a questão já foi tratada antes, por outro órgão, por outra cidade, por outro Estado.[11]

5.3 A contraprova à norma proibitiva/restritiva: sistemas de discussão

A emergencialidade da questão ambiental impõe que, havendo dúvida especialmente qualificada, o ente político regule. Ao regular, irá proibir ou restringir produtos, pautando-se pelo princípio da prevenção.

Surgirá, portanto, uma norma e, fatalmente, poderá haver questionamentos relativos a essa escolha política.

Todo e qualquer processo de contraprova em relação àquilo que está normatizado só poderá ser veiculado por meio de sistemas de discussão do *tipo de-dentro-para-dentro*.

Discussões *de-dentro-para-dentro* são aquelas que ocorrem inteiramente dentro do Estado-Administração, por meio de órgãos técnicos que dirão, a partir da provocação dos interessados, se determinado produto proibido por norma formal poderá ou não ser liberado.

Até que seja liberado por meio de contraprova científica, estará proibido. A dúvida especialmente qualificada só poderá ser elidida com base na certeza científica que comprove a inexistência de riscos.

Os órgãos públicos deverão ter órgãos técnicos capazes de realizar esse juízo de certeza em relação à contraprova oferecida. Na realidade, essas estruturas já existem porque os Estados possuem secretarias e a União possui ministérios específicos e agências reguladoras.

No sistema de discussão *de-dentro-para-dentro*, a dúvida especialmente qualificada orientará a edição da norma, e a contraprova somente será admitida quando existir certeza.

A abertura das discussões, inclusive com o auxílio de outros entes e instituições, se dará no momento em que oferecida a contraprova, e não no momento da regulação de urgência, que lhe é antecedente.

Difere, assim, completamente dos sistemas de discussões do *tipo de-fora-para-dentro*. Essas discussões não têm lugar no Estado de Urgência Ambiental porque colocam o poder decisório sob o crivo de instâncias externas.

---

[11] Esta situação pode ser verificada nas crescentes regularizações que proíbem o fornecimento gratuito de canudos e sacolas plásticas em Municípios brasileiros, por exemplo.

Nas discussões típicas *de-fora-para-dentro*, o ente político ou órgão público deixa voluntariamente de tomar medidas proibitivas ou impositivas por desejar abrir o debate ou esperar a resposta regulatória, deixando-os a cargo de entes políticos diversos, da sociedade, de institutos técnicos, de ministérios distantes. É democrático, porém não resolve o problema da urgência da questão de meio ambiente e nem cumpre com o *dever de não omissão* previsto nos parágrafos do artigo 24 do texto constitucional.

Nesses sistemas, até que sobrevenha a regulação, o uso estará permitido. É a mitigação completa do princípio da Prevenção.

Repare-se que as discussões *de-fora-para-dentro*, no mais das vezes, não acontecem a partir de atos formais do Estado, que iniciem discussões públicas com os interessados, mas sim a partir de uma *Política de Omissão Regulatória*, quando o ente político fecha os olhos, esperando que a regulação venha de fora como um salvo conduto redentor.

Os sistemas de discussões *de-fora-para-dentro*, portanto, estão constitucionalmente vedados em matéria ambiental no Brasil.

5.4 A substituição do risco pelo risco

Sabe-se, entretanto, que toda e qualquer política de prevenção de riscos impõe um novo risco. É indissociável da condição evolutiva; os riscos somente irão acabar quando houver a plena independência em relação ao ecossistema.

Ademais, mesmo a prevenção tem limites. Por vezes, esbarrará na impossibilidade de o mercado oferecer uma alternativa totalmente livre de riscos ambientais àquilo que está sendo proibido ou mesmo restringido. Se o objeto de proibição for um item essencial, a situação será ainda mais crítica.

Como então contornar esse desafio no Estado de Urgência Ambiental?

Não há resposta que seja totalmente satisfatória.

Em 2013, em entrevista ao jornal *Gazeta do Povo*, de Curitiba, Raffaele De Giorgi afirmou:

> Frente ao risco, o direito pode só proibir. Se eu disser que você ao sair daqui tem risco de cair, a única maneira de evitar é proibir. Todas as ações têm uma abertura diante do futuro, a única possibilidade que poderia ter o direito seria proibir. Já se realizaram muitas técnicas, não

para impedir os riscos, mas para transformar riscos sociais em riscos econômicos. O seguro do carro não diminui os riscos, mas, se acontece um dano, o transforma em problema econômico. Assim, os seguros incrementam os riscos. Na realidade, a alternativa ao risco é só outro risco. Você pode evitar os riscos de ter um acidente de carro ficando em casa. Mas, se ficar, você não faz o seu trabalho.

O risco, assim, deve ser sempre substituído por um risco menor, e menor e menor, em um *continum* supostamente infinito. A política deverá, assim, orientar para a minoração de riscos em escala. A norma deverá ser elaborada observando questionamentos como: Qual produto produz o menor risco? Que itens são capazes de provocar menores impactos ambientais? Quais alternativas são menos danosas?

A Política de Preponderância do Risco, nesse aspecto, se desdobrará em Política de Minoração de Riscos, a única possível nesse cenário de relativa insuficiência, e haveremos de nos contentar com ela, até que outras possibilidades surjam.

A Política de Minoração de Riscos, ostensivamente afirmada pelo Estado, será um evento catalizador de ações. A partir dela, naturalmente, surgirão nichos e empresas interessadas em apresentar e produzir produtos menos danosos e com menos riscos agregados.

O mercado de itens sustentáveis disponível atualmente não apresenta solução definitiva aos problemas ambientais, mas sim uma alternativa viável, fruto de um processo de pesquisas.

O surgimento dos canudos retornáveis ou de bambu, das placas de captação de energia solar, dos carros elétricos, do material biodegradável, são exemplos disso. A confecção de produtos, em regra geral, requer a extração de matéria-prima que eventualmente provocarão consequências ambientais.

Pensamos e acreditamos que a busca pelo menor risco é o único caminho aceitável para se ter condições mínimas de um meio ambiente ecologicamente equilibrado.

Figura 1 – Representação gráfica da Política de Preponderância do Risco

Fonte: Elaborado da autora.

6 Considerações finais

A compreensão da emergencialidade e dos riscos ambientais submete o Estado a um novo nível de maturidade política. Aguardar comandos gerais de Políticas Nacionais já não é mais uma opção quando existe risco ambiental ou à saúde (sistema *de-fora-para-dentro*); é preciso que o Estado atue, muitas vezes, de modo pioneiro, amparando-se na Política de Preponderância do Risco.

Isso significa que na existência de dúvida especialmente qualificada quanto a riscos e aplicando-se o princípio da prevenção, é obrigatória a normatização impondo ou proibindo a produção e consumo de produtos e itens. O oferecimento de contraprova que afaste a prevenção será permitido desde que fundamentado em certezas comprovadas cientificamente.

A Política de Preponderância do Risco objetiva promover a atuação do Estado para normatizar e regular produtos que comprometem as condições mínimas de um meio ambiente ecologicamente equilibrado; não somente refletindo sobre as futuras gerações, mas para a presente geração, esta que já há de sentir os impactos oriundos de suas próprias decisões.

O presente artigo, portanto, representa uma provocação positiva com o propósito de despertar o Estado: a regulação estatal precisa ser transformada, aprimorada, atualizada; não há mais tempo para discussões de medidas paliativas, não há permissão constitucional para se esperar que os riscos noticiados se convertam em desastres ambientais, impactos de aquecimento global, condições insalubres decorrentes da elevada produção de resíduo, escassez de recursos essenciais.

Independentemente da vontade humana, as transformações no meio ambiente já se iniciaram e em muitos aspectos não estão sendo direcionadas para o equilíbrio. O desafio está a nossa frente. Precisamos agir e regular preventivamente, com efetiva responsabilidade. Agora.

Referências

BECK, Ulrich; GIDDENS, Anthony; LASH, Scott. *Modernização reflexiva*: política, tradição e estética na ordem social moderna. São Paulo: Unesp, 1995.

BODNAR, Zenildo; CRUZ, Paulo Márcio. A atuação do Poder Judiciário na implementação das políticas públicas ambientais. *Revista Brasileira de Estudos Constitucionais – RBEC*, Belo Horizonte, ano 5, n. 17, p. 269-285, jan./mar. 2011.

COELHO, Osvaldo de Oliveira. Solidariedade e Direito Ambiental. *Revista de Direito Privado*. Revista dos Tribunais, Ano 12, n. 47 p. 386, jul./set. 2011.

DE GIORGI, Raffaele. *Direito, democracia e risco*: vínculos com o futuro. Sérgio Antonio Fabris: Porto Alegre, 1998.

GAZETA DO POVO. O filósofo do "não saber". Disponível em: https://www.gazetadopovo.com.br/vida-publica/justica-direito/entrevistas/o-filosofo-do-nao-saber-7th9nbpgys33b19wynr7l7iz7/. Acesso em: jul. 2019.

GOLDBLATT, David. *Teoria social e ambiente*. Lisboa: Instituto Piaget, 1996.

ONU BRASIL. Danos ao planeta serão desastrosos para saúde humana se ações não forem tomadas, diz relatório. Disponível em: https://nacoesunidas.org/saude-humana-ficara-em-apuros-se-acoes-urgentes-nao-forem-tomadas-para-proteger-meio-ambiente-alerta-relatorio-global-da-onu/. Acesso em: jul. 2019.

WWF. WWF alerta para urgências ambientais no Fórum de Davos. Disponível em: https://www.wwf.org.br/?69442/WWF-alerta-para-urgencia-de-questoes-ambientais-citadas-no-Forum-Economico-Mundial. Acesso em: jul. 2019.

UN ENVIRONMENT. Global Environment Outlook (GEO). Healthy Planet, healthy people. Sixth edition (GEO-6). 2019.

Informação bibliográfica deste texto, conforme a NBR 6023:2018 da Associação Brasileira de Normas Técnicas (ABNT):

ENDO, Priscilla Kiyomi; MARINI, Vitório Garcia. A política de preponderância do risco como fundamento para a atuação regulatória do Estado. *In*: VILLAC, Teresa; BESSA, Fabiane Lopes Bueno Netto; DOETZER, Gisele Duarte (Coord.). *Gestão pública brasileira*: inovação sustentável em rede. Belo Horizonte: Fórum, 2021. p. 363-376. ISBN 978-65-5518-055-8.

A CIDADE E O DELIBERATIVO: UMA AÇÃO PARA A SUSTENTABILIDADE INSTITUCIONAL EM CURITIBA

LIANA CARLEIAL

ROSANA KANUFRE

Introdução

Num momento histórico de aprofundamento do neoliberalismo, quando alguns alvos são escolhidos como preferenciais, tais como o Estado e os servidores públicos, esses apontados como um dos responsáveis pela dívida pública brasileira, o nosso artigo objetiva apresentar uma ação desenvolvida na região metropolitana de Curitiba, pelo Instituto Municipal de Administração Pública (IMAP), autarquia da municipalidade, inspirada nos princípios da democracia deliberativa e agindo segundo a Administração Pública Deliberativa (APD).

Como é sabido, o conflito entre capitalismo e democracia é permanente, o que exige uma participação social que vá além do voto e que, portanto, vá além da democracia representativa (CARLEIAL, OPUSZKA, KANUFRE, 2016). O capitalismo tem o dom de modificar-se permanentemente sem, no entanto, perder de vista suas regras imanentes e o seu resultado de concentração de renda e poder. Nessa fase de acirramento do capitalismo financeirizado, os países periféricos ou subdesenvolvidos que não possuem (ou perderam) uma inserção soberana na geopolítica mundial ficam ainda mais fragilizados e tornam-se "prisioneiros", pela via financeira e do comércio internacional, aos ditames dos interesses externos.

As práticas liberalizantes não são novas no Brasil e na América Latina. Desde os anos oitenta do século passado elas rondam o nosso território. Iniciando pelo Chile, com cronogramas diferenciados em cada país, até atingir o Brasil pelas mãos de Collor e FHC, na década de 1990. O objetivo é sempre o mesmo: remercantilizar os serviços públicos, privatizar as empresas públicas e expurgar deles a política, a história e a luta social. Dardot e Laval (2016) argumentam que o neoliberalismo tornou-se uma racionalidade política mundializada que impõe a lógica do capital na economia, na sociedade, no Estado e na vida pessoal de cada um de nós, tornando-se um verdadeiro sistema mundial de poder. Num país com as potencialidades minerais, energéticas e de recursos naturais como o nosso, que abriga 209 milhões de pessoas distribuídas em cinco macrorregiões, o seu desenvolvimento necessariamente exige um Estado forte, cidadãos compromissados com os interesses do país e servidores públicos conscientes de seu papel e responsabilidade. Pode soar como ironia tal proposição diante da guerra midiática da qual somos vítimas, como sociedade, mas também não é nova; quem não se lembra da "caça aos marajás", na era Collor?

A questão é simples: os recursos do Estado que formam o fundo público constituído por todos os brasileiros que pagam impostos, numa estrutura tributária centrada nos impostos indiretos, que penaliza os mais pobres, fornece um estoque de dinheiro a cada ano, que atiça a cobiça dos distintos interesses que possuem poder político para "desviar" tais recursos dos destinos previstos pela Constituição Federal (CF/88), das populações e regiões mais pobres. Já os servidores públicos, cujo ingresso se faz por concurso público, são constitucionalmente protegidos pelo estatuto da estabilidade e representam vagas potenciais de trabalho para atender os grupos políticos "de plantão" pela via da terceirização, autorizada pelo STF no setor público, e até em atividades-fim no setor privado, antes interditada pela Súmula nº 331 do Tribunal Superior do Trabalho (TST). Esse é o contexto no qual se propõe a redução do tamanho do Estado e se questiona a eficiência do desempenho dos servidores públicos brasileiros.

Para Carleial (2017, p. 116), a estabilidade do servidor é uma conquista da democracia contemporânea, uma vez que esse servidor mantém uma relativa autonomia em relação aos diferentes governos que assumem periodicamente o Estado, guardam a história anterior das Instituições e das ações realizadas, com grande potencial para se transformar em aliado da cidadania. Argumentamos também que o servidor público é um elemento central na possibilidade de sustentabilidade institucional da política pública desde a concepção, o acompanhamento, a avaliação e as correções que porventura sejam necessárias e, finalmente, na aferição da efetividade dessas ações. Junto ao servidor, está o cidadão, objeto e motivação da ação do Estado.

Desde logo, é importante marcar que o Estado tem uma natureza própria distinta da natureza da empresa e é também movido por objetivos distintos. De forma definitiva: o Estado não é uma empresa! A tentativa de mascarar essa diferença nos levou recentemente a erros graves, decorrentes da adoção sem críticas dos princípios da Reforma do Estado, implementada por Bresser Pereira, no governo FHC e popularizada, como visão gerencial do estado. Tal visão foi posta em prática por alguns governos, como o de Aécio Neves, em Minas Gerais, tido como exitoso, e que serviu de inspiração para muitos municípios, incluindo Curitiba. O fundamento de que, sob o capital, todas as instituições, todos os procedimentos devem estar "sacralizados" pelo mercado[1] é falso. Mesmo assim, a reincidência e insistência das práticas liberalizantes nos impõe uma permanente crítica.

O recorte teórico metodológico do artigo recai sobre as normas e princípios da democracia deliberativa que exige a participação da sociedade civil na condução da vida coletiva nas cidades. Submetida a esse princípio geral, adotamos também a proposta da Administração Pública Deliberativa, que reconhece a importância técnica e política dos servidores públicos, inclui o cidadão na identificação das prioridades e condução das possíveis soluções aos problemas que se quer resolver, instituindo o saber coletivo como indispensável para a construção das soluções. Nesse contexto, esse artigo objetiva relatar uma experiência vivida em Curitiba, submetida aos princípios apontados no parágrafo anterior, no período 2013-2016,[2] coordenada pelo IMAP.

O artigo está estruturado, para além dessa introdução e das considerações finais, em três seções. A primeira, nominada como "Antecedentes", descreve a Instituição coordenadora da ação, suas funções na municipalidade e o método usado de aproximação aos servidores, conhecimento das competências instaladas para se aquilatar a inteligência acumulada por esse grupo. A segunda aborda a

---

[1] Infelizmente, esse entendimento retornou de forma imprudente e acelerada sob o atual governo Federal, no Brasil. Atente-se para o esforço de transformar a previdência pública solidária instituída pela CF88 em capitalização e a tentativa de "privatização" das universidades públicas, através do programa "Future-se" proposto pelo atual ministro da educação.

[2] Neste período, o prefeito era Gustavo Fruet, eleito pela coligação PDT-PT-PV.

introdução da proposta deliberativa e a consequente discussão entre essa proposta e a vigente na instituição, que era o gerencialismo; a terceira seção discute a construção das diferentes redes que teriam o papel de conferir uma sustentação institucional, de longo prazo, à proposta na instituição, da instituição na Prefeitura Municipal de Curitiba bem como nas diferentes classes sociais que conformam a sociedade paranaense. Finalmente, tecemos as nossas considerações finais.

1 Antecedentes

A gestão Gustavo Fruet assumiu, em 2013, após 20 anos de governos municipais comandados por partidos políticos conservadores e adeptos do gerencialismo, considerado por eles como uma visão "moderna" de estado-firma, cidadão-cliente e servidor público visto como colaborador. Nos documentos construídos por essas gestões raramente se encontravam as palavras: cidadão, cidadania e servidor público. Na verdade, essa é uma visão distorcida do que seja o Estado em qualquer de seus níveis, especialmente num país subdesenvolvido. Mesmo que em voga, essa visão é incapaz de dar conta da complexidade das cidades e das exigências da cidadania. O modelo de gestão era centrado em forte hierarquia na estrutura burocrática, na crença de um trabalho técnico isento politicamente e baseado em competências individuais que promove a concorrência entre os servidores que se disputam na tentativa de mostrar a tão desejada eficiência, instituindo uma divisão intrainstitucional do trabalho, entre competentes e incompetentes. No entanto, o conhecimento no âmbito do serviço público é necessariamente resultado das trocas entre os servidores, dos aprendizados que são desenvolvidos ao longo dos anos e, logo, coletivo.

É notória a necessidade de reconhecer que firma/empresa e Estado possuem pressupostos e objetivos muito diferentes. Como não poderia deixar de ser, não há como estabelecer comparações entre a eficiência de uma firma inserida no mercado e o Estado enquanto representação da sociedade civil, permeado por diferentes interesses, responsável pela concepção e implementação de políticas públicas, e só a efetividade dessas políticas pode, aí sim, retratar ou não a sua eficiência. Ademais e, principalmente, o Estado faz parte da materialidade do capitalismo, e lhe é indispensável; o fim do Estado significará também o fim do capitalismo. Logo, as proposições de redução do tamanho do estado e, no limite, estado mínimo, são meras formas de manipulação que intentam escamotear quem se apropriará dele e do fundo público que ele detém.

A primeira estratégia de abordagem, ao iniciar a gestão, junto ao corpo de servidores, de excelente qualidade, exigiu reuniões com cada grupo para que fossem identificadas suas diferentes formações, seus interesses e suas opiniões sobre a atuação do Instituto. Todos os servidores foram ouvidos. Um processo de escuta para que fosse possível conhecer a história da instituição, a inteligência ali instalada e acumulada na trajetória institucional. Assim foi possível identificar potenciais servidores que poderiam vir a assumir cargos e posições estratégicas. Enfim, funcionou também como um pedido de autorização para viver e agir naquela casa, que era deles. Consideramos esse processo exitoso e muito rico. Foi possível voltar a ele algumas vezes, durante o período de 4 (quatro) anos, para rever posições e auxiliar em tomada de decisões. Ficam demarcadas, assim, as ferramentas primordiais da mudança institucional: a escuta e o diálogo.

O IMAP tem importante papel na estrutura da PMC, por sediar a Escola de Administração Pública (EAP) (Escola do Governo Municipal) e por ser responsável também pela evolução institucional da PMC, acompanhando portarias, decretos e todas as mudanças institucionais e estruturais produzidas ao longo do tempo, como criação/extinção de órgãos, alteração no estatuto de secretarias (ordinária/extraordinária) e toda a legislação que rege a municipalidade.

A EAP é responsável pela formação dos servidores de toda a PMC e atua ao lado das áreas consolidadas, como educação e saúde, que também possuem um portfólio importante de cursos próprios. Uma das primeiras decisões do senhor prefeito foi transformar a EAP numa escola metropolitana, no sentido de contribuir para uma certa similaridade na formação de todos os servidores,[3] bem como por reconhecer a responsabilidade do município em relação à sua área metropolitana.

---

[3] Após a CF88, a determinação da composição das regiões metropolitanas no país tornou-se uma decisão política. A de Curitiba é composta por 29 (vinte e nove) municípios e ocupa um território importante do estado, indicando a dificuldade de uma atuação neste nível regional. Esta decisão implicou numa série de procedimentos jurídicos para a viabilização da parceria intermunicipal e o êxito ficou restrito a um número menor de municípios, os mais próximos de Curitiba. Para maiores detalhes, consulte: TRAUB, A. *Administração Pública Deliberativa como fator de desenvolvimento regional*: a experiência da formação do servidor público da Região Metropolitana de Curitiba, 2018, 203 p. Dissertação (Mestrado em Planejamento e Governança Pública) UTFPR, Curitiba. Disponível em: http://repositorio.utfpr.edu.br/spui/handle/1/3795.

TERESA VILLAC, FABIANE LOPES BUENO NETTO BESSA, GISELE DUARTE DOETZER (COORD.)
GESTÃO PÚBLICA BRASILEIRA – INOVAÇÃO SUSTENTÁVEL EM REDE

E, ainda, dentro das estratégias iniciais, solicitou-se formalmente à Secretaria Municipal de Recursos Humanos a realização de um concurso público para ampliação/reposição das vagas existentes no quadro de funcionários do instituto, por entender a importância dos servidores públicos como pilar central para a consolidação das responsabilidades do Estado junto à sociedade. Essa atitude vai na contramão do que se preconiza atualmente (redução da "máquina" administrativa).

2 Por que a Administração Pública deliberativa?

A escolha da Administração Pública deliberativa supunha a necessidade de fortalecer internamente o órgão, todos os servidores que estavam vivenciando uma nova gestão, após um período longo de visão gerencialista, distante da cidadania, na maioria das vezes, e autoritária no âmbito do órgão,[4] fortalecer os laços servidor-cidadão e configurar a possibilidade de uma sustentabilidade intra e interinstituições em Curitiba.

Para Carleial *et al.* (2016), essa proposta está ancorada nos princípios da democracia deliberativa, a qual propõe um formato político de deliberação fundamentado em normas e princípios que não prescindem da participação da sociedade civil na condução da vida coletiva de uma comunidade, cidade ou país. Ao contrário, exige essa participação. Logo, a participação social e política é pressuposto, mas vai além, ou seja, a participação delibera, decide.[5]

Esse objetivo era arrojado porque mudanças de princípios na gestão pública exige muita atenção e tempo para que vinguem; é uma mudança do interior para o exterior. O servidor precisa estar convencido da importância dessa mudança. Assim, num primeiro momento, o intuito foi semear a mudança. Para isso era preciso um processo de persuasão, convencimento e, finalmente, sedução para esse novo caminho. O passo inicial exigiu a desconstrução da visão gerencialista, centrada na competência individual, hierarquia e autoridade e fazer

---

[4]   Era comum ouvir-se de servidores, que naquela gestão 2013-2016, era a primeira vez que ele (ela) entrava na sala da presidência do órgão, mesmo durante 20/25 anos na casa.

[5]   Esta proposta é compatível com a CF88 que está baseada nos princípios de descentralização e participação tendo criado mecanismos importantes de participação social, como os Conselhos, Conferências, Ouvidorias, referendo etc., reconhecendo a insuficiência da democracia representativa.

o servidor se sentir parte do processo, conscientemente, e tendo claro que cada gesto seu representava a própria PMC, e nisto reside necessariamente uma ação política, não política partidária, obviamente, mas política no sentido de "fazer parte", de ter compromisso.[6] Nesse contexto foi desenvolvido um processo de planejamento estratégico com a participação de todos os servidores, da presidência aos servidores da copa, incluindo os estagiários, quando foram definidos missão, valores, compromissos, problemas, diretrizes, etc.

A prática deliberativa é recente, e o mesmo acontece com a discussão da democracia deliberativa. Para implementar esse processo, o IMAP desenvolveu uma aproximação com os professores Daniel Taragó e Joaquim Brugué, ambos da Universidade de Barcelona, à época, para o devido suporte teórico e empírico, pois essa prática ainda era pouco conhecida no Brasil. O professor Taragó desenvolveu um processo de formação que incluiu desde a equipe gestora da PMC, os seus secretários municipais, superintendentes, diretores e servidores. Evidentemente que essa formação não atingiu o conjunto dos servidores, porém, uma amostra significativa, e os seus princípios fundamentais eram repetidos na prática da ação interna do órgão e na concepção das políticas públicas, como se verá na sequência. O IMAP, naquele período, possuía três diretorias, uma superintendência e uma assessoria jurídica. De início foi acordado que todas as decisões seriam colegiadas, ou seja, as diretorias participariam de todas as reuniões bem como a assessoria jurídica. Cumpria-se assim um princípio de transparência e cooperação administrativa.

Como premissa fundamental da ADP podemos defini-la como um modelo alternativo de gestão, cujo argumento é "olhar para fora da organização estatal em busca de soluções para as demandas sociais cada vez mais complexas e de legitimação democrática da atuação do aparato governamental" (BRUGUÉ *et al.*, 2011). A exigência desse princípio advém da complexidade da realidade concreta que desafia a cada um de nós e, em especial, à política pública, que não se enquadra mais nas análises setorializadas e estanques.

---

[6] Nesta estratégia, o "ser servidor público" exigia o compromisso de cada um com a proposta de atuação da Instituição, a solidariedade e cooperação com o colega também servidor e o cidadão a quem o serviço seria prestado. Assim foi criado um *bottom*, não de uso obrigatório, mas que todos os servidores receberam com a expressão "O IMAP é comigo", ou seja, cada um e todos são responsáveis pela Instituição; se um não sabe o que fazer, o outro sabe e podem fazer juntos. Era também uma proposta de ampliação da autoestima enquanto servidor.

Para os servidores, é imprescindível que mudanças sejam feitas no seu dia a dia para que eles sintam a nova direção. Esse caminho não é linear nem simples, porém é fundamental que os servidores sintam para onde estão caminhando e porque, o que exige certo grau de confiança pessoal e técnica nos grupos gestores. O Quadro 1 a seguir apresenta por quais valores se opta quando se objetiva substituir o gerencialismo pela ADP.

A tônica central é a ampliação da confiança entre os grupos, a "quebra" da autoridade correspondente, a centralidade do diálogo que permita a negociação dos conflitos, o estabelecimento da cooperação, subordinando a competição incentivada pela divisão intrainstitucional de competências.

Viver essa proposta exige um corpo de servidores públicos consciente de seu compromisso com a cidadania e da responsabilidade de seu papel. Há algumas propostas de Administração Deliberativa, na vertente americana, por exemplo, cuja filosofia é o fortalecimento das comunidades, através de ONGs e sociedade civil em geral, mas o papel dos servidores públicos é praticamente excluído, o que corrobora a proposta de Estado mínimo ou até desnecessário (sic!).

Quadro 1 – Para onde se quer caminhar?

GERENCIALISMO	ADMINISTRAÇÃO PÚBLICA DELIBERATIVA
Autoridade	Confiança
Estrutura Vertical	Estrutura Horizontal
Competência Técnica	Competência Relacional
Dependência	Autonomia
Foco nos Resultados	Foco nos processos e nas pessoas
Burocratização	Deliberação
Informação	Argumentação e Diálogo
Negação de Conflitos	Negociação e Mediação de Conflitos
Abordagem Setorial	Intersetorial e Transversal
Competição	Colaboração/Cooperação

Fonte: Esse quadro foi construído a partir da leitura de textos, artigos sobre ADP e proposto pelos grupos que compuseram o Núcleo de Pesquisa do IMAP, logo foi um trabalho coletivo.

A nossa proposta assentava-se na imprescindibilidade do Estado e na centralidade do papel do servidor público. Entretanto, para viver bem esse papel, é necessário tempo, discussão e conscientização. Hoje, a *posteriori*, mesmo tendo sido abortado esse processo pela não reeleição de Gustavo Fruet, é notório que o aprendizado permaneceu.

Considerando que o intuito era uma formação continuada, esse conteúdo foi incorporado em todas as formações oferecidas pela instituição e foi criado também um Núcleo de Pesquisas (NP). Como se sabe, a função do ensino está associada à pesquisa, se quisermos resultados consistentes. Esse núcleo não chegou a ser incorporado na estrutura oficial da instituição, mas teve vigência durante três anos. Na realidade, a constituição desse núcleo consubstanciou uma inovação substantiva institucional na medida em que a ele coube construir sistematizações sobre a APD que pudessem definir melhor o seu papel na instituição, e na PMC, para melhor contribuir para a formação dos demais servidores. As atividades "abertas" eram de leitura e discussões de textos e filmes (nesse caso, intitulado *Imapipoca*) e nesse âmbito, por exemplo, foi apresentado e debatido o filme Hannah Arendt, no qual se aprofunda a necessidade de o servidor público ser um agente político relevante e não apenas um burocrata que se nega a pensar e apenas obedece ordens, o que é comum na prática gerencialista. Para compor tal núcleo, foram convidados servidores de outros órgãos da PMC e professores e alunos das universidades locais. Evidencia-se, assim, a intenção de continuidade e sustentabilidade ao longo de tempo dos princípios deliberativos. O núcleo, então, acolheu em suas reuniões alunos da UFPR, PUCPR, Universidade Estadual de Ponta Grossa (UEPG) e Unicuritiba.[7] Para o futuro, a proposta era de que o NP fizesse parte da estrutura do IMAP e, assim como um dos últimos atos oficiais da instituição, naquele período, foi a criação de uma Diretoria de Pesquisa, a qual foi extinta quando ocorreu a mudança da gestão em janeiro de 2017. Na próxima sessão, discutiremos algumas das ações concebidas e implementadas para conferir sustentabilidade institucional ao IMAP, dele na PMC e no conjunto da sociedade.

---

[7] Para uma melhor compreensão do que foi o Núcleo de Pesquisas ver: ZIOBRO, A. P.; FERREIRA, C. V.; COSTA, F. H. R.; SOUZA-LIMA, J. E.; OCKENER, N. C. "Núcleo de Pesquisa": a emergência de uma inovação substantiva" In: CARLEIAL, L. *et al*. Políticas e ações deliberativas em Curitiba. Curitiba: IMAP, 2016. p. 33-52.

3 Ações para a sustentabilidade institucional do IMAP, dele na estrutura da PMC e na sociedade

Nesta seção, o foco central é evidenciar grande parte dos procedimentos que foram desenvolvidos, já fazendo uso da APD, para conferir sustentabilidade institucional às ações.

3.1 O fortalecimento institucional do IMAP e de seu papel na PMC

3.1.1 Fortalecimento do papel da EAP e a constituição da Redes de Escolas[8]

A Escola, nesse contexto, era compreendida como estratégica para o processo, o qual se pretendia difundir na PMC, a disseminação de práticas relacionadas a uma administração deliberativa. Assim, a EAP passou por uma transformação, primeiramente, em relação às suas diretrizes e finalidades, mudando seu caráter de promover "o processo de desenvolvimento de competências" para a perspectiva de "Promover formação e pesquisa para o desenvolvimento da administração pública, da cidade e dos cidadãos, de forma intersetorial e participativa, contribuindo para a efetividade das políticas públicas", considerando teoricamente que:

> Formar não é somente socializar um conjunto de técnicas, modelos e informações, treinar e moldar pessoas segundo interesses tópicos, mas é também (ou deveria ser) preparar pessoas para agir de modo crítico, autônomo, inteligente e socialmente responsável. É prepará-las para a produção, a gestão, a reprodução organizacional, o convívio e a transformação social. (NOGUEIRA, 2013, p. 1).

Essa perspectiva mudou radicalmente a atuação e escopo da Escola, pois consideramos nos programas de formação dos servidores conteúdos e reflexões para reforçar e fortalecer o papel técnico e político de suas atribuições, frente às demandas da sociedade. Uma vez alicerçada em seus novos desafios realizamos:

---

[8] Ver: Rosa, A. C. *et al.* Práticas Deliberativas e os desafios para implementação na Escola de Administração Pública. *In*: CARLEIAL L. *et al.*, 2016, p. 71-88.

- modificação dos padrões de avaliação, com o predomínio qualitativo sobre o quantitativo:[9] para sustentar essa prática foi construído coletivamente o "Índice de Aplicabilidade das Ações de Formação e Capacitação", método que tem por objetivo mensurar os resultados de aplicabilidade, das ações de formação e capacitação, de forma sistêmica, a partir de um diagnóstico específico em relação ao seu *timing* (antes, durante e depois da aprendizagem). Destaca-se que para construção desse instrumento utilizou-se uma estratégia ancorada na criação de espaços de escuta, deliberação e de inovação substantiva. Participaram da elaboração desse trabalho: Universidade Federal do Paraná (UFPR); as secretarias municipais da PMC e da RMC e técnicos do IMAP;
- transformação da Escola de Governo para Escola Metropolitana, como já foi citado anteriormente;
- reestruturação da Rede de Articuladores, composta por representantes das distintas secretarias municipais da PMC e RMC: a essa rede foi incorporada as competências de elaborar, planejar e avaliar as ações de formação e capacitação. Foram criados espaços para a tomada de decisões conjuntas. Desse movimento originou-se um Sistema de Escola de Escolas da PMC, incorporando essas atribuições e a criação de um grupo gestor (Decreto nº 487/2016);
- revisão e reelaboração do Projeto Político Pedagógico (PPP) alinhado aos princípios da APD, de forma intersetorial e participativa: esse trabalho foi realizado por um grupo de trabalho[10] coordenado pelo IMAP, tendo como assessoria técnica pedagógica a Secretaria Municipal da Educação (SME). Essa construção privilegiou uma perspectiva de (re)leitura do papel do Estado e da sociedade, visando ampliar o caráter conceitual, com a apropriação de conceitos essenciais, priorizando alguns temas como: papel do Estado e sociedade; papel do servidor; compromisso com a sociedade; democracia e burocracia; aprendizagem de adultos; trabalho em grupos e com grupos.

---

[9] Até esse período as avaliações estavam centradas em parâmetros quantitativos, por exemplo: pelo menos uma capacitação por servidor/ano. Fonte Relatórios de Gestão. IMAP/PMC

[10] Esse grupo de trabalho foi constituído pelas secretarias e entidades da PMC, por adesão.

- Plano de Formação Profissional e Capacitação: durante os 04 anos de trabalho as ações de formação e capacitação foram organizadas em planos anuais, elaborados em conjunto com a Rede de Articuladores (representantes das secretarias da PMC e da RMC). Na estrutura dos conteúdos das ações (cursos, seminários, palestras e outras modalidades), foram incorporados os conceitos centrais de Estado, compromisso com o cidadão e o ADP, de modo que pudéssemos reafirmar o papel e a responsabilidade do servidor público diante do Estado. Os planos continham todo o detalhamento programático das ações. No conjunto desse trabalho uma ação pode ser exemplificada pelo seu grau de importância no âmbito do seu impacto junto à sociedade, e como exemplo da adoção dos princípios da APD, em todo o seu desmembramento (planejamento e execução). O curso de "Atendimento ao Cidadão", realizado para aproximadamente 1500 servidores, foi planejado e realizado em conjunto com as secretarias, cuja atividade de atendimento ao cidadão é relevante. Após o processo de planejamento foi realizada a escolha de um fornecedor para trabalhar os conteúdos programados. Uma vez definida a empresa fornecedora dos serviços, o IMAP contratou as condições de trabalho e, além disso, realizou uma capacitação com os docentes como forma de garantir a disseminação dos conteúdos e métodos de uma administração pública deliberativa, voltada para as necessidades do cidadão, o uso de uma terminologia própria ao serviço público e a caracterização da ação pública necessária a ser refletida diante da complexidade das demandas dos cidadãos.

- a mudança da natureza e direção do Ensino a Distância (EAD), na direção da inteligência coletiva: a partir de uma ampla discussão crítica sobre o modelo vigente[11] e incorporado pela instituição, para o desenvolvimento de cursos na abordagem a distância desde 2005, o projeto SemEADor. Reformulamos e apresentamos uma proposta totalmente construída pela

---

[11] O modelo vigente de capacitação na abordagem à distância era planejado e executado por uma empresa do mercado, cuja carga horária dos cursos e programas modulares estavam vinculados a aspectos de crescimento na carreira e não nas possibilidades de desenvolvimento, ou seja, colocava-se em segundo plano os aspectos de formação. Outra crítica apontada para essa ação é de que os custos com a contratação desse serviço comprometiam parte considerável do orçamento. E, por fim observou-se referido processo não gerava inteligência coletiva para a instituição.

instituição, aproveitando os conhecimentos existentes. Realizamos parcerias com instituições públicas que realizam cursos nessa modalidade e, principalmente, ficamos com a responsabilidade de selecionar, planejar, criar[12] e executar cursos que privilegiassem a aprendizagem e não tão somente necessidades de certificação para planos de carreira.

- a PMC à época possuía administrações regionais, as quais são as responsáveis pelo atendimento direto ao cidadão. Ou seja, quando o cidadão chega a uma Administração Regional a expectativa é de que quem lhe atenda, idealmente, seja o próprio prefeito. Como transmitir tal sensação ao cidadão? Esse objetivo sustentou a estruturação de um programa de formação específico para o fortalecimento da Atuação Regionalizada também inspirado na APD. Nessa perspectiva, era necessária, em primeiro lugar, uma compreensão da atuação e das necessidades dos servidores que atuam no nível descentralizado da municipalidade. Com base nessa premissa, foi idealizada a ação denominada "Servidores em Transformação", que em conjunto com a Secretaria de Governo Municipal e com uma metodologia própria de escuta da realidade de atuação regional observaram-se algumas necessidades de desenvolvimento comuns dos servidores de diferentes formações, áreas de atuação e níveis hierárquicos. As necessidades identificadas em sua essência relacionaram-se à ética do servidor público na atualidade frente às necessidades dos cidadãos. A partir dessas necessidades, foram estabelecidos os objetivos para o programa: tornar o servidor público mais consciente do seu papel e fortalecê-lo para a sua atuação diária. Para esse trabalho estabeleceu-se o método *coaching* como possibilidade para o desenvolvimento tanto das habilidades individuais quanto profissionais e, consequentemente, humanas e sociais. Essa empreitada ocorreu nas nove regionais da cidade, com resultados positivos e significativos para os participantes e consequentemente para os cidadãos curitibanos.

---

[12] Elaboramos e executamos um curso para a política da Assistência Social com carga horária de 40 h/a, composto por 4 (quatro) módulos, com professores servidores da PMC. Esse curso foi idealizado a partir de uma demanda da Fundação de Assistência Social (FAS), com a pretensão de aprimorar a gestão de políticas públicas e o atendimento ao cidadão no município de Curitiba.

- a permanência e solidez dos princípios deliberativos na PMC, entretanto, exigiam uma ação mais ousada. A respeitabilidade da EAP e sua longevidade permitiam que déssemos um passo a mais. Diante disso, o IMAP, logo no início da gestão, começou um processo de solicitação junto à Secretaria Estadual de Educação e ao MEC para certificar autonomamente um curso de pós-graduação *lato sensu*; até então o IMAP precisava do aval de alguma universidade para tanto. Assim, a EAP foi credenciada pelo Conselho Estadual de Educação (CEE), através do Parecer nº 109, de 17 de outubro de 2016, autorizada a certificar cursos de pós-graduação na área da Administração Pública Deliberativa. Essa foi uma grande conquista para o IMAP, a PMC e os cidadãos de Curitiba e do Paraná.
- finalmente, o nosso relato nesse aspecto comportaria ainda uma longa discussão sobre o suporte que o IMAP deu ao conjunto das políticas públicas inovadoras e compromissadas com os direitos humanos, sociais e políticos em Curitiba. No entanto, por limitação de espaço neste artigo, não será possível fazê-lo. No entanto, destacamos uma ação voltada para o fortalecimento dos Conselhos Municipais em Curitiba, como instâncias democráticas e de participação popular imprescindíveis.

3.1.2 O IMAP e as políticas públicas em Curitiba

Como é sabido, a presença de Conselhos Participativos no âmbito das políticas públicas brasileiras é uma obrigação constitucional. Nesse sentido, o IMAP empenhou-se para fortalecer esse espaço, oferecendo ações de formação e capacitação para os conselheiros municipais, propiciando discussões sobre o papel dos Conselhos e dos conselheiros. Foi desenvolvido um programa de fortalecimento dos "Conselhos Municipais da Cidade de Curitiba",[13] incluindo a disponibilidade de servidores públicos para tal ação, culminando com a construção de um "Portal dos Conselhos", contendo informações específicas dos distintos conselhos da cidade. Foi também instituído o dia 12 de agosto como o "Dia dos Conselhos Municipais" e, em cada

---

[13] Essa ação foi construída e elaborada com o apoio do Núcleo de Estudos em Instituições (NINST), vinculado ao Programa de Pós Graduação em Políticas Públicas da Universidade Federal do Paraná(UFPR), técnicos da PMC e representantes dos conselhos.

ano, foi realizado um grande seminário, com convidados especialistas sobre o tema, com o intuito de fortalecer essa cultura em Curitiba. Foi um trabalho que exigiu um olhar atento sobre essa realidade e contou com estudos e a elaboração de diagnósticos dos avanços obtidos, em parceira com a Universidade Federal do Paraná.[14]

Merece menção ainda a responsabilidade que o IMAP assumiu para construir junto com a Fundação de Assistência Social (FAS) da PMC, a instalação, concepção e acompanhamento do programa "República Condomínio Social", uma arrojada iniciativa voltada para a população em situação de rua em Curitiba, também assentada nos princípios deliberativos.[15]

3.2 O IMAP, o deliberativo e ações para além da PMC

A partir de fevereiro de 2013, ou seja, no segundo mês de gestão, o IMAP instituiu um programa permanente de periodicidade mensal intitulado "Ciclo de Debates: Estado, Planejamento e Administração Pública". Nesse ciclo de debates eram discutidos temas de interesse geral: economia, política, sociedade, geopolítica, os programas de governo etc. Nesse momento, o IMAP e a PMC recebiam cidadãos de diferentes origens territoriais e sociais para debater questões relevantes. Foram realizados também 4 (quatro) seminários internacionais e nacionais, no formato de debates para discussão e reflexão das perspectivas do "Estado, Planejamento e Administração Pública no Brasil". Fruto desses trabalhos foi a constituição de um importante acervo produzido, no qual todos os debates foram publicados na forma de artigos e na produção de vídeos, ambos disponíveis à sociedade.[16]

Com o intuito de socializar o que acontecia no âmbito da PMC e do IMAP com a sociedade,[17] assim como tornar a proposta do IMAP

---

[14] Duarte, A.C L. et alii. "Fortalecimento dos Conselhos Municipais de Curitiba" In: Carleial, L. et alii. (orgs) Políticas e Ações Deliberativas em Curitiba.Curitiba, IMAP. pp 363-378, 2016

[15] Essa experiência foi riquíssima e o relato encontra-se em: Ziobro, A.P." A Construção de uma política deliberativa para a população em situação de rua em Curitiba: a República Condomínio Social" In: Carleial, L. et alii(orgs). Políticas e Ações Deliberativas em Curitiba.Curitiba, IMAP. pp 233-274, 2016

[16] O acervo encontra-se no site do IMAP, http://imap.curitiba.pr.gov.br/.

[17] Produzimos um artigo junto à comunidade curitibana para o Jornal Gazeta do Povo, https://www.gazetadopovo.com.br/opiniao/artigos/a-experiencia-da-administracao-publica-deliberativa-em-curitiba-7lw75qcetpmpmglvrrmipslyf/.

disseminada, foram realizados relevantes acordos e parcerias com instituições de pesquisa e escolas de governo nacionais e internacionais, sendo alguns exemplos: École Nationale d'Administration (ENA-ENA) e Universitat de Barcelona (UB). Nessa mesma linha, submetemos pedidos de apoio ao CNPq e à Fundação Araucária, expondo a instituição a uma avaliação externa importante.

Mereceu também muito destaque a participação do IMAP na Rede de Escolas da Escola Nacional de Administração Pública (ENAP), como participante, inclusive, do Grupo de Gestores das escolas no Brasil. No âmbito da ENAP, fomos convidados para participar do grupo gestor, especialmente pela proposta deliberativa que pudemos difundir na participação em congressos e encontros.

Finalmente, uma participação em rede muito importante foi quando recebemos o convite para nos engajarmos na rede de escolas de instituições públicas coordenada pela Escola de Administração Fazendária (ESAF). Nesse caso, a proposta é de trocas de experiências e de aprendizado coletivo entre as diferentes escolas participantes, contribuindo exatamente para a sustentabilidade institucional de cada uma delas.

4 Considerações finais

Como foi discutido ao longo desse artigo, o compromisso e o esforço coletivo para que os princípios da Administração Pública Deliberativa (APD) fossem internalizados no IMAP e na PMC foram significativos e os documentos disponíveis provam esse fato. No entanto, a mudança mais significativa acontece na "cabeça" das pessoas envolvidas. Mesmo não estando mais atuando, concretamente, no âmbito institucional, somos sempre informados que tais mudanças e a consciência do papel de cada um persistem.

Um grande ganho foi a continuidade do Curso de Especialização em Administração Pública, apesar da exclusão, por parte do novo grupo dirigente, da palavra Deliberativa, o que foi uma perda, uma vez que seria o primeiro curso no Brasil, em nível de pós-graduação *lato sensu,* com esse conteúdo e proposta. Logo Curitiba, que se propõe sempre inovadora...

Para nós, equipe que construiu essa proposta, ficou como absolutamente gratificante a declaração pública de um dos avaliadores do MEC, por ocasião de sua aprovação: "pode não ser **o único** caminho para o Brasil, mas com certeza é um muito importante" (grifos nossos). Certamente, num país ainda subdesenvolvido, atravessado por distintas e graves desigualdades sociais, econômicas, territoriais e políticas, e com déficits democráticos crescentes, só um Estado forte e ancorado em servidores públicos conscientes de seu papel podem contribuir para a reversão desse quadro e estabelecer um caminho na direção de um desenvolvimento pleno. Por tais razões, perseguir a sustentabilidade institucional de longo prazo das municipalidades brasileiras é urgente.

Referências

BRUGUÉ, J. Da gestão pública para a Administração Deliberativa. *In:* IMAP. *Estado, planejamento e administração pública.* Curitiba: IMAP, 2014. p. 65-80.

CARLEIAL, L. Estado e servidor público no Brasil: é possível avançar rumo a um projeto de desenvolvimento? *In:* GEDIEL, J. A. P; MELLO, L. E.; Zanin, F.; Silva, J. L. A. (Org.). *Estratégias autoritárias do estado empregador:* assédio e resistências. 1. ed. Curitiba: Kaygangue, 2017. v. 1, p. 107-132.

CARLEIAL, L. O desafio da reinvenção do Estado no Brasil *In:* IMAP (Org.). *Estado, planejamento e administração pública no Brasil.* IMAP: Curitiba, 2016. p. 21-34.

CARLEIAL, L.; OPUSZKA, P.; KANUFRE, R. A. M. Fundamentos deliberativos: a centralidade do diálogo *In:* CARLEIAL, L. *et al. Políticas e ações deliberativas em Curitiba.* Curitiba: IMAP, 2016. p. 3-9.

DARDOT, P.; LAVAL, C. *Ce cauchemar qui n'enfinit pas. Comment le néoliberalism edéfait la democracie.* Paris: La Découverte, 2016.

DOÖRING, A.P.; BRAUN, C.C.; PILOTTO, E. A; NOGUEIRA, F.C.; SANTIAGO, J. F. Servidores em transformação: desenvolvimento de habilidades humanas e sociais dos servidores públicos nas regionais da cidade *In:* CARLEIAL, L.; OPUSZKA, P. R.; KANUFRE, R. A. M. (Org.). *Políticas e ações deliberativas em Curitiba.* Curitiba: IMAP, 2016. p. 161-184.

DUARTE, A. C. L. *et al.* Fortalecimento dos Conselhos Municipais de Curitiba. *In:* Carleial, L. *et ali.* (Org.) *Políticas e ações deliberativas em Curitiba.* Curitiba: IMAP, 2016. p. 363-378.

NOGUEIRA, M. A. A formação como desafio estratégico. *On-line.* Disponível em: www. estadão.com.br/notícias/impresso, a-formação-como-desafio-estratégico-, 1035455,0. htm. Acesso em; 21 nov. 2013.

ROSA, A. C. *et al.* Práticas deliberativas e os desafios para implementação na Escola de Administração Pública *In:* CARLEIAL, L. *et al. Políticas e ações deliberativas em Curitiba.* Curitiba: IMAP, 2016. p. 71-88.

TRAUB, A. *Administração Pública Deliberativa como fator de desenvolvimento regional:* a experiência da formação do servidor público da Região Metropolitana de Curitiba, 203 p. Dissertação (Mestrado em Planejamento e Governança Pública) UTFPR, Curitiba. Disponível em: http://repositorio.utfpr.edu.br/spui/handle/1/3795. 2018.

ZIOBRO, A. P.; FERREIRA, C. V.; COSTA, F. H. R.; SOUZA-LIMA, J. E.; OCKENER, N. C. Núcleo de Pesquisa: a emergência de uma inovação substantiva *In:* CARLEIAL, L. *et al. Políticas e ações deliberativas em Curitiba.* Curitiba: IMAP, 2016. p. 33-52.

ZIOBRO, A. P. A construção de uma política deliberativa para a população em situação de rua em Curitiba: a República Condomínio Social *In:* Carleial, L. *et al.* (Org.). *Políticas e ações deliberativas em Curitiba.* Curitiba: IMAP, 2016. p. 233-274.

Informação bibliográfica deste texto, conforme a NBR 6023:2018 da Associação Brasileira de Normas Técnicas (ABNT):

CARLEIAL, Liana; KANUFRE, Rosana. A cidade e o deliberativo: uma ação para a sustentabilidade institucional em Curitiba. *In*: VILLAC, Teresa; BESSA, Fabiane Lopes Bueno Netto; DOETZER, Gisele Duarte (Coord.). *Gestão pública brasileira:* inovação sustentável em rede. Belo Horizonte: Fórum, 2021. p. 377-394. ISBN 978-65-5518-055-8.

A FORMAÇÃO CIDADÃ PARA A SUSTENTABILIDADE

TELMA ALVES SATEL

1 Introdução

O Colégio Estadual do Paraná (CEP) é o maior Colégio público em área construída no Estado, e acolhe no seu dia a dia aproximadamente cinco mil estudantes, mais de trezentos e cinquenta professores e próximo de cento e quarenta funcionários. Esse Colégio possui valor histórico aos paranaenses, pois foi fundado em 1846, antes da emancipação do Estado do Paraná e, em 29 de março de 1950, foi inaugurada a atual sede, localizada na área central da capital. O Colégio oferece a toda comunidade curitibana e região cursos do Ensino Fundamental II, Ensino Médio e Ensino Profissional, o ingresso se dá a partir de processo seletivo de notas de alunos oriundos de outras escolas, oferta também estudo extracurricular em diversas áreas, que atende um público misto da sociedade, no âmbito intelectual, esportivo e cultural, cujo ingresso é através da disponibilidade de vagas nos cursos.

Por atender um grande número de pessoas, essa instituição reconhece a necessidade de se adequar às leis ambientais em vigor, para que esse espaço se torne mais sustentável. Diante disso, é necessário que a escola, além de capacitar a comunidade escolar com diversos saberes, também estabeleça um olhar com eficiência, e de maneira significativa sobre as questões ambientais, com ações e palestras que conscientizem todos e provoquem mudanças de atitudes e valores, para sensibilizar indivíduos e grupos a se incomodarem com as ações de desperdícios, e ações de poluição desmedida no cotidiano do Colégio.

A nossa rotina é intensa, e nesse vai e vem de pessoas, consequentemente, temos um grande impacto ambiental através do consumo e descarte de resíduos. Por isso, a necessidade da implementação de ações diárias que contribuam com o discernimento das pessoas no que tange à conscientização e preservação do espaço escolar e do meio ambiente. Para que o projeto de sustentabilidade se torne realidade, além do apoio do governo, o Colégio busca parcerias com outras instituições em todas as esferas públicas, privadas e terceiro setor. Assim, as ações a serem desenvolvidas com o intuito de direcionar a comunidade escolar a trilhar o caminho da sustentabilidade, trarão benefícios não somente ao CEP, mas para todas as instituições envolvidas.

Entendendo que esse Colégio tem compromisso com a promoção humana e social, e precisa ser inserido na perspectiva socioambiental, assim, a escola criou, em de 31 de maio de 2012, o projeto denominado CEP Sustentável, que tende inserir a comunidade escolar em atividades que estabeleçam hábitos de economia e consumo consciente para além dos muros da escola.

2 Sustentabilidade na escola

O CEP, por ser referência no ensino público de qualidade, busca aprimorar a educação curricular por meio da particularidade de cada disciplina, procurando envolver ambientalmente toda comunidade escolar, através de processos nos quais o indivíduo e a coletividade constroem valores sociais voltados para a conservação do meio natural, tencionando efetivar a função da educação para as mudanças culturais e sociais que permeiam a Educação Ambiental. A escola contempla grande volume de pessoas de uma determinada comunidade, e é um lugar propício para desenvolver a temática ambiental e a visão integrada de mundo, pois acolhe diariamente crianças e adolescentes receptivos a novos estímulos, aprendizagens e informações direcionadas, que podem contribuir de maneira expressiva com a sociedade vindoura. A "Lei Estadual nº 17.505/2013, que institui a Política Estadual de Educação Ambiental, torna obrigatória, e menciona em seu Capítulo III, a necessidade da promoção da Educação Ambiental em todos os níveis de ensino". O CEP tem enfrentado o desafio de implantar a sustentabilidade no maior Colégio público do Estado, não somente em cumprimento às leis ambientais e ao currículo, mas também preocupado em mudar hábitos das pessoas na rotina da Escola. Segue o desenvolvimento de algumas ações e/ou atividades pedagógicas de cunho sustentável que buscam envolver toda comunidade escolar na concepção ambiental.

2.1 Plano de gerenciamento de resíduos sólidos

Diante do grande número de pessoas que frequentam diariamente os espaços do CEP, consomem e descartam grandes quantidades de resíduos, a instituição procura se adequar às atuais leis ambientais que visam minimizar os impactos no espaço escolar e destinar de maneira adequada e seletiva os resíduos gerados. Em parceria com a Secretaria Estadual do Meio Ambiente (SEMA), e em consonância com as leis da política de resíduos sólidos, foi elaborado, no ano de 2014, e atualizado em 2018, a proposta do Programa de Gerenciamento dos Resíduos Sólidos (PGRS) no Colégio, realizado conforme as orientações da Lei Federal nº 12.305/2010, Decreto nº 7.404/2010, Resolução CONAMA nº 275/2001, Lei nº 17.505/2013, Decreto Estadual nº 6.674/2002 e Decreto Municipal nº 983/2004.

O Colégio está implantando de maneira gradativa a logística de manejo de resíduos sólidos para separar e destinar adequadamente o grande volume de resíduos produzidos em seu interior, pois pratica o recolhimento do lixo ainda nos moldes antigos. Após o desenvolvimento do PGRS, toda comunidade escolar (professores, alunos e funcionários) tem recebido, em momentos específicos do ano letivo, informações sobre a nova dinâmica e a importância da seleção dos materiais que contribuem de forma expressiva com a logística reversa, ou seja, os materiais descartados e selecionados são enviados novamente às indústrias. Ainda que muitos professores trabalhem com essa temática em suas disciplinas, constantemente são passadas informações direcionadas aos estudantes, em salas de aulas, sobre o funcionamento do PGRS e a importância da consciência e atitude individual no trabalho coletivo.

Periodicamente, são realizadas reuniões com os funcionários sobre a logística dos resíduos, visando adequações nas atividades de recolhimento, acondicionamento e destinação diária dos mesmos. É nesse momento que a escola recebe o olhar do funcionário sobre as dificuldades encontradas na implementação do projeto e, em conjunto com a chefia do departamento dos serviços gerais, são analisadas possíveis soluções que contribuam significativamente com o bom funcionamento do Colégio, com a melhoria no trabalho dos funcionários e o cuidado socioambiental.

2.2 Cuidados com a água

Em atividade pedagógica com a Empresa de Saneamento do Estado (Sanepar), o Colégio desenvolveu, durante os anos de 2014 a 2018, o projeto Cuidados com a Água em algumas turmas do Ensino Fundamental e Ensino Médio. O objetivo foi inserir, contextualizar e conscientizar os estudantes de que eles são parte integrante da sociedade em que vivem, por isso, a importância de conhecer o caminho que a água percorre desde a nascente até chegar às torneiras das residências, escolas, indústrias e comércio em geral. As aulas foram realizadas *in loco*, e em três momentos diferentes, em várias épocas do ano. Iniciaram-se, os estudos na nascente do Rio Iguaçu, situado no município de Piraquara/PR, junto à Serra do Mar. Sob as orientações do técnico da empresa, os alunos tiveram vivências sensoriais na Mata Atlântica, puderam sentir o frescor da mata fechada, o cheiro das plantas, o ruído de animais caminhando entre a vegetação. Identificaram as plantas características da região e entenderam que naquele espaço não é permitido asfalto, e que as poucas casas existentes próximas aos mananciais não podem impermeabilizar seus terrenos com calçadas, pois essa prática impossibilita a infiltração da água da chuva no solo que abastece os lençóis freáticos. Os alunos tiveram contato e tomaram água direto de uma das nascentes do Rio Iguaçu, o que gerou uma enorme euforia entre eles, por estarem bebendo água tratada apenas pela natureza. Num outro momento, visitamos a Estação de Tratamento de Água (ETA), onde técnicos da Sanepar explicaram e mostraram, nos reservatórios, todo o procedimento pelo qual a água passa antes de receber as substâncias químicas para a retirada de impurezas, até chegar aos índices de potabilidade e ser enviada ao consumidor. Para finalizar os estudos, a última aula ocorreu na Estação de Tratamento de Esgoto (ETE); nessa aula, os alunos entenderam o funcionamento da ETE e a importância de os estabelecimentos estarem conectados às redes de esgotos, conheceram as etapas pelas quais a água percorre após ser usada e descartada nas residências, escolas, indústrias, comércios etc., e que é através de tubulações e pressão que os dejetos e a água poluída chegam até a ETE, para receber cuidados adequados que amenizam a poluição na água antes de retornar novamente aos rios.

2.3 Horta CEP

O CEP está localizado na área central de Curitiba, área de urbanização intensa, com grande fluxo de carros e pedestres, construções e impermeabilizações asfálticas. Muitos de nossos estudantes moram nessa região, onde o concreto e o calor pela queima de combustível predominam. Pensando nesse público, e nos que têm afinidades com essa temática, em 2016 foi iniciada a Horta CEP, com o objetivo de inserir os estudantes e a comunidade na vivência e estudos sobre alimentação saudável, práticas agrícolas e bem-estar.

O Colégio Agrícola Newton Freire Maia foi quem nos ajudou nesse projeto e foram os próprios alunos da disciplina de Agronomia, com idade entre 15 e 17 anos, que lecionaram as primeiras aulas sobre o preparo e o tipo de solo do terreno. Dessa forma, com domínio e diligência, coordenaram o primeiro plantio junto com alunos do CEP. Ainda nessa perspectiva, esse projeto pretende trabalhar com os estudantes o olhar sistêmico ambiental que compõe o ciclo orgânico no qual os alunos acompanham o cultivo de alimentos; o consumo desses na merenda escolar e o descarte, ou seja, as sobras da merenda são encaminhadas para a compostagem e para o preparo de adubos, e, posteriormente, esse insumo retorna à horta como adubo natural, fertilizando o solo para o próximo plantio.

No ano de 2018, em parceria com a UFPR, o Colégio desenvolveu, na horta, encontros e estudos sobre a temática Agroflorestal e Ambientalização Escolar, sob a orientação da professora doutora Yanina Micaela Sammarco. As atividades proporcionaram aos estudantes e adeptos o contato com a terra, estudos ao ar livre sobre diversas plantas alimentícias e suas funções, estudos sobre os benefícios aromáticos e visuais, e práticas sobre horta e arte. As práticas foram desenvolvidas para o plantio convencional, com uso apenas de adubos orgânicos. Os envolvidos criaram vasos com material reciclável, plantaram e cultivaram diversas mudas; os vasos tiveram a finalidade de promover a ornamentação e sensibilização através das cores e dos perfumes das plantas, ficando expostos nos corredores das salas de aulas, tencionando cuidados com a saúde e o bem-estar harmonizados, e convidando a todos que frequentam esses espaços, a participarem dessa vivência ambiental.

3 O CEP sustentável na perspectiva da interdisciplinaridade

Para que o projeto de sustentabilidade seja implantado com eficiência nas dependências do Colégio, é necessário que haja, além das adequações na estrutura física do prédio, um trabalho contínuo de Educação Ambiental, no qual toda comunidade escolar deve ser considerada como o centro do processo de transformação. O projeto CEP Sustentável, junto aos professores de diversas áreas, deve desenvolver a interdisciplinaridade, com o objetivo de alcançar a grande diversidade etária, social, econômica, cultural, religiosa e étnica de todos os usuários. "O diálogo de saberes proporcionado pela interdisciplinaridade consegue oferecer um suporte para a complexidade que se revela no processo da educação ambiental, e uma nova relação entre a sociedade e a natureza" (LIMA p. 99).

É no contexto de valorização do meio natural que o Colégio anseia desenvolver a aproximação dos olhares interdisciplinares, desenvolvendo a sensibilidade, atitude e compromisso ambiental, não somente dentro do CEP, mas em toda sociedade, através dos ensinamentos adquiridos no dia a dia escolar.

O acolhimento de vários olhares e situações através das disciplinas sobre a temática ambiental ampara a visão e particularidade das áreas que compõem o meio; as intenções de relações integrativas possibilitam que o trabalho tenha característica única, pois atende aos anseios dos envolvidos.

> O saber social emerge de um diálogo de saberes, do encontro de seres diferenciados pela diversidade cultural, orientando o conhecimento para a formação de uma sustentabilidade partilhada. Ao mesmo tempo, implica a apropriação de conhecimentos e saberes dentro de distintas racionalidades culturais, e identidades étnicas. O saber ambiental produz novas significações sociais, novas formas de subjetividade e posicionamentos políticos ante o mundo. Trata-se de um saber ao qual não escapa a questão do poder e a produção de sentidos civilizatórios. (LEFF, p. 19)

Os variados trabalhos ambientais realizados com turmas e grupos de funcionários do Colégio não têm somente buscado atender às aspirações e interesses dos participantes; mas também têm destinado atribuições aos mesmos para que possam divulgar e ampliar os ensinamentos a outros grupos inseridos neste espaço. A troca de saberes diversos, não somente de conhecimento conceitual, mas também, do conhecimento empírico, aproxima as pessoas através das relações em comum, porém, é necessário ter as leis ambientais como norte de qualquer atividade nesse contexto, para que não se dissipe a intenção do mesmo, que é alcançar êxito na implantação das regras ambientais no cotidiano da escola, ensinar valores e respeitar as leis vigentes através das ações diárias, preservando o meio ambiente e as boas práticas de cidadania.

> O estabelecimento de um trabalho de sentido interdisciplinar provoca, como toda ação a que não se está habituado, sobrecarga de trabalho, certo medo de errar, de perder privilégios e direitos estabelecidos. A orientação para o enfoque interdisciplinar na prática pedagógica implica romper hábitos e acomodações, implica buscar algo novo e desconhecido. É certamente um grande desafio. (LUCK, p. 68).

O engajamento coletivo na mudança ambiental torna os envolvidos cidadãos pertencentes ao lugar, e autores das transformações que visam o bem-estar comum. "Há necessidade de se compreender a Educação Ambiental como um processo educativo permanente e necessário à formação do cidadão, enquanto dimensão essencial da Educação" (GOUVÊA, p. 163-179). Dessa forma, a Educação Ambiental não deve ser considerada uma disciplina no currículo escolar, mas sim estar interligada direta e indiretamente a todas as ações da Escola, para que as experiências diárias se relacionem com o conhecimento ensinado em diversas disciplinas e suas particularidades. Todo ensinamento ambiental tem por objetivo preparar o indivíduo para uma sociedade mais esclarecida e mais consciente, porém, os ensinamentos são ofertados de maneira ampla, em que cada indivíduo, com suas idiossincrasias, compreende e executa as informações de forma única, sob sua percepção e domínio de um determinado caso ou assunto. Dessa maneira, é evidente que as práticas de ensinos de formas diferenciadas e com visões diferenciadas (interdisciplinar) são essenciais para que tenhamos resultados expressivos quando as ações forem colocadas em prática no coletivo.

> [...] do ponto de vista integrador, a interdisciplinaridade requer equilíbrio entre amplitude, profundidade e síntese. A amplitude assegura uma larga base de conhecimento e informação. A profundidade assegura o requisito disciplinar e/ou conhecimento e informação interdisciplinar para a tarefa a ser executada. A síntese assegura o processo integrador. (JAPIASSU, p. 65-66)

A *práxis* docente expressa a singularidade do educador em cada área do conhecimento, e o estudante recebe um determinado assunto sob a óptica do educador, que, por sua vez, quando parte da compreensão de que sua matéria é parte de um todo, conduz o tema e incentiva o educando a somar outros saberes para obter uma melhor compreensão e domínio de um determinado conhecimento.

> A retomada do conhecimento de emancipação permitirá o surgimento de uma nova relação entre conhecimento e cidadania, em que o ato de conhecer é também ato de reconhecer que o outro não mais é visto tomado apenas como objeto, mas como sujeito do conhecimento. E é para este tipo de conhecimento que a Educação Ambiental está voltada, um conhecimento construído, desenvolvimento da cidadania, da autonomia e da ética. (BARCELOS, 2008)

A Educação Ambiental não deve ser trabalhada apenas como um tema isolado, mas sim na interdisciplinaridade, que perpassa o olhar da especificidade de cada disciplina e a singularidade do professor, no que tange à sustentabilidade. "De todo modo, o professor precisa tornar-se um profissional com visão integrada da realidade, compreender que um entendimento mais profundo de sua área de formação não é suficiente para dar conta de todo o processo de ensino" (THIESEN, p. 551). Assim, observa-se que o trabalho coletivo e interdisciplinar enriquece a compreensão e elucida a complexidade da sustentabilidade, favorecendo as atribuições que conectam o tema com a formação cidadã.

4 Considerações finais

Desde 2012, o projeto CEP sustentável tem observado e desenvolvido dinâmicas que promovem sensibilização, com as quais os indivíduos constroem suas relações de pertencimento ao lugar. São ações que estimulam intencionalmente as pessoas através de aulas, palestras e atividades pedagógicas a desenvolverem consciência, sensações, percepções e hábitos de preservação ambiental, de maneira tênue, mas que instigam o indivíduo a pensar, ou ter atitudes, até mesmo de forma inconsciente e que entenda a trajetória dos objetos (extração, consumo e descarte), mesmo antes de adquiri-los.

O Colégio possui projetos ambientais desenvolvidos em parcerias com a Universidade Federal do Paraná, (UFPR), Empresa de

Saneamento do Estado (Sanepar), Secretaria Estadual de Educação (SEED), Escola Agrícola Newton Freire Maia, Secretaria Estadual do Meio Ambiente (SEMA), e aulas abrangendo a temática sustentabilidade em diversas disciplinas do currículo escolar. Essas ações contribuem com o envolvimento dos estudantes, professores e funcionários, para despertar e oportunizar atividades, proporcionando à Instituição a compreensão não somente da sustentabilidade como sendo algo inerente a todos os cidadãos, mas também despertando o sentimento de bem-estar em praticar ações que beneficiem, concomitantemente, o individual, o coletivo e o meio natural.

Com o aumento do poder aquisitivo nas últimas décadas, as pessoas passaram a consumir mais, logo, passaram a descartar mais, porém, muitas vezes, sem qualquer compreensão de que os materiais devem ser separados, reutilizados e destinados de forma adequada, tanto às usinas de reciclagens e indústrias, quanto ao aterro sanitário, que deve receber somente o que é rejeito (que não pode ser reutilizado). Dessa forma, o projeto CEP Sustentável tem o desafio de elucidar e promover ações e práticas sustentáveis a todos que frequentam esses espaços, considerando as pequenas ações diárias de cada um, para compor a totalidade.

Em observação aos documentos e registros fotográficos antigos do Colégio, nota-se que, outrora, os resíduos gerados pelas pessoas eram menores, até mesmo a lixeira que acondicionava os resíduos da imensa estrutura em décadas passadas, hoje, não comporta o acondicionamento de resíduos sequer de um turno de aula, do bom e *Velho CEP*. Portanto, deparamo-nos com a necessidade de nos atualizarmos às leis ambientais, mudarmos a nossa rotina e educarmos para um consumo mais consciente, precisamos "causar" um sentimento coletivo de pertencimento, zelo e sensibilidade ao próximo, e pelo meio ambiente.

O CEP pode ser comparado a uma cidade com mais de seis mil habitantes, e nessa magnitude, encontramos divergências diárias no andamento de projetos pedagógicos que visam ao direcionamento sustentável. As lacunas no processo são: a) dificuldades em alcançar toda a comunidade escolar em todos os turnos, com capacitações sobre a logística de funcionamento sustentável do Colégio; b) muitas pessoas não entendem a necessidade de deixar hábitos antigos para contribuir com as novas práticas sustentáveis; c) falta de investimentos financeiros para a realização de projetos sustentáveis mais audaciosos; d) pessoas resistentes aos projetos ambientais implantados no dia a dia da escola; e) carência de uma equipe multidisciplinar para a elaboração e execução de novas propostas sustentáveis, entre outros.

Assim, em um compasso lento, porém contínuo, o *Velho CEP* insiste em apregoar a sustentabilidade, mesmo em meio às dificuldades e desafios, pois pressupõe que, um dia essa Instituição desfrutará dos benefícios de seus esforços na totalidade. Se, por um lado, existe alguma frustração nesse processo, por outro, é verdade incontestável que as sementes que estão sendo espalhadas de maneira tênue, através das práticas sustentáveis estão germinando, e aos poucos, os resultados estão surgindo. Muitos estudantes, professores e funcionários já desfrutam do espaço escolar com mais consciência, e disseminam as novas regras de funcionamento do Colégio de acordo com a legislação ambiental aos que ainda não compreenderam a importância da sustentabilidade para nós e para o planeta.

Referências

BARCELOS, Valdo. *Educação ambiental*: sobre princípios, metodologias e atitudes. Rio Janeiro: Vozes, 2008.

BRASIL. Decreto nº 7.404, de 23 de dezembro de 2010. Regulamenta a Lei nº 12.305, de 2 de agosto de 2010, que institui a Política Nacional de Resíduos Sólidos, cria o Comitê Interministerial da Política Nacional de Resíduos Sólidos e o Comitê Orientador para a Implantação dos Sistemas de Logística Reversa, e dá outras providências.

BRASIL. Lei Federal nº 12.305 de 03 de agosto de 2010. Institui a Política Nacional de Resíduos Sólidos estabelecem diretrizes e norma para o gerenciamento dos diferentes tipos de resíduos sólidos dá outras providências. Brasil, 2010.

CONAMA. Resolução nº 275 de 25 de abril de 2001. Estabelece o código de cores para os diferentes tipos de resíduos, a ser adotado na identificação de coletores e transportadores, bem como nas campanhas informativas para a coleta seletiva. Brasília, 2001.

CURITIBA. Decreto nº 983 de 26 de outubro de 2004. Regulamenta os Arts. 12, 21 e 22 da Lei no 7.833, de 19 de dezembro de 1991, dispondo sobre a coleta, o transporte, o tratamento e a disposição final de resíduos sólidos no Município de Curitiba. Curitiba, 2004.

GOUVÊA, Giana Raquel Rosa. Rumos da formação de professores para a EA. *Educar*, UFPR, Curitiba, n. 27, p. 163-179, 2006.

JAPIASSU, Hilton. *Interdisciplinaridade e patologia do saber*. Rio de Janeiro: Imago, 1976. p. 65-66

LEFF, Enrique. Complexidade, racionalidade ambiental e diálogo de saberes. Editora, *Educação & Realidade*, Porto Alegre-RS, v. 34 (3), set./dez., 2009, p. 19, 21.

LIMA, Gustavo F. Da C. *Educação ambiental no Brasil*: formação, identidades e desafios. Papirus, 2011. p. 99.

LUCK, Heloísa. *Pedagogia da interdisciplinaridade*. Fundamentos teórico-metodológicos. Petrópolis: Vozes, 2001

PARANÁ. Aprova o regulamento da Lei nº 12.493, de 1999, que dispõe sobre princípios, procedimentos, normas e critérios referentes à geração, acondicionamento, armazenamento, coleta, transporte, tratamento e destinação final dos resíduos sólidos no estado do paraná, visando o controle da poluição, da contaminação e a minimização de seus impactos ambientais e adota outras providências.

PARANÁ. Lei Estadual nº 12.493 de 22 de janeiro de 1999. Estabelece princípios, procedimentos, normas e critérios referentes a geração, acondicionamento, armazenamento, coleta, transporte, tratamento e destinação final dos resíduos sólidos no Estado do Paraná, visando controle da poluição, da contaminação e a minimização de seus impactos ambientais e adota outras providências. Curitiba, 1999.

PARANÁ. Lei Estadual nº 17.505, de 11 de janeiro de 2013, Institui a Política Estadual de Educação Ambiental e o Sistema de Educação Ambiental.

THIESEN, Juares da Silva. A interdisciplinaridade como um movimento articular no processo ensino-aprendizagem. *Revista Brasileira de Educação*, v. 13, n. 39, p. 551, set./ dez. 2008.

Informação bibliográfica deste texto, conforme a NBR 6023:2018 da Associação Brasileira de Normas Técnicas (ABNT):

SATEL, Telma Alves. A formação cidadã para a sustentabilidade. *In*: VILLAC, Teresa; BESSA, Fabiane Lopes Bueno Netto; DOETZER, Gisele Duarte (Coord.). *Gestão pública brasileira*: inovação sustentável em rede. Belo Horizonte: Fórum, 2021. p. 395-405. ISBN 978-65-5518-055-8.

SOBRE OS AUTORES

Adriana da Costa Ricardo Schier
Mestrado e Doutorado pela Universidade Federal do Paraná. Pós-Doutorado pela Pontifícia Universidade Católica do Paraná. Atualmente é professora de Direito Administrativo do Centro Universitário do Brasil (UNIBRASIL) – Graduação e Programa de Mestrado e Doutorado – e do Instituto de Direito Romeu Felipe Bacellar – Curso de Pós-Graduação em Direito Administrativo. Vice-Presidente do Instituto Paranaense de Direito Administrativo. Advogada e Consultora – Bacellar e Andrade Advogados Associados.

Alana Cardoso de Mello Pires
Graduada em Comunicação Social – Publicidade e Propaganda pela Universidade Federal do Paraná (1997). Superior em Pintura pela Escola de Música e Belas Artes do Paraná (1997) e Licenciatura em Artes Visuais pelo Centro Universitário Claretiano (2014). Servidora da Superintendência Regional de Administração do Ministério da Economia no Paraná desde 2015 e membro da Comissão Gestora do Plano de Gestão de Logística Sustentável do Ministério da Economia desde 2018.

Alana Zafaneli Machado
Bacharel em Ciências Biológicas e Técnica em Meio Ambiente pela Universidade Federal de Santa Maria. Assistente Administrativa e Vice-Presidente da Comissão de Gerenciamento de Resíduos do Complexo Hospital de Clínicas da UFPR.

Carla Maria Camargo Corrêa
Engenheira Florestal, com especialização em Planejamento e Orçamento pelo CEPPAD/UFPR. Mestre e Doutora na área de Ciências Florestais pela Engenharia Florestal/UFPR. Servidora federal do Núcleo Interdisciplinar de Meio Ambiente e Desenvolvimento (NIMAD/UFPR). Membro presidente da Comissão de Arborização dos *campi* da UFPR. Membro da Comissão de elaboração do Plano de Logística Sustentável (PLS). Membro da Comissão de elaboração da Política de Sustentabilidade da UFPR. Assessora de Sustentabilidade e Diretora Financeira da ASUFEPAR (2017-2019 e 2019-2021).

Cláudia de Oliveira Cruz Carvalho
Mestre em Direitos Fundamentais e Democracia pelo UNIBRASIL – Centro Universitário Autônomo do Brasil (bolsa/taxa CAPES). Extensão na Universidade Pablo de Olavide, Sevilha Espanha. Especialista em Direito Administrativo Aplicado pelo Instituto de Direito Romeu Felipe Bacellar.

Servidora pública da Superintendência de Polícia Federal no Estado do Paraná, atuando com contratações públicas desde 2007. Professora ENAP.

Cláudia Valéria Belvilacqua Gonçalves
Graduada em Direito – Pontifícia Universidade Católica do Paraná (PUCPR). Especialista em Direito Contemporâneo e suas Instituições Fundamentais – PUCPR. Mestre em Direito Ambiental (Università Degli Studi di Milano – Statale). Pós-Graduação em Direito Comparado e suas Instituições Fundamentais (PUCPR). Especialista em Gestão Ambiental pela Universidade Federal do Paraná (UFPR). Chefe da Seção da Sustentabilidade do TREPR.

Fabiane Lopes Bueno Netto Bessa
Advogada e pesquisadora independente. Tem mestrado e doutorado em Direito (UFPR). Foi Procuradora da Fazenda Nacional (1993-2017) e Diretora Regional (Paraná e Santa Catarina) da Escola de Administração Fazendária do Ministério da Fazenda (2010-2017). Professora licenciada da PUCPR – Escola de Direito e do Programa de Pós-Graduação em Direito Econômico e Socioambiental. Consultora e instrutora em cursos promovidos pelo Instituto Ethos/Uniethos e pelo Instituto Akatu pelo Consumo Consciente (2004-2009). Integrou o conselho de ética da ONG Transparência Brasil (2006-2009), a Comissão do Terceiro Setor da OAB-Paraná (2008-2009) e o conselho consultivo do IBAP (Instituto Brasileiro de Advocacia Pública). Atualmente, é diretora do Instituto Humănitas de Desenvolvimento Humano e Negócios com Sustentabilidade, atuando principalmente em projetos relacionados ao controle e participação social em políticas públicas e na defesa de direitos.

Galatéia Fridlund
Promotora de Justiça do Ministério Público do Paraná. Mestranda em Direitos Fundamentais pela Universidade de Lisboa/Portugal. Integrante da Comissão de Gestão Socioambiental do Ministério Público do Paraná e representante do Ministério Público na parceria interinstitucional Sustenta Paraná.

Gisele Duarte Doetzer
Mestre em Logística pela Universidade de Reutlingen (Alemanha), validado pela USP. Especialista em Gerenciamento de Projetos (FGV). Pós-graduanda em Sustentabilidade e Políticas Públicas (UNINTER). Analista Administrativo no DNIT/PR desde 2013. Atuou com compras públicas por quatro anos e desde 2018 é chefe do Núcleo de Comunicação Social do DNIT/PR. Presidente do Núcleo de Sustentabilidade do DNIT/PR desde 2016. Precursora da Sustentabilidade no DNIT em âmbito nacional. Coordenadora da Sustenta Paraná – Rede Paranaense para a Sustentabilidade na Gestão Pública, como representante do Poder Executivo. Palestrante e conferencista, pesquisadora independente, educadora e ativista socioambiental.

Helio Rissio Junior
Analista de TI do SERPRO. Graduado em Análise de Sistemas (1987) e Bacharelado em Sistemas de Informação (2000) pela SPEI. Especialista em

SOBRE OS AUTORES | 409

Negociação Coletiva pela UFRGS (2010). Especialista em Política e Estratégia pela Associação dos Diplomados da Escola Superior de Guerra (2003). Foi Gestor de Tecnologia da Informação do SERPRO na Receita Federal do Brasil, Gestor de TI, Gestor de Planejamento Estratégico e Superintendente Adjunto da Superintendência de Administração do Ministério da Fazenda no Paraná. Exerce a função de Ouvidor e responsável pela Sustentabilidade do Ministério da Economia no Paraná.

João Paulo Aires
Doutor em Ensino de Ciência e Tecnologia na Universidade Tecnológica Federal do Paraná (UTFPR). Mestre em Informática pela Universidade Federal do Paraná (UFPR). Bacharel em Informática pela Universidade Estadual de Ponta Grossa (UEPG). Professor classe titular da Universidade Tecnológica Federal do Paraná (UTFPR), onde exerce o cargo de Assessor de Planejamento e Finanças. Tem realizado pesquisas nas temáticas plágio, integridade acadêmica e metodologias ativas de ensino e aprendizagem. É líder do grupo de pesquisa Inovação no Ensino e Aprendizagem e Integridade Acadêmica. Atualmente é professor colaborador no Programa de Pós-Graduação em Ensino de Ciência e Tecnologia (PPGECT) no *Campus* Ponta Grossa da UTFPR.

João Pedro Bazzo
Joao Pedro Bazzo Vieira – Bacharel e Mestre em Engenharia Ambiental pela UFPR. Atualmente é assistente de pesquisa do Instituto de Pesquisa Econômica Aplicada (IPEA) e conselheiro da Associação de Ciclistas do Alto Iguaçu (Cicloiguaçu).

José Carlos Assunção Belotto
Doutorando em Sustentabilidade Ambiental Urbana pela UTFPR. Mestre em Desenvolvimento Territorial Sustentável pela UFPR. Pós-Médio em Administração Esportiva pela Universidade do Esporte (EU). Graduado em Marketing pelas Faculdades OPET. Especialista na Questão Social pela UFPR. Servidor da Universidade Federal do Paraná desde 1982, atualmente lotado na Divisão de Gestão Ambiental (DGA/SUINFRA). Coordenador do Desafio Intermodal de Curitiba e do Programa de Extensão CICLOVIDA da UFPR. Conselheiro do Programa Paranaense de Ciclomobilidade (CICLOPARANÁ). Pesquisador da Mobilidade e Sustentabilidade Urbana, Ciclomobilidade e Cicloturismo. Ex-Presidente SINDITEST PR (2005/2007), ASUFEPAR/UFPR (2015/2019), Federação Paranaense de Ciclismo (2015/2017) e Associado Fundador da Associação dos Ciclistas do Alto Iguaçu (CICLOIGUAÇU/2011).

Liana Carleial
Economista. Professora titular em economia da UFPR. Professora convidada do PPGD e pesquisadora do Núcleo de Direito Cooperativo e Cidadania NDCC) da Faculdade de Direito da mesma Universidade. Tem mestrado (UFC) e doutorado em Teoria Econômica (USP) e estágio de pós-doutorado no Centre de Recherche en Économie Industrielle (CREI) da Université Paris XIII

(França). Foi professora visitante no departamento de economia da Université Jules Verne Picardie, em Amiens-França. Foi diretora presidente do IPARDES (2003-2004), diretora de Estudos e Políticas Regionais, Urbanas e Ambientais do IPEA (2007-2012) e presidente do Instituto Municipal de Administração Pública (IMAP) (2013-2016) da municipalidade de Curitiba-Paraná.

Lidia Lima
Bacharel e Licenciada em Química e Mestre em Química Analítica pela Universidade Federal do Paraná (UFPR). Presidente da Comissão de Gerenciamento de Resíduos e Responsável Ambiental do Complexo Hospital de Clínicas da UFPR desde 2003. Atual Presidente Executiva da associação sem fins econômicos – Projeto Hospitais Saudáveis, que constitui o ponto focal no Brasil da organização internacional Health Care Without Harm – HCWH (Saúde sem Dano – SSD). Professora na Faculdade Inspirar para o Curso de Tecnologia em Gestão Hospitalar desde 2013. Membro da Comissão Assessora de Área do ENADE 2019.

Luiz Alberto Pilatti
Doutor em Educação Física pela Universidade Estadual de Campinas (UNICAMP). Mestre em Educação pela Universidade Metodista de Piracicaba (UNIMEP). Licenciado em Educação Física pela Universidade Estadual de Ponta Grossa (UEPG). Professor Titular pela Universidade Tecnológica Federal do Paraná (UTFPR), onde exerce o cargo de reitor (2016-2020). Está vinculado aos Programas de Pós-Graduação em Engenharia de Produção (PPGEP) e Ensino de Ciência e Tecnologia (PPGECT) no *campus* Ponta Grossa. Bolsista de Produtividade em Pesquisa – CNPq.

Luiz Gustavo Gomes Andrioli
Auditor Federal de Controle Externo do Tribunal de Contas da União. Formado em Ciências Aeronáuticas pela Academia da Força Aérea e em Direito pela Faculdade de Direito de Curitiba (2003/2007). Pós-graduado em Direito Ambiental pela Pontifícia Universidade Católica do Paraná (2008). É Secretário de Controle Externo do Tribunal de Contas da União no Paraná e foi Coordenador-Geral de Controle Externo do Tribunal de Contas da União para as unidades estaduais, no período de 2017 e 2018.

Mário Luís Krüger
Servidor Público Federal. Diretor da Secretaria de Auditoria Interna do Tribunal Regional do Trabalho da 9ª REGIÃO – Paraná. Mestre em Governança e Sustentabilidade pelo Instituto Superior de Administração e Economia (ISAE/FGV). Membro do Fórum Permanente de Contratações Sustentáveis do Conselho Superior da Justiça do Trabalho (CSJT). Membro do Instituto Brasileiro de Governança Corporativa (IBGC). Membro do Instituto dos Auditores Internos do Brasil (IIA Brasil).

SOBRE OS AUTORES | 411

Mônica Evelise Silveira
Graduação em Farmácia Bioquímica – Habilitação Indústria, pela Universidade Federal do Paraná. Mestrado em Biotecnologia Aplicada à Saúde da Criança e do Adolescente pela Faculdade Pequeno Príncipe. Especialização em Qualidade e Produtividade pela Universidade Federal do Paraná. Gestão Hospitalar. Capacitação à distância em Administração Hospitalar Ministério da Saúde/ Gesthos. Diretora Administrativa do Hospital de Clínicas da UFPR de 2013 a 2015. Especialização em Gestão de Hospitais Universitários Federais no SUS. Chefia de Divisão de Logística Hospitalar de 2015 a maio de 2016. Gerente Administrativa do Complexo Hospital de Clínicas da UFPR desde junho 2016. Especialização em Governança Pública em andamento na Pontifícia Universidade Católica do Paraná.

Pedro Henrique Bessa
Facilitador de grupos de prática de Comunicação Não-Violenta e outras temáticas sob o olhar da Não Violência desde 2016. Tem como mentor e inspiração Dominic Barter – referência internacional em CNV. Grava vídeos semanais sobre o tema da CNV no canal do YouTube TvRã. Desenvolve mentoria individual com a metodologia Fopus, que propõe integrar práticas das filosofias orientais com técnicas de gestão de tempo e auto-organização para uma jornada de autoconhecimento alinhada com o mundo atual.

Priscilla Kiyomi Endo
Engenheira Ambiental pela Universidade Federal do Paraná. Pós-graduada em Direito Socioambiental pela Pontifícia Universidade Católica do Paraná. Especialista em Gestão de Negócios pela Universidade de São Paulo. Atua na Comissão de Gestão Socioambiental do Tribunal de Justiça do Paraná (CASA-TJPR) desde 2015. Representante titular do TJPR na Rede Sustenta Paraná.

Regina Célia Zanelatto
Bióloga (PUCPR). Mestre em Ciências Florestais em Conservação da Natureza (UFPR). Coordenadora e Gerente Ambiental (Deutsche Gesellschaft fur Qualitat e. V. /DGQ/Alemanha). Lead Assessor ISO-14001 (Environmental Auditors Registration Association–EARA). Auditor Ambiental ISO-14000 (FCAV-USP). Docente do Curso Técnico em Meio Ambiente no SENAI/CIC-CETSAM 2002-2005. Na UFPR atua como Gestora Ambiental junto a Divisão de Gestão Ambiental da SUINFRA desde 2002, com ênfase em Gestão de Resíduos e Plano de Arborização Urbana. Formadora de Multiplicadores em Gestão Ambiental. Membro Presidente da Comissão para a Coleta Seletiva Solidária. Membro das seguintes Comissões: Elaboração do PLS, Plano de Arborização dos *Campi*, Elaboração da Política de Sustentabilidade.

Rodrigo de Souza Loro
Graduado em Direito pela Universidade Federal do Paraná (UFPR). Supervisor da Seção de Contratos e Pregoeiro na Justiça Federal – Seção Judiciária do Paraná.

Rosana Kanufre

Doutora e Mestre em Gestão Urbana pelo Programa de Pós-Graduação em Gestão Urbana pela Pontifícia Universidade Católica do Paraná (PUCPR) (1984). Graduada em Serviço Social pela PUCPR (1984). Servidora pública municipal, na Prefeitura Municipal de Curitiba (PMC), no período de 1992 a 2019. Exerceu a Coordenação Técnica na Escola de Administração Pública – Instituto Municipal de Administração Pública (IMAP/PMC), no período de 2005 a 2008. Foi Diretora da Escola de Administração Pública (IMAP), no período de 2013 a 2015. Atuou como Superintendente Técnica do IMAP de 2015 a 2016.

Rosiane Bonatti Ribeiro

Mestre em Engenharia Civil, na área de Construções Sustentáveis pela UTFPR. Especialista em Construções Sustentáveis pela UTFPR. Especialista em Fiscalização e Controle de Obras de Engenharia pela PUCPR. Atua como Engenheira Civil na Força Aérea Brasileira, onde também é integrante da Comissão de Planejamento de Logística Sustentável (PLS). Foi Chefe do Departamento de Engenharia e Manutenção e da Seção de Engenharia dos Portos de Paranaguá e Antonina.

Silvana Nakamori

Mestre e Doutoranda em Planejamento e Governança Pública pela Universidade Tecnológica Federal do Paraná (UTFPR). Duas especializações pela Universidade Federal do Paraná (UFPR): MBA em Gerenciamento de Projetos e Marketing Empresarial. Possui graduação em Administração pela Fundação de Estudos Sociais do Paraná (FESP). Tem experiência na área de Química em especial no controle de qualidade e Administração com enfoque em procedimentos administrativos, eventos, projetos, marketing, administração pública, políticas públicas com ênfase na ciclomobilidade. Atualmente está na área administrativa do Gabinete da Direção do Setor de Tecnologia da UFPR, como colaboradora na Extensão Universitária da UFPR no Programa CICLOVIDA e no Projeto Desafio Intermodal e associada da União dos Ciclistas do Brasil - UCB.

Suzete de Fátima Locatelli Winkeler

Técnica Federal de Controle Externo do Tribunal de Contas da União no Paraná, graduada em Geografia e Administração de Empresas pela Universidade Federal do Paraná.

Tamara Simone Van Kaick

Graduada em Bacharelado em Biologia e Licenciatura em Ciências pela PUCPR (1989). Graduada em Artes Plásticas Gravura pela EMBAP (1996). Especialista em Microbiologia Aplicada pela PUCPR (1993). Mestre em Inovação Tecnológica pela UTFPR (2002). Doutora em Meio Ambiente e Desenvolvimento pela UFPR (2007). Professora Associada da Universidade Tecnológica Federal do Paraná pelo Departamento Acadêmico de Química e Biologia (DAQBI). Agraciada pelo Conselho Universitário da UTFPR com o Diploma de Mérito Universitário.

SOBRE OS AUTORES | 413

Assessora do Núcleo de Saúde e Meio Ambiente da Pró-Reitoria de Relações Empresariais e Comunitárias da UFPR. Presidente da Comissão permanente do Plano de Logística Sustentável da UTFPR.

Telma Alves Satel
Graduada em Geografia, com Licenciatura Plena. Bacharelado com ênfase em Geoprocessamento e Educação Ambiental, pela Universidade Tuiuti do Paraná (2005). Especialista em Análise Ambiental, pela Universidade Federal do Paraná (2010). Atualmente é professora de Geografia na rede pública de Ensino e Coordenadora do Projeto de Sustentabilidade no maior colégio público do estado, o Colégio Estadual do Paraná (CEP).

Teresa Villac
Doutora em Ciência Ambiental (USP, 2017). Filósofa (USP, 2009). Advogada (São Francisco – USP, 1993). Educadora Ambiental com formação pela Secretaria do Verde e Meio Ambiente da Prefeitura de São Paulo (UMAPAZ, 2018). Atua como Advogada da União (2000) em consultoria jurídica. Conferencista. Professora. Escritora.

Valter Otaviano da Costa Ferreira Junior
Advogado da União com atuação na Consultoria Jurídica da União, no Estado do Paraná. Mestre em Direito Socioambiental pela PUCPR. Professor de Graduação e Pós-Graduação da PUCPR. Instrutor da Escola Superior da Advocacia, OAP-PR. Instrutor da Escola da Magistratura do Paraná (EMAP). Instrutor da Escola da Magistratura do Tocantins. Especialista em desenvolver pessoas e organizações pelo Grupo OTA.

Vitório Garcia Marini
Consultor Jurídico do Tribunal de Justiça do Paraná. Graduado pela Universidade do Vale do Rio dos Sinos. Pós-graduado em Direito Civil e Processual Civil pelo Centro Universitário Curitiba (Unicuritiba). É membro da Comissão de Gestão Socioambiental do Tribunal de Justiça do Paraná (CASA-TJPR) desde 2015.

Esta obra foi composta em fonte Palatino Linotype, corpo 10
e impressa em papel Offset 75g (miolo) e Supremo 250g (capa)
pela Paulinelli Serviços Gráficos.